中華古籍保護計劃

ZHONG HUA GU JI BAO HU JI HUA CHENG GUO

·成果·

日記手札

珍稀日記手札文獻叢刊

唐樹義日記

上

（清）唐樹義 撰

國家圖書館出版社

圖書在版編目(CIP)數據

唐樹義日記:全二册 / (清)唐樹義撰.—北京:國家圖書館出版社,2023.9(2024.4 重印)

(珍稀日記手札文獻叢刊)

ISBN 978-7-5013-7792-3

Ⅰ.①唐… Ⅱ.①唐… Ⅲ.①唐樹義—日記 Ⅳ.①K827.52

中國國家版本館 CIP 數據核字(2023)第 051240 號

書　　名	唐樹義日記(全二册)
著　　者	(清)唐樹義　撰
責任編輯	黄　静
封面設計	敬人書籍設計工作室
出版發行	國家圖書館出版社(北京市西城區文津街 7 號　100034) (原書目文獻出版社　北京圖書館出版社) 010-66114536　63802249　nlcpress@ nlc.cn(郵購)
網　　址	http://www.nlcpress.com
排　　版	中睿智成(北京)科技有限公司
印　　裝	河北三河弘翰印務有限公司
版次印次	2023 年 9 月第 1 版　2024 年 4 月第 2 次印刷
開　　本	787×1092　1/16
印　　張	76.75
書　　號	ISBN 978-7-5013-7792-3
定　　價	980.00 圓

前言

《唐樹義日記》不分卷，清唐樹義撰，貴州省博物館藏稿本，存十四册。唐樹義（一七九三—一八五四），字子方，貴州遵義人。清嘉慶二十一年（一八一六）中舉，道光六年（一八二六）起先後任湖北天門、監利、江夏等縣知縣，繼任漢陽府同知、甘肅鞏昌府知府、蘭州道道員、陝西按察使、湖北布政使并代理巡撫。因與新任官員不合，道光二十九年以病爲由辭職。在貴陽客居三年後，咸豐三年（一八五三）奉命赴湖北參與攻打太平軍，十二月以二品頂戴補授按察使，專辦軍務。咸豐四年正月二十三日留下遺書，投江殉職。爲官多年，多德政，於鄉邦文化事業，亦多有資助，著有《夢硯齋遺稿》《唐樹義日記》等。

《唐樹義日記》爲道光二十二年壬寅八月十七日至咸豐三年三月二十四日之日記，間或有中斷。《唐樹義日記》收録十四册：《北征紀行》二册，無題名一册，《楚北旬宣録》五册，《歸舟安穩録》一册，《歸田録》五册。

《北征紀行》二册，一册由道光二十二年八月十七日至十二月初十日，記述由蘭州至北京往返途中情況及在京晉見道光皇帝時之對話，時已由蘭州道員升任陝西按察使；又一册由九月十七日至十月初一日，記述由河北柏鄉至陝西灞橋之行程及沿途景况，似爲道光二十五年遷陝西按察使之沿途記録。無題名一册，卷端題『道光二十三年二月二十二日，總督大司馬長白富公以西寧野番連年滋擾，逼近内地，沿邊百姓不堪其毒』云云，其後記三月十一日至七月十日事。《楚北旬宣録》五册，册一至二記道光二十七年二月十五日至四月二十四日事，册三至五記道光二十八年七月初五日至二十九年十月二十五日事，起於卸任陝西按察使赴京領受湖北布政使任命，止於得知獲准病辭湖北布政使（十月十六日）後之九日，主要記述在任期間之省情及施政情况，進京晋見道光皇帝時之情景記述甚詳。《歸舟安穩録》一册，記述道光二十九年十月二十六日至是年十二月三十日、道光三十年正月初一至是年八月二十九日事。《歸田録》五册，記道光三十年九月初一日至咸豐三年三月二十四日，由動身返鄉前之兩日起筆，記述返鄉途程及告病還鄉後之生活境况。此日記爲晚清重要參考史料。

曾祥銑

二〇二三年七月

總目録

上册

唐樹義日記不分卷（上） （清）唐樹義 撰 稿本

道光二十二年（一八四二）（八月十七至十二月初十）……三
道光二十三年（一八四三）（三月十一至七月初十）……八五
道光二十五年（一八四五）（九月十七至十月初一）……一六三
道光二十七年（一八四七）（二月十五至四月二十四）……一八三
道光二十八年（一八四八）（七月初五至十二月）……二五七
道光二十九年（一八四九）（正月至十月二十五）……四〇八

下册

唐樹義日記不分卷（下）　（清）唐樹義 撰　稿本

道光二十九年（一八四九）十月（十月二十六至十二月）……三
道光三十年（一八五〇）（正月至十二月）……四五
咸豐元年（一八五一）（正月至十二月）……二二七
咸豐二年（一八五二）（正月至十二月）……三九一
咸豐三年（一八五三）（正月至三月二十四）……五二四

上册目録

唐樹義日記不分卷(上) (清)唐樹義 撰 稿本

道光二十二年(一八四二)

八月(八月十七至二十九) …… 三

九月 …… 一四

十月 …… 三〇

十一月 …… 五〇

十二月(十二月初一至初十) …… 六四

道光二十三年(一八四三)

三月(三月十一至三十) …… 八五

四月 …… 九九

五月 …… 一一二

六月……一三三
七月（七月初一至初十）……一五二
道光二十五年（一八四五）
九月（九月十七至三十）……一六三
十月（十月初一）……一七八
道光二十七年（一八四七）
二月（二月十五至二十九）……一八三
三月……一九九
四月（四月初一至二十四）……二三二
道光二十八年（一八四八）
七月（七月初五至三十）……二五七
八月……三〇〇
九月……三二二
十月……三四五
十一月……三六五
十二月……三八五

道光二十九年（一八四九）
正月……四〇八
二月……四三〇
三月……四五六
四月……四七八
閏四月……四九七
五月……五二〇
六月……五五一
七月……五七五
八月……五九八
九月……六一八
十月（十月初一至十月二十五）……六四九

唐樹義日記不分卷（上）

（清）唐樹義 撰

稿本

北征紀行

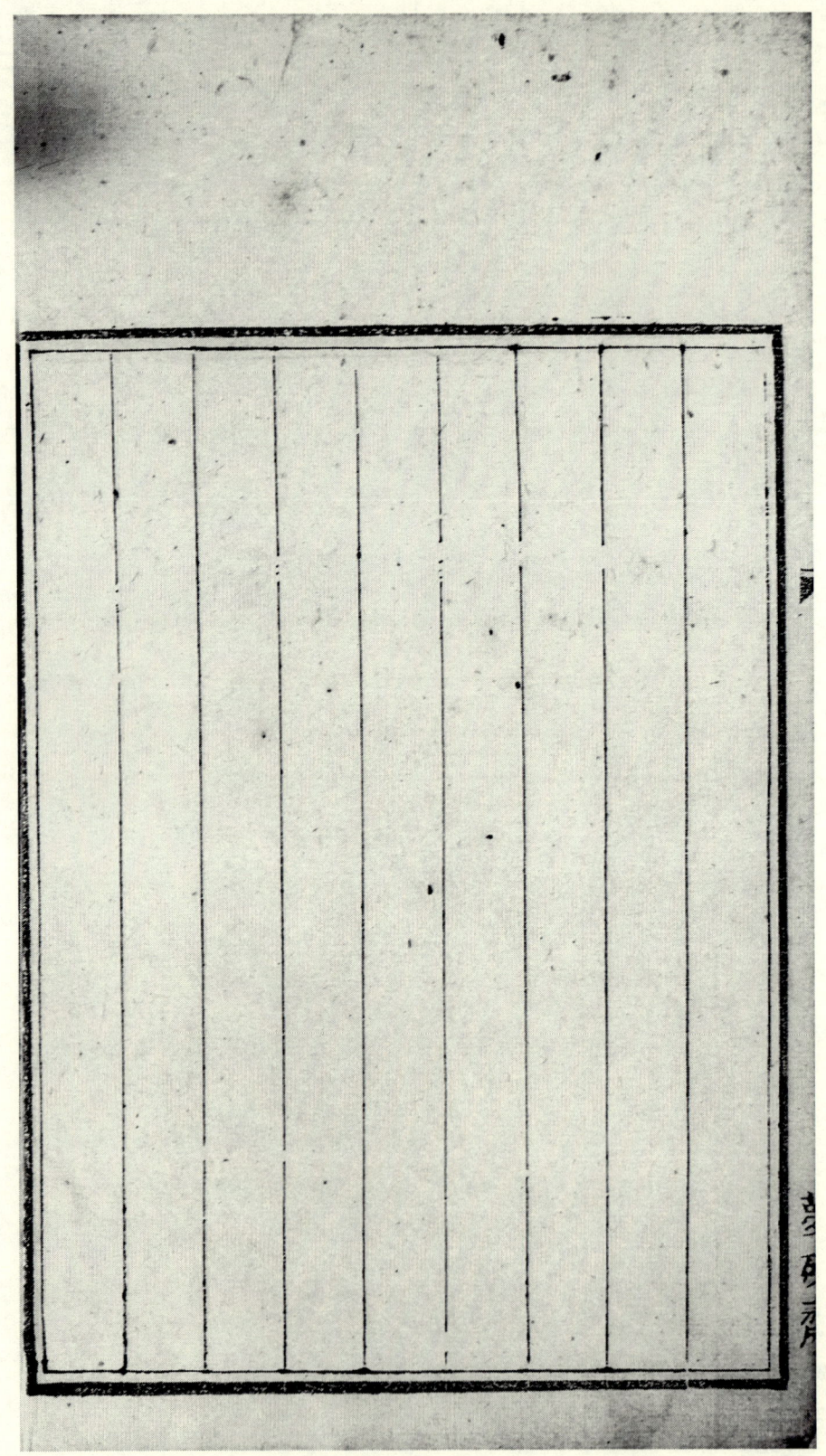

余以道光十四年冬子月由漢陽府同知循例引
見蒙 恩召見十五年六月奉 旨補授鞏
昌府知府十六年二月到任十八年九月調補蘭州
首郡二十一年四月荷長白恩樸菴先生特亨額奉
命護理陝甘是年五月奉 旨著各督撫於道
府州縣中擇其品端守潔官聲素好確有實據
者保奏 簡用道以菲材濫邀保薦隨奉
旨補授蘭州首道仍奉 硃筆圈出送部引
見接篆受事將及歲餘擬以壬寅三月請咨

程行道任樸菴先生因病開缺蒙恩深知已不能
有為之料理身後事宜是省會官事煩多更兼
便想到而去至本月朔日大府富海帆先生復任又
以茶務奏請伊遵令供完歲後再行來蘭擬以
八月十七擇成行矣
道光壬寅八月十七日辰刻自蘭州啓行方伯程玉
樵先生亟訪玉函舫先生送於東關中軍副將祥
平六營得新兵丁送於東關之南山長張子青太史
余葆田趙東浦兩孝廉率三書院生童與秦芝

唐沈卿侍於秦園郡席參將官公送於十里鋪蘭州
牧雲驤太守筆帖式英貴尚賁登庚補州牧錢
湘舲馮侍禮庚補令李品芳郎湖延張學桂郭
蕡等及庫大使劉用康崔國翰呂廣羅祝慶翁
坦捕佑貳典史各官五六十人公送於二十里之東崗
又院司府縣幕友均謝東崗坡道左揮別津士
父老知與不知沿途攔阻攀轅幾不勝泥首者
日程定遠驛距省五十里天氣晴朗
十八日自定遠驛與章企山通守同行羅次垣刺史（偕信軒初）

鎮沅鄭月馬俞重庭蕭漱泉柳州牧楊翠岩胡
雪亭新方抑甫大令余子佩州倅沈子香爲餞。初二
尹楓手依依，臨別不忍分襟，躑躅久之。行三十五里至三
腳城宿，晤張星亭二尹、沈子貞參軍、樊仲卿參軍
馳具醴饗，執杯交勸，强不能飲者亦必醉。是日子
刻大雨，道路泥濘，行六十里宿清水驛。
十九日，自清水驛行，与胡雪亭明府同車，内獨
經歷湛別二十里至乾草二店，張觀生參軍特來
賜肩，借其晨饌至宵，至此已一百三十里矣。雲儀

甘溝驛又三十里至車道嶺為金安兩邑界

之所金縣恩明府送至此拜別而七又三十里至

秤鈎驛宿是日作函寄陳信軒孝西東

二十日晴由秤鈎驛行六十里至安定縣知縣張琴

山州牧王梅官　黄少府魯江談次適渭令金坤

隴西二尹黄紹贊適粵使者送寧遠到任霞大

令別已一百餘觀諸相笑矣是日成新陳信軒尊

馬東西知其已萊　題簡孫陝西榆林知府

丙往者徐墓寨門人亦因登莽膝共也

安定會寧兩縣
爲府屬余舊治也
父老兒童攜迎來
道均有依戀之意
因為內云別來凡
物又三年矣道攜
迎馬不前莫要攀
轅語父老保是令
士是報天

二十一日自安定行八十里過青嵐山王公樹西望驛邀余同李大令晉省道詢与談少刻又行十里至會寧縣李大令請与林官樂吏登沖高西觀寧城好迎送者甚于人年之餘治會寧萬一年官聲甚好是夜甚雨

二十二日自會寧行四十五里至翟家所矣又四十五里至清江驛宿是日晨雨午後晴

二十三日自清江驛行四十五里至靜寧州唐之雲家便矣罢州牧史竹臣順甫自省旋遠往相迎与談

未刻道即出又行四十五里至静寧州秦安郡府宗
壽帆前一日已相候於此是夜借宿山寺與君抵榻
縱談頗極懽洽酒成之間微雨
二十四日自静寧州行微雨路滑途頗難四十
五里至那林保隆德縣少宰明府已於此先是
盤踞少憩即行又四十五里至隆德縣涇州孔印道
同年羅偉原史大令樹光莊恨緒二尺餘背光於
此相候因即借宿楊談宋夕（而史公臣俊因道奉）
二十五日自隆德以十五里上六盤山即所謂隴山也

山上下計二十里蒼巘四耀黃葉滿山除了人皆天

然真人之祀因有句云噴嶽吮日耀竹騎流水

源渡自在流如此登臨佳處物滿山黃葉一天

秋過山山半有　關帝廟殘碣之餘保日一聯云

乎業亦要三國志聲價遠到六盤山乃合山之

中二字均不安煩當再改之是日行五十里至瓦亭

驛宿固原候補軍官華春舒先迎見懷供膳

署觀察寓香江太守固原牧但書广制史之

先一日來此字康侯原名壽彤山東面陳

不守史竹臣之先後迂遠感談天情意殷殷當
連宵深談至子刻始散是日丑寅間大雨申酉
雨勢亦甚
二十六日自陳寓歸以四十五日至安園值兴已
入手凉粉界和人根基臣明存華挑與金同卿遠
甚通相通暢談款許因即颇船來吳次談一刻與朝以苦逃途中連坐半中心山峒
山雲氣來蕉黄佳還撲人難挽君字情不得不順而識又
四十五日至平涼卿以日太字畫送君談一刻时華來謁孝
今劉君黄殺起三日前來此與相應史竹臣之歸述

送至此因同於樹齋處飲至子刻始散是日晴
先是同年袁璟卿秉宇平涼官好民安誦聲載道去二
年西巡即下世其時在蘭州為之借平價助其以三千餘金因
其長男年已二十無所成就子同小字紀發之且負債累
遂西陲樹人其兄弟辦理偕瑞卿夫婦叠之撫卹為歸其家
虞即哲甡此間因為吾民從華狀指州吏自知此之狀
指其同知並屬以一千金為家恤恆同年袁年一分生息
少佐薪水學堂五百餘金即於是日指從華素屋兩家指
作此如收存候明年正月將閱後以此分發并詳之相
為努力圖指庶不負好友於地下乎
二十七日自平涼行七十里至白水驛宿遂題平

回中山上有王母宮相傳
武帝時西王母乘五色雲
降因立祠閣敎碑記

坦夷道濃陰天氣晴露行人甚暢是日得子
香信（出西書中來）以指舟收拾甚遠也
二十八日自白水驛行六十五里（由回中山下經涇河又三里）至涇州宿署寧州牧丁
令元鼎署崇信令董倅五領均於道迎迓是日天
氣晴朗差役黄（元汝和）等回寄家信一函
二十九日自涇州行五十五里至瓦雲驛丁署牧為具早
餐子午山（因）飯畢丁牧即行（桂母）道回寧行或指某為陝甘界
地平其一望茂黍芃芃天朗（高）氣清心目開朗又二十五
里至長武縣宿 署令鄭芳蓀廣西進士人極老成保尚

是日得王夫保门書
中言黄子頗悉

初一日由長武縣行四十里至亭口尖又四十里至邠
州宿州有姜嫄之墓二有古公城早後微有雨意申正小雨涇陝上下霜葉紅黃奇
栗柿梨甚多路旁夾岸樹葉紛紛落
四山黄霜葉四山佳景也知州張垣浙江人
初二日晴張刺史東階年七十餘鬚髮皓然而精神
尚健承以輿夫相助行七十里至永壽縣上山下山途甚
陡峻每後山風頗厲到之申動搖不能前亦且住為
佳矣縣令鄭相南字雨軒四川人
初三日晴由永壽行四十里至監軍鎮尖又五十里至
乾州距州城三四里許山半乾陵在焉因州俾楊君云

見刘原老口占

歸子相携刘野田，自双
自染苦忌辛苦捺手
發揮之世說是歲望
以上天

我侯墓亦在城外，直皆荒茔满地，狄梁公墓亦在其下矣。

署宁州陳君堯書，福之人。

初四日由乾州行，途經梁山，遥望九嵕五峰，諸山環繞，峰巒氣

象殊偉。計四十里至醴泉縣。唐太宗昭陵即在九嵕，魏徵、房玄齡、杜如晦、虞世南、李靖皆陪葬焉。

又七十里至咸陽縣，即秦皇建都之地。周文武、成康、漢高帝、

景帝、周公、太公、蕭何、曹參、張良、周勃陵墓皆在其地。南

通巴蜀，東接長安，渭、涇合流，此蓋關中最為衝繁之區也。是

日晴。和周君（絳一）南州，路甚好，甫以保荐屡觐回任之，

談半夕始散。

初五日由咸陽出城一里許渡渭又二里許過浮橋計五十里抵長安羅中丞開子俊方伯羅方伯傳秋坪廉訪羅蘇廣訪劉峯泉粮儲觀察方仲陶拘同年柳理堂言秋苑拘觀察霍普府貴秀岩太守瑞將軍都統拘普秋坊壽人十五邀入城後隨去謁談甚久相見玉圃正擬還寓所亦僧擬思以矣是日晴

初六日晴子俊中丞（子林太守四丹翔見說帆和是日洋次）招同秋坪峯泉仲陶理堂小飲至子刻始還

初七日晴作家書一函并寄梅帆太守玉樵西船重

穠潄外子香、謝良書。午後赴仲雨同年招小飲，樹瀟夫在坐。

初八日丁丑。長安與諸男子別，在山上改車為騾轎，因以出城。十里過滻橋，又十里過灞橋，又三十里至臨潼縣。公館在城外驪山下，即華清宮故址也。山東為東繡嶺，西為西繡嶺，山頂有老母廟，所謂驪山老母也。其左公館之西，溫泉在焉，渭水經前，遠山如黛，平蕪一望，沃野千里。署知縣尾暑，号樹人，安徽懷寧人，亦舊識。何好生与同鄉小英刺史來謁，因留茗飲。

初九日晴由順德行四十里至渭南約五六十年每至
赤水稍去地平曠山水清遠景象與順德同出渭
南一里許招見小舟張帆順流而東雨〻將發盡自
楚至甘已七年終未見舟以為是日為重陽節先是
在西安劉質泉（子仲謝抑同年）諸公偕余與子俊諸君登半昌谷杜少
陵祠咏詩順德諸公留余小住上登驪山因先大
夫忌日恐力辭而行故途中作詩云每〻佳節又重陽回
首從溪遠道望把酒與人為會之排登聊賦小詩償
遇孤寂能勤勝似植桂遠知蔭蔭長先大夫墳前皆種植桂

蒼翠千峯拔地
來青樣霜樹寬
無窮情趣忘知
多少須取華州道
上所施眉山色不知
種一日華山明裏
以三面相宜澤
不似到來不識詳此後
山之可

二十三年弹指頃那堪青鬢已成霜
初十日晴由赤水行一程眉山四十里至華州又六十里
過華陰縣宿西嶽廟時方申正至嶽廟遊謁觀柏森
茂琅琊諸廣所樹碑亦三三物也廟後萬壽閣望太華
三峯雲氣逼人邪關東西月上時後與岳山嶽廟之
西角勝觀覺景象又別不同詢之道士云岳夜宜以
見中峯更後樓閣玲瓏不可方物擬明辰仍往登
覽也爾樓前長與來見余饋双鯉至宜信之眼福比
十一日晚日卯出還往萬壽閣前現中陽光正照仙掌一峯

碧雲峰巒羅列（山色一路青蒼，氣象蕭瀟，使人對之迥異塵世）時與兒輩指點山峰何者爲真山也。以三十五里
至潼關，秦嶺在右，黃河在左，下瞰陡山，天然險要，實爲陝
甘門户。時已正，署觀察劉蔚亭同年偕潼關司馬滌吳
出郭相迎，隨渡以平安道情殊可感。隨渡河（入山西界）以七十里至
永濟縣，入城底宿，距蒲州城僅三四里，到及日暮矣，遣（十五日丙戌即晴）
城垣刷甚壯闊（已覺模糊），縣令周夫廣西人
十六日由永濟以七十里至樊橋驛，土地平曠，風氣醇樸
天色開朗，遠望中條山千峰嵯峨，蜿蜒綿亘，如在目前（青蒼數百里）
驛爲虞鄉縣屬，距縣城十五里，縣令曾君同時先到

湖北安陸府參軍與余同官相別十二年矣竟不不見我營如何

十三日晴由樊橋驛行七十里過臨晉界又過猗氏界至安邑之北相驛宿過舜陵在安邑境有石坊曰中條山猶在縣也邑令宋吳潤安

十四日晴由北相行五十里入夏邑界過涑水係司馬文正公故里又四十三里至聞喜縣宿署令賈其川南人前任華與天津人官部崑如之調署由

十五日晴由聞喜行八十里至侯馬驛時可日午晤侯馬巡檢劉景知平陽史西過守直隸之由陪州四任久聞此

吳季相人，因發八三十里至高顯鎮宿，以便明日早到平陽
也。是日過猗氏、安邑、曲沃，高顯鎮屬曲沃。
十六日由高顯鎮行，過太平、襄陵，入臨汾縣界，又十五里至
平陽府城南驛館，通守史吳未淞談至戌去，招款甚相
洽。在郡雜聞之，所謂承儀麻衣柳莊者，乃自謂崇
推許，亦未見其言如何也。新任張吳甘葛人，同攻甚好。
十七日由平陽府行六十里至洪洞縣，又三十里至趙城縣，又五
十里至霍州宿。霍山為五嶽之一，山峰不多，亦不甚高，樹形增
滯，遠遠而望之，自是高巖，宜其與太華諸山齊重也。出

泗洲過皋陶坡里得至蒙城過漆園樹入蒙城知過楊

毅節祠昭節名廷亮湖南癸酉解元有句云一事怕沾千

古笑百年難見我人與讀之殊有生氣乃以進士改

知縣治蒙城十餘年而竟被難於此亦可哀矣聞其被

害之前數日曾自書詩云我本不欲生忽然生在世我

本不欲死無端死得去一死之生其理本無二從

此天地間又多一件事以其被難前知其亦何故歟

十八日晴由霍州五十里過逍遙嶺五十里至仁義打尖又十

里過歸侯嶺又三十里至霍石站一日在霍山對面汀亂山為

下登陟險峻，北來第一次行此路也。雲亭爲霍州[illegible]州牧張[illegible]安徽人之升

代州刺史前借同人也

十九日晴由[illegible]至[illegible]休，由[illegible]宿（十五里）

聊平陽府即氣象平闊開朗，土地平曠，民物繁富

霍山當北，直至介休，其氣象平平[illegible]（若干里）（趁宿）

廿日五鼓由介休行四十里至張蘭鎮，又四十里至平遙縣，

又七十里至祁縣宿。是日午後大風揚沙，頗有雨意。祁縣（郢）

陳大福建人，雲坡先生之三公子也。與談，頗許少年老成，

其事甚明達，氣宇亦闊展，賢者有後，爲之快然。

榆次曉發

騾網前後喧兩驛
人聲呼與曙音邊山
色青如畫林端露微
驛士々馬如馳北風
太原城相隔不萬里
中有未必人不往竟
莫攻光輝不可捉
相思何能已

廿日五鼓自祁縣行六十里至徐溝縣尖大風塵遇雪
至是復息微雨濛々山野皆霧薄暮方至冒雨北行直至三
鼓始抵王湖為榆次縣屬距縣城十里距太原六十里
廿二日陰昨午乃在山徐溝尖後先行距因雨路泥濘騾夫不
肯前進距王湖二十里即已止宿因亦稍待至辰正始由王湖行
七十里至壽陽之太安驛宿得知此嶺（泥濘）滑滑知山石磋峨七
十里直如萬里矣酉正始到（此地距徐溝僅百餘里昨日經過微雨此間則是雪故過山均積未消也）
廿三日晴卯正起於卯正在太安驛行五十里過壽子河
至壽陽縣尖又五十里至壹州之測石驛宿

見爾方伯於廿二日探下專函道使乞送弁政程陪方伯物，不忍命，情殊可感（廿三日前到太和鋪）伯書謝之，廿三在濃石塔

廿四日晴，由濃石行五十里過南天門至平定州，晤署州牧為保定莫刺史（名兆文，字鹿岩），受師海山先生之令坦也，由庠生出宰山右，歷昇州牧，擢須保定，年又引入京，栗甚，當料破績，嘖嘖人口。五年相晤，見彼心真不俗，受師之婿，快慰何如。惟方語次，驚悉海師去歲七月以中風疾，今已下世。道山海內典型又弱一个，何天不佑善人也。是日陝兵回任過平定境，匆匆，復行四十里至槐鋪宿。

廿五日晴，由槐鋪行八十里至柏井驛，又四十里至甘桃驛，卯時早

返寓。又至晉省山西直隸交界處。又三十五里過井陘縣。又

三十里至井陘縣之微水鎮宿。是日午前微陰，未正少刻

下雨，大雷雨意中即微雨。社(?)望鐵山蒼巖諸山峰獨青翠

搖人也。

廿六日由微水鎮六十里至獲鹿縣。又六十里過滹沱河至正定府宿。

出獲鹿縣，十里後平地千里，數行開眼，覺天地一闊，

回望西面諸山，層巒疊嶂峰，蒼翠峙列如在畫中，

心目快之。因有句云：數日層巒疊嶂峰，好山多半未知名。

回頭一線蒼茫甚，閱歷勸(?)烟樹來時滿(?)天地

望眼經前程從此(倘他)隔(離)誰免哭嶺千岩視多少
艱難猶想遙在定陵咫尺自去重南人与屋同處感
大概(别來十七年矣)廿卅年辛遂有(?)厚蓋好從此相見情(洽)如手足
回憶少年却如夢境而太息者久之是日晴在獲
鹿知在山谷道至梁城留以保定再合兵未免缺憾也
廿七日晴五鼓由正定以四十五里至伏城驛尖又十里入
藁城縣界又十里入新樂縣界又廿五里過新樂行至縣城
又十五里入定州界又十里至明月店宿
廿八日晴五鼓由明月店行殘月挂林涼風拂樹頗覺寒

氣。過人卅五里至定州，又二十五里至清風店尖，又三十五
里過望都縣，又三十五里至方順橋。是日滿城縣所屬地，秋令
為閩茶泉明府，與余別後江夏知縣，今十年矣。因卸至
好友念甚殷，因於相邀，便在伊署中留飯，因雨未成，是夕宿
年後自卸江夏來此相見甚歡悅談至更深不覺
坐留數刻，雨未雨，夜是日晴
黃昏五鼓自方順橋行四十五里至陘陽驛，又四十五里至
至保定府。時天即相與晏坐，保陽書院洋法閣數日，二
即入都。三十日子秉之著行，於二十里好相逢，時固原胡字
峰軍門帶兵回任，尚留不解，因先詣問訊，即晉見

飯後至院署與粟〻暢談數刻其器宇從容習襟開
展叩其所學頗自不凡治門〻徑而無師研經參之學
係隨語及東川寄詩讀黃專帆可伯雲還攜唉與左
峯東川在藩署小酌至戌刻始散是日晴
廿日四鼓由保定行五十里至安肅知東〻太子貴一弁送至此間
獨翔前行遂阻止令回府和城者早餐行六十里至北河宿定興知縣是日陰合
山時日出至保陽相合為六矣
十月朔一日四鼓由北河行五十里至涿州過橋又五十里至竇
店宿是日晴

初二日五鼓由實店五十里過良鄉縣又三十五里至長興店焯兒已先至此候余六輛今始相見為之稍慰因令速返都門僦覓旅館并遣人李上轉与仓山明店入城坂是日即宿此間午後無事以圍棋排遣亦遣年樂境也是日晴酉戌之間大風

初三日寅正由長興店行五十里至蘆溝橋又三十五里入都城住西河沿日升店隨与周子儼端卿相晤焯兒先歸寓其宅因孫兒繼祖生已三年始得章宗氣偉似尚清贏亦頗聰俊稍為心慰旋芗吏部琴五同余已至

遣使程飲因出往拜別已十七年矣相見甚懽時花四白付
御子儼在座談至戌刻始散是日之初微雪
初四日晴辰往正陽門　閱市西香西寶四白登仁弟子
江楊心香徐涑琴五芝君民伴先後過至縱談移刻
而薛定甫刺史亦來相別亦十七年不意又於此相過問
其近狀頗覺抑鬱之不覺張洪葛年矣申正至四白
寓晚飯縱談時子甚暢戌初回館子周十夫刺史述
初五日辰刻入宣武門至廿石橋門人鄒璜為前漢陽通守
徐肯齋之子年二十五已華孝廉頗能用功故人有子爲

之心。飯後至毅然胡同晤春台、軒侍讀處。樸廬師雲
振之對潘祖瑩晤年友閔寸鐵卜葬知之，感重為惻
然。分軒以鄰為保菊屋之次，是全盛年二十九歲學
甚閎。晨十點至吾五世之府，火雨為悟雲灌之，良久延
請宅五至後門寬遠而北，松岩之罷已。宅切與相見隨
出佛華門至六宮後，時江翊平、工部萬尚直雲歸三
戴神不一朝指唯悦談數刻。君揭以朝快甚，告情
初六日。晴。辰正三刻起。吏部驗到。後隨至四白屋與琴五
心畬手做此。小江談吳楷讀至戌正回家。

初七日晴。辰刻至安定門恩階六符宅，謁其太夫人，年已五十一歲，撫孤守節垂三十年。幸階六少年老成，迎接例捐納州牧，籍省三子而已。心旋隨偕階六至近畢師宅，與桂之通名蔭秀時方董業茂書，因觀演一齣。四家已及酉正返。得舒逸家信，至燈下草草復書數函。符與子夫談至亥刻始散。

初八日晴。辰正二刻，金所存、盛西蕃來謁，與談，知將值集，每至拘家子弟材智者，遣因數而教之，方讀論孟。楊公甚歡，隨赴薛晉甫招，與思白、心禽同酌，散後

還。招朱梓叟少司馬、葉庚閬學賢叙别，惜文翁

同年趙蓉舫副憲未偕。還至琉璃廠延壽寺之心

舍弟甫同詣淺心僧細談。請命，謂渠半年內當

廣遷。（擬與袖佛醮使）命姑存記之，以俟驗否。

初九日，晴。辰起。王葛川刺史來辭（名範三，前任岷州）

余宗課年呂時庵丈也，與劉慕東比部為姻家，

細詢慕東近狀，頗悉。飯後答拜諸君，陪與江綱

雲亞波暢譚，始知戴雲帆水曹相距甚近，因

詣雲帆，雅話至一鼓後始還。

初九日晨刻惠階來宋娛萃邱起留共午飯談詩物時
全世兄亦來至午初刻因連日爲居甚倦更從周大夫
刺史往慶和園觀三慶演戲戲劇回值別樣者見而
殊拙偕來因即返狀門之二坊不時不舒華從無是日晴
十一日晨起擬致爭座位語梁子受少生閱其文即制藝
筆甚遒勁美偉之氣迥出時輩人故人者爲之心快隨
偕梁子赴思白心齋之招在座者趙芸舫周季廣停為
薛銀樓餚饌極精妙飯後手談至二鼓始散是日晴
十二日晨起郁文峰之自城內來訪因合山赴東興居早

酌随与久峰至打磨厂皮局胡同通郭友信来打
是了账文孙于九日启行不易而幸延文多数日心殊快
快计六年前亦于此日也是日晴
十一日晴辰起入城由顺宣武门至西单牌楼林清宫
谒许太夫人莺直别十五年矣苍然道故欷歔话
随诣西华门内经板库谒陈伟堂少司农不值上年
公子行礼时叙少年老成不坠大家子弟实为难得从友
出城至贾家胡同谒冯师府值夫夫子时方奉命南
河督亦工程与世兄时年得十六细询冯师精神眠

合肥壽又唯、汪魚甫同年、朱子山農部、西宮巷南

子美。

十四日辰刻十來至萬川拘刺史振同劉慕韋沈郎李伍山通守蒲

晉甫刺史出酌并邀赴廣和樓觀演李台郭祺

劉慕堂賓堂于門西至好之邀以蜀城坡遇日役

此相訪均不獲見甚切想想把酒縱談興復

不淺宮多以此業無涯而宮已及矣是日晴

十五日辰起寫書訂太守之長女 水郎來謁畢白

侍御吴偉卿比部同年先後亦來談數刻遂為

邢久峰、劝慕堂赴惠丰居小酌，晚至玉翠珊处，郭同年宅，偕谭天木狂饮至四更许，乘兴而归，亦戌初三刻矣。是日晴，北狂甚风。

十六日，辰起，至宣武门内菓子胡同候劝慕堂，又至西华门内谒陈伟堂先生，先生为予癸未、戊子座师，公忠和厚，颖如海内所重尤甚，相人谓余晚境甚佳，不啻萬若如所云云（章州大鹏）。辰年卯出城，答拜玉对人，随至棉花七条胡同，时兄子已携妇子移居于此。酉戌间子偕梁五先仆偕来谭，至戌正后散。是日晴。

十七日晴。日初，中傳知十九當引見，因即料理一切。

逼近堂官保呼亦由保法勤工諸郡，家書好畫相屬。

數載三年不見顏色，奏對之餘，亦不覺數良

夕也。

十八日晴，四鼓入朝，寅刻趨謁 圓寶德林中堂過常師處，倍嘆歸於朝房午正散

於館傳後數刻，因出城赴晚歸

家中同志甚旺，山色湖光應接不暇，酬飲至夕入直

以來第一日安逸之境。

十九日黎明入朝，已正於 勤政殿引 見，畢正謁穆

相國，談至酉初，又謁祁春圃大司農於也是樓。

風甚回寒
二十日辰正詣　相府迎喜　出覺師彩　慶子門外時
上方歸詣　太后宫請　安畢職　御前大臣帶掛班
揖衛兩東之同在九間房喚御　天顏正在回寓因往
謁　芝軒相國兩人少同寓僅見大宜存見先生年
邁耳十五歲器宇軒昂即患正和平且清風亮節
頗有秋潭相之風能論時事以獻芻蕘頗為採
納蒙深甚厚正下人從白勤業不可觀北直之上功貴
臣矣也回寓申正今王卿夫承郭霽嵐拜歸道近山

未初與晚飯畢晴

廿二日寅初頭梳　寅正見於寅卯撲謝　恩摺語

奏事處遞進隨至吉山至吏部朝房坐而假寐卯

卯三刻近中出來卯正三刻叫起因同至奏事處

詩命義以第一起於辰初二刻語　勤政殿東書房

上嘉西南東坐義免冠碰頭奏臣唐樹義叩謝

皇上天恩　上問爾因何事來京引見奏前任陝

甘按察使恩科　奉保舉奏　硃筆圈出調取引見帶領

上問爾不是楊波明保嗎奏臣十四年年分因湖

北擋自訥尔經額奏派升補漢陽因籍貫迴避部乃
見蒙 恩召見一次十五年七月即蒙 皇上天恩
特放甘肅鞏昌府知府 上問尔在鞏昌府幾年
奏三年 上問後來是[奏]調補蘭州府知府 上問尔在
調過首府在首府幾年奏三年 上云記得尔看
府易縣都做過做首縣不是長沙縣嗎奏是湖北
武昌府江夏縣 上問尔這[蘭州]道做過幾年奏一年
上問尔是由舉人大挑的嗎奏是 上問為何[甚麼]不進中
進士沒有會試麼奏五次[會試]會試 上云尔會過五回

試可甚麽不中沒有出府麽 奏出過府 上云出過
府怎麽不該中你是那里人 奏是貴州人 上問你
署過臬司沒有 奏 皇上放臣蘭州道時臬司是兆琛
新疆到任 又問你署過藩司麽 奏那時藩司種述
閣正到任未久 上云你藩司臬司都未署過 奏是
上隨訓誨云凡做官辦事照諭你之言這四個字不差
是做官做人亦該如此斷不可招物須總你把你從
知縣做起如今已做到道員了總要十□趕該
你今年四十幾歲 奏臣今年五十[illegible]歲 上云你今年

讀本年歲在談被其寬以寬力往上已結一節是恐勤
須恐便須首出息了隨其身分出因碰頭奏陛
然不敢奉負　皇上天恩謹遵　皇上至訓隨作
身回之出時　近帥常來出宮因与恩階六從東乙
辛在山全時齋近禱同在九間房生待至巳初回
寓適黃琴五來現同早飯罷後語　近帥寓談
四刻許拜玉芝軒相國雲拜祥文玉壽圖大農處
值王蓮洲秋卿侍郎在處坐談一刻許蓮洲秋卿先行余亦
繼歸（賡樵）壽圖先生復往回假談並議論今年時事

至二鼓時始歸，下晴，六句又陰，讀東坡詩，氣如滄

樓云：春風吹海棉，制府主稅局伯子兄弟候余代查，兩世

時第一次宴……也

廿日，晨起大風，早至諸君行大堂，赴蘇行暢談，三刻

許又訪齊府，相國，赴蘇行，適出門，不值，又至兩人

相同處，赴蘇，談少許，復至紫竹樓，與人暢聊，清譚

娓娓動聽，使人之意也消，真不似風流君子又唯往衛甫

祠部，西安風，時已雨，已風，色仍甚，是日晴

廿三日，晨起心會諸課，因遣封套，還至家中，適遇將軍祭

遂留共飲，隨後至車，余由後門至覺樹，訪邑公，拜客，於

弟杜岩觀察處觀摩至小語申時即由東華門進
城出正陽門請江岷雲小郭午飯同酌並右雲帆班郭
子儀瑞郭相與、長談子儀岷雲後往同雲帆至蔗仙
家中雅酌至三鼓回棉花胡同家時雨之情二人孝廉
由通州來以來見余稱胡付不來云是日晴
廿四日晴已正為貴州同鄉招飲回往北為周詁根太守
畢後復赴鄧玉之封翁之招二鼓罷語王華珊同年
茗譚至、戌正始回
廿五日巳正訪趙蓉舫副憲朱、孫曾力自馬戴雲帆

訓部回順主人招同與白付御江魯溪諫議柯蓉舫
同年寓玉申卯將散隨往謁祝蘭畦副憲小山祝宗
之會房師也相与翻小山出日光景不覺至酉正回寓始
乘又東出話至戌正散是日晴
廿八日辰起入東城至恩陸六宅早飯時出見師母以
子出閱因往賀青道值子貞太史在座相与暢譚
戌不忍展其集子子貞稱典閱許相思已十餘年不圓
梅此相見實之意相不到場夢話尤契學而情益深子
貞隨出城余復至寓未訪柯岩談至申正回出城

還家。是日風甚厲。

廿日　晴。辰起，訪西城，與許值生同年別，隨至李府。

耐子寓，與諸君全，赴竟成宅中坐良久，時漂倦甚矣。

招同學芸村、諸友遊集，飲至申正，坐談散，送余到鋒。

蔣年叟卿、四丁、雅鄰、犀石、因至五門，偕談，別跟歸，

已二鼓後矣。

廿一日　辰起，黃翼五招，日午至其寓小飲，相得甚懽，因與子貞

讀近年文，從此後還書而甚屬，是心三生石上舊

精魂耶？與宗伯摹帖，書之，不可解也。

廿九日己丑。辭別秉衡中丞，郭門周十夫將送余至
普濟寺茶話而去。余將至寬甸雜別之處，至玉雲
樹別來拜，因屬留以談二刻，辭行十里至長新店午飯
此地許宛平縣境，其縣至良已酉正矣。是日晴，程中
宿
十月初一日因車輛尚未齊集，留新店半日。午
至良鄉宿。是日風甚
初二日晴，由雲居門過涿州新城，路與涿州相並一百卅里
至北河宿

初二日　晴。四鼓自北河以過安肅至保定宿。

去年以青四千兩票一張，請留甘肅以知縣即補。沈子青一千八百兩票一張，亦請以知縣留甘省，俟先補用。劉煜七千兩票一張，請以知縣留本省即補，於是兄家陸續共有伯操去月內可以出奏。

初三日　四鼓由保定以巳初至方順橋，西關城外康陶葉中丞閱余來，馳出相見，因與其略譚，論及今年以二十里過望都，知今之萬其道過，並贈余乙齋詩集，（二卷）車中披閱一過。詩書清淡情來，過方家橋，計故篇幅稍狹耳。又二十里至清風店宿。是日晴，天氣甚暖。昨接孫三兄書，令兄葉泉代校

初四日　五鼓以三十里過望都，又二十里至明月店，又三

十里過新集鋪，又二十里過葉城鋪、康堡，又五里至原仁鋪
康、伏城驛宿。是日晴暖如昨日。
初六日發，由伏城驛行四十五里至正定鋪，過滹沱河，李星
吳又五十里至定城宿。是日天氣晴明，風日殊暖，滹沱河
時清泚如鏡，平蕪堤岸以見樹色，風景殊佳。記有過光乙未
撰丙子過此，不覺八年，而情景猶如昨日，因有懷云：陌上塵
時無正芳，八年回首好風光。滹沱河水清如鏡，重與蕭郎鬢
已霜。清鬢髮曾無蕭遠別離，皆耿風月故遲遲。東勿聽
每淚會錢上算東歸期，是哉時

雪生兩題硯
雪生睡未醒，道人石炙
爐我方尋夢，夢未醒還樵（穠）
夢中黃粱猶未熟，名
已將舊子(?)言之當偶
悵誤何過人海浮沈
浮生等同霧馳，驅々
陳迹誰能究其未究
竟爲所囿，自云英雄坡

初七日四鼓由欒城行五十里至趙州稍尖，六十里至柏鄉
縣宿。是日暖甚。
初八日四鼓由柏鄉行六十里至內邱縣尖，又六十里至邢臺縣
宿。是日微陰，手足頗有寒意，以前數日下午張得雪矣。
初九日四鼓由邢臺行二十里過沙河縣，又廿五里至褡褳店
尖，又十五里過臨洺關，丙午年物居，又二十里過呂仙祠，
是雪生夢處，停輿稍憩，道人烹茗以待，因得觀
壁間詩，除玫人王魯之四絕句外，一無佳者，海內才人無數，
子而皆落托無所依人，與感慨而降之感也。又

黃粱夢邯鄲夢醒時當一痕
原以夢為夢夢幻當
所操何如保佑初夢醒
物為不評了不知一笑
大覺惺頓之飛仙人
此言成非謨

二十里至邯鄲縣宿　是日晴　午後暖甚

蒼茫平野見烟霧　放眼乾坤道路雜　往事思量都如夢境

卅年前度出邯鄲

翌日晴　五鼓由邯鄲縣行　五十里至杜村尖　又三十里過漳河　是直隸河南交界處　又一里餘至彰德府安陽縣屬之豐樂鎮宿　到店方申初一刻　適前安西州陳秋谷光闓亦同時保請赴門　見道出此間來謁　採詢甘肅近事頗悉　安子吾心為之慰　至秋谷譚至酉刻始散

廿三日　五鼓由豐樂鎮行　四十里至彰德府安陽縣　又四十里至湯

陰縣又二十里至湯陰縣之宜溝驛宿 是日微陰
十五日五鼓由宜溝驛行五十里過淇水至淇縣又六十里至衛
輝府汲縣宿 是日微陰 午後到店余偶腹痛至晚始眠
會寫畢佛寰行致
十六日四鼓由汲縣行五十里至新鄉縣尖又四十五里
過獲嘉縣又二十五里至獅子營宿 是日微陰 午後
大風 好友陳特夫孝廉十年前以計偕入都至獲嘉道中病故日亡余時
存遣使為之經理靈櫬扱歸自是後復到此已今十年不忘追所詠
今番過此地不禁為之愴然
十四日四鼓由獅子營行三十里至修武縣又廿里至大王莊
尖又二十里過黃仗郎鋪陸過武陟縣屬地共六三十

里至貴陽孟縣清化值宿值霜懷黄因知蘇劃
南寶平集頗而縣當其西則太行山也第外由高入都
必過此山今則腹背俱歷矣是日晴辰巳午後風
十五日四鼓由清化行四十里過沁以至懷慶府以與孟南閣更又
三十五里入至孟界又二十五里至孟縣南關宿是日天陰氣
清過頭手但到及年在記丁丑年侍　先大夫宦懷州時知
其仰先達遇魚山先生曾起以南仍至孟縣志修例甚按（鄭為考正的己志）
擬而精嚴亦與原對山武功志相亞又文（補）又益善過經先生
（余互）雜著破為書記探學（植切不精）問今文今過此間未曾嚮而字因亞

今果見康知志謨之二十年年有一帶輪星因深寄照爲釋
誠幸了亦快了也
廿六日晴四鼓由黄知西南行三十五里至孟津渡河時圓月
極隆甫日方升其光煌煌射注嵩山而出太室少室如在目
前太行王屋諸山回周列環而河水亦復清澤珠珠流流
黄流頓現清高之迹快意乃一时许渡舟登陸五六
十五里過北邙山至河南府洛陽縣宿
廿七日五鼓由洛陽行四十五里至磁店又二十五里至新安
縣距縣一里許即漢函谷關四山圍繞一逕出關昔稱頗稱天險

知今劉君匡之續一刻以兵差過境民力不及而念占右道人也又三十里過一洞水至鐵門宿是日晴

十八日四鼓由鐵門以六十里至澠池縣道含嬰壺又廿里至土壕又廿里至觀音堂宿過土壕時遇今年以何兵差坡在其地談相逢茶敘一刻餘今年湖北人嘉興余曾任湖北時也是日辰正開陰甚懸即播雪午後復又晴霽後西農民盼雪甚殷矣觀音堂西陝州屬 樊城至陝州南此合道

十九日五鼓由觀音堂以二十里過硤石又五十里至磁鐘宿東來之道此為第一險峻是日濕甚巳午間大有雪意

二十日五鼓由磁鐘行三十里過陝州又十五里至稠訂渚尖又四十五里至靈寶縣宿是日辰巳間廣乎寒帶頗似將雪來已復晴至此與兒子弟各宿以明日將野話至靜閱擬廿四兒到西安料理一切以便早日西行云

廿一日四鼓由靈寶行六十里至閿鄉縣是也也為黃帝采處也今李丈福源號寶海直廷明講示據知是日為長至節因語知縣辰聲同鄉並為幕友頗是子李因御惜族往予先是余入都時適出華陰縣探花之世兄人來見論及地方官吳君辭世國威藉寶海為縉紳之家所過及甚殷予數論余心誌之以得由晉赴京故不果過閿閱頗切月餘今復得見其志在說

信為習道之士擬擇建設縣中當于以西寄作風于午留由
閱卯六十里至潼關是日雨收雪湛見微雨直至酉初
抵到至西二十里宅有一百五十七里由寧至閱六十里至七十二里也閱卯至潼關宇里有八十四里回
華州藏亭觀察平郵序詩吳史郎相迎並至觀察署中
少頃談至一時許至寓之矣初三日來
廿二日五鼓由潼關行三十五里至華陰廟又六十里至華
州宿是日初雪不雪微雨濛濛太華諸山雲封霧鎖均不
可見惟習有木梯一樣記石峰岫雪色因有句云百里名山都
未遂我車偏值雨濛濛山雲收狀厝容若故把真形

烟霧村

廿二日由華州八十里到渭南，又七十里過新豐鎮，未到臨潼

約四十里野吳閲石鋭員，福建吾衆人氣象頗闊大，是日微雪

廿四日由臨潼八十里到西安，將軍以接以次坊委人出郭相迎

到寓，時方伯陶同年耶程衆觀察即來晤談，隨往拜將軍

中丞陶子俊，登程拜方伯，從程承厘訪理事，伸陶拘觀

即拉程承同筆寓晚飯，回以寓已及酉正，在某齋澤讀

軒偶大字，出在寓，逕人廣將讀至一時許，据數是日亦微

雪

廿五日辰正往拜林侶帆太史，并与訂交。太史為少穆先生
之長君，年甫二十九歲，侍之服官江浙，甚為留心人才。器宇詳
定，靜而不炫，名父之子，作自立想，與少穆達矣。真是可
謂克紹其父之子也。申正至理問署，話綏之在寓，與秋坪
随訪醒吾大將軍，蒙謂兄任此官中年以前閲歷相恩，一見如故，傾倒備諭時事，至一時許，以伊甚才雅，圖可大用，乃知其為人，其年之
綏之別僅以伴閑之談，星階太守諸君子同年相叙甚
予曾為而异力於京寓，如此而不平，因覺非今年相之進哉
懽。至戌初始歸。回寓，所示徐信軒猶在寓，近候舊兩情
款。六張子威昔日申酉戌亥大雪積地，可五寸許。
廿六日晴。陰雪竹晴，辰初，徐信軒太守來談，欣語竟得良久
去。午後吳卜陟夫，又答拜貴秀岩太守、邵星階太守、方仲鴻

同年陆赵子俊偕罗平亚亚招至寓饮相饯

廿七日渡者起陵帆来谈，五刻徐青岩太守蕴宁长安令

令夫回来又一局，午饭后随访子俊罗平亚雷择梓中丞

赴秋坪之招，日酣共为理书欢宗仲的俱集，申正谐三同

年至戌正相散

廿八日巳刻由西安启行，自申至以次抵长人屯，遇雪晴和

是日天一白，河南太白诸山隐约相望，无不洒然来时光景，心

近又易之，湛我五十里过渭桥至咸阳县宿

廿九日五鼓由咸阳行七十里至醴泉，县令翁笑轩今日为谢

紫南謨四川巴縣人辛卯年九月甫補此缺實其所少但
於實心爲政者與譚炳符同志起以又五十里至乾州宿
廿日黎明由乾州行五十里至監軍鎮又五十里至
永壽縣宿自廿八至今日天氣清晴天更雪遍上下色
南北諸山爲雪所隱行以二百八十里一無所見惟覺乾
坤大地淼淼漭漭更陰沉無心目如爲之清徹亦道途
中實爲開胸之境界也
廿一日早飯由永壽行七十里至邠州宿焉與張
史談一刻許即以過大佛寺亭口至長武宿是日

陰甚亦寒甚疑將有雪亦竟不果罷初八鄭
君友堂出郭相迎至寓時談此番拜謁均一時平
涼揖別后即府亦差人來迎擬初二携手那來
亦殊不阻滯否
初九日丑初由長武以至玉尾雨勅孔即逸刺史在勅相迓
因小譯一刻許部遂先還州城余隨早餐畢即從玉微雪
至午正至涇州前署寧州牧丁大令霄台陳君步峯
君登府霄名大盛君涇州吏目黃君均相率來謁小
雪霏霏收拾行裝遂得宿業今日不住長武山路崎嶇

未審平安穩也

初三日晴昨日戌正與談吳譙集後卯由涇州公寓以至

卯正至白水驛矣又行七十里癸未初至平涼郡部以驛

石芸齋拘太守楊葆臣明府及華亭劉明府均

先後至寓暢談酉正同集葆臣寓外齋談譙罷

已戌正矣

初四日卯初由平涼以西四十里至安國鎮所以驛遣會星

壁署與芸齋太守同飲未正至瓦亭驛同原吏目周洋以

道路與雪府佛時特出平治因與譚一刻許鈞書二刻

吏艾子随六曲州来，謝夬芸集家所有酒斛，酌至夜初二
刻，余与芸斋同出城，程卯乘舆登舆，二十年至至乙壁
山，於廟中小憩，约寅初到神陜津，夫扶舆以直上直下，天风吹衣，
寒气逼人，毛发皆竖，火以感道路冻滑，频有倾倾，若至
卯初二刻始达陸法，张少宰所居，偕其二弟少村、广文出迎
先也至，迎揖与谈，知其料理丧葬及地方事件，尚周妥
靖。随与芸斋早饭，卯以后十里至静宁州，方及未初时，因子适
使兆四河门家事，切不可落手，无心为之，坐其自登程，初四日
阴晴，沿路山雪已消，驰将尽矣

初六日四鼓由靜寧八十里高家堡住宿及卯正二刻黃甫用夫
華卯分手先八里過清家江驛至羅家所宿李鏡湖刺府吳
玉相庚張鄂生參軍罷會小坐過此並有庚集田子兩
吳自晚所暢譚一時許據散是日晴午後甚暖
初七日寅正三刻由羅家所八至正至會寧縣李鏡湖太尊
詠楊夫律士周吳登史蔡葉來謁楊周時杜兩
之士談甚久欽相見頗覺快晚飯後復同謁送八八
十里至西鞏驛宿是日晴午未申皆暖甚
初八日丑正一刻由西鞏驛啟程至安定縣署中知縣朱山刺史

讞西賓遠棲大令、登典史廣文均詣寓常相見，隨早飯畢，
即與諸君相别，行六十里至秤鉤驛宿。是日晴，午後仍暖。然
訊之土人云：天久不雪，望之甚殷，以逢塵亦盛云。
初三日，由秤鉤驛八十里至清水乾草店尖，又卌里至清水
驛，又六十里至清（安定）縣驛宿。蒲教諭承制、史登洲子秀、張、吳
均出郭相迓。吳子校早正亦來問訊，大小俱嘖嘖安
而已。既擬喚飯，後稍憩，作書寄以一則者，庶者詠
民也。郭之煩且明日西風尤大，擬日即西隨同撫邑長舍
謁云。是日晴。

翌日甫交三鼓即由定遠躬程行至省方及丑正老仍出坡一
家叔猶時已借榻因後之隊至辰初根辰魁上院福久當海帆
先生備候京之及道達光景所造年歲隨出即往至樵方伯
西關廟訪說田之寓

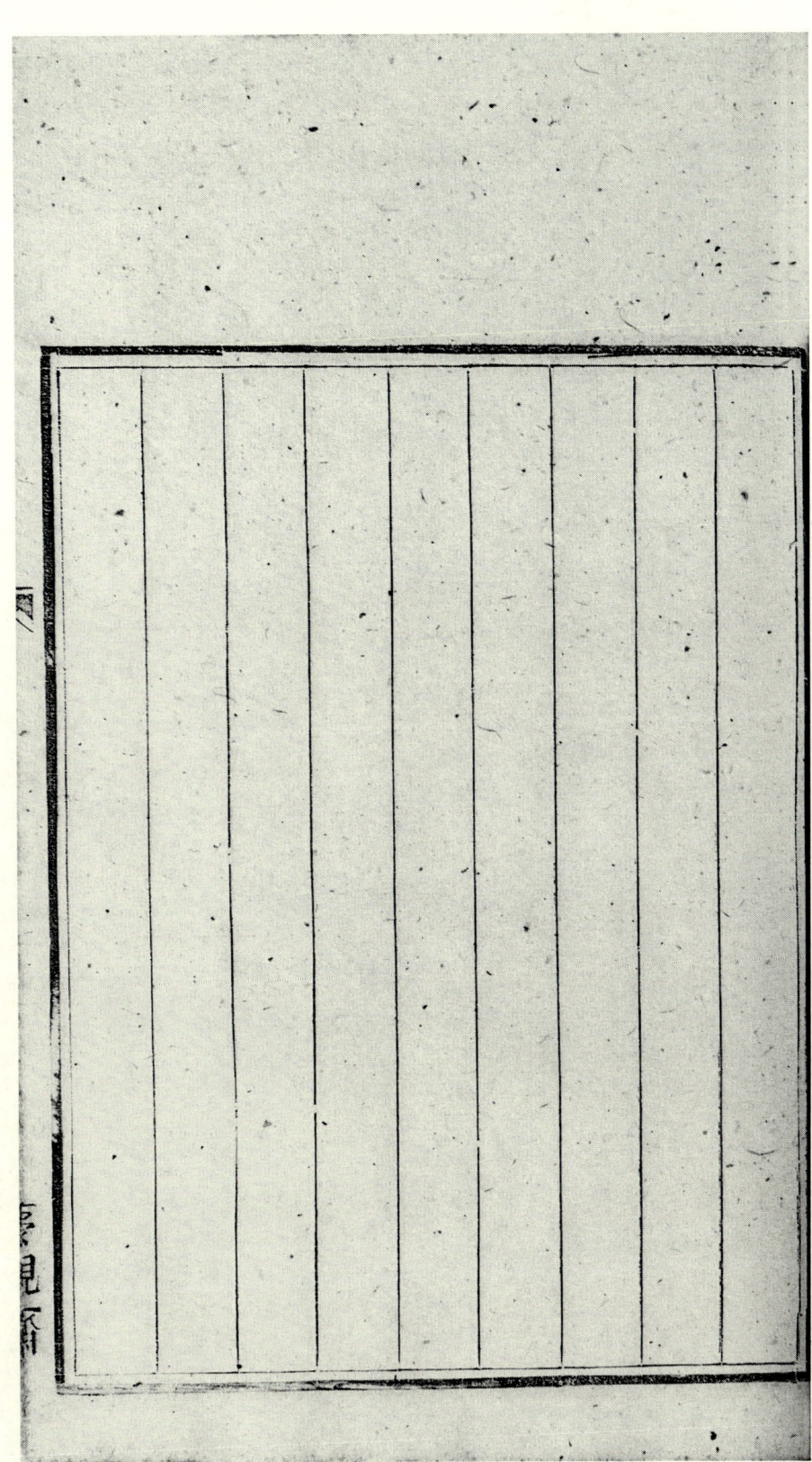

○張蘭 廿九歲 一百 ○李錫民 廿歲 一百 ○邱德子隆 卅 四千 ○易 卅 四千 ○田 卅

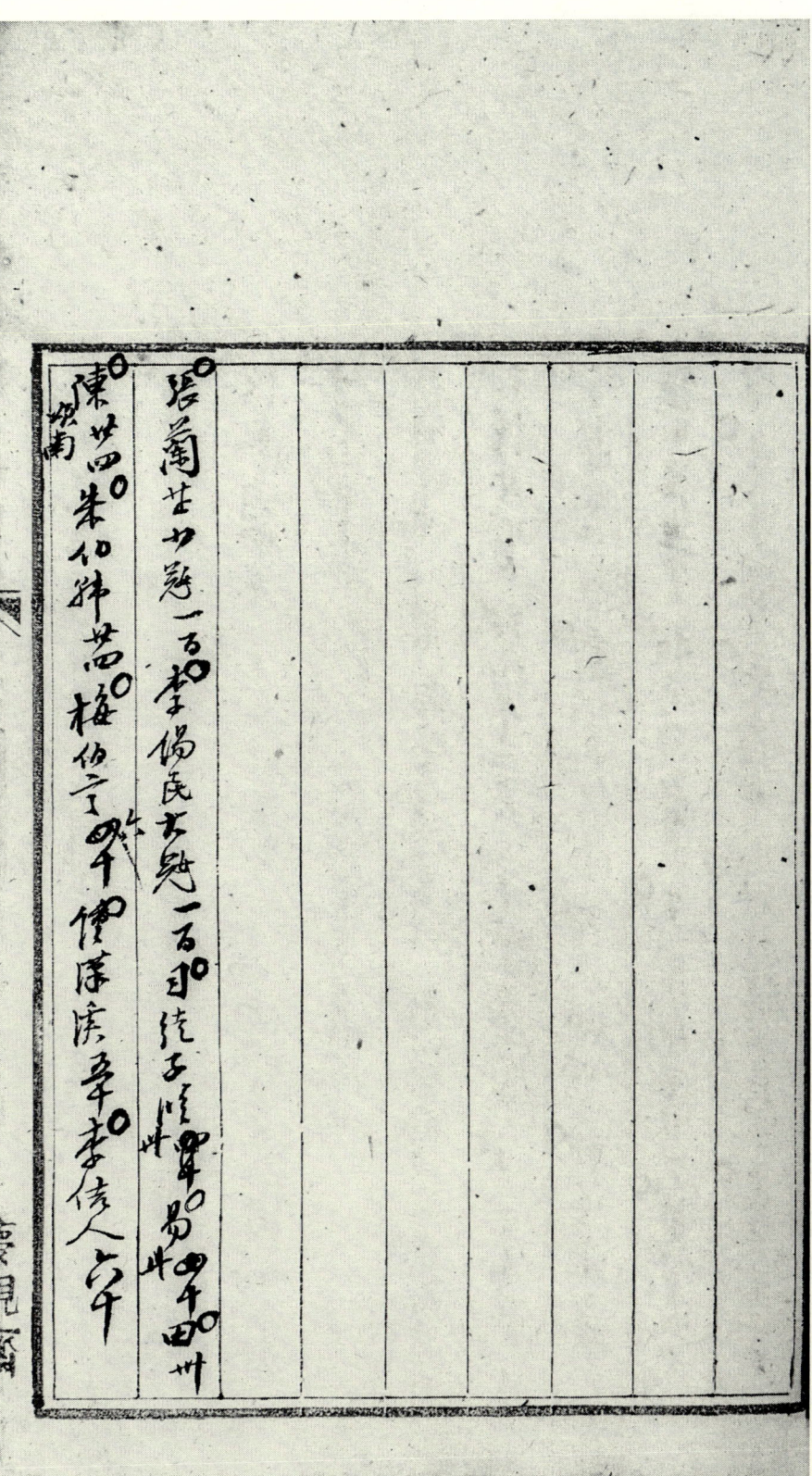

○陳 煥南 廿四 ○朱伯祥 廿四 ○梅伯亭 六 四千 ○傅澤濱 五千 ○李信人 六千

穆中堂三百　潘中堂二百　祁大農二百　賽大農二百
何太馬二百　潘世兄二位共四十兩每廿兩　五軍門六千每十二五分
沈朗亭二百　王少溪五千　彭雨帆五千　宗滌樓四千
十三小軍機每廿四共三千二分　陸見費二百四千枙
陳中堂二百　陳世兄表屋五千　趙恭穀廚一百　崇地山一百
孫蓮生一百　江翊雲二百　龐葉唐四千　王子壽一百
英樸堂百　戴雲帆五千　陳小舫卅　程蔭棠二千
蔣玉廣五千　何子貞一百　王翠珊五千　萬伯香兄弟二千
周　李世山廿　花子江廿　薛佩蘭十六　吳偉卿二千　丁年挑廿八　朱十二

曹頫生卅　交費州同捐費由捐五千收　丙子四年捐州同捐費五千

陸廿　同捐費二百　現萬時五千收　○安道長　十八　○祁禎　四千

○葉東卿　銀錢四分　番鏈華大瓶一件　○鄧小白

○祠近豐師　平安大瓶一件　兩重猪利往稅查存　碧玉烟壺

四十　白玉鎮尺二十　嘎馬四匹

○王夫四年　獲利粮稅查存　獲利呢一付

伯申老夫子　獲利粮一付　鞍馬全匹　○董華亭熈

○光生友　亮帽一頂　○瑞世兄　五千　○譚世兄（芸田師之子）十六　○頭莫　十二

○陶六泉莫卅五千　○蕭啟標卅

○冬夏紗帽各一　○朝頂嵌頂珠說針　○假貂領衣披肩

○大毛緊貂帽一　○銀鼠帽一　○骨種羊帽一　○絨帽一　○秋帽一坊頂

安細管纓子　○涼帽一　丹頂子二

○八寸狼皮尖靴一　○九二狼皮尖靴二　○九二羊皮尖靴二　○毡靴二　○夫二

○庫子二料一包共二包　○四兩一包共一包　須有印花

○貂皮大褂壹件　出風

○銀鼠馬褂一件　○干尖馬褂一件　○貂仁馬褂一件

假見面衣服　○烟壺　佩之隨時記念　○筆　中書　小楷　楷存

中封套連袋　油紙　順帖用　○老花眼鏡二　高麗箋各色

讀左傳一部○刪東涯覽後讀

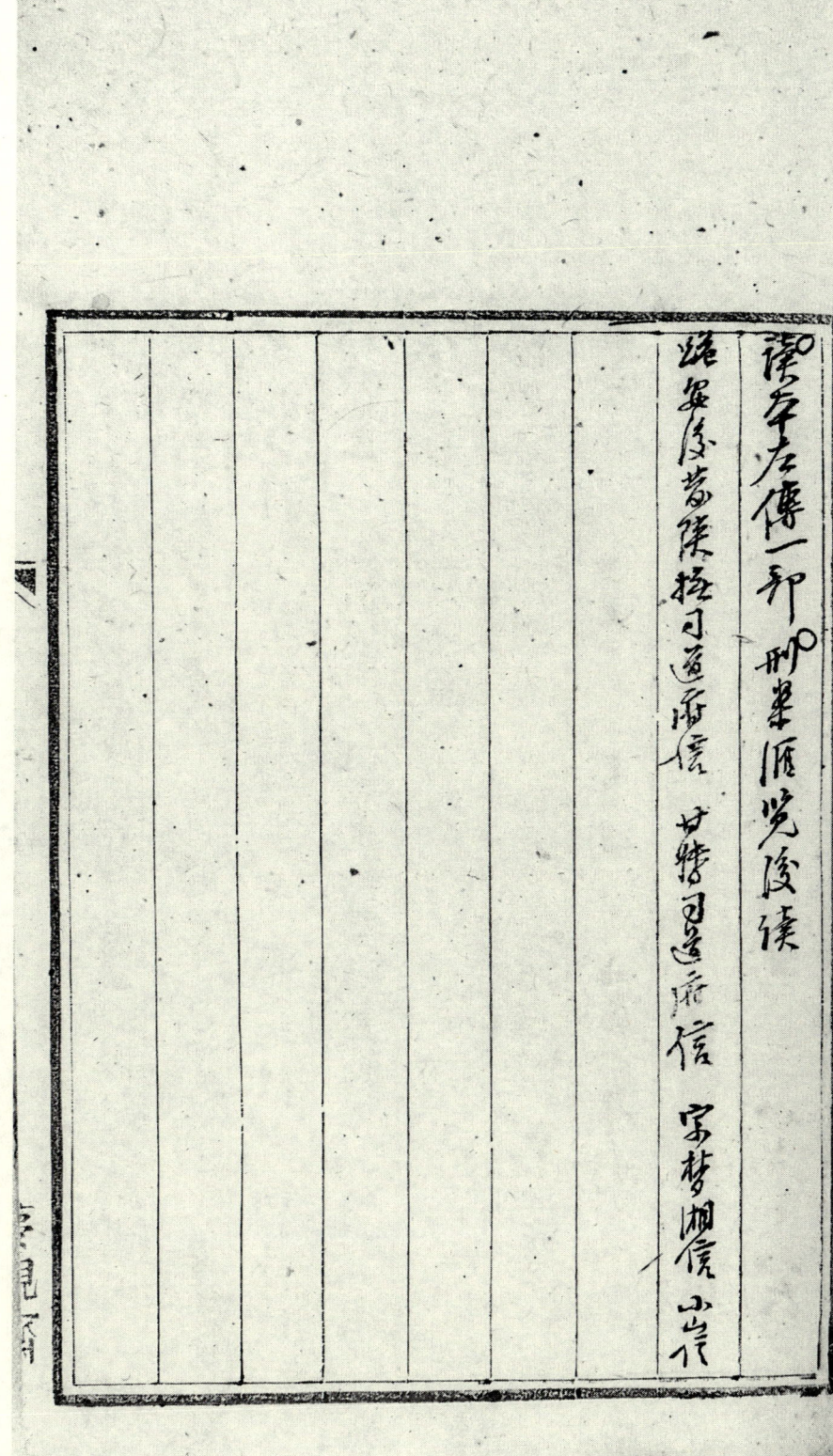

發安徽黄陳楊司道府信　甘肅司道府信　宋夢湘信　小岑信

棉綢袍褂二套　灰背袍　貂平尖大褂　高毛貂袍褂

銅眼貂袍褂（又廿三套）　貂平尖馬褂　天馬大褂　海龍褂

紫貂大褂（又有一件）　紫貂袍褂（又一件）　紫貂女大褂　海龍馬褂

珍羊衣（共七十五千）　貂羊衣　扎肩　紫貂馬褂（又蓋一件）　貂皮大褂

搭級　藍貂馬褂

珊瑚記念（十五百千）　佛頭　珊瑚　蓬帥　香珠記念

珍珠（八千千文卅千）　七星　翡翠圈　翡翠耳圈

帽　大毛　中毛　小毛　絨　毡　緞

靴　九二皮　皮　夾　九寸　八寸　八六

燕窝　内鱼翅　人参　鲁胡参　湖東葺

保門買冬菜　老米一百斤　杏仁　口蘑　山查糕

換存核桃餅　杏脯　蘋果脯　奶餅　保門買杏衣糕

保門糟醬　鮮魚口秀糟　保門佛手柑達

了二百三十五兩　又六千兩又四千又萬兩一百兩

皮貨六百兩　又二百五十兩又二百廿二兩　郭保四千兩

房主帆指双月日知姓子芸孩一布年是汲呂重千柒百六十

六扣重衣

潘中堂 六兩 陸又圳 穆中堂 十二兩 祁大農 八兩 賽大堂 八兩 何雨人 八兩

江翊雲 廿兩 小軍機二百廿兩 郭贊夫 一百千 羽見貴 一百廿兩

唐伍老師 一百兩 直堂師 春頭 一百兩 陳偉堂先生 一百兩 朱琦堂 一百兩

許滇生 一百兩 趙蓮舫 一百兩 又副誌五 戴醇士帆 五十 燕台軒 一百

恩竹六 邢鐵 四千 蔡葉慶 卅 朱丹圃 妻子誌 四兩 劉藥堂 十兩 一百五

邵彥長 帮分二百 范宜甫 捐分五百 金石亭 卅

許葆堂 卅 龔從仁 李祥麟 廿四 葉東卿 姪珠 東珠 蔣湘林

顧蒼樵 廿四 龔芋人 卅 范老六 花田向 芋 丁江

周子儀 廿 黃琛五 廿 楊心畲 四十 但小雲 徐十二 蕭二 馬甫 卅

諸七八月 蔣六峯莫分廿兩 穆魯珊莫分 陳世兄什

同年彭蘊章廿 同鄉周揆貴二千兩 五五把二千 貴州館金五千 同年汪宗貴

吳偉卿四 許貴 交陳明一千 劉老三 大錢四千 劉老四 一京錢一百千 謝鏡塘 九皓錢十五千

五鄉十五千 三鄉十千 四鄉十千 劉大嫂四千 五太太五千

王蓮珊同年二千兩 宗室戚同年十二兩 年經丁十二兩

黄園揆貴二千兩 陳老二卅 吳詩八月 黄雲席一百兩

何子貞先生卅 蔡越翁卅 黄嵯八月 吳光大廿八兩

朱蔭山卅 李老四八月 薩保樓七八 祝萬鹏五十

潘季同二千 其叔承四千 存太宇一百 王臣柯八月

安吉翁吴子廿两　汪水霖六两　黄州卿曹六佳每六两
四川杨贡陈森各六两　辛大夫十二两　付高胡陈六两　田卿
京官吴李清信　张竹陵　杨子相　赵暐　范文达　每十二两　黄相熙六
怀陈吴十六　黄光詹十二　黄九經十二

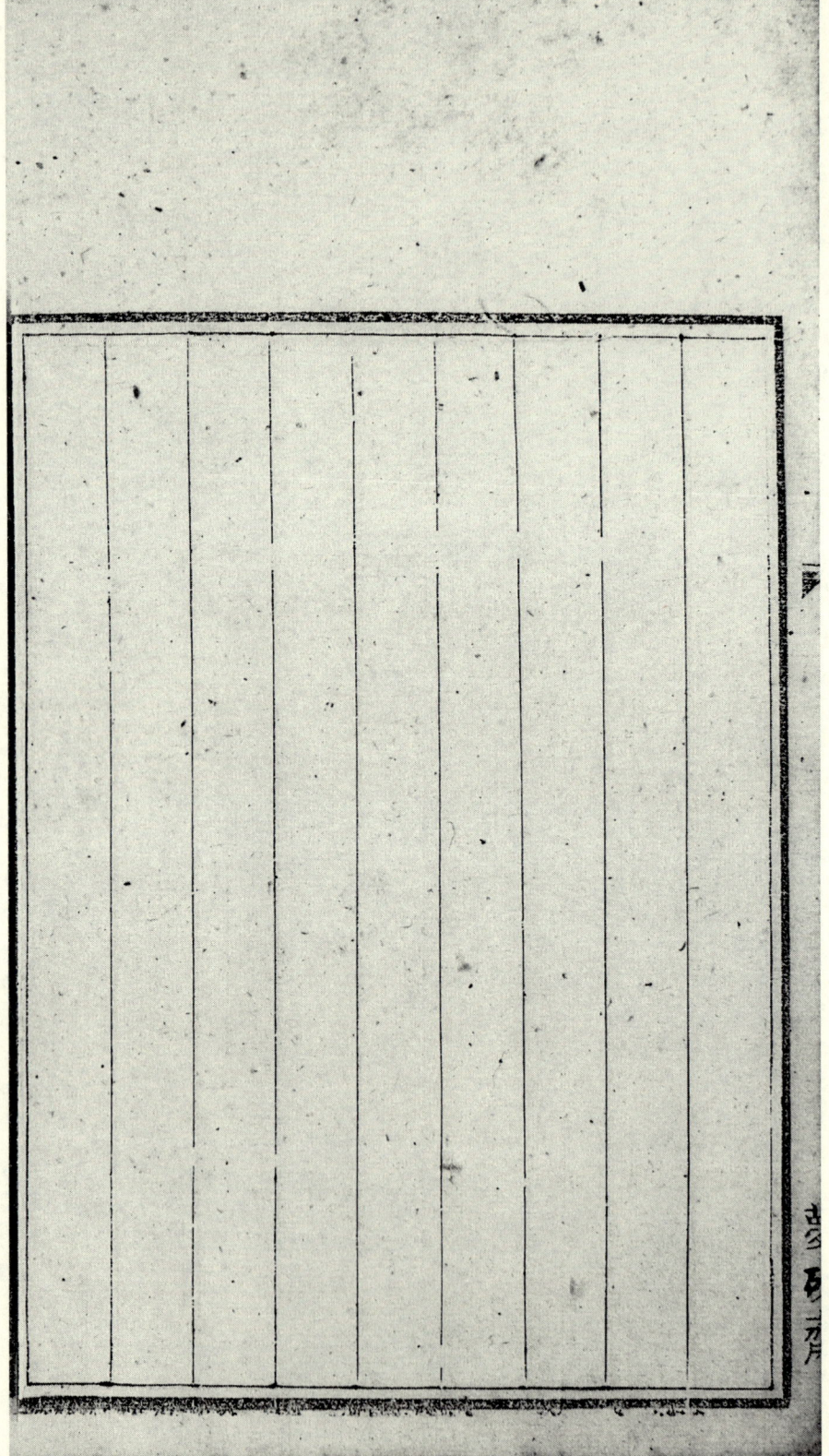

道光二十三年二月二十二日據特奇馬長白富呈
以西寧野番連歲搶擾逼近內地沿邊多縣不
堪其害由於歷任苟姑息所致必須大加創懲乃可
摺請將
額甘程特及西安揚健軍當帶兵二千分三路進
勦以樹威等自西寧守待共辦理糧務定期
於三月十一自蘭啓行至丹噶地若寒冷方春融解冰
仍未消雪深草枯將士馬畜勢難深入擬以春
季到遲等為帶留夏初進兵擬為乘時攻也

三月十一日辰刻大府率營將吳奎等自東門出城
宿桑蘭屬之小營池余於未刻啓程以四十里宿
朱家井是日晴
十二日卯初啓行微雨行十五里歷土鋪洪以雖短暢
已正至小營池早飯至平番屬之鹹水河雨勢益
盛道雖遙之路寧直至酉初始達進城謁見
大府蔣渠如值軍及孫太守書象儀偹毛生獻
載積為青海大臣所帶擬於明日即赴程八矣
十三日卯初以兩雪霖之幸不及久道遂以走甚郡

至未初抵紅城，平番猶須換車，即復前進五十里

至新店宿。是日涼州郭遠亭觀察潛來晤，未及

聞係得以借與來寓，亡不及握手，借寄晤由玉城

河橋問之，談少許。氣了寒 平番嵗類佳，惜樹木稀少，物產不出，貧地

十四日卯初以行，出山高下坎坷漸稀，寒氣逼人，殊費八

總之感過河橋，翔至碾伯，仰之訊，借與許太守遇五四

十五日老鴉關宿。是日晴

十六日卯初行五十里至碾伯，仍行五十里至平戎驛宿

是日晴。途中與張備軍過席地談及二新接字

係羅次垣制軍部以輝玉蘭汀勃牧令均先後丞
佃珣軍事明晰梗概雖集習中猶不甚了了也
十六日卯初以昨雅大雪一道攢天地皆白盾後即止
晴霽偕陶竹亭至西寧丹鄉
十七日晴與張吳往迎大府回陸屯接鍊際慶據成
許青齋卷于青海筆帖式福吳鼐於福奧霍爾
所諳回說番地情形歷歷如見大約以番攻番當以兵
攻番難以兵攻番於天時地利均無把握即使勉強
近而僥倖成功我兵一撤即難保不復肆擾

況以半日之兵驕恃懦來敵必勝乎查該番族之咎
年搶擄實點其接括滿而接取之與纏番之隱為
此外阿奇木等族今甚而我拔補缺之地水土既調
頗選之兵屢實不問所深知累為我用所向有策
不宜而遠我兵為之剿擄而已所獲牲畜孜皆有
之其中實屬也力此即　奏明以水草茂盛之地
俾之安耕而拓藩籬即資捍衛之要路為後大兵
先選之宇立乃承請奏因別有礙宜順報時進攝
大府斷切陳言類以為我用是有勸據無穗之說

子

十八日晴。放衙後與拱典議運顆子麪行料，是為

無所出，乃再三申說，定三年積貯，每年日以青

稞粉麪、蕎麥麪十五萬斤運出察漢河所，以後

只麪八斛，二定以二萬斤運出為常，重前敕接

運糧議。毛牛為主，乃巡回查牦牛力充，以一以老弱遷

里道為畜職据標遠甚，牛度亦无辦也，乃計每

兵一頭，專用長騾一百，則更有騎士帶運兵，理實乃方毛

牛亦酌以四五百頭，隨時隨際運子

夢硯齋

十九日晴議以秦州牧邵煜先赴察漢城接收
麵料并與守備副將齊新安分站事
廿日晴是日青海副都護達洪阿邀隨壽
晚酌屋間頗與議及軍事近閱而遠邇於世情
太守與余琦晴工鼎店而已
廿一日晴是日西寧鎮軍孫公附康先帶兵二
千名行隨後委員聲僂歷詢貴人來入秦之閣
押運麵料並傍粮員楊太令查樹隨軍
先行午間縣選筆帖武福吳來與綠軍事大意

日閲檔番，大股均在拉々烏蘇，甚東南通果
洛克等族，西南直通西藏大頭巴族，賊番閂
有大兵剿捕，或逕投果洛克郭則，已入四川界
道路既遠，難於追捕。查剛克由藏大頭直竄
西疆之東，更無所居止。因問距拉々烏蘇之雪山稍
西者，則巴措蓮一族，近接雪番中之實陽壯則
巴措蓮本屬四川，迭里蓋郭於十餘歲州逃出
海南。自西寧投誠不二十年，竟已聚集六百餘戶，近
年將附玉樹二十六族，因玉樹蒙各地方寬長，易於來通識

移青海大臣也乃与福兴议当边事移青海文
防调玉树番族常兵由西南一路堵截贼番并
令玉树及边因合同已借番常兵堵截东南
一带并会商　大府独主责令拨北路已累缺
勦贼拟致所为　袁闻贵陪官弥亦为显著
日甚当边事不任其为马以威雷启祥嵩福兴
传集汉回僧与会审初许大字拟须汉勇抽散
廿二日请以吐所议其会商　大府深为许可并
修令东边亦遵办福兴东边亦理矣

廿三日晴。是日得州信，軍話云引之帶兵二千
督行湖行糧員周從九遠明隨營軍八
廿四日晴。辰起，福民以傳集遁下馬，以成等
帶領藥玉樹，尚已登程，在舟晴和，又傳員來安
各一人，經余兩次傳諭，限以早晝程至玉樹省
因即經起兵云云。談尚自總結，肯因時則茶
帶分省人之，是日得周提軍信云，自大小江溝
三次拔勒賊營，擊斃賊黨數，擊死一百餘人，追
過後即死者無算

廿五日晴　晨　大府奉到
廷寄所請派兵借款均邀
俞允　臣王又會同青海大臣將年內所獲之
賊番五人梟示郡中觀者萬餘人懽聲如雷
蓋數年來百姓之為賊番蹂躪者無不疾
首痛心而　欽使曾不過問即此五賊本官到
即正法乃延之又已半年若非　大府親臨爲
不知如何辦理宜其漢民之傳稱師如時雨也
廿六日晴　晨　大府以前款由院所墊辦並提

軍政已粗成，奏定專摺具奏，命義速
條陳購辦戰艦，擬於廿九日發以來
廿七日晴。是日得部牧自防所來書，青海
王事所之任業者半使到此，見不足數，又屬
疲之不可用，因囑予令各營自行整頓，太守王
太守責令所撥備經費百六十兩運糧
赴防以為借支
廿八日晴。早間集議予諸君清理各項，亦了
債務已妥協清楚。大府薦鄭中丞吳□辭□

明日風雨，余即先行矣。

廿九日 晴。風雨稍止，出西門過河，以四十里至鎮海，僅五十里至丹噶爾宿。沿路百姓老幼香花跪迎，撒拉塔爾喇嘛番民不下數萬人。至丹噶爾時，番子來（路上有賊）見者多數，皆以不堪藏番荼毒之故云。由鎮海土地稍平坦，出鎮海城則層山疊嶂，一逕中通，路多峻峭，天氣亦更覺寒冷。將及丹城二里許，地勢稍高，立馬環觀，實為蒙番三路出入門戶，一隘一協，誠為重要邊塞。

重地，惜瘴癘既久，將士情殊，而其父母致任望
援，不可不息。
三十日，辰起由丹噶爾以七十里至哈拉庫圖
宿。此間依山傍一小土城，周遭不及一里，防兵二百餘人
駐營外，而守卡石城者僅兵六十人。詢之居人，上
年冬十月間，賊番數萬人即於其城下肆以掠
搶，并往來駝運於南川營汛，聞青海大臣竟
不能一為過問，其守城之僅守備更無足論，
宜乎百姓之無所控訴也。

西目卯情由喀庫扎庫圖北日月山邊河
什罕城者計千里至察漢城城設防兵一千一
副將統之東接日月山卡西通青海南邊南山
西接番地西北西蒙古左右翼蒙部落所以控番
衛蒙誠為重鎮也此外其從地皆老弱之兵將弁
又復倚爲此種種爲虛設聞往年織番滋於
距城三十里之倒淌河問往來番牧搶掠官兵咸
閉城不出亦不肯救青海大臣偏亦袖手致弱
力求根柢　大府設計勸懲此地之板滯因循者

不知伊於胡底。耆老日到，據來詢餉頭，稱使軍營雖借冊銀兩，聞余已函致李相見籌議由西頭前進，出即仙俄博特責額爾蒙一邊之想於了息種之後，部署甚為周密，因至於舞其時余運至糧料已五千餘萬斤，又為每組添運駝一萬隻，連前共駝二萬牛四百，物盡清楚確云是積大風四日始駐息

初二日晴。遠望北山積高，其雪清鋪，界其峰巔庫圖諸山積三五寸厚，所謂六月天山雪猶不

者也是日午正周將軍帶兵二千二百名亦到
初三日晴　大府於巳正到城隨兵一千一百名紮營
於距城西廿里之擇軍台下帶兵數為美遊擊
欽帶都司　猷遊擊　英都司　吳守備鄭庚督
初四日晴　大府偕楊將軍撥西路綠營揚將軍前
進中路唐卯帶兵直搗賊之巢之前鋒及
隨進隨為杖勒因議以將軍兵進中路鋒
以阿里克勁兵三百六千餘名為前敵策作
繼導云

初五日晴。昧爽移西路安營，謁合張中丞玉貴頌，董庵積以備僭支，因理院兵七百，太形單弱，乃答商　大府，添募古兵四百卅名，交福筆帖式帶回，張協戎統勇台安設糧料，亦即於營前近。

初六日晴。標糧員楊大令等來辭，業古所佳朱使切應之不堪，因與丁君耐商、陸周禮依一百七十餘緡，以濟運。

初七日晴，大風甚。

初八日早晴陰 大府於城外送將軍以收後不隨 大府至將軍昌安營寓所周閱一過 未正始乘輿還城 天忽陰霾 雨雪交下 積地幾及一寸 申正乃復晴霽

初九日晴 得安男信 便道從九弟自原所來信一二三函 道路均平 惟不可通車 所運麵料已達五台至 不開工 綏辦之至隨順 卻丁務殺 今函致雲峯許太守速為預寬照以便貨其館銷省亦層叩云

初十日 晴 查核運台糧料已及十萬餘斤而之斤至撫標信軍營帶兵四千餘每日需糧麵六千斤隨以騾隻甚夥運以萬斤毛牛八百隻又甚夥運九萬六千斤又兵丁自以囊帶每日之糧已足借支一月以資此後運至十萬餘則兵心自壯不憂不足乃殺賊矣

十一日 晴 大府於巳正赴口營查閱未正還

十二日 晴 午後大風揚沙屋瓦俱振直至酉戌間雨雪霏霏風仍未止聞駐防老兵云青海

十月即凍，四月下澥，冰始漸開，每當冰開之時，必有如此大風數晝，海面之冰即已全開。且又云海中有大山，周遭數千里，樹木頗盛，有土地可以游牧，現有蒙古部落棲帳其內，每歲冰凍，必渡海至內地採買茶粮，還山以備一年之需云。

十三日　辰起，風勢稍息，隨　大府登察漢城，游觀良久，還已卯正，有雪意，戌正雨雪勢頗甚。

十四日晨風仍未息亟命王軍門前移昭一觀
四山晴雪迤南諸山稍低爲雪所掩惟見白茫
茫之狀勢亦塞上一大觀也是日得楊大令易耕
信以前路官探已有賊蹤一二日內即可見仗云
十五日晨陰　大府茶話　武帝廟又出城謁海神
廟還因西路渡運台站尚照未協事請　大府
遣守備李湖持令往查是日天氣晴明昭
雪已澌消矣
十六日晴上閱左第一營竹汀先生二旬中旬下閱

右第二函遵蒙内子以消囊兩々收存令孫後
一函韓子所謂年逾五十髮白齒落甚殊
覺精神意氣迥異壯年正當多々秋士
力本薄而精力又不克濟其何以報知遇深
恩邊塞小臣叢脞慚愧無地方何可
十七日晴是日午未間之羅次恒刺史論黃河
以南番族情形甚悉次恒曾任循化同
知以河以南番其所處界之事甚長又能留心
邊務詳詢得其河南情知其必能仰歸也

十八日辰起天氣甚晴朗隨　大府至八營還
得楊介景撫信知物價軍需爲糧已漲京
重因雪大不能前進餘甚焦急今日即十二
日與閒之雪悟已渡黃泉重稍大去
十九日晴　大府議擬派兵分頭情剿先
易見奏以駐
忠予大兵進逼來追則賊據守不得其
勢不能不有此一擬亦多聊且擬也
二十日晴　大府議擬廿三日拔營後即移

駐將軍台以營務向前軍如再不向前即得自帶標兵親身赴敵等語時余督餉委員丁大令等料理前頭源源運甚急一切騾馬均備遣了軍運送糧料察漢城中存無餘騾　大府如飭移營前進即當催騾六百餘頭方資馱載因專札西寧太守令其於所屬速為催辦接濟以備不虞

廿日晴陰　大府至各營查閱還未申間大風

廿二日　晴　得吉齋太守來字云分餉各屬連加驟至六百兩似以廿八日可抵隴城又字叔運送到局糧料之及九十餘萬斤查核不虛亦實心任事之人也

廿三日　陰晴　太府招來叩拜拜後即程啟赴撫軍行營余以右腹氣作且連日下血不止未能隨行候送出門而還是日未後微雨是夜大風

廿四日　風甚午後微雪

廿五日辰起微雨，隨亦大風，乘車赴衙以賀福大將還，是夜雪。

廿六日辰起，視屋瓦積雪至寸餘，至午未間大晴，雪亦全消。

廿七日陰。

廿八日晴，乘車至以賀福大將還。

廿九日晴，是日戌刻得楊大令景樹來信，知孫佰和值軍流郡守王集賢爲通禄等於杉又烏蘊河沼衛擊賊奮回不得

若轄鬆館傷無數庫獲牛羊四五千餘隻

即遣戈什哈劉光勳飛報 大府五子正還

大府是日晨起以御勇圍獵同慶申正

奉到 廷寄批摺有亦理甚好之

諭正以未得捷信祇以其屢為念得

前捷勝仗其喜可知也

五月初十日晴 大府由小營來城虔謁

武帝及青海神廟至余寓中早飯時

接太守之僚偏驛五日到至城間前軍

夢硯齋

因思漢黃宗基望祿湖沿數百里中
瘴癘最大又地氣甚寒驛馬每經過其
地半多倒斃急須應其馱載　大府
既得捷信亦遂罷議移營之議因所以
許其借來之驛專派弁押令運糧
至速核之為籌大營以應軍食以資
馱運
初三日　晴余氣疾之後乃移駐入營至營時
大府方觀崇右及府河屬兵因命付觀

甚隘但併不整齊旗幟亦不鮮明惟馬上便
捷施鎗放箭俱無甚着為多差耳余捧帳
在 大府之左側於吊帳內復揀毡帳避風
雨初到營盤覺氣象甚為開朗二更後伏
枕而臥聽擊柝聲與船泊逆流水聲深ゝ往
亦平昔所未經也
初二日晴 大府諭次日渡河南行須先為布置（職營自當家歸）
因有羅司馬次垣李守備湖先往查看之議
初四日微雨許太守自營中來會 大府保感

寶疾太守醫學頗精因留宿帳中以備諮詢

初七夜雨勢甚盛

初五日為重午乃与許太守同詣　大府觀康

知已撤會心為之稍是以得繇接鎮軍信於

四月廿六日又獲勝仗是夜又雨

初八日乍雨乍晴　大府疾已平復反恐已乘

辭詣周營均揭制而還至揭日來出帳所以安軍

心也

初十日雨許太守得家辭回湟羅司馬李守

我六軍札探悉河南之敵已集議至中西劉
步雖兩大甚恨中條隊獨好戰無乾靈幸
同此發華面招探得不到上三人軍令之
甫三星口探揭規攤值甚好我獲勝仗之捷
頭日雨雪交至四山濛濛戰不安東北西南面
寒冷尤甚是日丁大令來言已造浮二百只
聞陝好吾馬秀押解由黃河運至行營摺稿
先是營中來信兵過乎為兇一帶風雪尤大
大雪陣陣更甚騾馬至此半皆倒斃軍中馱

剿辦之議請撥繳余以撫鎮軍正當賊
擾伏之際不特糧須充裕款剿亦宜閱以
負因撥到一百遣送把總馬乾擇騾三百
餘運送糧料由倫卡路道運送村々運稞
中旬至是又送去二百餘計已及八百頭自足之
用矣
初九日仍雪得前軍來信據初一日簡
帶動兵搜逆又獲賊仗所收佛堂刀矛等
羊畜犏牛無算盡焚賊巢云

初十日雨 得提軍來信於藏忙多一事派兵搜捕六次勝仗

十一日或雨或晴 福筆帖式良自十台來持玉樹番字禀投知該番至七八族均已集兵於前月廿六日由西而南堵截賊番竄逃西藏之路并云伊已轄其亡自帶勁兵一千名馬二千餘由瑪堯雪山後頭而來直搜賊巢立功投誠更呈 大府閱視甚是而賊既無所逃遁河北西陲當清矣

十一日夜起頗有晴意午後又復大雨至夜
不息
十二日卯刻接陸　大府諮察學城諸隊
聖帝遍探蹤跡偵信至以初四五連獲賊
仗賊諸黨其輜重牛羊氈帳雜物寶大
高岸深溝我兵跟追不得人馬亦難以追擬
即撤兵回莊初八日烏蘭中日再分搜捕閱之
深為賊巢並不得跟追且途阻難以我兵
原不值深入但初見現之帶兵由賊後路而來

賊不待前進之人來攻之當酌兵要隘以為應援以防此竄然無多糧用之難遂探親軍從也太府議決意先回因亟作函上其商兵之議

十四日雨亦未歇風勢甚猛遙望羅山雪全未消

十五日微有晴意是夜月明如畫青天無雲周圍山皆現出本清有春色並大風雨雪至是二十餘日霽矣揀懷真廣若不

可言矣
十六日晴。謁大府還，因唐奴呈將各將軍帳時為嘛喇嘛呈與大將軍，以所獲羊使分給兵，獻符擬隨。大府指所原乘馬賜將軍出山時。青海謝勝乃呈。是夜二更後月色甚明。
十七日晴。昨夜三更天大雷電以風，冰雹驟至，擊軍帳如擂鼓，終宵時作，息。余以昨晴暖殊甚，稍貪涼爽，夜間冰雹時又起視帳外，致感風寒，至是日遂覺病莫能興

辛伯出示以來飲食諸節一一詳記調攝不敢稍懈胸中亦無積滯靜攝一日益見痊矣云

十八日晴午後微雨

十九日晨起陪余州倅樾堂自省解餉來未刻至西船示伯書並三四兒來信孫兒渼相年甫四歲以感受寒疾竟不起化聞之痛惜殊甚體亦尚不好仍惟習勉自排遣而已午後微雨

廿日晴明日應詔　大府將拜摺報五次勝
捷飯後因作家書寄煒拓兒并寄孫蘋
漢江御筆注疏兩卷及隨三天直隸卷函
廿二日晴應詔　大府暢談時至因及先輩文
獻　高宗書九日遊九松山詩命將相國
擬摺聯語得出聯云八千君王雲下十八公道傍
獻壽一時不能對以屬紀文達文達即應聲
云九重天子萬萬重九日寫工稱觴滿庵
稱好後物是日戌刻得頻兒等來信知

焯煒等甫於四月廿八日自陝起程，因沈氏昆仲於廿五日始到，遂偕同以趕還之也。是程三更後甚雨。

廿二日。饍飯後隨侍　大府乘馬至將軍台右山岡上望青海，隨下山查看蒙古左翼以營。時平零王子請假，還其副盟長貝勒率眾兵跪道迎入。進奶茶、酥酪、炒麵。　大府又接硃諭，歡舞躍接。後查看右翼，以營其正副盟長率眾兵跪歡迎如前。至外藩蒙古時已久，從未見　天朝大

臣親望其地加之 大府理和寬總需稍假
以歲月甚為艱怍真難以言喻也是夜四更
後仍雨數刻許
廿三日晴得台員鍾英來信前安第八九台為
積糧處千七百餘包不能前進須倒運還至
六台橫運至員額爾並、董前軍已逼近員
河沿距西路甚遠其隱運台站應改於適
中之地而當時之詳情 大府議定改站章程
現又逕令把總馬乾額仔馬秀劉永祥在

押解驛站遞前軍使其糧料充足則旬日之間全清股撥安安仍復原原遠運斷不至難有遺憾矣

廿四日晴前軍解所獲賊犯他尔汶來只稱刺史斷詳加訊問其先名英巴布科加族賊首原隸草長馬肥即將搶掠海北一帶不意大兵深入不能抵禦均潰棄其錙帳糧食而逃有竄入雪山者有偷還河南北各族賊番每年所需茶糧皆以所搶牲畜回河南易買或河南族番偷運

青稞價以接濟至蘭州附茶諮番以當價
昂往之所諸稞四川之黃茶黃茶無關稅稽
查四蜀番到故諮番以任意買取更丕是否
青海附茶之議那無權矣是日申正雅爾馬秀
押糧丞員類不算罷還中的糧員周鐵廣遠所
之糧大人之弟回來欲盡知已錯廣廿五六次
員捷報為之狂喜是夜四更時雨
廿五日晴　大府以明日拜摺營丞四課樹帶
親詣齋潭城　同帝廟道香又至青海州廟

道秀畢營集，稍有殘細頓軍書并寫蒲城家
刺史信，為敦促羅師竹余人來皇，又與丁大令
張裁尹商酌車騾及挽運諸事，至午正還。
廿六日巳刻，隨大府拔營東行廿餘里，過倒淌河，
循山而西，至將軍台對岸，南入山溝，高高下下，凡
四十餘里，至巴燕腦駐扎。是日天氣晴明，草
軟風清，一路楊柳頗壯。行至，余馬上口占云：
大纛擁旌旗森森，遠塞斜陽楊柳森，櫂路邊刁斗寒，照水草兵
氣象如秋，色碧楊柳盛夏衣裘仍擁，前山雪為冠

山口孫壯基已足抵村廣已蘆鹽四圍皆山（旁注：新增……于役）
中間平衍約百餘畝草茂水足亦天然一驛兵
所也
廿七日卯正由蘆鹽起程約行十餘里皆平坦又四五
里過山岡又四五里山更甚陡峭以前皆不通車
路數年前因設台站丁大令乃遣人查探開
通運道車三百餘輛俱經大道矣又四五里
即哈拉哈兜逆克二十年長威遠公將軍於此（旁注：地極乃不甚寬亡孫阡要）
甚孤子營之蹤猶存右山之上有土城一處云是

俄時駐兵處，張某所據，距土城二百餘步，有土寨一所，四圍皆深濠，重墻，中皆土窑。又數十步，山勢稍高，可以四望，築以一寨，歷歷可指。此地實爲塞外三路之咽喉，皆重兵守之，賊番竄斷不能近。本距察漢城僅七十里，守城者倘能實心任事，先機防範於此地，稍爲加意，則得之矣。

廿八日卯刻乘馬，由山溝行約三十里，至一棵樹，小憩。隨肩輿以一頭，沿沙河曲又行四十里，至柴俄博。俄博者，蒙人以之記道里，每一處所必以碎石砌累打山高處謂之（壘石頭如中原人岸上祀山神之類）佛博，此則以柴爲之，故即謂之柴佛博。云向南山皆不毛，山下即黄白色，即郭密番數十戶駐牧之，一片青葱，皆伊所種青稞，間建車爲野番所據，掠已窮，但不堪矣。西南去此四十里即四棵樹，樹木甚茂，（又多雞）鹿不能至，其營即駐兵於此，背山面河，亦居然一形勝也。是日午後雨勢頗盛，行李數千騾氣未廣，漸換衣之已易裘而歸矣。

廿九日，晴。飯後乘馬隨大府至對山之西安營河流出山脚，地甚清淺，石齒多數，小生稍時，仍乘馬而行，雖還往，為途約三十餘里。

三十日，晴。午後炎熱殊甚，幾不能着單夾衣簡。張將軍台侍五餘里，氣候迥異，竟似兩地，是日暮閱蕭刺史專人送華蘇來書，內兄子來書，知家人皆安善，內子已身孕四五月，聞之稍慰。而左季高自京旋奉到

廷寄，以但使織篇悉畏，即可謀擁兵不住護，入月每令將兵進功，爭直進，致失可機，不二言甚

國家方多事之秋時用缺之
賢人退處至計惟從速遲延不可收拾故（老師廉訥）
諄諄訓言甚寡　太府以非將用兵時勢不得
不行當前於三年青海不可賊太獨狂稱兵今
亦不兼顧之左道及母嗜不破擾蒙藩漢民不
知蹂躪若何矣宜乎　太府一出而寡不能濟
接老楊切秀花來道其述也
六月廿日晴　是日得楚湘樹曼撫之自盱書
廿二日自卯至午大雨四更後仍雨

初三日自卯至巳陰　隨大府登後山雨及巔大雨驟至移時始止是日得家人書知前存楚省存錢價之息九千餘之委員未曾字提除之款厘局庫二千零尚未完只六千三百餘千二兩零擬作書託楚撫於小山觀察告貸餘數完未知能否卒還也

四日晴　大府於早飯後邀往郭嵩左也畫眉因登山附觀後下至山凹大樹下清風徐來頗忘暑換小轎移時始還璧已來函矣是日復律

鎮軍書并致諸鎮軍一函因聞其將帶兵
直至刻已旗內瑕屬性多帶精勇損失時
致脫足之故止止也
頃奉鈞函隨 大府諮四標樹重兵防河設
卡情形諄以南塘山山背有溝徑詢詢在
防兵乎云由此以上至惟多東信等處無不皆
就所謂卡防者原以防賊來路守其陸處便
賊不至出擾影而不虞此防兵則處處可以從
而防兵既不過百人且無把要之地無怪賊出

而兵先逃設防轉以損威當時若使親唯耆

勤此防路不議設甚矣天下事之不可不親身閱

歷如此防堵營兵費餉已廿餘年今若再不裁

撤甚為害乃不知伊於胡底也

現今自應初隨　大帥出營過周提軍還提軍

所帶甘州肅州兵寒不服水土又因匪兵時常出雪

山數日甚累且餓死遠竄現無幾刻已裁減多兵

亦無所用若以議將此兵先撤似由大通河而出

二等灘八寶山一帶排扶回甘要為周密也

初七日辰奉督撫於軍因餉陸營糧員庫請歷
即裹帶糧料餉已運至甘俟歸伊後亦
即留住中衛鄭令登岸入流魏瀛亦當還所
聞於軍已定初九日拔營計所帶兵二千二百名即
勇及員弁亦不過二百口需喫糧五百餘今早已
日即清費早減一日之費是所以常駐之兵亦擬
令撤涼州之兵七千名 大存之机餉治罪復軍
速為撤裁矣
初八日卯初遣奴子金升持書往湖北就近措

激賠項因多數至六千餘金了另照小山親家捐
亦不易乃至平芸觀察姚芸陵囑其作函以此
同治三年差委歸款至芸陵所入不專為日取
給程宗忠歸還（彼出多柳借謝於）免結為之屬差了頗而於
部人以事資濟計識物厚或不至推此以脱空
之言厚德之極思也是日晴入夜雨甚
初九日卯初隨　大帥送提軍還甯至於營門
前小憩擬議撥郴州兵二百由瀘化一帶歸伍
初十日大雨竟日

十七日想晴好之謂　大府還與貴屬王鐵珊
司馬談次知羅漢垣想以南爲地之得當屬
之八旗宜常盛信須自擒獻賊首其猾化屬
之二十六旗營人亡之推那吾日下到六百至三刻
便服隨　大府及營中諸兵往河干不至隨流
首而後止頗擬出津之時乘間激兩岸逆眷居
平還營而吾見所處以後將前之回緣諸兵
羽次膝杖辠
擬所為甚好前得律　諸變都從優議敘云

樞友江翊雲汪兔甫均有來信

十一日昨夜自戌至四時起狂風陣雨無聲以後微

久雨大直至今日卯初始息起視四圍山色無

覺青翠之氣撲人眉宇辰初謁大府議於

十二日拔營回駐阿什罕小城以羅師竹舍將來移

住後間不商辦去後乃定也

十三日晴得覺華來信知羅平均安吉

十四日晴午刻得湖北姚少山親家函知其慈

足太宜人已稍癒孝長自天門來書著閱防

賞助項六百金亦皆收到矣
十五日晴辰初謁　大府還述來云一剡徐鎮軍隨
營糧臺楊慕臣大令遣其令弟楊桂林信
前來云剡已錯落帶兵一千三百名隨同委員
抵揚蕃　揚　由雪山追賊直至竄帶河上巢穴
焚賊首四名餘賊七十餘名（生擒賊番三名）奪獲牛五百餘頭馬
數千匹羊一千餘隻先遣蕃楊招令押送繳及
弁級來營計大小男婦以渡河等語聞之欣慰
無絕因即以書呈　大府還函謂擬境至剡已不來

則雪山一帶即難以肅清此其稍涉疏徼不用兵則
不足以示威若用兵則風雪峰峰險阻艱難勢
難深入且老師靡餉其弊不可勝言所謂勝之
不武不勝為笑者也即使則已尚知安分而招之道
藉左近番賊兵至則稍為斂跡兵退則仍復
擄掠如故邊宇究難得安靖此次便成要處
故可矣今則巴一族果能投誠立功是雪山一帶
可無須慮且可為擄海翼取以北數千里遼
闊之地皆可收其捍衛深即可與保一二十年安靜

後之患乃但能一意撫馭不以多予而紫則覊
縻勿絶不至兵力真足下頓羣黎仰望初上撫
西領之夏也諸之在人其得謂無後可知都
十六日晴奉撤涼州兵一千名口由前線來營
大府諭以明日即令對歸但是日續催軍報第
別邑族目二人番兵兩人押解所獲賊番及平波
未營等邑別已錯落出在齊帶河驛執事以後聞之
果洛克番地只為阿里果洛克人歷擄營馬及
營存牛隻而實多其族亦頗強今聞大兵將至

甚為畏懼，乘其畏懼之際，以兵逼賊獻

賊獻短輸以歸命，知已錯落，故留駐以待

大府之令。徐鎮軍亦以機不可失，要宜乘勢前

進，而得計矣。

十七日，晴。唐詢羅次垣刺史，因何南堂遣劉通勳

來，其兵稱速，日前諭飭各番族之前綁獻已

賊十人，遠此前來，綁到大理，對日內亦必全數獻

也。云是日巳刻，與徐鎮軍同赴　大府早飯，未正

中頭糧員楊大令景彬，由東已抵多時，皆亦至

此員頗能實心任事聞其在己達貢京一並督
飭呼提一帶因雪大傷其他營牲畜多隻立斃
員獨於每日安營後親赴腳戶各牽牛騾於
有水草處牧放至晚擬令還營日日以為常
以故所帶牲畜獨健雖負重致遠軍中因皆
放生太爺之稱余因與之程途閒話聞前軍
額子及將官以累累兵或稱買辦綠福每
當安營必其先至待兵甚嚴而兵皆感服其
其接軍如接客寬坐作止息飲食衣服皆悉一一

周視使之安帖而後甚至撈班取榮搶火炊飯
無不隨時隨處加意是以遠近千山得星羅統屬
雪凍疾疫他營兵多病且死其營獨保全軍兵
獨強健每出戰亦得力誠勇云
十八日晴唐正中聞撫兵諮行之程東營謁見大府以
劉已諳其現帶兵非嘉祥等可飭其往待官兵座
援同向畢侯丈畫該勒獻綫賊甚亟擬迅速往
亦因答議擇其所帶之兵再以撫之五百名歸伍
何待五百名前往與劉已會亦必激綫賊可佯西

寧須屬為撥存撥兵營名歸伍，該值軍附帶營名替住帳多以為引之存檔云云。大府均以為然議之。

十九日，晴。辰起，至欽差處謁。大府早飯後訪將軍，擬即於明日還營料理，過次請予早日商劃。大府備從訪將軍，至幕帳中茶話，談及至卿、劉叔齋先生情言，云營中用人但須得其意，不必致情於使之，聽予揮，地操三四人為隊，甚工，十餘里外如眉賊兵即能聽出聲音，使之瞭望，令其爬樹枝上

遠視十餘里外之賊均難盡見望之其使之守營者
大砲放出命中者兵聞賊至膽怯而跑往往有點
砲捻點心慌手亂火不及門藥不及筒鉛丸均遺
失滿地其據則自知其不能竟避惰者專心一志
藉砲自衛也惟其使之左右付軍為機密難習
聞之而不能言則不至於漏洩出軍中虛隱遺（案謂必啞而又不識字方可）
飯亦以打柴燒水隨所支使者時諭敵先以此等示
之亦足見劫且往往因老卒數言得識得勢其
固知從古名將亦必大度無猜并親所用也先由

其云想必是以業々業撝謙先生之言不一隅三反
矣
二十日雨申酉間晴晚後大雨
廿一日雨巳午間稍晴申後罡山崇々雲霧鎖雲封
是晚大雨如注
廿二日晴　大府以將吏　奏凱撤營責成子出
力人員詳侯開年鼓勵
廿三日雨剩長衍侯啓元賁　撝挀摺回漢獲
騰仗奉　批辦理尚屬妥速是日得寬葦京

中來年知之於六月初二到京寓鐵門之西
南館以其去黃爽卿琴五近也二兒前已招猜
四川須多費千八百金經大局之定只好隨之而
已
廿四日晴巳刻由委員蔣刺史劉寓移到已請後
所獻之錢百三名薪柴古捨馬錢一名請大府
過堂正法
廿五日晴巳正由委員蔣刺史寓移羅通守
李守我於以南北獻之正錢四名請大府過

書乞陵

廿六日晴　大府議於明日寅刻撤兵回營

廿七日晴寅刻啓行三十里至一棵樹小憩又三十里至

喀拉喀虎堡稍時又十餘里至巴蘇臘時方未初

大府接格登報以北面情節開單請獎勵員

弁共一百一十餘人是夜東風大作寒氣侵人案或

不能勝戌初即伏枕酣臥

廿八日卯初行巳初過倒淌河約十餘里至阿什罕城

其平正望日月山山有石二一臥而長扬而塔圓一略坡

直方郡白字坊在山之半六名甚多巽過此即兵內矣又
十五里至嵯峨庫圖宿是夜大雨
廿九日仍雨由嵯峨庫圖三十里至黃水泉又四十里
至丹噶爾到及未至天山晴霽
七月初一日晴卯初行四十里至鎮海堡又四十里至
西寧郡昨日沿見已麥方苞方秀今日則滿地青
蓋地氣暖稍遲菜蔬果實較蘭州竟相差及
月究係近邊也
初二日晴　大府擬明日拜摺是保左翼暨長東雲

青之子　諸賓戴花翎先生保結托護軍校富
藕勝仗所獲千羊請蒙古收牧雲羊五千餘使至
是晚是字叩謝因茶標情是奏
初三日晴　大府於梓擺後偕赴西寧道府厩物之
請於之初赴物圖正程教武演卸甲功宴訖尚存之
安砥碾之坊火二層類桓檔洽
初四日晴　叫持還者而後頭徐侍軍步帶兵四千駐
梨作多話鎮軍帶兵五百之赴嘉峪寺弓劍已錯
府商辦果沃克獻錢獻賦及受降狀　大府聲

兵勢稍單，又防進擊，韓伴積都司馬廷祿帶兵
五百駐紮，恐帳多之，村岸以為接應，糧料借支，俾
宜料理。因之充備函委員周達明隨返，備軍渡以因
再函催美，救察漢城，料酌支，并撥運張速昌
救西寧應付，閱悄一切可宜，而西寧振作通
丹噶爾等一隨所財運，誤可協，皆先後呈請治
付款項，以講手無應付，信應發一日一問，理甚煩祿
發尚能清釐，就済稍為中立，不甚剝，誠是
皆唯唯而已，愈其異議，亦是粗甚兩

初十日辰起天氣甚潤朗　大府先詣南山寺登眺余以出署稍晏不及隨侍而使節已從此行前往因亟乘騎而至寺在城南山半俯瞰山城一覽已程而西北空濶之霧雨樹蒼蔚頗覺軒豁因語　大府即于山亭早飯移時由城西入府署是日太守許吳同作主人爲演劇酬觴　大府飲酒甚樂乃未及終席而大雨甚急遂歸寓已亥正雨聲猶未歇也

十一日晴余先　大府八字半登車戌刻行五六十

里至礁仍時渡水甚漲渡河時已申正又五十里趕至老鴉灘已及三鼓距老鴉卅里天色已黑大雨遇至燈火盡皆撲滅道路險甚崎嶇易墜而車不發此處最險路之艱難也

初七日晴卯初由老鴉以五十里至冰溝閘太通河甚漲不能渡而　大府於昔日擇節於此其館舍既窄棧擬爲擇前不可往逕因復乘馬而前又四十里至河之西岸被屋三數十家既於付渡姑且小住爲佳乃未移時而　大府亦乘馬來兵從既多

車馬亦難頃刻我好開再云
初八日晴余於飯後乘馬至渡頭以冰面不寬冰流
亦冰壯擡原令命渡無好去人兜冰蓋冰莽平命渡恐
致悞乃另飭人將空船放過對岸往還揣度當屬
平穩時　大府聞余在岸亦乘騎來隨又飭渡夫仍
前試渡二次似有違者冰勢更覺明辰即不過河
矣還寓之畢正收拾會稽班此下吾曹許係曾有所轄
地界冰淺河營不以透過直至新店合雖亦不許於擬
會以來車輛即由彼以言來往時之規隨營得符帶

領標兵拔隊從此去矣
初九日晴卯正渡大通行六十里至新店又五十里至
平嶺翁與長松亭鎮軍潘霽川太守稷談一刻作武
威營晚左良作陳雪炉趨來相見飯因而吋帚
從策馬以三十里至南大通宿到夜戌正微雨濛濛擁被遂
臥六僕不受支矣
初十日晨陰由南大通以四十里至鹹鋪又三十里至江城傳
鹹鋪又三十里至小營池又三十里至朱家井与保甫
莊司馬李以戴帶罪太守年少青目劉閎中捐大令接

該省刻時之旱著因是日炎時亦復不時為甚耶
天門遠鳥與而車至矣初遠千里之居蘭數永無湘
湖撫制吏時時軫念關即以至意保护省中各官俱
隨相遲不及多謀而以風雨驟至河流斷續挽救之子
勤

2

廿七日丑正自柏鄉啓行六十里至内邱與海琴太史西園峯
樵詩樵嵩生四孝廉同飯衣裕以館中甥孚翰畢過故
人全丹溪大令以湘來見余官楚北時交莫逆别十一年
矣言信久未通吾向先無蹤跡而其年甫五十鬚髮皆已
半白嘗無子息情況亦窘而不言時以眼閲將入都請選勿相
值崇文恆昀來充因以款託京友黄吏部琴舫代辦已
全贈之云出内邱城一里許遇錢替作觀察李
閣吾赴京舍下與之談數語而别又以十里偶與許樵孝廉
同乘馬讀書輕鞭三十餘里過中大樹下一小店歇覓清凉

初八下馬呼肯庵老道人來七十餘意若胡髯小生已久
而西園之乘車至此又若話而移招以三千里巷郡志物相
令魯傑湖北江夏人到任甫三日也
十三日丑正起赴府後來展送與兩州座即登輿送
以得知至明館閣早飯與西園詩惜別乘馬行三千里至雲
生羽道人摩若以向日撰觀壁上所懸詩章善之而遺
句外倒甚佳其閲書綱行五十里至邯鄲知令君莫通
字麐東陽春人同年羅漢垣之年表款七暢談一刻餘
而別三日來午後甚熱

十三日丑正自邯郸行七十里至磁州尖将至磁州廿里黄屯
一望稻田菱荻夹路垂杨数百株株株相映两岸长渠流
水清驶盖其源出于磁之黑龙洞直到邯郸永年一带
闻之土人亦不苦旱云又卅里过漳河住丰乐镇已入河南
境矣是日阴甚
十四日寅初行四十五里至彰德府蒋僚舒楷先出城来迎张
照留住行馆午膳甚意良佳因与海琴两兄略谈之未
常生回西山纳之卯初行三十五里至汤阴傅知县令程廷倪
安徽人道左相迎又谒岳庙内碑园览数刻而别又

二十五日至滇講席書何換甚由揚御以來頗形旱象
詢之官民秋收皆不甚佳多因旱無雨物均增價至十之
六七殊可憐也
十六日丑刻醒以月明如畫清風徐引程途甚適行三十餘里
過濮水天色頗晴又二十餘里至濮州南關早膳又行五十餘
里天漸作雲大有雨意急催輿夫趨行甫數十步雨聲已到
店後猶未定也大雨如注矣聞店主人云天久不雨秋禾已
切盼甘霖故閭閻行人俱慽焉
十七日卯正擬行因昨日雖衝輝鄆城閣外自東至西大雨頗恐

儀夫雜行坐用前驾稍遲五十里至新鄉縣城北关先是車
小飯後至吟堤寺座乘馬走六十五里至大吉店鋪烹茶小憩
仍升輿又五十五里至抵獲嘉縣城北関宿是日早晚微陰午未
間晴新鄉令郭獲嘉令袁皆江西人
十七日卯初縣令袁君走送了談數語即行五十里至脩武縣关
時泥濘特甚因棄路道由堤上行夾岸垂楊柏傍一陂平蕪
青蔥可愛盖土人皆已種麦矣四十五里至甯郭驛方及申
正大風揚沙屋瓦俱掀日暮淅淅瀝瀝小雨不止困乏已
極亦竟酣夢不醒云

十八日卯正六刻醒，雨尚未歇，亟起，坐車行，仍由梳經至午再
星垣懷慶府河内知縣，府知潘素迎展集，因不慣未便
辭之。再三，卯啟適好子金升來言，舊固原牧鈕書广到
史，現寓宋城内，憫其年老而頗但狼狽，因乘車入城謝
府知，出，即至鈕處，寓所暢叙三刻，詳据歸而小雨仍未
止。擬明日程，並知未知其難行否耳。
十九日辰初鄉守注吴重蕺知今，吴珊山同來謁候，適但書二刻
始去。未半渡刻前途登車行，春天氣和晴，意殊暢，一連宿
渾樹甚以公千里孟縣知之，及申正，知今畢良弓楽而去留年

道謝及於八弟相見語概歎傷乃聞其平事竟不甚勤慎心
殊惘然甚矣兄言之至要也
廿日寅初八十五里待玉沙沿之夜發順風揚帆頗甚順利
未四刻已登岸矣八年夏至孟津知居之孟右衛矣又五十里至
河南府太守蕭兵元吉　知府馬兵　出郭相迎又至八館暢譚
初八日而散是日天陰氣甚清沿途風景甚佳洛陽九龍都會山
河壯闊氣象迥殊惜其城郭蕭索之甚古跡亦荒涼寂寞感
衰牡澤而上悵矣
二十四日寅初起行因道路難行西圍園從海渠黃生之繪拙光第

諸什車由山北邊道前行余乘輿轎先至磁澗時門齒甚痛不能
進飯因命奴子以湯沃饅乃勉強下咽行可時許西園謁吳子丞余遂
草草先行二十里過王岔渡新安知令劉吳來謁因於城西八仙中
茗談一刻又二十里過澗口換渡門時冷甚先弟已乘轎先至又一
刻許西園亦至時已申正雨勢滴不止至戌知海琴謂夫仍未及到
因遣人備馬去前往迎逆一行至子正海琴始又乘大車來棠生
於兵役始到以飯洞之無因雨大躁之某乃雜以炭好於野地中露
宿一夜又一時許乃及至知園佩乘馬自言來於大停侵早竟自輜
懇兵以乘馬來其車猶在後也因以輿車竟令八九騎紛沈

渎玉止〻致〻辭實多愧歉然名係未忘亦足藉慰也已

廿六日小雨旋止大風特甚五鼓以李尚有未到車馬亦甚疲倦

因擬小住一日午正已後風定天晴明日當遂行大不至甚擾矣

昨日是程子旗往河南辦捐輸事據言錢丙甫尚在武昌李石梧

中丞仍署漢撫余少鄰與之文兩擬石甫即將啓行並以來及奉函

小住此間適得此信因即繕八年寄外致長安戚舊並己有指

中爲六函致康兒跡脫之

廿七日雨止天晴道亦稍開遂以卯正啓行八十里至石家莊又三十里

至德化知縣余雲湖湖北人謁余於道旁又至以假道讀嫁知

其頭傳商及官時學使張英方自陝州試後按部洛陽亦宿其
外所用車輛數十民間抗不肯應必得重價付給皆須前任王
某先令其鄉又懷疑不能自主一聽官親家奴胡亂爲之以至受
本地屬下種因激而動衆議得一切陋規全行裁革李甫到任
先至所屬見呼應殊難勢必掣肘余先以大車疲之難以吟擬
諸民亦稍覺困頓擬即住宿此間乃聞此情狀殊難寫出因
遂以二十年至至美豪傳已申正三刻西園到已酉初吟擬詩
擬寫生詞成數根至海棠園須剋真佳於城闕外矣香霜降
世界原不婚起與諸其子從容早膳畢親料理登輿天氣

大晴風和暖二千里至觀音堂過新嫁娘花轎鼓吹前後
少婦四人皆盛飾騎行似是送親其貌雖不都亦不甚醜在田
家其流自是東中生色與後排男子十餘人皆布衣跨或騎或步
自然規矩是亦近聞之風俗殊歎計此地去旅順尚四十五里而
海壁周似未知何時始到入李亦僅在後只好往以待之余
廿五日冷想許是於寅正卯初西風行裡約騎馬於卯初行以磧石
路甚為難故不能不慎重坐之余因乘輿不以旌旗使行宵徑是
以稍遲於卯正三刻始行走十餘里過所謂文王廟風雨處又數里
過磧又二十五里至張莊共大小車輛先後俱到均一時許始得以出

再至雲階處時已申正是日大晴

廿六日卯初行三十里至陝州署州牧徐君繼譜迎謁於道子譚丞

為廣東番禺人其父挨因以刑名就館院司處知其仍是番禺

北上業而頗聽詳細詢粵事夷務頗稍平而內地盜風甚熾云省

入海洋關其地方大吏尤不能無頗而鄉村又畏葸不治江淮以北其

奈之何是則當今世道之大憂也又行五里至南關城矣又子傳君談

府許以午正八點下山左談不甚治澤北陝黃河為為難目申正

接雲階知今為錢民江南通州人於本月廿四方抵任子之談者

文雅有性情似可望作好官云 涼齋薇過本署侯閣縣沈均莆子丞 校堂何梅

廿七日卯初三刻出靈寶縣城二里許過澗河上山下山約二十里過稠桑又卅里至達子營閿鄉李大令差人在此地伺候早飯聞其叔星知縣因事赴鄉中未歸一面緣慳為之悵悵又二十里過閿鄉縣於南關外館一茶道傍有碑大書孫將軍大破

[illegible]出城行過小河下山順黃河岸行太華屏列在其南中條諸山在其北平疇一望風景殊佳又二十里至盤頭宿地為閿鄉屬而潼關司馬已來此預備住館舍去潼關僅四十里云

同州署府太守吳居仲識署華陰令易果均已差人至此投字問華陰差人云華州道中陸站〻俱皆整理已理應擇長官之精

廿八日卯正由盤頭行約二十里至閿底鎮知行驛地潼關迎接及妥

見來迎又西行二里許獲觀察李同州恩隨謁於途又一里許
署司馬沈君來曾來謁均叙く數語而別又十餘里到第一關署
協鎮色君率其中軍及標兵百人相迎時署華陰令易君
署縣色保君均在庭數語行以差拜觀察許君赴行館又延見
各官別時海粟吟想詩趙西園寄生周仲均已出見時已深來
卯卯頃畢、5閱仲復崇府仲許之信
廿四日卯初行三十里至華陰廟署同州守及司馬署華令郃陽令華
潼令賀存道識用司獄易校官典史均來謁不接談刻許海門人又來
來蝦來見詞知新遭其摘母喪方服菊花早陪西園海粟詩

畏之先後至潼早發畢再同諸君將上宿於此而至泉滂之
遊余即發行至華陰城外二里許太守諸相送於道卞與三談
數語而別三十五里至華陰縣界地華州牧郝瑩州判祿
候於此又三十五里至華州行經蒲城白水而今已先來此
迎余遂一拔宿余自登本日經歷諸用二尹李世光均先後見畢
嶽覺頗渴各省函信不能作而息已二鼓而差來者情甚
太華少華目不給賞而江葉兩地風景宜人僕夫行程更為
迅速實為途中第一日暢適也
三十日寅正行六十里至渭南縣知縣余炳先於赤水鎮界首迎

蔡香翔、城北署曹西安太守徐實階孟先、借署富平令三原令[陳]及
蔡令曹長道諸數談，即先至下館，陸接見許君子贊知至龍首
曲長華子周，他茶畢辭後，母子即行，五里至雲口，雨滴令劉
閏石來謁，後九陵民六七來見，談數刻，因天色甚晚，已酒七十數
雨甚，道路難行，即暫住於興平二十里，逕新豐又二十里抵臨潼署
臨潼胡令、鄠邢令、署[蔡令任氏]蔡補府經歷十餘人，又佐貳十餘人
先後謁談，畢往西安，聞太守劉大令來，茶晚酌談至戌初始
散。自來至後天色已晚，閱報矣。是日宣印由西安自省寓遷東寺馬某於廿三報到省寓，即手諭完了，撤令即八道署
十月廿一日。辰正二刻，起，與劉兵等談，即刻早飯，即行二十里至灞

杨澹园司马、怀士霞署肃州，凌署清军同知，沈署咸宁，欽升鄜州。涂树人、李仁成、石丹陵俱署长安、安定，瑚及庵补秦州知州，佐贰切先后谒见。平时尔未见自并到任，谢招一桌，随晚饯于灞桥一带。晚来晓眺，如此景光，如此风土，正不知费何措理招绥稽矣。垂所也若自晴

楚北旬宣錄一

道光二十七年正月十七日内閣奉
上諭：湖北布政使員缺著唐樹義補授。欽此。是月
二十九日由吏部咨行到陝。聞
命自天，慄惶無地。自念才粗力薄，陳臬甫及十有七月，中
間又兩署藩篆，貽誤未致，兢惕亦深，而[illegible]材器使，
乃蒙
聖慈高厚，破格擢遷，尤為夢想所不敢到。當即恭
設香案，望
闕叩謝

天恩隨於六月初三日具摺請
覲奉旨俟交卸藩篆後即束裝北行維時我以崇使至蜀
藩篆奉文後即交所　中丞先擇某日奏移於初三日
移交署任侯　少穆方伯十四曾請假　至是亦仍卸旋
接篆度任明年而兩署撤以十七日啟行時方久旱待澤
甚殷竟於初七八日得雨一次十三〻夜至十四日巳刻大雨滂
沱我因出郊致祭　太白印祠觀見青苗暢茂極覺
改觀低地五六寸經雨已深透而〻狂喜甚於陝年
經無此以及於民樣舍〻他道而觀此困苦〻象中心

次省所屬各旦七月分有得無雨無雪之處
官表仍應對之次仰蒙
下問其將何辭以對今竟連番雨澤實獲我心喜
不啻天之雨珠玉也
十六日奉到劉持揚陝西布政使慕壽唯即官識用奏自
張芾一奉到續歷劉長康費送　至當方仍接受托
隨將敘事逐爲清楚仍遞同爲生迄秋料理屋闈詣
一日須之力二妥作特異矣每日作書寄烟兒時其廣諭付筆
其母處然之又寄致增湘兒寄付之蓮遞總措知新庫收

十六日卯初移院署辭行　少穆中丞留坐二刻許又走別將
軍扣都統府陵村大府瑚溪如宮保陶子俊方伯楊至堂
方伯張梯雲崇蓉卿扣觀察徐笑伊太守及孫蔚堂長
太守晤令談至申初始歸而中丞方伯復來談至戌初始
散是日微雨數洒
十七日辰起天氣放晴午初刻抵門中丞率將軍都統方
伯罷屬諸觀察許果道別於東關中軍參將馬輔相
借營弁兵丁送於閩縣葉補翁令人二十餘人送於十里鋪扣司葉補
首領送於十五里縣扣首邑及葉補司馬真採州名官送於

灞橋以桃花盛開雙亭環繞滿堤垂楊垂柳千株萬
株尤不勝記之之盛睡談對刻即出登程比至咸陽已
及酉正而矣渡太守望舫司馬宋恒祥星甫大令李炜及名
牧令同前候以次茶四千作人皆接的候相見因下矣陵謁
共把酒暢譚至亥正而別驪山山色竟不及細為領略矣
十八日卯正由臨潼以下矣陵謁只語刻已正至零口小憩一頓
重肩土上滋潤已種之青苗甚暢問之土人未種地尚多
補種棉花惟道傍榆樹大半無皮其葉餘亦多為饑
民所採食蓋榆皮可以磨粉拌雜粮麵足以果腹榆樹

一通杨柳霞题碑
横刻莱公植至桂
着城西三百步祠宇
半就颓圮下马入门
楚者历拔前后周
遭祀当时上东清揭

刘生亦不食也竟日所见皆如是也申正至渭南令吴为
余君芝田名炳涛与三原周耕甫广盛蒲城沈桐门功叔皆
诣以馔相送因坐午酌帽纬手鑪劝捐接继诗事至
戌初即枕是日雨三四洒珠不到地
十六日卯正由渭南以一驿田腴膏腴以地稍低下且有小渠
之坡五赤水镇署华州牧刘令吕驯来迎借之同行以午初
抵州西关外驻谒寇莱公祠刹荒芜不可名状侧有
碑文则范请乘间揭之一请重修所记时日州守李恩溥
摹补字刻迹颇大节镌兆麟华阴孙治珣大令清泉迎余

見重建碑記 太守欣
然告之兩公爲華州
刺史其集並不新
廟後我亦能養桐
僧姑爲社稷區補造
化年詩甚妥之矣恩
見雲統雨澤遠治
桑梓

因可語以識及僧華余前指曾年李劉栖界亡名坐
曾年無孫出三界共集曾年居劉罪牧丞爲共僧
之此卷六一代偉人而詞字荒涼之無習過而問其先是之
隆利王子壽此郡已已之秋都門相見爲余言道生華
州時曾習靜徽居余述爲整理此以其事傳今當求
及是僧川北內假道又適憶及友之言正不知何日昭雖
前度此事天下事者孰爲之而因循玩忽其往之難矣
嘗往慕之詞那他日當屬子壽爲文記之且以誌吾過
也午正三刻隨可語之談別或乘馬或乘輿一路楊柳青

青絕者華山山色以西望接華陰廟中查詢此間撫貧
民甚多今吳孫明府已於年內得偉館撫其子保理相
安如坡銅為人李西園大令來爲余言稱道不置真甚實
心爲民然而當年今李星甫尤爲經理得宜云
二十日晨起謁西嶽大帝往前參中殿謁默爲祈禱子孫
大令登萬壽閣望華山三峰積雪獨存四顧中條黃河爲
低細久之儒夫戒以不可登留遂即起輿登至朱丞玉泉院觀
登仙掌吳勤觧讀罷同馬渡太守歇及罷別拜咸吳跟以 宮門起轎
從十餘人過於郎陵謁觀登仙罷登望河樓黃河在北秦

嶺在南，四扇潼關，乃謂地形天下險矣。是日清明節，天

氣清霽。

出潼關，乃牢人。潼關四扇，耕（符）風塵來往於今六度，太華中

條排左右，山色青青如故，北繞黃河（流），南依秦嶺，夾道出關頭。

崤函直下，看他天涯無數。却憶黃鶴高樓，晴川曉閱鶴，

湘州迎渡，錢（屢指歲星周）已遍，雞壇一記，安知相思難付以嫩酒囗蒯愁懷（我忻別郎重來識廊人民都無差）

浩（吾何日再知遇）渺自從寬潛面，何彼美，却（憐）又不勝回顧。

二十一日，卯正由潼關，程們自觀琴以從姻於關外道別，若語一刻

餘，八十四里至閿鄉縣宿。縣令李宜溶先迎余於壁口，暢談

物到詢知河以南二月初間請有雨四五寸而旱不為無大歉雨以前早種得大雨則皆可補種麥是日晴甚午未間極不可耐

二十二日卯正行至午正經靈寶一路行來道中塵土撲面無異宗行接客即借梳與叔卿合傳是日亦校射時無兩應之除快手是日晴　儀号蘭台江南通州人

二十三日卯初自靈寶乘輿六十里至陝州城外之梅烈貴刺史丁艮先於五里外相迓至是亦談刻任知訴中現議開疏實魯河稍輸需二千萬據之成時其害益可悉尚不可知若擬岸

寥乃旋開旋行十餘年見青續以千萬而仍閉塞甚大驗也
又三十里至磁州住所過處寬地界乃麥苗尚多沿閭入洺州
境則青苗不過十之二三其情形與閿鄉等民情有澹有穰
有饑而飢餓殊甚且無以資庫者聞無處可以典當設織而
不塞其乃惆悵甚矣是日晴塵土較昨稍輕
二十四日卯正起程見有極窮出門則風勢甚大又覺寒氣逼人因以
麥早以不及深者亦物一頭重者似雨尚深遠麥苗類暢惟未種
者多以四十五里至硤石界飯後未正三刻已到土店是日晴朗
而道路皆亂石縱橫上下山谷危險實甚直可千萬百以

難也

廿五日晴　卯初自立齋同玉溪池孫署湖大令　湖南人　意若一談論

浙界事甚悉　辰正玉石齋笑來　玉玉候門　往揭到時微雨數點

洒是日八九年呈所見麥苗不及十分之二時方雨濛數日亦有種

棵粮在田間農民工作既後枕枕鋤而眠意甚酣暢對對奉於

因口占云　枕着鋤頭一覺眠　着他心點甚陶然　可憐細馬高

車過　何日能安自在天

廿六日寅正自候門行一路平坦田間麥苗亦甚暢茂三十里

至新安孫得　少穆申正廿一日自新安來書并寄到

吏部文憑一件，今早此沿劭吾鄉人李近塘觀察方之長(左青)君，承諸先後來謁，坐一刻許即行。三十里至磁州，早饗。又四十里至湯陰，太守蕭元吉(頌谷)吾鄉人，馬君均於道傍相候，主僕數語即揖以假道，並辭費請觀，揖回車。不殊。此番來，兄於是過寧，昨日過河北，以矣。是日申正大風揚沙，雨數十滴，僅濕及地，於麥粮無益也。程中上山肖書，客家云，方伯耕雲前輩陸及雨香楷山大人函遣差弁西行云。

廿七日卯初蒲太守馬大令同頭站送至相見茶叙數語揮别登程天氣早凉塵土不起一路邊山嵩岳頻見雲氣撲人行五十餘里至津全徐君盡郝蘭禀謁道傍詢知為貴州清鎮人隨至工左鎮八寓送至暢談并同晚飯中至子甚光因即早飯八沙地中約二十餘里至河干登舟約一時許泊岸五十沙土中十餘里過新堤過栽楊柳四圍青青可愛遙望河陽城郭風景殊佳雖無幽物栽花恰亦光景宜人今君徐　兩罰宜賓人上年傳任譚次亦殊不俗

是日暢晴

主人以予下榻書院。景韓堂一匾爲馮魚山先生書，秀勁
絕倫。大堂對面一匾書業精於勤，款署西昌杜某，亦魚
山書也。院内有石刻淳化閣帖全本，係大令云曾從王覺
斯所摹，貽我以一本，惜予匆匆，實不及披覽矣。
廿八日卯初由魚縣行，天朗氣清，惠風和暢，平田萬頃，一望無際。
六十里至府，用羅帖爲許君（名春福，江星寧人）因公在鄉，太守汪君呈慈
於城外延余三談，款設酌登輿，至行館，朱文子重慈談四刻
許，獲知書院之學道暢茂，許君年來開渠引水之力
甚遠，改甚多，肇禁戲戴異句彥而上官不諒，係爲之勒

鄂雲府相勸作好官之難也在河間早飯後策馬沿隄
行六十里至玉寧郭鄚宿是日以河間借馬諸不受羈勒好子府
夫僕共三人前去以西坡後招到
廿九日卯正由寧郭乘馬行大雨至雄縣與田疇二麥大異河
間之上人云前水淹地方可望收秋不及十分之二矣芸五年
王倩球知府知州陳君克儀上年補授此地現已為涿州
人宿山寓保乃其玉戚人亦恂恂謹謹尚有書卷氣惟民窮
官困餞於樂所握手為予勸耳又五十里至玉獲嘉來
謁外宿知府兩年以事赴府是日熱甚塵土飛揚大

三月初五日卯初由蘇嘉乘馬行二十里天氣陰涼大有雨
意共五十里至新安早尖賀以封里文笑晴霽環歌迎
地拈稿付譯孔穀忠心不勝佳急問之土人云若此雨再無
二三次透雨則秋糧亦屬無望天心仁愛何以救此黎民
耶未旨未正二刻到衛輝住太守康賓甫宜指甫自指
娘尚還迎卽未得余坐談刻許知所屬汲濬獲新輝五
屬均已請娘常來奉文現時之娘乃太守指屬借來
隍崙官律先兩放放來卷物月計之不計口五百一萬每
之人二斗計惠及十七八萬人閭左字亦良甚此又知其甚忍

矣　韜耕先生到縣蕭甫二月以病退是日聞蕭甫言此缺即以王某原補 技垂訪外廣西右江觀察矣　升補吳道甫武毅之弟也

初二日寅正一刻由保和碾起程過人天亦沉陰疑有大雨乃

過八十餘里至涼風凄柔又有晴霽而平蕪凝碧生機全無

惟見剝樹皮草根者成群過隆而巳到西湛驛聞餓草上

一蔡三十里過洪水過即唐賓驛界又三十里至居濂為隴

陽驛郭培驛今程君逸鏡已由直隸州揚省河南歸其補斑澗

缺補用余已過驛曾相款接頗覺無有氣具旱乾如此不

知其何以為理也是日鄂申西遣舁來迎六弁攻擊

初三日寅初由洪藩驛來焉八十五里過廟背基又十五里至渦陰

新忌今延余於岳王廟諷經一刻知中州一帶及邯鄲以北均得透雨而此間仍乾旱如故也又四十里至彰德府知府余栄吳福以省相見隨即偕畢太府俞君煜號雲史自安陽來鄉際二大夫廟四間余至此亦來禱謁時吳方升任直隸永定河觀察擬委代而行余為五日年也又談二刻許甫及登輿大風揚沙飛散天日而熱不可耐渾如四五月天氣生平寄見所未經也中七里至豐樂鎮宿到府遂焉某竟以痛殁於安陽幸伊問日閣其為舊僕鄰榜並有姪子以十餘金付之俾為之料理而拔舟後君于此府甫相隨半月而以遠道殁於此殊可憐

並無子孫決之送回他日當以數十金付之俾得買席者也

留由丹棠便□過渡以以土中之下降至道姑平坦共二十里至

磁州共又七十里至邯鄲宿今日所為矣某默備四年之三集未

收矣暑稍涼

磁州道中　齊天集　快馬輕鞭二月至陽春台我烟景物依舊

流物以新柳拂岸綠雨千派（鞭絲帽影）風光遊騁算半日清閒看園

相近錦山深深此中定有神仙境　我欲移家住此薄田三百畝

園林招隱得月二分三分水竹園住溪山深穩老天如肯便富貴

功名一齊冰冷休簡累夫總橘風味永

初四日丑正起寅初行天氣稍涼十里至雲臺廟打尖又二十
五里至明洛關未時方辰初又三十五里至沙河縣又三十五里至
邢臺知縣順德府太守鄭吳友談居林以南深山人由工部
充軍機章京以道光十七年出守來此二十一年矣而政勤
勤敏與民甚相安至實能培養元氣出承其意詢因即
答得暢談場次出所示保甲清冊種樹開井諸說寫程式與
事宜均有條理使該太守清(?)能此處地方亦何患不安也
是日陰甚經樹北前(?)有兩澤(?)自此以北麥苗甚茂潤田
開井亦多道旁樹柳無數其太守之善政歟

初六日丑正三刻由邢台啓行六十里至内邱尖又三十里過臨城知
唐紀又二十里至柏鄉知傅錫介德亨与邢台魯令傑均以
洒函
御道甚高須十數夕始還復修來得見時大風揚沙寒氣
侵人殊不可耐至申正始見日色時已全晴矣
初七日丑正一刻自柏鄉行二十五里至王郎城天始大放風日晴和
以巳正至趙州州署刺史胡君允培之胡卓峰軍門之猶子也年甫三十
頗覺少年老成即以不率之書明白為故人喜甚無已午正始自行
復上轎刺史出送未五六里忽起暴風捲地飛沙日色無光

天寒亦甚凛洌余坐輿中東倒西歪身亦無所倚倚輿夫則一步一退不能自持亟呼扶轎者數力扶行亦復冷雲矣頗躓約半時許始漸微緩急催前進凡四十里（而演城杠）至南乙始至亦困甚極矣是日甚涼

初八日自宗城行昨日困乏甚兩點三刻即眠至丑正一刻始醒急披衣起天氣仍涼行十餘里始明又二十餘里至玉正定之十里鋪尖將至府城太守馮君聊人許君登聞馬都司均往迎候相見因相與茗話都司謝階昇現署右營遊擊事為貴筑人丙子武孝廉來直隸已六年矣略為小叙即起登輿行七八里亦復大風車馬不及行人人甚急催前進以申正抵伏城驛宿

初九日寅卯一刻起，四刻行，凡一百二十五里，過新樂，縣令尹同年壽君
先出五里迎，後與秉玉同假早餐，至定州，刺史寶君出郭相迓，因
邀入館，茶話二刻。刺史貌不逾中人，與之言，論甚有條理，其蕆事人
物皆確切不易。君為昇文貞寅之子，文貞頗以清節受
聖人知，肖子如此，可以無恨矣。是日天氣晴和，不暖不寒，在清風
店宿，去定州三十里。
初十日丑卯一刻自清風店行，一百廿里，以午正三刻抵保定，即入
城，話二刻畢，隨拜客，仍服吏吉郎，均以子拜客來，及把服因語
再訪周石生年丈，至後歡談畢，復談數刻，前至田同閣六

飯後長興二十六日早晚飯城中請公館來店拜又与首鄉劉
君談一刻雨意是日陰甚雜努大雨乃定未初復下數十點
未時清處保渠甚急
廿七日寅正一刻由保定行過安肅柳泉凡一百四十里至定興驛寓
之此行往是日未正大風余已到店保衲近要卿由京回省亦宿
於是先相過余余隨即走謁因留便酌暢敘至戌正始還旅館
道今尹金君來謁言賈魯河情形甚悉又由扶溝至朱仙鎮
皆另行開成甚難其水源由滎澤來合須渭派北時開通實為
省門大利特須費不貲耳

十二月初五日由北門行過宣興新城涿州凡一百二十里至[illegible]店宿

是日午後大風到店已酉正矣

十三日寅初行過良鄉至新店是時余重庵刺史之次君來謁

据知重庵舟(?)子甫殁以十一日歸宅重(?)聞余將到故也午初大風

揚沙過蘆溝橋至天寧寺時琴(?)吾吏部已先在寺中待

余與談得四舍(?)刺江頭電(?)侍御亦來因買餅酹暢飲至酉

正始散澗(?)别已十有七月積愫甚殷一朝握晤宜其快愜者也

十四日偕天寧寺居(?)初步(?)與四圍周歷牡丹甫花(?)樹亦青蔥茂

於(?)陵園平台時一登覽第未繁盛心胸為之一闊余重庵刺

史道來談，未一刻，忽畢夫子菁陔（向台）來訪，心芳中丞之令弟也。子
余別十有三年，握手相見，惟話平生，道其早歲重遊隨士
林儀颿太史、黃翠谷吏部、芸子壽廷生後先後來，因
偕向台午酌，談至酉正而去。余與子和尚茶話，謂寺前古塔
始自隋開皇間，中有舍利二十七粒，迄今千百餘年，乾隆初
曾略粘補，而木角依然，今來摸懷，亦已異矣。是日陰晴各半，
老僧至午後黃氣由西風送而過，二三日內當有雨也。
十五日，往天寧寺，居那齋與四園一行吉，秋舫京兆適來，方與少談，俄
子貞太史、卿鶴同觀，登亦至，因若早發未之見，而朱樹廬、亦伯蕭史樓

斅樓先後上到院，遇睹大宗伯及兩帳禮部隨上，遂至通署出門業已未出，偕趙精臥而黃梨平復來，遂共晚飯，說昧。夜雨一寸許，今日稍涼，天氣頗清，視西山猶有夏氣。

十六日晨起，甫盥洗，閱日御兵曹李君信來，坐未久，余重齋刺史隨至之之君，琴甫畢，刑部筆帖式唐純來，久詢其居人，現為荊州太守明善者，秋舍之中表兄也。未正沈吟樵、吳仲來，少久，其父曉樓三兄況大多坐中中丞江初而當入，仍至黃梨平坊，先後來，因共晚飯而散，遂閱邸報：李石梧制府調補兩江，林少穆中丞移督雲貴，楊公之書亦仍接陝撫。無扇未來而之飲，對無聽是夕天明氣清，秋色滿深，遠望西山標光

卿霄胞次珠兄暢敘
長日天氣稍涼辰初豐潤未末〻兑命至兩刻其已奉御安車
來日車周旋移〻腔煙觸之來請策因其早饗觀寓丁程息
行李畢以巳初辭李行二十餘里至午初兩子河吉辟尖寓住申初隨行
謁梧相老叶瀛芝軒園以縱觀入關移鶴舫茅檪適可居近城
与賓鶴汀祁春圃柳太司農何雨人大司馬其談一時許以酉
初還寓以黃夷部琴舫沈冷坐孝廉先後亦到略上談敘
即其年嘆飯天明〻於此曹雨〻竟隨亦未到闔皆未能大暢為
是日閱其塘第三百里至夷板馬上飛遞不知何事　鄭洛值溯鈔

十八日寅正二刻，黄慕予吏部先到，
宫門代遞請
安摺。隨以卯初二刻缺襟袍、披褂、冠，由景運門詣外朝房稍憩。
時陳中堂、李偏氏大司寇、葉廣少宰均來相問訊。卯正三刻
叫起，余第三起。第一起原四川總督托明阿，第二起太原鎮祥
麟，第四起軍機，第五起陳中堂，第六起刑部尚書阿勒清阿。
辰初三刻，内人傳呼，叫
上御勤政殿東書房，謹整衣冠，由殿右門入，至簾外稍候，隨進
至軍機第三墊側跪，摘纓冠磕頭，奏臣唐樹義叩謝

皇上天恩　上問你是從那裡來不是三年期滿的麽奏臣

蒙　聖恩新授湖北藩司覲聖　陛見來的　上云先是那

裡臬司奏先是陝西臬司　上云幾時放的奏是道光二十五年

放的到任後一年零四月即蒙　天恩破格擢用臣不勝惶

悚之至　上云你一放就是臬司嗎奏臣先是湖北知府　上拍手

大笑云你先在湖北常過自然情形是極熟的了這省不好保　甚

是誰人保的在湖北幾年奏臣在湖北八年由黃州升補漢

陽府同知照例引　見道光十四年冬子月蒙　皇上召見一

次第二年六月即蒙　天恩特放甘肅鞏昌府知府

上云在貴省人保道沒有　奏是特亨額保道　上云伊是甚

特亨額保的伊是那裡人　奏是貴州遵義府遵義縣人　上云

伊是貴州遵義縣人　遵義在貴陽之南之北　奏在貴陽之北距貴陽三

百里　上云止有三百里伊原籍就是遵義嗎　奏遵義本屬四

川雍正年間後改隸貴州　臣原籍江西　上云伊由陝西來是

幾時起身的　奏是六月十七　上問伊來的時候林則徐回任

沒有　奏林則徐是六月十五日回任楊以增也是六月十五接印

時候即臣交印過後於六月十七日起程北上　上問林則徐的病

今好了沒有　奏林則徐疝氣下墜是老病上年十二月間

崇得太利害文係咳嗽氣喘他怕支持不住辭了
皇上天恩總是招請開缺調理後來接奉　批摺賞假
三月臣等去見他他對着臣等痛哭流涕說這樣　恩典
是從來沒有見過的怎麼好臣當時還說了一句粗話如今
還有甚麼說的惟有遵　旨安心調理這个身子也只
好交給　皇帝使了　上云既老每陪問他今年多大年
紀奏臣今年五十五歲　上云你也有五十五歲了嗎奏是
又問這翎子是那裡得的奏是道光二十二年勦辦夷案
臣捐輸後路糧務事議叙　皇上賞的　上云你是這當的

撈阿周悦膝那回嗎奏 就是那回 上云保常進兵没有奏
没有常進兵 上随咒身云你明日再遞摺子奏是隨起身
退 臣三四步側出是日子初得微雨 已正後大風天色放晴 海
往謁徐宫保 中堂 暢叙六年前事 後二刻許又答拜卓
王及軍機章京兩帆及各章京許蓮樵之誠吳兩還
十九日卯初三刻由西苑門入小暇房卯正三刻叫起第一第二為
標岩各將若之第三軍機第四寶郡王第五祝慶藩第七祥
麟第八為第六起仍至東書房第三挨側號 上問陝西匪
上年甚麽時候該省雨起奏 查上年七月十二得過小雨

之緣直至十一月初四五後得雪兩寸餘到十二三兩日接連得雪三四寸　上云得雪之緣麦子該全種了奏早了半年之久兩次得雪積共有五六寸已不足用又無大風高原平野都被吹散所能全種到是南北兩山用不着雪地亢下的雪偏大上云是了南北兩山都不多種麦種的全是包谷高粱所以用不着雪究竟地方安靜不安靜奏林則徐因久天時不甚了叅處付臣等早為預備托　皇上洪福西安雖是是個地方紳士百姓又多急公好義刑部也都能奉令承教編查保甲早已辦有頭緒清查戶口全不費力粮價漸貴

那些窮百姓之得有接濟，是以不至流離失所。半年以來甚是安静。　上云：說北再又问你在西安起身时得了雨没有？奏：六月初七八得雨一次，十三四又得大雨一次，真是潤算滿年。　上笑云：這樣可以補種了。奏：前處已遍，且能補種雜糧。臣在河南途次屢接過林則徐的信，說陝所言近日天氣暢晴，麥苗陸長，如時陸續得雨，尚可以接種為妥，只要是陸續得雨要緊。上云：還是陸續得雨要緊，你一路來看看光景如何？奏：河以南者皆出土麥苗，河北一帶除卻懷慶府所屬河內縣有數十里水地麥苗暢茂，其餘脩武、新鄉、獲嘉、汲縣、湯陰、安陽一帶均皆不好上云直隶赤地千里直隶大顺广三府也不好那些与河北永界的地方还有山西也旱得很怎么好臣奏直隶赵州以北均有井地下以辘轳灌溉尚还好吾以前所得的两县往往不多这些有井地方一样也得了都还有益　上云也有益吗奏是

上问保定一带安集可设的是谁奏是严良训调补他从广东起身还有些日子才得到　上云现是谁署奏是督粮道张集馨署　上顾重云是张集馨奏是现在西安道

抚　皇上天恩放了椿以增那个藩司的缺也还要人署后　上云带年还有甚么人奏还有风乡道崇纶人甚明

白倖面　上云自然是他們要署了現放的西安藩司是延祥奏是恒春他現在山西　上云他也是要來陛見的保明日還逕陳子奏並隨出晏天氣大晴王翠瑚比部張翊澤農部及勺乞劉恪菴偕來延剌史續坊先後來問訊軍機中堂季原談了亦請來答拜

二十日卯正一刻穿補服候內召見意門至小殿房一刻餘即叫余西第五起仍在東書房第三撥例號　上云近來湖北的倉庫款項也不分過有錢侵者奏不得瞞　皇上就說是有還不在少　上晤傳報云保打算怎麼辦法奏即要看地方情形

據臣糊塗無識一至是缺分甚是累那个官做得還好只好通融作法可以設法便就設法彌補若是那个缺分本不累全是官不善經理任意侵挪平日又不好好做官才要嚴參職下須錢穀繳一筆百挽回積習待臣到那裏去查訪的確了待臣接臣務商妥辦據實核辦事皆須好工夫是云云這就是了又　諭云地方官據實得人便是蒼富人這用人理財四个字干係重得很奏識好　聖訓州縣為親民之官打當一个人去做這个州縣造福也是這个官作孽也是這个官臣糊塗無識用人更重於理財只是此人

〻〻大家多假如得了一个好官去做那州那府缺了就便苦些〻
他也能咬着牙不要多賺的錢了事也認真整頓他也不会
笑人为也就不至於虧空都是這種官做上司的要想
法調劑他總是以風有信他們辦事也總有精神　上又諭云
原該如此都要你們實心奏實心不難只是得這種有
才有德的人難諸　上又諭云你明日還明日還遞牌子麼是
隨出至口　上詣　太后宮請　安余以二品大員應隨
同站班即趕赴宮門内西掛之京官之次　上乘馬出宮後始
退是日天稍清和因偕何侍御陳小舫太史招來門訪因是

早飯陳子鶴府丞吳朗亭侍讀及京報官員多來展拜
言不及詳記云
平旦卯正一刻仍由如意門入至小板房延一刻時叫余第
未起云云東書房第三起例跪　上云湖北地丁是年清
年款的嗎　奏前此地丁額征一百萬零那个地方每年不
是水便是旱堤莫潰（讀）二三十萬堤（試）不能全完　上蹙眉
云這是怎麼樣　奏湖北地方高處怕旱低處怕水雨水小了
堤工便不至浸潰那高阜之處自然旱（至）缺雨的到得高處雨
水沾足但雨水（定）是大的那堤工便難免潰決臣在湖北

多年所欠年〻都是這樣情形所以年〻都當後任推着
做官的時〻留心想把他們已經徵收的銀兩徵解司庫一則
可免州縣侵挪〻移到底庫內多存銀些也可以備緩急
皇上聖明如今各直省藩司〻庫裡無一處不是空虛的
想那年歲收成總得十數年都是豐收便不怕 國用不
足這那地方上也就元氣大復了 上云何嘗不是如此年歲
是官家所的關係如今就要看到任上羅保們做封疆大
吏的全要講究一个虛實的實字總把這个實字做到
了那樣事亦不好想替程恭是多年替換他也曾些〻隨便

看得不甚清楚現任巡撫趙炳言人甚長厚並沒有別
樣壞處却是太長厚便振作不起你這樣年力才具
要肯實心認真還怕做得不好嗎你是貴州人城裡的
想來也沒有甚麼親戚你今日就跪安罷明日應用遞牌
子了磕頭奏謹遵　皇上聖訓臣是有天良豈敢不效上年
天恩　上又問云你往那條路走到湖北要多少天
奏走湖北省有兩條路一是由河南信陽州走湖北應山
縣入境全是旱路只用二十八天一是由河南南陽府走湖
北襄陽縣入境由襄陽坐船旱路二十四站水路六七以九

天不定日想走乘陽這條路坐船下去順便可以查看陸上現在枇杷已過水勢正是最漲的時候看他們陸上肯不肯我的就近便可以指撥做法到底好些　上定的想是條路勢看了之看渾再來會不是一勞永逸嗎隨只身云你就去溜達是隨想退後三步重復跳再想退側身坐着天氣特晴回家即料理應應至極貴答雪橋辞上至祁壽圖去看望談二刻許即贈余唐子畏幅畫手卷一件又封回家寄陝西家信及七稀大府玉函庚送及各日官書又寄貴州家信及夢湘兄一函函甫等函

得山谷室家及君伯觀瑩信、舒夢兄桐兒貴州來
信，内子於上年十二月内生一女，大小平安，殊不滿意，亦稍
釋鄙懷云。
廿二日 由 同寓登車，居正門入西直門至，動身與胡同思樸
廣師宅内，晤春玉峰之世兄瑞名，年已十四，人甚謹飭，忠為
之確舒跋蘇意，而別玉雷海帆先生宅，見富夫人及兩
世子細詢家下，亦文安，春隨侍出游，侍帶相公窗所
陳小舫知相公舊樣，皆不能即歸，因薦杆去秋窗旅北
屢已無公子長 公子許復生日年生宣武門晤張劍

潭農部江翊甲付御朱伯韓侍御硯蘅睦大宗伯李兼協
民考魁年伯張蘭芷周芝台柳少司寇伯子貞子京兄弟
林穆州太史
復借子貞翊甲萬伯香農部至黃琴塢宅小飲因宿琴
塢家玉丑正始臥亡疾之概矣是日晴
廿三日卯初起翊甲赴日琴五赴打磨廠東興居小酌已初登
車至貴州中館收明內經債丁世琢孝廉不值隨往答拜邵卿
制臣觀陞葉東卿閣臣愛棠毛西園孝廉沈吟樵詩樵
吳東伍當年孝廉蔣玉蓀丁葉王翠珊比部鄧簡臣太
翁許及潘相國宅投刺收玉蓀葉康少宰陸東園少子

霞均不相值又至劉心芳侍御宅相與暢譚仍還至勤臣
宅時小舫太史鄧太守已先至康侯棨楷雨香保子杞湘
芝舫虞中實甫兩保子淺斟低唱備極歡洽子刻始散即
留宿勤臣宅中是日晴
廿四日雨香仍來同勤臣早飯余因往東城謁寶獻山相
國汪嗣甫大京兆又至璧星泉大府霞平先生知已回恐久
而留已先出不值往角網紆因從步城晤楊秋衡孝廉連
粵東名士別來三十年君已六旬修髯飄然老矣又往晤
花田白侍御梅仍言曲農部俞秀廉刺史是晚即宿重慶

宅中晚飯，方羅兩子、與翠子復來談，何物可話廬前
淅淅瀝瀝雨聲不止，相與歡甚，送客出門已及子正矣。
廿七日卯初起，見雨油油，頗疑仍欲雨，揚帆作行，但覺尖尖沈沈
昆仲均來見余，登車出前門，及晉齋弟小歇，丁世
琛、楊子恒皆在其內，與談一刻，係門人，許茂貴、曾郎亦
來，因其數復遂升輿行，過蘆溝橋，别秋坪，過留小酌
畢過長新店，玉星居命至刺史已先至，此因復暢談至
亥正，假臥，是日天氣稍涼，待之事　請旨換戴涼帽矣。
廿八日寅正起，與王兩別升輿行，過涿州，定興至北河宿

寔與金吳先生廟匯，余復詣行館相敘，甚爲字頌
不俗，然亦留心世務者。是日晴，午後風甚。
廿七日，丑刻起行，至安肅早尖，以未刻至保定，先往拜郭
次廉方伯、周石生廉訪，暨同衙薇垣，各暢譚少許。
娟孫至近莘師大府署，因留便酌，與主夫人、令四弟過飯。
至夜在娟歸行寓。是日晴，午後大風。
廿八日，寅刻起行，過方順橋，至望都宿清風店。是日晴，午
未間大風。是日未正至店，遇宗弟順之太夫人自西安來，亦宿於此，因往請安，順候覺安君，隨寄硯君頌一函云。
廿九日，寅刻行，過定州，與寶刺史琳談一時許，寅旭先生

之長子也心思極細世故亦練達旅人中實爲不可多
得隨過新樂魯大令丙甫予同年復與暢譚去四十
五里至伏城驛日時之申正過新調磁州牧恩刺史符來
謁余世交也亦戚也其老成歷練若之口上為之歡行因留
昔前談飲之天正而散暮晴午來向風仍甚
四月廿一日寅初起過正定府太守馮君相得稍以館談
及一刻陸續興行至十里鋪尖以未正三刻抵欒城知
令李君來謁時与致意而去。晴來亥大風閱金子亭
付講得過是間持之久不至或明日早晚當相見也

初二日寅初由寨城行天色甚陰似將大雨巳初至趙州穆芳
封吳胡培之來迎因而早飯後談至午正學使金子亭据來文共
談暨此時了甚遲未刻始發手行三十五里至王郭城大風揚塵甚
晚天日微雨數千滴而風仍未息近柏鄉城七八里道路頗濕似大
雨甫過者也近金見華濟借承入城則道路泥濘知今德是未
言微雨好雨勢甚大惜未能久足普也
初三日寅卯以時微雨止止天頗陰晴會入會闢至内邱則放晴
矣早飯後復前行抵未正間又數千洒地猶未濕即亦開朗
申初抵順德府太守鄭吳壽陳特知令魯吳迎接郡外談

數騎隨入城至府署晚飯暢談時事甚歡濟鄰為癸酉拔萃由小京官得部郎入軍機章京外放是府已十三年矣為政務以治化人士民咸愛戴之使其早大用必能培養元氣惜乎知之者少宦學其壯氣消磨後不展布天下之如鄰良者不之人安得為大吏者相賞程風靡之好而使之經著華宜也是可慨已 是夜一談係謙信太守夏君述秋與其鼎湘南司馬述翹均未相見至太守之兄一以年薦一以戰功為入都門　之述此述頗佳云

初四日寅初冒雨由邢台行至臨洺關尖此七十五里中時雨時晴四望麥苗無不暢茂已半有成穗者由臨洺至邯鄲四十五里一路皆甚枯槁未種者竟十之七八雲則油然而雨恆未下亦徐予

況直隸地已三年不收城鄉內外生氣全無當今今不救欲不可
得也 勿令莫其閉之樹任羣率共為來至
初五日寅正三刻抵西北郭行時粮一鼓時大雨如注惜僅一刻餘而止至子
初刻刻大雷電雨傾盆下約二刻餘始覺稍息寅初又復大雷雨余
行時尚淅淅瀝瀝一路見農人莫不暢心懷頌頌於咸宵者危門門閉雨下
一犁已經補種矣凡七十里至磁州署州牧陳君政典號平軒
蜀人戊子舉人由大挑分直隸先署河間縣類曾改補磁州
甫一月經理以勤慎治民民頗愛戴之真實心為政者也
談約兩時特其人貌粗率而懇懇款款精神才力足以副之

隄此道而命工者不快於官也又三十里過澤河入河南界查問
河北一帶亦得雨澤惟南來漸遠耳是日辰陰午後大晴
廿八日寅正一刻行至彰德府轉至府城一里許署太守鄭君來迓
時前太守俞雲史同年已升任直隸永定河道尚未得行先遣
人來迓余至署早飯換衣僕來一刻過得郵雲史已調
湖南衡永郴道行李一切都已打包此職易為南轅摒擋易
為料理矣又往謁沈知學使蕭仲香太史云校試彰德甫竣
回至雲史同往晤敘一刻餘仍至雲史署內早飯一盂一羹
頗相觀洽雲史謂余是性似急而考察精密不能無奇

以後請多其察力甚發何如此談次諸居官行政要訣
而此二言尤切中余之病感良友之箴規發當事為弗深戒
過半辰之也酒後來知安城羅太守及大令朱君又來相邀
為之談數語而去過渦陰時稷辰當來受代道碭余又苦語
岳王廟茗後剃頭行行至之扁鵲墓側已及申正大風揚
沙目為之迷與夫四人或扛倒跌又益以二人扶持之而後能行
以前所揚沙溝訊之土人知子稍之雨此間竟無雨十日前已得雨
甚透故一帶種麥者已長寸許云是夕暢晴
晨后寅初三刻由沙溝行過淮水至濠梁驛又五十里至鳳陽府住大

守廉崇甫借口豐聲行及容卿至廣合飯飯罷崇甫又來談

談知所請賑銀昨夕略到方擬救放條目尚未定也甚謂知六將救

賑而道途所見流離困苦之之情是甚慘因知今似饑餓殘

北撫海安集此時此地正須得人中丞乃伯何以竟未之知耶是

日多風昨狂風尤烈云

初日寅正三刻自汲縣起程辰正四刻至封邱縣界今貴居升

先枝城好相連換以騾緣与談一刻許隨早飯畢即至城外分頭

由南行四十里至小集時天方未正極寒思飲因小憩枝居店意

若照生詢之店主人此間二年不收大麥每斗五百八十文民力甚為

桔槔以拜得雨尚不足播種一犁查看田間竟不甚潤澤也又二十
里至亢村始是獲嘉縣屬習迎檯驛此距河尚四十餘里是日晴陰
相間亦無甚風
初八日由亢村行因辛苦甚即背過河恐積日先將奴子輩趕子
刻起行余於丑正升輿以辰正二刻登舟巳正四刻始及達岸
時中丞鄂雲浦吾弟來迎滎澤大令亦將紀綱先請於城外
早矣乃儀夫不知途頭比及查問則已錯過矣需七里餘
因覓土人引途直行至一野店然鷄子六枚食之詢知為鄭州
屬地又老兒率其過使吳吾改相與閒話娓娓不絕數年

前寄嚴天正暮學仙舫民情言藏藏崔君晝徐州人亦前
後曾以相談頗久乃為鄭鄭之民羡長每日曾云渡日近焉每每過野店
村派門使君崔前寄嚴丞孫崔子祿今健峙鄭州城過日屯亦午
里至鄭州刺史崔君來未正返其品格亦佳類寄儒其氣象年
已五十寄四而精神爲充足也是日晴
翌日寅正三刻崔刺史來送与談一刻即行三十里入新鄭知界又廿
里至郭店卯半矣又四十里至新鄭知縣楊君四於郭其小館設
於城東門內到後又來談其氣概爲寄讀書者亦人亦其也
厚門知西山一名風后嶺其高者名大隗山云黄帝時已有之其詳

不可得聞矣。城外溱洧二水合流，溱小〻源亦不多，知洧有洧水川即
以此得名云。是日暢晴，風不甚大，然此間已半月不雨，望〻甚殷，
百姓幾不可支矣。
十日卯初刻由新鄭行，入長葛縣界，至石固驛尖，又過許州屬地，至潁
橋宿，凡一百二十里。新鄭至石固六十里，石固至潁橋，土人言只五十里，其實
遙遠之六十里也。出新鄭二十餘里，始見二麥有成熟者，將近石固又始
見有刈麥者，暮所種膏粱亦已出土三四寸，皆半月來所僅見，聞自
此以南地土皆潤，果然大好矣。是日早晴，未正後陰。潁橋為襄城縣
屬地。襄城、長葛皆隸許州，新鄭則屬開封。由新鄭縣南門東南

行至許州九十里爲信陽州入應山縣至武昌大道余所行則由樊城

道隨以私郵分達也

十二日寅正由頳橋行二十里天氣尚清余乃乘馬前進襄城令徐君

雲南人年甫三十有五任事頗安忠前在京時聞雲貴以車過此一一

詩贈卷余甚以爲不可想見迎余於郊復至行館長謁因與暢

談惘所不能言而文有肉心者矣後來之秀也早飯後由襄城行

六十里至葉縣又三十里至舊縣宿縣令李君爲儒農之仿之甚

公子囯其鄉來及相時聞韋甫三十餘自忘不能作者是否自

辰正酉後有風一路麥不多見禾稼尚不暢茂也

楚北旬宣録二

十二日寅正三刻由舊縣行，時天甚陰，十餘里後微雨一洒，尚不能濕塵土。凡六十里至裕葉分界，霎則大風揚沙，黄塵撲面，到裕州行館已晴霽矣。是日行二十里至保安驛尖，共九十里，未正即到裕州，州牧程君方校試，故未得見，得半日閒暇云。裕州鄉間有趙姓者，家甚富，其子被殺，土匪殺人甚多，因檄江縣子地方官多藉胥力以捕賊云

十四日丑正起，寅初行，約十餘里天始明，凡七十里至博望，巳早矣。三十里至新店，又二十里至李店店行館宿此，地距南陽八里，府城相隔一日，只從裕州來，直達襄陽，水小則不經行，諸葛草廬在郡之南八里，余丙戌年與張村夫孝廉道出此間，曾親謁

佳

聽謁并觀所謂臥龍岡去今已一千六百餘年四百前程都如夢境特矣名之下世而余亦髮白如銀平蕪空不勝今昔之感是日陰晴不一天氣頗涼來時塵土撲人殊不可耐四望秋禾甚茂較之以北一帶亦皆霄壤之別矣

十五日寅初一刻自南陽行六十里至尾店尖又三十里出南陽境入新野縣界又三十里至新野縣之令韓君湘蕃（前武昌）蔣通守韓桐上之次郎以直（代州）隸補此二年矣若而累重張少文捧而下之揆擾手意之大難為計聞桐上四郎現應禮部試損人其八郎亦將以薦四磨掃者湖北鄉人曹子為之吾鄉是日天氣晴　和滿地蔥蒨秋禾

大石使乃由南陽至新野百二十里似不下一百五十里也
十六日丑正三刻自新野行六十里至呂堰驛又三十里已入湖北界至
是通太守來迎清秋浦太守襄司馬尚亟襄陽衛張守備亦先後來見
又三十里至新店又三十里至樊城寓多見張牧李倬　令及襄陽府
經歷高興吏分府陸九來及漳秋知縣教授祁訓導等亦皆先後來見
後迎謁到行館後又與談一時許將散晚飯後府經劉
君剛且出盈城蘭亭之石刻之留第世璟亦來謁世理以筆人大批分數出
西通鐵盤川贈之百金并順致中丞兩函各一函託其寄回時已
亥正倦極始臥竟忘吃晚矣是日晴午後甚風

十七日辰刻將起奴子輩因貪睡不及先遣過行衣來知貪腐
救十二日始轉讀門計到鄧恒齋及端午節矣是日天氣微陰
襄水已長一尺二三寸查看老鼠捉子書完好修廳過江營
推府廳州縣文往江觀登署申奠申正招還寓
十八日卯正起自樊城登舟襄陽官弁自護觀察以下至典史委
員俱來叩送與清秋浦太守談數語即解纜行二十餘里雙溝泊
秋委員陳府經來稟稱又行十餘里知府通某遂至延之茗談至一
時許始去又十餘里宜城南漳令李果葉陵知前南漳新補南陽令楊
吳仁穀從南漳至此與之接談又二三刻李篤忠厚來同戌初

同年湖北老也先宗光墨文以四名將而急行挪動避處分地余以
新到其情形不甚悉披振鋒之揭列號以情形而要詳申常張毅
之氣頗覺安吉因心勉以實心任事作雖語爱可望作好官者
閏現署寧國吳大令甚屬勤練果牧今中治如與二長來治
大令趨色去逢二刻宣城翟大令亦來酉正入宣城界內蒙惠余
家鄉豆腐四葉并与談鄉下甚悉其教諭訓導典史亦來
一王延之汽已亥申正是日天朗氣清波恬風靜凡一百五十里至
宣城屬之芳草洲鋪泊已酉正三刻矣
十九日寅初解纜行辰正入復祥和界知今陳昃肯候以志書與

園及陸子陵蒨招來迎談一刻偕安陵太守賈子世周之來賈

以年內到任甫及半年聞其實心視事凡事必講求至是甚

精亦見有經加之閱歷近境正未可量也遥企崇風巡檢鐵鑲

紀風把汪雷峯書同來又迎逐年力俱精壯欲以數語而遂隨

即南風奮發逆流而上快帆如駛鼓棹中流亦見人有廉恥之歡

所謂天下事不能一一如意要惟以順受之而已晚飯後至安陵寓

業蠶兄贊良　宗繼道來年四十餘精力甚健人亦安詳才甚

大可造就暢談一時而散是日泊舟二十里堡距知書子在里淘

微濟風止心稍平

二十日寅初八卯初過安陸府由鍾祥之就山觀循隄而下至王家營
尾一百六十餘里查看陸費二隄所及近酒頂衝均經該令陳令朝
故祥石坦坡办理頗為得法於隄工可謂實心任事者矣未刻
石牌姚觀察夫人率如丁余坤以舟來迎詢其家事尚屬
安順心為之慰在鍾祥時陳令并營令均來叩送與該刺史即
錦田曲史並員亦來均尚安詳至石牌分程物至來謁係由教
官保舉者尚不失讀書本色至石牌下荊門刺史鄭信之
來謁聞其已卸事擇以偉滿入都余面子曰年也平時於吏
治不甚講習而又趨走奔競一路聞七年荊門口碑甚壞如此

觀所書手文卷，極雄偉，恐種傑其不一類矣。午至西口，日氣多燥。
來謂人曾在明白一邊，卯無寸長。是晚，署京山令沈熙麟來謁，
似甚忠厚，處無邪氣，樸質稍鈍。是日天晴，午未間風頗甚。
廿日，寅卯刻，自王家營辰時開行，已至沙洋。郭刺史及荊門州
同曾世澤來行過。曾亦以教官保舉升任來此，查看其人似
誠實，隨勉以撫循而去。署京山縣丞李司、試用經歷徐德澍過謁。
年甫六十，餘人頗精壯，至多寶灣即令之還。時潛江令鄧燦枝、
署令孫光奎同來。聲之十年，待閱察其言論動作，俗人但
吏胥氣甚深；孫則年力正壯，頗明了事，好飾，低首下心，大不造就。

時未知其趣向何如耳。文　十五日至澤口，天門令李炯[illegible]來
謁，與余丙戌同榜，北人，甚平正，地查詢官聲大好，年已六十而精神頗
健，談二刻許而去。潛江至漢川，是日未見大雨，天晴，詳時已天暮，風
力頗平，舟人猶欲前行，遂至岳陵，守覃君暢談凡一時許，至子刻
泊舟張家港下，稍各安息。
廿二日官兵開船，至岳家口，前衛輝守德君聞陽一平甚睦
孫來迎余，解襟鐵磋，君觀察之精，林胞姪也。坐未久即人
劉孝長上來，賈老，字李大令，及物世姻先後來見，送之次第
殺生母，留孝長在舟同飯，暢叙至兩時許而別。時東風甚

夫舟人稍憩。至亥正抵終沔陽屬之仙桃鎮，刺史王君蘇丞、州判張

蕃來謁，一見面，昔年一為舊屬，問別來事，談一刻餘即去。是夜遂

來泊舟。

廿三日辰初起風，仍未行。天氣甚熱。申正抵至漢川，此地去漢口百八十里。

署令王君霖來謁。署漢陽守姚君華佐、司馬趙君德馥、通守杜

君寅、署漢口司馬廣倬、陳君承輝、漢陽署令張君中字泰昌、經歷

黃君炳、前署仙桃鎮州佐張君浩祥、前州同沈君兆鵬均先後來

謁。廣甯太守王季海罷官之來，余戊子乙丑在楚時同誌君來署

坐也。詢令江夏君通李嘉綿，比余出守獻西，君尚未出山。近令

丁丑年别久思深一觌握晤快何如之因思晤领畅叙乎
春安泥敬
昔面咋接三夏涤小雨数晋舟不能入至贵部貌舒隐武自[罢]知孝逸
顷日高江各县大令署卧吾县通守蕲州措理无大小及萧楠
同省领江夏悬二尹葆信相与推行乡县官均先后来迎姚
蓝溪来臣吴仲之来会大令吕翊择要于季京之来迎谒者与
理数剂而数

道光二十有八年歲次戊申自春徂夏多雨少晴
陰晦之氣倏尔難行江漢水皆長無退四月以後
沿江州縣疊報隄塍危險余因請於大府籌備
責成札發荊州安陸漢陽黃州四府轉飭多備守
料器負文分派委員人前往堤上防護先是上年
六九月閱楚之紳耆有識者僉謂戊申之歲支干与
壬子本命相沖剋以戊土剋壬水富年適此也又是年立春適逢四畫
以十二月除日交時立春也斷重乾隆五十三年亦值戊申等歲大

若不受其憂則潰潰則決而不料名曰安之和
竟令境之潰至於城垣倉庫之傾塌掃卸江
隄壁剝之潰至於檣四五處七八段蕩而見開衝
寬以門至四百餘丈之大也自是而於濱又潰灣湯嘉
魚成呂黃梅又潰而成寧蒲圻大冶興國黃岡廣
濟蘄水首恩漢陽隨安陸應城雲夢黃陂孝感應
山接漢潰漫而下會之江夏則城垣埋關閉但
築寨為境之一片汪洋言念蒼黎真堪痛哭

坡於六月廿八經奏明請於　將撥擬節款往查勘

劉軍因以初三日會銜附片具　奏，約四日咸利道

自僱二舟酌帶兵二萬二千金委員新并沔陽州

吳璪試用從九品鍾啓論隨行是時由小東門登舟

因天晚並所停泊

初四日丑正到由小東門開行華湖門外一帶鋪戶

居民及壤角上下數千家全在巨浸房屋磚瓦

倒塌剝落不可言狀漢陽晴川閣左右水與簷齊

漢口一大都會，富商大賈無不樓居。然卯正渡江至余姻家姚小山都轉宅中，問訊老少均皆無恙，其村亦離稍稍。老人云：水之尺寸較之十一年辛卯大水已多一尺有四寸，甚者及乾隆戊申，其災更矣。傷心慘目，如何可言。是日雖因江水倒漾，竟仍順流東下，時風帆稍利，約六十里至蔡店泊。

午後，廣補任王令叔由漢川查災回來，偕同至蔡店，以程陸薩擇表兄詢知，張文襄當年言漢陽精華全在於此。

早稻已收，中稻稍歉。

訊以口賞臣自蔡店閘以迄漢川明王景各處查詢
屬境共八十九垸現有乾土者只八垸中稍高之處可以舟
中西望拍岸微露一綫隱隱除卻青山數重無往非
水人家全在水中者淹及屋簷其有磚石沖後僅剩門
架數椽其無數居民竟不知逃散何處令人傷心慘目
是日行約六十里酉刻微有風至到馬口泊
臣到識用糧道何由天門查勘回來謁詢窯嘴之隄等處
復隄已開青傳黃綫付流水其西清款及各前勘沔陽被
淹帶多坡猶不致成災閏六月廿四以後監利潛江之水直射加

又据十日以来更又淹没万余垸也其情形甚重云

询之白实云行风势甚顺若至至脉望嘴两岸至至沔

阳仙桃楂由脉旺嘴以上均岸堤皆高出水六七八尺不

等而南岸因天门浸漫直注七十二垸下通潜江遂成一

片巨浸北岸则潜口睢利堤溃加以江水倒灌亦复注

洋汪洋浸淹一万余垸仅存高垸数千其余垸亦遭渍

淹又上游天门之三十六垸（七万余垸）今则漂至丈余不等矣晋

申左安陆贾翰生太守来谒面在罗汉阳极深刻

史來稱細把天門沔陽情形并沔陽已成災八分天門
亦成災七分沿途見老弱流離者不下數千百人矣飢民可慮
雨天氣頗涼泊舟距鍾祥五里許蟬聲亂吟隄柳
爲稍多云
初八日風勢頗逆卯正開行余以前晚感微寒昨又冒
氣未復體未免寒熱交作擬[illegible][illegible]二碗乃以午時茶
合甘露茶加神麴少許濃煎熱服出汗飢甚晚飯
覺稍愈戌下刻至陶林過天門境之處擬於泊岸

上下壹肩汗牙之較所患輕釋甚晉午後旺背順風
纖行以縴夫六十名助之舟行猶遲較之僅九十里比
泊舟時已滿船燈火矣天色晴和較之河濱為軒
其灣口因下埽逼近急溜拱築射流所費已一萬
餘功程未竣樁隨之拋甎當是保護不致坍塌壹
動用帑者有因即為無工借後費再五六千串為止
下埝隄一律均極堅固皆羅知府疏啟樁工程甚為
謹可之堪任使

摽跡稿云荊州之隄湘城應即速修復不惜費保荊郡
三面不受水害即至城大隄亦亦無益特隄湘城外之民
張姓因洲地甚多隄湘修則於其洲地有損必圖上控
以為阻撓云又細(訊)疏稿云此修之要江陵之西支隄則勒諸
而不被淹之患城垣即係其下亦可保全識隄修之在二
百餘里江汛三年則地可訝高雖(又)遇發漲水之勢至隄(漲)及
堅利二百七十餘里在隄亦不至危隄其實之存之民每
年只以麥收為主夏秋即自知難障乎收不償得隄於
二百名之民得無害也存候細酌
初九日卯正由園林過潰口舊閘門三十里過岳口鎮蔡園

太守劉孝長孝廉放舟相迎之詣祠哭事均以候寶
而後得倖為言終此數字亦不容易也是日午初潛江
令龔煥枚甫署令聶光鑾來謁為言舟至澤口者須
起旱四十里至高家場後登舟約一百五六十里即抵荊
郡承收到一日即遣至彈送亦不遠據云聞已過五里半渡
委員試用令蕭師彥潛江主簿汪　等來謁據第
令云所勘隄城下樓京山僅詳均不至於成災惟
民力未逮鐲後所不能不如京山潛較稍多厚淹

以每届梅濒临江则城中为低积水拘泥难以消泄
疏流补种无期但为灾尚轻且俟渍后挑筑后再
行查看妥为调济注主簿云每年黄水春汛时旺
长二尺许即徐徐退至夏汛至端阳前后又暴长一
次约一丈七八九尺不等伏汛亦续续增随长随即退
后至中秋前亦复长水数尺以后即不再长此
历年黄水消息也至去年八月二十以后忽报盛
涨已觉异常本年则三月至今水长一丈许至

二更竟忘不記此數里長水多而淺水少殊與往備
古巽傳聞衛三月五月抽次之隱國鍾祥山中甚盛及襄陽
之石灰窯坳有甚險難未知的確之理或將為是
日天氣晴霽戊卯即開舟至牛渡工之五里許
翌日卯刻開門過張家灣凡二十里至澤口與安陸大守
話別即乘輿沿隄行三十里至梅家鋪過渡十五里至周
家集又十五里至高家場踏江所潰二口一魏家場
村隄行十里即見之水深且寬一時萬難堵築一周家嘴

以門不實人書易惰復現已闕工程此等工程急速催辦
於工無益徒多靡費究不揆大道周詳少而功成
亦易如石堤拘於成例財通為之亦俾恤官民之道
也至一帶隄塍皆多低矮單薄且隔堤者不一而足之新修
加培現未完竣又復草率偷減該管張元傑在任甚
久全不為之設躬修埂枝亦疲軟無能不以民為
急實堪痛恨已嚴加申飭限於一月內將拋岸長
堤照料序口加幫內撐斜補之處逐細查勘明確

閱邵子屢孩子亦理然每悟即不能證其所候也是日
小雨對陣戍卯始克登舟
十日卯正刻始自高家場開舟江陵令樊穗來謁
詢問隄工水勢情形據云自楊林磯隄工志楊以來凡
未有高出六九尺其本年盛漲距卑則高出一丈零數
寸其高過隄隄之水之頂不能磯切大約至少亦有一丈二
尺之景自陵湘城潰至二百餘丈眼漲二水匯合江流直
注江陵江勢始覺少殺又自枝滋一潰水即奔至卫安華

容安鄉一帶直達洞庭，是以萬城大隄幸得免危而復安。否則萬城潰而荊州一郡城郭人民皆淹沒至有丈餘之深。人之望水頭如排山倒海而來，其勢誠非人力所能捍禦也。弟昨亦危甚矣。是晚急雨數陣，風帆順利，舟行六十里。申初已達草市，因即附輿至東門，雖道途觀察劉子敬、荊州府程田太守、李俊軒司馬相迎坐談。數語即入東門，滿城擁擠，被災民相屬於城門一擁，即隨眾將抵都統劉觀察山長王子壽氏邸寓於

比部彥中偕卿壽澤茂村張生達景綬光文忠公之裔也又
晉接在城文武畢聚至府署者乃太守及僚軒撲生諸
來晚飯商酌一二事至戌正始散
十二日辰起謁督府翁及在城文武均未那晤以次接
談宮保王子壽比部暨壽澤茂村同至縱談一時許
而散隨與隨安全省信單因與韓雨卿以十四日同至省城
大營查勘工程又與商議接見堂屬各員已刻天氣
雨午後晴霽

十三日晴早起接見府縣各官後因念經略不受文武迎
送重官吏不如稱吏之普通易周於教養諸書擇
其簡便易行者摘録九條剴切示諭以冀民間通曉
奉行未刻果齋前濟再晤以安李念之言情
隨頒接秋季考書所課題名冊八年連壞手足兇
不止長人證不甚了了控其務致釋勝往於陵人辛
辣六十八歲精力現健人之精神其往於現各甚
民以安保辦理無候江陰等例未知後好以自名點

擬俟望利陽大令到來細為考證然否尚待籌
辦學宮則經庫藏支絀亦不以少數多也
十三日卯初刻即早餐將往查勘英城大堤由南城行五里
許土堤又二三里至江神廟拈香畢即往楊林磯查看
原築岸一丈近量只六丈五尺對面之寶金洲仍復浮起江
流直射北岸急應將磯頭補築逼水向南庶下游之
所乎亦以保衛此時若不速辦則十餘年後日削日崩此帶
一大都會有不堪問者矣由江神廟而上至李家埠二十五

星宿隄面寬三丈，其背寬一丈五尺，又經行幫其背，無隄

倒灌缺之處，竊之隄若工房據為真正至堤，金堤亦

如律本年大水之際，微者無水面尺餘，及不及其

宜再加高，是亦情重之，遂致災已七八分，民間無年

深根據，請借項而庫藏大絀，且以高出揚秋職文

餘亦數十年來僅一見，其五穀僅收七八分，人猶是之

挨撥而從其來，必遇（常）之人也，自李家埠寧因此便即

還仍順陸由玉路入城，順道查勘各處，敘語荊南歡

琴署談一刻許始歸是日天氣微陰暑氣稍減酉
正接到枝江來文路郵寄都全字復信詳如年兄向
壽世詞以地方了付之保居無遺要多送試云
是日府中定封來得翠並京中來信所寄其子子壽完
姻事費三千金已收到又付一年多書三百八千金及買書安
筆等家萬莫通州出三百兩分金共六千兩但云隨即分致又
得樞友孫雨帆陳實伯房心農書各開名答函知畢心芳
中丞以河東鬧了被額先已查封現又被逮起京長途病

倖此男何堪趨奴樓文叢之遺籍所竟身被褫污蔑抑且

不慎也夫。

十五日卯初詣　武廟拈香，又至南城外　禹王廟拈香。查

禹廟正殿下照墻後胡搨張照畫相為分四千年文

江陵被水，今年為重興修理，完竣，陸鳴鏗開廟，言有隙

地，護以木欄，中一方石，壁上鐫禹生指示像，云其下即所

謂息壤也。相傳不可犯，犯則必發雷雨，考之志乘，亦是本

於漢唐。錄出相歐陽獻之，及蘇子瞻詩序亦云是古蹟

如是不可得而名也是日天氣晴霽午熱尤甚申正到堂
利令陳道來謁據稱初申之間復補種穄粱々處
其意不過間潰口一百餘丈現已斷流薛家潭口門闊寬
七百餘丈勢甚迅猛須沖將來伏汛小過挾一千餘丈不
甚以沒續二大堤繫決無甚取且下達漢湖倘亦
無益等語應保舟過誤隄圍為重二府派員補築
再以宇商大府安協辦理也
十六日辰刻開輯四太守來見以相治令陸錫璞兩求其

情已擬自行勸捐倡辦該縣高鄉尚有收成七分低鄉
種禾被災較連年為輕民氣尚不至十分缺乏惟聞前次
頗捐據稱指而閣鄰保舉情感動辦理應不拘等
語因策酌即將委員先行籌撥閒款五千金交該
府按戶在江堤根查各給平糶為接濟隨時自常
二萬二千金發交江右堤利三分各五千金交安七
千金責成該令等即日親赴各鄉查傳紳士富民
各按本村概自開具戶口或錢或米不拘其有若干

每日每人應給錢千即可免其飢餓計自本年八月日起至明年二月底止共應給錢千官為之倡衆為集亦以召士數人經理其事所謂官領不如紳領之善而易周其餘村村皆如此辦則一村之中即無轉徙流移其矣隨又與各處商定江陵以工代賑莽捐郵松滋得需錢五萬串監利得需錢四萬五千串公安得七萬串石首得五萬串零通細碎核當亦冒昧從當時即為字商 太守定局辦理是日晴天氣出晚涼西北風甚緊得子王子年

惟該甚道
查日臣劉蓉字申押其府堡上地方情形又與府縣議
畏譚、勸勉接濟等語各處覓薪喂養只吳璘等
荊州買舟擬明日啟程將由長江順流查勘荊安府屬江
陵監利沔陽嘉魚蒲圻咸寧還省也是日內者信嘉
魚水又加漲黃梅隄工復潰被災均屬甚重廣濟捐款各
隄未盡知縣保固人力難施不勝焦懷不勝悚惕間
王子壽往郢來道余以該處民困頓明經田安宇優

上吴璞生來，此談又數刻許，已至子正矣，不能寐，枕上

想甚深，涼氣亦覺侵人。

十日　卯初起，從劉子川處聞和光字書文質甚實矣。

幕友一函，隨往上台，爲畢事，晚後李儀軒與馬明耀回

本字先後來見，後答拜耀回太守即彼門至荊南觀

癸罢與熙子談，别出南門城，時罢得軍德至亭都

院官吏與峰發子技觀察，均於城外相見，暇談數頃

至玉琪以六旂協領及城守參將小師字備答帶兵

從逢之遂登覽過江神廟到楊林磯太守已爲
別駕大令諸葉陵於還遂下輿登舟又與張果譚譚
轉老安穩可貴隨試道若釋岸寧而寓此風味江水
正大風浪甚作竟不能解纜遂泊於磯之下一夜以待諸
同方對此竟蕩漾波如鏡心胸爲之一爽首出門至
今猶留此一刻惜許安得地無不行地無月不閒不得
清福可爲之哉
十九日辰起舟因風逆江浪騰湧仍不能開太守遣人來謁

上談刻时許道平飯畢隨令與往西市至鄧壽澤家
見其弟稷球及佩珊二子長者已入學次者貌覺頑劣
談詩鍾壽澤詩來記余於道光辛卯會試与聯孝蘋兄弟
往來甚密其詩字時清章稚齡相別十有七年孝蘋兄
弟均不幸早逝孝蘋遺集詩詞余已囑子壽代為
刪訂而刊行之今壽其詩子尚能存立他日如肯光大門
閭相見之頃窮愁積在於心雖無遊覽山河之感坐約
五六刻遂登輿上隄遠視所謂觀音磯者高寬壁岸

迎托水势，有此一载似杨林矶石坝多坍卸，尚不至于大
碍。查本年秋汛，工至杨林矶顶，高出水面三尺，俟水势来到
堤脚，由黄金台至汉市止。钦工大堤六千丈，长亦稳
立，但甚稳固，岁修时加培补，即足以资捍御。至若年来小
雨积潦，风仍不止，中心急迫，殊深悯轸。
二十日风犹未息，雨亦不止，未刻太守大令均来舟中晤
坐数刻，余催促开行，乃顺汉流至汉市，挽船避风
甚紧，荡漾以下数十里间亦无停泊处，不得已遂即停

撫府惲陸恩後來得其人本正直河南一種君子居民
皆稱誠載三年之淳補本年之搶濟尤深入人心頌
聞曹清苦異常潔己自奉甚儉而調劑之法味自有序
倚而千廣歡聲若字豈遠哉之聊以作將來
綠大官濟也
二十日卯刻由河南關門過馬家寨都穴在西都拜觀音
閣泊凡行二百二十里是日天晴風定江流甚駛過都穴界
主簿陳董存看羅物及物並鼓官典史分防于沒垱

未淹郡城，僅山被灾民人數千家，皆依山搭棚而居，沿隄出水五六尺不等，隄上居民亦復不少，前經風雨摇蕩時，正不知無限生靈何呼號哀痛也，思之惻然。二十二日寅初刻開行，卯正過調弦口，時風平波靜，江山畫境。巳初刻忽南風大作，舟至監利縣之流水口，竟為波浪所遏，漂擱洲尾，遂挽之推之，費無限力，始得開帆，而江面更寬，風猛甚，操舟子又不得力，中流簸蕩，衆心惶懼，臣身竟坐立不寧，迨一時許，始稍平穩，遂救密折膽小語知

省評之咸來謁，久之，又有徐陳讀門下廳請開九穴之
以為五者請再去加借築其謀，去孔多之名，去所具完
竟某令之策，實無今日實大為難，且姑志之，俟再斟酌
大約揣度相形，則見其輕而已。酉初到風順猶穴田即
閘門以成，正丞工率灣泊
二十三日卯初開門，過中下車灣，正合至薛家澤讀家
書唐口閘約六尺多餘丈，水仍涵湧急，切實難於流而秋汛
應漲，大堤係浮沙河攙來，挖築搓以之工，正復不小，再勸對

江新汀汀洲甚宽水势直射即已挽何筑不数年
间尤诸垸垸垸溃再挽则近接洪湖尤至江湖一片
其形势更为难也是日早间南风甚紧周太守送东亭
许君培桑调余和大令陈君登朱以主簿雷运之
坊送至塘港露与之议论河势并道即令各归本署
随湖帆遥望洞庭君山岳州均在眼际又二十余里过曾
北风因驶泊于陈林矶下棹花港登山以纵眺水阔天
空西南余霞散绮波光荡漾心胸为之一开

黄丑正自棉花港開行過懷白磯驛取道懷山驛至仙陽
之新隄水過隄街州同衙署亦在水中官民多以船為家隄
之堤鐵所存諸見閱月十八九矣聞西北風大作房屋倒
塌者不計其數人亦之撲溺者程而知悔殺此實為慘觀
先是王子彝言其侄子壽之子字過若字楙軒要予
壽之子其三郎羽角奧覓嶸嶸家在懷山余以函交
介甫發書長椿乃閱水患來遏其　元老詹保閱而不往
實來便因夜叱程泊舟鄉收子蕭所持食物數事前

往申意將概令宗遇之乘壽船一只不過意螺山時候行
趁曉來夜停梭後得至新隄相見而不語待君已正好子
抵至五宗遇之乘原舟趕至第舟不及已過樟木去
望相見之遂遂之有數郭時已午始遂自新隄開帆
過董家口又過嘉魚知舟下十五里至直港泊是日微雨
對岸西北風微起眼望嘉魚之地青山斜無涯清水之
者水中存台四面皆空曠婦君二度架兩樓其上其間之牧
令皆無再之論之使還進唯無不樓山而歸至飲童

類皆遷徙，大難之後，險極矣。

今正得省中電討江水常來大患及被災較重情形之

根本，皆是奏疏所請照明天指精以工代賑之請，並

庫藏支絀，實出別無他策耳。查辛卯之水，小於本

年之八分，其被災州縣之數亦少，又水漲即落，可補種秋

糧。獨去歲之七月之初，而漲仍不止，則過度不及時補種，

更屬無期。細加查看，如公安、石首、潛江、沔陽、嘉魚、黃

梅、咸寧，均在十分，江陵、監利、漢陽、江夏、武昌、蘄水、廣濟

成災六縣八十九分與閏天門蒲圻咸寧黃岡蘄州黃陂孝
感潛江雲夢六七分不等其他大冶蘄水應山安陸應城京
山枝江穀城江陵鍾祥均亦不能不將兩展緩查本年秋歲
推原六千萬零籌限四千萬零九年被災不過數
州縣續借等六閏十五千一萬餘今則庫項不支
他省皆無款可措即緩多轉節再不忍也何至推可
敷衍下去而但取給於指撥其臨了覆者亦不知所
謂無策了然臣不審察所以清言竟及此真令人寒

含皆習不安，此天之降罰本行，無限生靈何以受此荼
毒也

廿五日昨夜二更後北風大作，急雨一陣，滿窗漏濕衣服帳被
帳俱為所浸，至四更後還甚滴滴，仍復不止，直至曉始風
勢稍定，乃開帆行約五十里，至沙湖泊，由此以下至金陵約四
十里，至省約一百里

廿六日寅正由沙湖行，巳正至金口，午正過黃鶴樓至小東門
登岸，首府謁及臬台諸公均出相迎，隨謁撫署謁見文

玉符罗昀谈以半时许，复往拜麟庵訪觀察及賀蓮舫

太守。畢，於酉初入署。又與范贊夫談，片刻，隨屢拜先人

神位。說沉孫壽壽母子接侍不足二十餘日，聰穎即角，又自不

同，而之一壁。是役也，往返一千餘里，周歷十四州櫛風沐雨，未

敢言勞，地方閭苦情形，率俱歷歷在目，惟須費多經辦

理，不易措施，無辨實大費籌維耳。是日，晴，江水仍長。

二十

廿七日，晨起，武昌守劉少川、漢陽守葛梓園、廣守王季海

及白知道荊州知府來謁因議設捐輸局於府中以武漢存
及王守漢陽吳牧庚補用知周丞主之另佐貳二人副之設源
捐局於郡中以府廳知及廣丞海明吳輝祖主之另佐貳二人
副之漢陽守及丞令亦各設源捐局於府中其佐之者向情
紳士數人仍其舊查詢漢陽災民棲露宿者已將五
萬人擬於月朔起查查確後即按口數大口每日十二文小口六
文計日發散約以三月二十五日底止放為度據武守學籍首會
工程月之十四散給一次大口二百文小口一百文另散給各二千三百

餘千戶大小口萬數七千人皆附城被水之衆尚無處外來者倚水
勢鄰府州來者不多云又據江夏呈人等面呈所議由漢口
常設廠收養災民之經現已勘定各廟並買備蘆席竹木等
件搭棚備用臨期不致有悞等語似尚妥協隨據藩司帶
蘭侯觀察鄧望蘭回來云議借藩庫田鈔兒甚優擬於捐羨
金藩司擬撥銀五萬兩余亦擬撥銀二千兩當即札發原摺帶
以備支用是日晴夜間有雨
廿八日晨起微雨天氣稍涼隨往衙參道署暨江令龔光岳吳陶二

由滬來書字到細詢漢臣之議據云之字請母示即定鄧氏蓋
孝蘋之女子年十八性尚和平字聘因系吳聽濤子壽臣部郎之
媒且定婚之議云孝蘋乃余莫逆一交此子之成必為之謀而好字
蘇州擬兌存庫使其料理婚事似年內即討婚期也遂於是
門即發聲息至撫署再至督署看道兌畢還署重晤名乃
擬手續又至藩司處晤大家屬其清理庫項及擬撥之數並
干擬即詳請是奏撥局備用又將海塘糧二庫存款業經
千兩以撥用其意即以之代原撥之又撥亦小兌千兩不足再行擬

閣指橋工未知續辦與否頗籌用項太多萬難營以建
恩我於來年無保云年係夏辭園太守來以擬館局津
岸亦及五年將儘數為漳陽之用不敷不及或另籌謀撥
四鄉白年程由紳士經理余以田地因時因人而理惟求安善惟
此等事大之又自從精以至字字與當一氣貫注至于精者竟
方能措置得宜此我陵一江所謂輔車相依至為和衷共濟因
奖勉再三披覽歡欣而于是日隨時相閱
本年九月前淅出小川廣字至事海均來函與之籌設定

孝海令吳令等設倉局及自漢山至西東門搭蓋棚廠
並各廟宇容安民人 酉記是日晴
二十日 遣郭道直判周以糧撥銀三千兩赴唐濟萬梅
辦理急撫 又札飭武昌漢陽二府遣試用令郝穆德成
賑發遣仍各撥錢分往武昌二千 咸寧二千 嘉魚四千
漢川四千 沔陽四千 藉濟在陽邏山災民 又會札武漢
二府設賑撫局勸諭捐輸 是日微陰雨
廿一日黎明起 文廟隨同督撫行香 禮竣又分起

武昌玉皇閣行禮畢，回署，延武昌令張仲遠玉羅診脈，時腹疾未痊，係肝氣不舒，肝亦受傷，開方服之。高習致年丈姻芸陔觀察來，與談案劃許力，近息賑事，漢陽守今經理究不甚易。雨勢不止，淅瀝瀝，瘴氣頗重，為念桐樓之民不知，婦婦子歸情何以堪矣矣。廬人玉山之姪來鄂，閱望日書便五十壁因書家信，并寄雙湖一函。

初二日，致祭文昌，因廟在大星宅，現為水淹，無處可禮，移請神位於文廟之明倫堂。是日寅正先詣廟中，候雨稍息。

随日以轉單吾西寧昨程甚風午後陰雨相間
初三日卯初甚雨先詣撫署謝条再至藩署臬署晤之之答
謁學時許即歸黃州祁子儒太守來昨已談黃岡廣濟
黃梅蔡大叔以暢言之此君任事甚真實廉無好官
習氣來兩湖甚尤勤是須使往撫吾羅田王令為曹為頗
安東程以即用走令明標代之而伴王守循為息肩以春
家來此又應張机此事也之於下原手通驗且候設所再
當尚勤兩又核稽廣濟今照來必勝任無誤擬即請

麻城姚肇向亦理隨歸姚校民可頌不協借此致身
也下補缺且隨手發議留其亦不無益云
留日以三千金委鄂通判周以驥帶往廣濟黃梅
急撫且須細查災情稗要隨時澂缺以備酌辦
頗接自殼已在劍神子偏張仲遠而其來勢因望早
敏暢然可許而程昧時事信無甚要乎再問報閱赫
少稱而書以勸亦情民回通乃禁　貴官衙藏個為
之一難此老須此意甚難故抽身矣是日細雨不止

初五日晨起雨仍不止先至督院復至撫院衙門參畢還寓

初六日五鼓詣 文廟偕督撫學院至同致祭

先師孔子神位余與常齋訪蘭陵分獻四配暨東西壁

蓮舫楊觀察分獻十哲兩廡祀畢堂諸少祥均各還

署是日仍雨

初七日五鼓復詣 社稷壇隨督院行禮畢議請以廣

補今海防善圍護同至通山彈壓羅參事先是通山地方

而鄉民不服修倅徵粮征年多價較即官為有羨近

則已費不貲，民間之完納仍如其舊，地方官亟維整頓
且須大賠。通山縣既瘠苦，累實不堪，因集紳耆稟請
改傳納，其之差猶有所加，免累為算，其通邑凡六
里一二三四五六里，因以為不填，二里之張姓甚不謂然，遂糾
傳單糾集六里為抗納計，首務勤小閏之年，首蘭於崔
因紹海大令輕騎前往，剴切開諭，張姓之眾亦畏服
完納，其事遂寢。此五月初間事。乃於八月首復聚通完
皇甫正庚通牟以張斗十率領人衆攔阻知識命圍

讀徵署意將從援蘭陝兼論甫々劉太守仍於滇
令前往籌議要人可使閩學官某為同年至交之友
今未必可用其往必將之可至是甫々大府均以為疑道
告蘭陝要人即以隔此等可以速為妙所謂迅雷不及
掩耳其謀出秦人留心未集猶々難為也是昔早聞雨
止午後探見陽光移城中々水又深至七寸江水連日甚長
吾城北低窪之處多居屋久被漬淹至是更無安處
云

初八日晴卯正謁撫院延見又謁精院談次道及江南水勢甚大揚州之堤全潰勢頗危險自湖南以至江蘇恐無不成災者庫藏甚絀而災區甚多不知作何措手運會至此亦萬難之勢不出外郎人出居疆域大吏及淡然無術何以堪之不禁愧恐憂耳

初九日晴江西級長黃陂金殿珊侍御來具道其鄉中高處收成至十分低鄉則田廬淹沒苦不可言

初十日雨陂為

萬壽聖節四

萬壽宮被淹改於明倫堂行禮五鼓即詣官廳候學使中丞制軍先後至同詣排班朝賀之班畢隨偕常關陵廉訪往見制府以前府劉小川太守據以年衰將請咨北上遽因突觸暑濕不能盡述乃半月以來目疾加重勢難一心任事特與藩諒婉轉為之畢達制院亦未甚强留遂商定即委黃州祁伯章太守接署武昌其黃州府缺則以候補到班之張君應泰前往祁本重識

先妥否向極詹往且未見精練者隨同知其是餘
勝任也是日晴水仍長二寸
十一日晴水仍長荊州來得王子壽子年八月二十日自
荊來書
十二日晴水仍長一寸五分接到三府開陳三院諮移
開帝廟之日得江南及江西信得稱城宜甚重因字
商　撫院以楚省撫經借築物項省又省既撥八千餘兩
不可再中無款可籌若不亟請於

朝宿地他者先我行之尋請別 鄂庫亦無以應便更
難為計矣時 中丞頗以爲然而 制軍殊覺畏葸至三更
四鼓無言而散 是日晴
十三日偕魯詣觀察先謁中丞隨謁制軍議論如突
子寶仍無定見不勝其急之至
十四日晴料理節間應了各書及昨日詩 晴
十五日五鼓前詣 文廟行香等致祭 火神時因火
星營水淹而孫宇務 神位在照備需祭畢即赴三府

閱隨付 撫院摺
武帝前行香五日詣院署等報水於是日審報平
定並自定漲日起至今共長水四丈七尺餘寸較之十
年實大三尺四寸五
十六日晴昨日得家信知撫院前摺奏請閘壩之
說已交部議似不照行蓋閘南河因洪澤湖水漲
危險已至五壩齊開并昭關閘瀾閘時百姓數千人阻
擱不得金陵以中南水亦僅長一二寸於大局無益而

統籌數千人命，而卿卿草率從事之乎？極是吾暢

晴。俗謂下半月之晴雨，以十六日為定，今日晚晴，則月

内子以少雨，而水亦甚巢清矣。晚閲報，水退二寸

十七日，晴。水退三寸。与邵太守、吴刺史男商措輸事

十八日，卯初起。閲是各州縣應繳撫恤備案隱勝民

數清摺二分，係印存呈數目二分，擬擇一切應亦請

刑遂徹查，陳力請是　奏蓋呀之，進茶發再延

爰其不決，擬不能不以自占争其命。中丞言則謂

究不減輕擬以三四年華即是真衍十二日謂不是
奏奏議今又勸吳力言丟再亦竟無所不居因遽
赴判軍審呈閱情招謂宜速定以爲君當碰牽況
身貴無限居者不喜詞意和緩婉迴異前時
事事甚有爾爾好醍醐灌頂通體清涼急歸具
詳以期速奏是年閏中堂亦親往拜伺候籌商
妙諦也是夕雨晴水退三寸許
十三日晴水退三寸許急傳中堂帖請議事急赴 5

亟語觀察往綰是以會商入奏之論已定時日詳
示上即可照稿據尊處云爲之快雖無兜安廣
二十七日 晴 明道三十日謁制軍晝展謁談次據紀請
據已六十策主意均定但中丞以招將不及將精選
據尊處隨又赴中丞處催請據撫云二十八日定即尊
尊處云雖精選對錢大局總定如理即有把握不
至出入倍徑矣
二十八日 晴 明道三十字緣

廿二日晴 水退三寸 祁陽李太守江夏呂升階年大令來見 均謂捐粥濟人均有不便 且行間理商之意不謂拜口字所 撫院改粥為資 定於九月朔日給發 此時且要委員先查戶口 且經趙縣主捐粥之法 所以濟實窮之窮 窮鄉僻壤行之實宜 施於省會則非便 以人多而雜 是弊之藪與設廠煮粥等也 因飭令速為會辦 然亦以免臨時貽誤

二十三日晴 水退三寸 偕日道同詣 撫院 御條論及

江蘇嘉浦四捐堤名已捐撥若干歸工以千萬尺
作堤費面寬五六丈多尺人高五（貳三丈）二丈二尺人內二收外三收
十月開工年底收竣二百餘里長堤足資保障
闔邑之民莫可當事捐堤相之禮繼此事之竟成者精
安矣

二十四日晴仍逗三亭

二十五日晴仍逗三亭得見捐堤名摺已之招之經勝
積共八搽費心無限期意頗欲精惟閱摺之文竟

前來頭兩報，不聞京中有何大指，見張君若開花樣票，則不行於楚中，而仍以日濟如之。本年中州之舉手不多見也已。是日與丙子信，寄家居仁為大令儲人及李宗四人，既自其作扶柩及雅讓太夫人刻石費。二十六日晴，水退二寸，漢陽桐樓災民大小共十二萬九千餘，坊大口合共大口十一萬九千餘，每名每日給錢十二文，小口半之。自二十一日以前二千百開廠，本月為二次，每一次費錢七千二百餘千文，日計需四萬二千千，自八月廿一日起至明春二月廿一止，需錢二千九萬餘千，請來此源源為何

不可限量，蓋歷屆如災已成積例，明知賞數不值使
務之復詐飾更之，惟以安靜而不擾事，清事而不擾
庶則善之善者矣。
廿七日，早晴，冰道一寸。自作書寄祁大司農、錫與寶府
訂尚書，商酌速為援拯。撫標趙良弼又復捷中京官
謝與子書文標并大人，畧過省城內外災民共五千七
百二十五戶，計大口一萬五千九百廿九名，小口七千八百四十六名，
以小口比折大口，淨大口一萬九千八百五十二口，以九月朔起散放

每人日給錢十文以次半之問何以與淳陽相異是亦照舊縣
如是定民早閑知其是夜淅淅瀝瀝雨久不止
廿六日卯刻即起擬往衙參而雨勢甚大不能出門因思
人之會試者遠行登其畢潮門州郡牧觀察請假省
墓回者聞知江西水災更多且重罷考者可原其奉慶
以新擬傳秋坪不日可到又復是日午後微有晴意
冰仍近三寸
廿七日辰起天色放晴王秀海太守來談及闈招

部文意為來到院關部中指轄之例，擬稍有停止

并擬另關去指，別出花樣。部文之不來，或其議尚未

定，然不允關指，去將撥項究來亦不至擊附，俾此間

館擇速為辦理，否此亦關乎生民之性命氣運，不期於

而於本年，陸門人田開藻來謁，是庚寅江夏時所取中

丙午來名舉人，年甫三十六歲。其家好善樂施，其祖某公

八十生辰，諸子孫為稱觴，不發然不允，謂諸子曰：與其為我

作生日，何不為我作善事。以此等既開設質庫，亦免所質人庫

之設當此來函典質其典質大半貧人無它其爲我
旋惠貧人手以不取此減息納續貧人受此惠勝於爲
我延生矣諸子皆能學教諭此謂閑藻之譚中孝廉
來函中其祖隱德之報並云閑藻文言其鄉人所居
御城此甚多得係水淹爲之備葬又持於十月之初
自行募粥救濟存近極貧者冬至明年三月止擬放粥
亦不用需米一千餘石現又派人前往湖南一帶收買
穀石減價平糶附近居民是其力行善事此

九月廿四日五鼓即起雨勢稍息即詣 玉皇閣 武帝廟
同行香畢隨道寧機李京林樹南暖業行禮後詣
文廟隨同 院憲 學使暨府司道詣各祠後講
聖諭後出謁府評拜撥回署約二三刻偕夏季懷
府衛經白雲深處廟內大殿又至魯廟行香往拜禪院回
署已午正矣廿五日晴雨不時江水退落二三寸
廿六日辰起至府署拜各官以次來謁各隨所學商
閱示又據江夏知縣於四日會同委員驗放城上各城

外究民请文共费分九万八十二千七百五十文按户每日
十文小口半之每费每亩保甚安静云晚程子正大雨不止
至卯正雨歇江水退痕二寸半后在署王孝廉正民茁卿来见
初二日卯正傅道宿擢署衡系以贵阳协州未深丁忧
降调应罢职人员及应出房补任易更应升各员开
单上学院又赴督署商定后师即照牌上译下无讹
程阅小雨是日晴水落二寸得朱伯韩侍御桂林来书
初四日卯正起在署王燕卿来随将其代友人卿吴呈

領長兄摺片承詭又致委員李少篔信以呈兄人甚公
正修李少篔與右芳甞大令延訪物中平正沖澹替甚
之心替亦隨務以期業項到物石致虛費葛修李少篔
甚仰於附近之枚二物為之延致書院主講之任亦
王孝鳳轉致昨程徽甫是日放晴時晚稍見四弟到京
信以蘭亞鄂電浦方仍至簡均以失經照稿及亦時不甚
某殘謹之情情潘本泉蘇庵與六仍仲之間并致呆矣
仲屯縣山西潘甘肅蘭州之郭小彦村漢泉楊簡後散

蘭州道武棠放廣州，多接來書，故誇其可爲得人之慶，又心
芸中丞赴刑部，諒當評全局要任，自是觀借千餘言，究大意
前因所闖例免，承荀充商，架林滋擢臨，卑不知情實處
現已奏請除祖遺田千畝，分諸兩侄，節省之餘，未足但求
釋足交之疑，敬息雷霆之怒，一經昭雪，名節仍完，顯
已身羈栖於圓圓，妻子妾託依遠忘所勿恤矣之之三司
擬衰國以清白大臣而爲親誤，結果至此，爲行人無不爲之惜
武壯

聖明洞鑒訓示

恩施慶我正氣仍致無虞訓者平定更後狂風大作屋瓦

傾頹一刻隨急雨大作係自昏熱氣頓罷並月前此時氣不已

之故也水過三寸

廿五日丁巳雨稍止會同道台先詣捧院詣見畢隨詣撫

署談捐許遂呈閱之户部於八月廿五日始議派捐者

開捐候奉

旨行鄂省在襄陽開設因將開捐章程先行刊刻

伻來到即出所寄族侄云昨狂風驟雨吳常江漢
桐樓十餘萬家民皆一律蓋席遮蔽皆呈憔苦更
何以堪秋工危危不能成稼大無以救之徒嘆奈何而
已昔水為退二寸雨亦稍歇對此天容悵嘆實
平時所未經見甚不免何以震怖也
初八日大雨竟日後逃首存郡回至廣寧王季海庚
四兄周祖卿仲橋濟陽牧菴璞臣同坐西廳對酌
惟欲午正來申初散水退三寸　寄姊丈書附樵甫西舫一信

翌日余於二鼓後解衣登床，三鼓後通身發寒戰，
床帳為之動搖，急自以大被嚴覆，數刻始定，旋發燥熱，
醒至五鼓後始得一覺，噫之，醒則已及辰正矣。探江夏探報，
日數設安民局，給錢一千串，漢水退一寸，李刁馬北元何制，
州田為之，水長風狂，所見沿隄騰蘇了，七月以前例沒無不
可問，頓要得好許金錢為之一律堵築耶。是日兩仍不宗
退了。
初八日卯正往撫院，謁見公，籌定捐輸款目，交委多人告行

利刹是日仍雨越南國岩長貢使字到御前速寧因
業岩長阮為村葉將程明日行之水退了
兒九日為　先大夫忌辰因值卽藩與禪不能請假仍於
卯正偕同道子假詣特院候辰初　中丞至卽延越南陪臣
岩櫃　王有光阮攸　登岸時王有光適因感冒不能與會裝
與阮攸同至大堂之西廊地極狹廳對面稱其衣冠氣
象雍穆廣制度也聞王有光能詩惜不得一閱明日亦卽開
行矣是日以抄手迄天氣仍陰聞有微雨申初閱通字

此牒　伺廣濟黃梅還而言黃梅撫須候院乃不責之
紳耆武健安協廣濟撫附不責之紳耆院則例須伺辦
云
翌日呈請撫院議開缺以補委員署理事又呈者擇
江陵姜山長彙同署是日天稍開朗午後徽州出
水道寸晚問得黃梅帥逸堂太史書（名遠輝丁未庶常）是逸傾
慕之然雕鏤數百言筆亦奔放絕非經生所能易者
亦貧實四條一兩縣地方官經費一清查戶口不假胥役地保

而專責之紳士一二人，以核實經理，一以上歸原而仍須屬之人
其言皆透澈，一二四條條條之，其三條則尚待參考
能如此千人寔爲難得，不愧爲仙丹中最之妙矣
十月底始到省，郡太守宿藻來謁，以返應所
聞黄梅手腕頗辯辯，乎頗把持之，刀牛勞覺爲難
屬爲密札黄州守嚴密訪拿，並傳宣揚唱之，俾其
不致爲害，因亟亦行，具百妄之辭，致武漢之民日頼倶
概安謹，又據漢陽呈來人搶殺，其民亦無三千餘兩之不

二萬二千餘串經募呈費捐已共四萬六千餘細晉
晴江水平定
十二日卯正出府廬州知但來謁又爲鄉議廟捐事又
與知議請律生赴青山一帶查户口事又議馬議漢人
行居捐輸事罷著孝感令答城安首闈來見氣象甚開
展語言亦極明晰詢其所治地方事大有條理當爲州
縣中出色人物欣賞之至是日水退一寸晴
十三日卯正捐起以猴來小有感冒又不能安枕頗覺困

報頗煩實乃積德不便請假毋强赴翰院竭見人設擬
多乃而面寒氣亦覺不適能否竟不往是日晴明過一
寸轉院拜相往來附寄柏友書函及恩公廿八甲子信
李星甫大令之郎史宗蓮稿文一件
十四曾陰昨犯及兩日復發丑初咳嗽不止吐痰成一盂困頓已極今尚
追報起剝門由府遞江夏舒大令來褐以請假限滿須
部中屬應集成之數僅得貲米權為作登高之呼將寄
有段地方困苦更不可言何能及此已屬費勉為办理候

秋帆首再對理平，午後漢陽袁太史（前陝）韋祖昌來拜，行
與談一刻，氣質似甚佳，兹談在京竟不思作讀聯了學
謂吾漢馬磨日眠均也，冰逼一寸，青春吳王卿自可安回
云指初七日起以後開水，寬約一丈零，仍按一尺計，詳細罷當
清水三四足不等，江陵堅利似已有圍復出
吉首叶程玉翁東府即雨輿橋輿大丕黎明時招芝徽示參移
寅正即起，冒雨謁
武廟，候　院憲至，行香畢，再謁　祈神廟，行禮後回署，按

閱存採黃州府等勘所屬成災分數臣會應撫臣捐計黃

岡邑一萬九千餘捐黃梅四萬六千餘捐廣濟四萬二千餘兩

每採買觀望姚補之西稱查看情形均可移緩作之以

秋稼甚盛地方亦甚紳士亦自備出此處賑恤有把握為之

稍稔是日陰水退一寸

十六日晴水退二寸據漢川縣稟查勘災民戶口情形大致尚

屬安協此是實心經理者若草率顢頇心見識不可以其為

佐雜也亦宜之又得廉職署者使業克學徵收地丁力除

書吏包收之辭，自謂實有把握，其詞直而理順，中無所據。其說聞之欣然，然此志趣吏中之矯矯者，其他日當以循良顯也。蓋孝感令安篤潤守辭而譯之，次其之所保，甚為得人矣。

廿日　晴。水退二寸。漢陽夏輯園太守來，以孝感安志之分宜為調劑，以即其地招輯為之集事，不得漢陽牧人本長者，有餘必得多乏，評者幫其經理，招之無慎斯立。夫中丞之兄陸登瀛同從戎並死，及邑之大三人張某、劉某諸

老成持重且以雕人序甚捷而識實而稍有手批數十
人多亦擺脫俗等之事無結安協罪矣但從其減刺史則詳
陸續送過矣午後出署謁蘭陵座談談一時許又至漢
臣學使談一時許始回
十八日晴飯過早先謁　中丞署議漢口令請即以王震承
亦要務者雖再三至再安置則以知縣升之以觀其效不
者則無甚存強亦降革之無結頭蹤從而隨之制府
言亦以為然此事似可定局矣蘭陵道因腹疾屬余為

言閩河南光州有捻匪六七百人橫行其地刺史米名出禦
見殺其黨得五六千人又光山息縣接界地方有捻匪五六
百人到處搶奪焚燒黃安麻城隨州孝滿黃陂孝感應
山皆與河南接壤 制軍札飭各該處協來郡守安
而府範云至河以南本年雨水甚大災甚廣而下浦中
還以上年災不若常豐 是使按問多有紊革竟不
敢再以災聞以至匪徒乘機竊發不遠從之竊發其延擾
不已他省亦相率效尤明府之安徽廬鳳等處奏報徵不

荆江淅望風甚熾滋蔓難圖而雲貴甚熟省猶因循坐擾
之咸例不可復矣此等心人所爲感慨太息而望眉任之大府
人也暑日得郭筠仙太史書
老目睛昨退二寸后出即用針挑破自覺治勤寬[四]有六分
惟談細務今年亦不理事物中又無可任理者而倚棠其能
雖尚明白實復軟弱且甚衰耗居寓亦歎子開方不服他藥此
外更無安人能佐理者今主之藉好生好是固非稍財用爲難
也午間張大令暇翻來呈擬如突十九條安貼周密序道

辛卯，晴。通飭各州縣隨時將沔陽陸會人犯盛小年之子
餘詢明其因，詢以沔陽實積言之，并令傑因諭鴨棚向
洲牧辦理。又據行呈：利秀寺王僧叔昇棄年抄叔所
列前等處辦理呈剌江隄段生忠與男力因詞控問
近日水勢乃逼隄不及跟尺，而浮沙甚多，土堵為其所捲，
仍隄之日取土大難。又云：自宵卯刻迄今風水大漲，長隄為
周圍江湖之水風浪沖刷殘缺，竟不可問，為之茫然無措。
不修隄則民不聊生，何以捍禦田廬？修之則何處得如許

余債蓋以三數千兩不可以別令人束手無策矣

廿日晴水退二寸余以痔疾大作不能謝絕各人求會並

蘭翁為我赴院請假午間傳各府及捐輸局員紳

勸捐及閱捐冊事心力頗勞痔更瘡痛不止

廿一日晴水退二寸痔疾痛甚延醫楊瑞山診視服

即致止痛方以松殼及荔枝草熬水先薰後洗又以

黃蓮調田螺搽之迄不見效困頓實甚　知府新放撫院　永文安辭

廿二日晴水退三寸余以痔疾甚重不能久坐苦甚無安

務從總未使稍省遣僕因是年請假一月要為安
事原邦司事大守政之處訪傑見兩院婉轉為意
云
廿三日晴出過子平和常小蘭談兵請及部觀聆叢田證
觀聆蓮舫切來觀余所蓄物院譯則尚為調查數不
能回此微微勝代為見秦安民照理之事隨後賞存
亦來均譚譚以方疾而為言以余素性於上下既不慣近
擱而置此于繁任重重之際要何從稍涉大意於如此者云

將來更可疑猜亦礙無可奈恐亦好祗其掣肘而已

廿四日大風雨自昨夜二更後風雨撼至屋皆震之

夕不止至今日無少歇時桐樓細數十餘年人想無不畏

女嚎詎知如此屢釋于澤不生疾疫說此謂此實极

運天持難收人足如此仍未甚收因勝於兵燹之燥

彌其甚說亦近理云

廿五日仍雨水退二寸是日奉到部文擬案

上諭撥山西五十萬兩江西只十五萬兩惟兵捐輸只二十七萬以

濟急需荼讀

諭旨軫念民艱惟恐一夫失所之心昭然如揭背不勝感激

涕零行得和大司農家信及桓友若函均以此間災重為

言深恐捐輸無濟雖有此一撥又不敢恃無恐惟徑措仍

府稍接濟查亦不致任其冒遺也

廿六日晴水退三寸和府縣多報設放撫卹安靜

廿七日晴水退三寸因念成寧黃陂孝感漢川沔陽天門戚妻

重家正定之災均須之專子撤府縣以昌詳嘉成魚妾張喧漢

川委李煥文沔陽委秦秀橋黃孝委樊丙南天門委董
師葆蒲館望振
廿八日晴水退三寸江夏縣報平湖門已開升仙閘長街水
亦漸消退
廿九日晴水退三寸
三十日晴水退三寸
初一日陰水退二寸兩府廳縣報轄段隄工安靜
初二日晴水退三寸會同糧道詳三十一州縣九衛勘緩情形

及戍兵丁數

初三日晴　水退二寸

初四日晴　水退二寸　吴星祥到任來謁　擬舊案未結各代筆已案新案各代二十七八案請　奏　吴星祥道光二十年前已請假來省隨營六十第一千餘捐仍擬案請　奏假除

初五日晴　水退二寸　天門知縣請以谷城安營閘調來陽　請以屯陽令楊嘉運調

初六日晴　水退二寸　得楊樞友信　順天捐輸仍請展限一年

此間自前月廿四出示開捐以來僅據報捐一萬九千兩核給官執
此竟無長呈若照明文之例不捐銜又捐者之父兄子弟仍須
迴避故捐者寥寥今明文仍復展限則捐者更不能多來遠而就
遲舍近而就遠此實有名無實矣

廿日晴水退三寸昨日委員徐麟於東門外拿獲因疑窮民
等概覺其冒頂硬將其牌子收回致相口角鬥毆實
屬不成事件可笑之至隨即撤回勇役委員亦覺無日辛勞
首府祁切手本年城鄉婦女約有二千餘人求救分文

此境蒼涼岩谷意存不恭問余作何辦理笑回岸商指良

十五日官指示十萬　袁章為致陳桐樓露霞安民而設

也來而亦若其意云何且何以救此二千人民被刑難將如本國是

速為結擇遂無救藥而已

初八日晴水退三寸

初九日晴水退三寸昨日為

太后萬壽聖節神宮隨同前賀人而往至石縣志集物已

初十日　中丞遣村官來視余病且勉以好為調理美而去

祇出門行以備宣傳，謂以蔥白調蜜擦患處可愈速

遞云。

初六日，晴。張道李守稟知，本年來言災民聚法山地約萬餘人，嗷

求撫之說，往放告牌子，擬明日即爲散放，余首肯者再丞。

日申正天色轉陰，晚間微雨，至三更後大風飛揚屋瓦

震動，雨聲淅瀝不止。

十日，風雨大作，涼氣侵人，竟日不歇。并存物件赴法山散

放災民大口八千六百卌人，小口四千二百一人，共發米五百卌六石六斗

廿五又僕十六日仍往渝營均皆安靜其城內外亦照常靜
謐云水退二寸
十二日早陰雨止風亦稍息芳孫和來補詢何頗免陰贊之
款已留於招便寫稟不出可悞云午後風雨又作殊為不甚
好唯之雅致孫而相見未桐棣之人其慧已甚難收全
候瘦不乃厚之明矣其圍若而無汁以安之其奈之何甚
日水退二寸
十三日水退二寸昨夜雨仍未止晨起更覺狂驟午後略歇

一二刻申酉之間劍又大美閱昨日書楊便因題作字楊
至寓祁大農麟宗伯及梧友亦詢電綸諫琴子素印
訥夫書
十四日水退三寸是日無陰思雨至酉後乃見月色
十五日晴水退四寸酉正三刻忽起大風是日閒中正二刻拜摺報竟
陳著之摺亦請拜摺旁寸心為之一醒得王子壽沈部十月初八日自安
陸鄉來書
十六日晴水退五寸昨夜狂颷忽起竟夕不止寢寐為

之不安今夜稍靜而寫字數通人尚平竟取火不可禽
痔瘡來會時需洗澡又不能多着褲襪等物調理張朱
堯來便云閱江夏今以下月望前五那地設五廠委員
會同紳士籌款鄉民百日撫卹口糧計只一萬五千餘
兩章程甚為妥協
十六日晴以邑三寸江李太守來言江夏今擬中東城工及城
外棚棲災民以本月以後即不難放撫卹示令各搬遷回
星太守面稟請大府言之得仍照常散給傳文已書許

可等轉聞之積善名之美以本地彈壓捐輸之倡哉至所
壽猶爲那縣里漢（江）口已律漢陽縣而江夏停止亦無返
理太守心存爲民而措詞亦概以俸不謂慈惠之師矣
又漢陽馬錯靜山言漢陽均之捐登者僅二十三年幸昔
問究民不以擾至來壽丞是省得張莉湄司馬吳中來
書言是使賭禍物至之推有昔日北還壹棟所条
一府三物不清得實李夫人前視之之以能疾到迟來堂
夫中盜錢無中傷愛從之人傑也何之爲不肩任之以繳保

行後之接手者更殺萬人矣。人才之難如何如何。

十八日晴，亦過子。

十九日晴，亦過子蔚。陳廉訪來言各處攤派之項亟須早發，懇此冬晴以便散放。因查該州縣衛所報戶口率多不實，而各處無確數，若待散放申奏，實屬有稽時日。現距撥項來到需日尚多，先為籌墊，擬撥荊州一府先發銀十二萬兩，安陸發銀二萬兩，漢陽發銀五萬兩，黃州發銀四萬兩，武昌發銀六萬兩

拘札飭咨該府先行酌替若知照為整核及應繳凡
五郎速照五郎理候據頂彭潘再為找尋沾權宜辦理
之一法云
十九日晴水退三寸據恭呈抑之詳已上候奉批即可請恭
呈請從應出咸豐拘繳以即用沈巡讎漢補已久並補咸
豐擬廿二日上詳
二十日晴水退二寸黃州學使丁誦孫之家人來言學使眷
柩十四日泊挪舟為大風所擊柩為之濕其夫人及女公子儀婦

使女九人幸俱得生另換小舟現泊城外以下學使乃姻丈人
律師頃着伺應因遣門丁跟隨往請其夫人偕至館幫什伙
料理妥協再當覓舟送歸云查十五程風暴之甚次矣
船使無數竟有一舟十數人無一存者前署崇陽令韓杲
寶昌泊舟以千數百莫知所之乃於二十日得自京口拾回
並為暴所逼遂流而上至六十里之遥至此僅而得生者
又有周君發已捐知州急於赴部請咨者泊舟以千
至今猶無蹤跡又有典鋪某聞妻亟圖速歸覓與夫六

人持呈程行次日一與夫羅遜言七人及其尸諸葬之道旁云
并聞閩湘漕舟人船俱被其搶復不少潭陽漆湖及大別山
下游屍無數條傷殊不可全靠只劫數遞致此不定也已
廿五日晴冰過二寸已刻撫台府祁河軍遣人持函來閱係
黃岡知縣內稱委員李明經因幫查戶口於十五日江濱
饑民人多名來搶擄等情閱之係於此處人極精明甚是深知
好官其黃梅戶口之查深得其力前贊委任而還以
惜死難因呈請額例須

邱典史柳交仰補直令人瑜擬悔椒南卯儀人邪升張福等
還署標言補牒之夫人已搬移到限其稻印停壽江神
廟內西一切箱籠衣服無不遠還者手經箱來及樓上
情狀質居慘悽不堪，再遣人以炭煤等物送之蓀幕
丈會等事，諭令妥協預備云。

廿三日晴。水退二寸。各州縣賑撫情藥所之節次諭札，俱
直碩核安穩者，散賑甚不放心，因詳明院憲，轉委
張補翼觀察、浚姚觀察華佑分往荊州、安陸、武昌

漢陽黃州各府屬被搶救敉獲偕沔陽并因堡垸堤工
需費甚長一切舟輿薪水人役飯食實屬地方辦不可乏
其借應額只賠累又不能禁其自備資斧條身居
速即兩倅稍優特自捐廉二千五百六十兩每月每
員遞給足五六十兩自十月起至來年五月止以
資費用而免賠累於公事不無裨益是否江夏等
又係首要應撥之廉四千餘兩又虧以只易借者百一千五
兩借錢二萬八千六文請照城內自三百文以下一律撥

洽以減半之說批飭照即每畝蓋完民數之即多一分半讓不無可益百姓身上寬一分即受一分之惠此中難苦有也申正問安陸雲太守來謁潛江天門水已大退但下暨水工程必堤迅而務撥只抵以濟工需又嘉魚令劉桀來言四鄉之院水尚未出從聞大約再得半月方能動估堤工費約需十萬兩稍須借工之項現只籌出四半之數餘須項者費浮濫云

廿四日晴水退二寸余已請假三十餘日雖力疾而不再難

貽謨而究係因病未出殊切系念現已稍覺痊可亦得

即出以定人心因先往探自道猶未足出署申正歸署頗覺

疲乏然尚不至大有傷

世晉庭初即出先詣靖隱再詣撫院請假告謹半時

許又回原宜城賀令已來請

旨勒休鐵要接任廬州賀琛署理南漳李令因案

撤任鐵要即用令李煥春署理田署令已來辭矣是

日晴水退二寸

廿六日晴。冰退三寸。偕同邑通同諸積院學博大小吳補臧
京邸中同署鄧通判周以藤峯韓行承廣西委員徐
從九原以替白中丞委護送安徽山東霸輿無保館各人
眷擬回里，道過來謁，細詢粵西情形。凡烟肆府州知尹
無不悉。住在省逗遛過甚，竟有存員之多，至地方營賦光
府會匪蔓延，州知縣空，庫項半餘，兼居各不以數
地方疲弊已極，皆由前中丞周稱主應把所致云云，聞之
深為駭異。三十年前余數過廣西，所見所聞尚無前

頃各弊乃日積月瘀至於如此謂非大吏之過其誰信之
竊恐不特周中丞不能辭果芷林一章作者亦不能辭其咎耳
是日天門劉乃年者長來見余病與之暢談數次又
接見各官甚多實甚憊至新病甫愈仍須靜養未
宜太勞也
廿七日晴小過二寺巷起程晚宿因疲憊之故午未開
訂李太守及安陸守實稿生來見各道所屬接循情
形余謂列榜敬放則不免以實之意盟心如我君屬

咸寧官兵不守保信為賊又擾司徑怯吾師其頃已潰
千易分數千將舍鄉應援之太公也數千應敵數千
分一併列榜通衢大張曉諭廣官吏為賊黨者皆
閲邸鈔見亦不致為賊所累更已寄營家信一函交永
隆號寄去得彬兒九月廿八川中來信
廿八日晴永隆三寸先赴撫院再赴督院議論子幸說又
於官廳坐談一刻許回署後安陸賈耘生廣文王季
海來稍論隨之保舉事又與漢陽守夏梓園議漢

陽安穆丁隨丁赴孝長兆譯一時許呈公烟畢十

月朔日來信并閱邑尊家書

廿九日晴冰過三寸以章太守來謁議勸捐請從緩設

義丁此舉至誠之心實為可愛

三十日晴冰過三寸

青

初一日晴冰過三寸五鼓詣 文廟俟旦進候 陪憲齋至

官廳隨班行禮又宣講

聖諭畢談一時許復詣 武廟行禮登

玉皇廟坊三號九卯畢西寓稱見若宦江西委員楊仰
早五美到委劄日知職意謹託並賞發四川信附致
張樹聲藝林書
廿日晴收道三寸葉補道鑒蓮舫姚補之均來辭
通來大沿之口舟抵正陽加八陽只加只苦需日書交寓除
讓物自都及勸捐等錢三千緡狗納宮請找頒守
對為狗定只恐清晰無存即批府速為給發而或另式
左狗衡一請五源七千緡一請五千緡咨來會同屯仕印

垂念吳令任補書，段軍保冒險從戎，早已賜如此加賜
恩，更多屬以甚不可問，當即將知縣遴選，特膺重任，尚似此
不肖之員，即應詳參，然再俟其參到，如何嚴參，尚不
該汛員本便妨寔也，卑在凌風勢甚厲時，即乎
兩三日後即傳見送詣中丞制府御參畢議，安陸守實與
世聞
倡修護城河隄已數十年，欲成未就，就之江陵存
保
節完竣，詳請獎勵，又便辭差，此二紳也年，院隄穩
固之奏請獎敘，均允爲具奏，一所邇衙物拘之時，以知州升用

在子少府丞員缺特字煥請依先補用一縣丞一從九請依先

補用著俟防石府州系霞移同例擬書劉晓自人兩部

此理應如是也是日晴水退三寸

初四日晴水退一尺辰起往送撫 觀察行回署午飯畢又談

黃琴塢似子貞及植友子兩書蘭石書又是詳委員

李心明捷遇風阻斃請照例具奏請卹 旨遣奴子王貴

押送什物進回黔

初五日晴水退四寸辰起偕同官往謁 撫院畢回署

初六日晴。次過四寸樵、姚觀瑤，是發戴易武右軍衛冊
減去之三天，樵取易之批語，錄應帝臨撫物月口糧二萬
五千餘兩勸捐，是尊吉用是晉湖南糧道陳芝楣都轉
來，伊帶到甘肅寧夏伊李興亮信函中附伊楊翠岩
信函，并羊皮、龍套等件。
初七日晴。次過四寸閣，晨訪常蘭翁生子往賀，談一刻，
許還寓，適委員錢正堉夫樸，錫三十年即遣信望
先，計每箱三千兩，須是狗錢處等，只此來，繕是色飯交

使之際忽得此項心肥為之一壯矣 旋承頤楷自家鄉來即遣之歸暫且之守費須其竭力周旋

初八日晴。早起寫字，閱書史。曾帥奏淡化冊獎之事。又閱冬季試息告示，各郵局語不當作此均密飭各存物查。邸抄，閱廣濟漕洗三千餘兩，每工為其作又誤須擬為陛遣新任教督，類形調遷均密稽送存查案。

初九日晴。未正寫字，又點中庸。又未來信，招其暫吳不必來。何子及於閱完畢，來書人皆手書兼開子，依本家用之項，皆允俟子賓來矣。

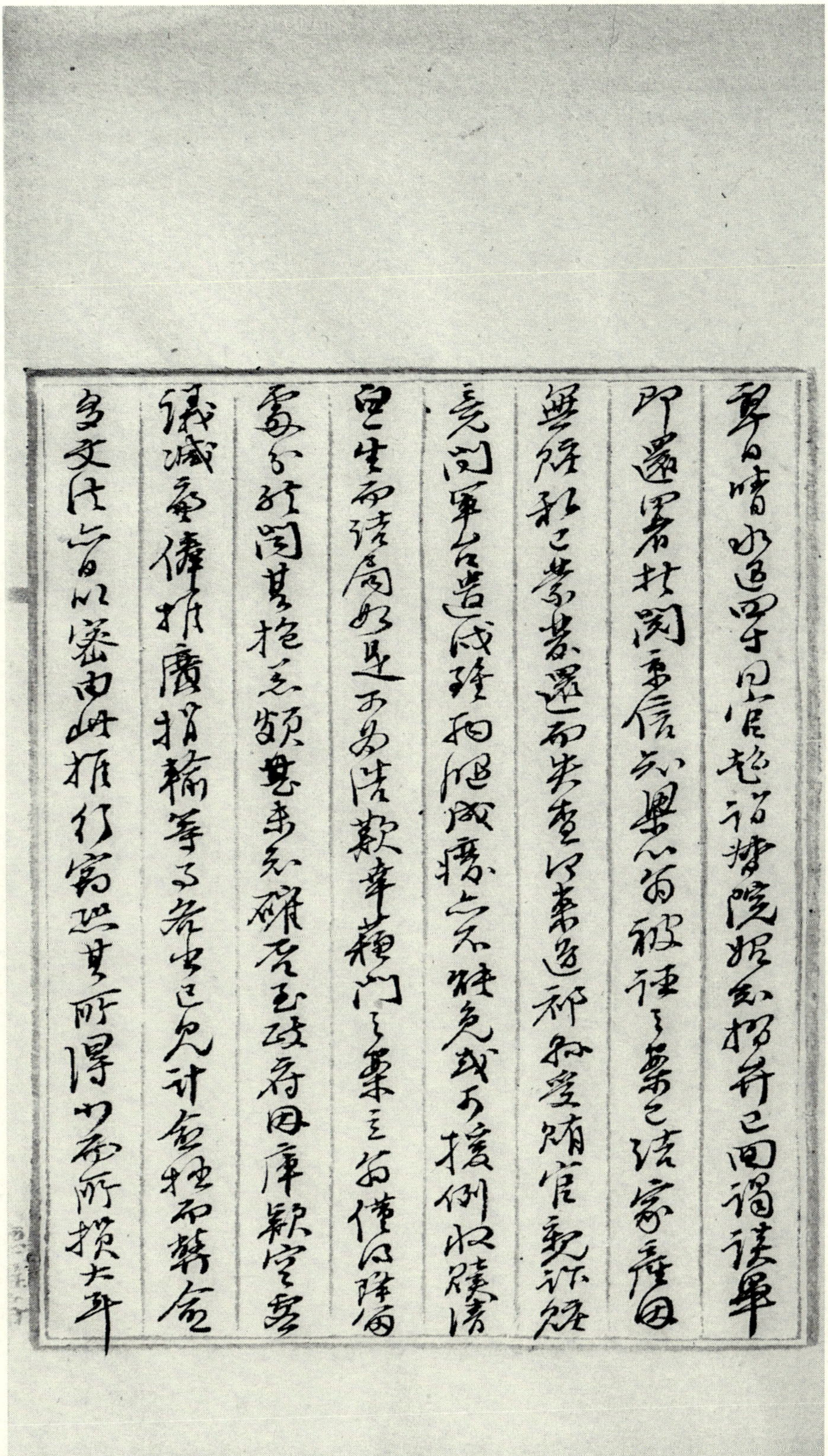
郭日晴收道學見官捲諸撫院規由招許已回謂該畢
即還署拆閱來信知學心前被禮之案已請家產因
無路私已常常還而失查以來追部和愛隨官親訴絕
竟問軍台造戍雖稍從減療亦不特免或不援例收贖請
白生而請局好是不易陪款幸藉門之案之前借以降兩
處分矣閱其抱怨頗甚來示礙及玉破府因庫款空虛
議減藩俸排廣捐輸等事名已見計無裨而轉令
多文任旨以蹙由此排行窮迫其所得少而所損大耳

老成謀國 國因所望耶 直甚使中來真令人不可耐絕之

十一日晴以道署偕同道同詣撫院預觀坐一刻許即還

十二日晴以道署存歷州知州名字來見以真人及安見宗志

放四川及省門撫郎請君楢

十三日辰起天色微陰以留雪意偕同道先詣撫院再

詣撫院各談一刻許還擬答各衛頒撫臣以道署

十四日辰刻天陰甚晚狂小雨風色甚厲頗得雪意辰

起仍復飛雪密布至巳正猶有微雪飛而來到地即

中間多喉痛症以天晴太久之故又本年水勢之淺
江岸皆多魚蝦易生蝻子年內雖得大雪三五次猶恐
不免蝗無除坂日來盼雪甚亟也水退五寸
本省年間風勢甚緊午後天色微開晚現月色已有晴意
水退七寸得洵陽州稟頗錫竟無把握隄工亦之手程
言由署知州太弱而屬地方每多刁劣生事大好侵冒
此條之辦亟札飭白河同知李道前往會商擬州切
實查亦以李某曾任洵陽甚得民心擬問律督曾

當玉皇赴日請安議定往南亦理論也

十五日五鼓先詣　玉皇閣拈香畢隨赴

關帝廟會同司道使撫院至日請行禮又宣講

聖諭後坐談二刻許回署是日晴水退五寸

十六日晴聞新藩臣學使擇還遣使往迎來臣隨往接

明又往視首郡鄭州川太守目疾甚為得尊乃方伯山

東來書水退五寸申初接藩元旦賀摺　擬十二月廿七日寅刻奏遞

十七日晴水退五寸第二次詳報藩與易將四寸五寸拘

漢陽縣四萬兩安陸府縣一萬五千兩黃州府縣四萬兩
荆州府縣十六萬兩計共二十萬兩連前共發過銀五十九
萬兩又據武昌紳士捐繳二萬餘兩黃岡紳士捐繳銀一萬
九千餘兩黃陂紳士八千餘兩孝感紳士六千餘兩均請勸捐亦
理計共需銀約六萬兩俟其收後撥銷外連所發已及六
十五萬兩此外再找發銀約二十萬兩即能接濟築堤之費

聞奏

十一月請求退六字時　中丞夫婦以瘧疾先後遠逝

徒送程陸赴撫院鄉試畢回署河江撫署移省漳和州
江北災民分四起每起約五六千人將赴金陵就撫至江
和州收養計已三萬餘金陵會多實為可慮舒聞江藩
一帶搶奪肆行云老中丞考人未仍嬉留引退之意云
十九日晴水退六寸黃仲香太史偕其尊公雲樞過
鄂來與暢譚一時許陸即遣使致祭并送下程四種
廿日晴水退五寸傅日岩送諸物院謁見各譚半時許因署
黃州知府光泰自黃州到院來見人極云黃梅六日既

罷無遺隱官紳俱一心經理實爲楚中安穩第一要務
閱之稍覺又謂廣濟陽新於黃梅設分之文現已行追
即委福令另阿搖署以其任廣濟尚得民心特調其意
有胆疾究未審果能無悞否此又禁德於彼矣
二十日早晴午後微陰似有雪意申正閒行果有雪
六親條極不可耐自朝至暮之事禁誅心身手口應
接直不稍暇蓋自七月以後至今已卅一日矣此近無
二十二日早起微雨府廳州縣來謁又料理公事畢偕

日過謁董平舟觀察祝其太夫人壽因留食麵時許菊臣學使亦在坐至申初始散水退一尺二寸

廿一日微雨水退一尺三寸

廿二日微雨水退一尺四寸

廿三日微雨水退一尺

廿四日微雨李子焉自河陽回知署牧潘先溥必予稍遲撈霈雲委員往撈因查吳牧孫升補該州部文早到議即飭令赴任俾領撫修築均可無悞又水退八寸

戊申十一月二十七日子刻冬至，於寅初刻即起，卯初二刻詣
萬壽宮，偕帶蘭陂、承祜及時任、粮儲、撫道侯。撫院憲、
學使、翰臣、蕅玉同望
闕行禮畢，坐譚一時許，始行。是日赴撫院署拜賀，回署
後首府鄒印章來謁，議河陽廳緣歸隸之撫，予隨從
押日行稿，時已午正，腹餒擬而膳，亦不能多食，倦困
尤甚，乃假寐約六刻。又披閱公事，甫竣，蘭陂遣人送其
鄉人吳退庵閔楠士遂信來，並為同庵救生船經費不敷

者也先是過二廠與黄丹卿、郭秀峰、傅寶琛、秦廷彥同日設善

堂，蓄長年三班，風濤中操舟救生，至秋冬水涸，舟行湖

中深淺莫測，則又設引港船導之，經始於道光丙申，予

年來全活難數。過二廠又以滬湖淺，舟每值風狂浪湧時，觸

船危急不可手救，且擾之之處以擄其貨財，時有也。廠劇

之，且獨覺遲救生，其風稍息，惟重湖八百里，船少不維

遇年來粵西遇盜入湖，內行旅受害更深，甚於風濤搏

擊，推廣救生兼防盜賊，必須多設船隻，使棋布星羅，聲勢

既皆聯絡西北即無敵隱匿逃逸之人當自益多識擬於鹿
角岳陽北湖之磊石山吳山西湖之明山團山舵桿洲
凡五處選置名巡船三尺內船若干百三尺引港四十餘以便擇
招風波而練習力武任之其章程甚周備其志量甚宏
博頗須費益繁亦旦借籌於江漢之官紳商賈而久
遠計於當事於蘭陵康為代籌而蘭翁又商之於余
余以子概言美不可不周所以成全之利己年書且實錄
流歷據不收者保來歲壽所兩之設法籌備云又採蘭

自持其鄉人宋孝廉士心所上詩云栽得征衫當錦衣秋風

人向帝城歸 君思為我碧江栗丁未孝廉黃山精明身殘曾經付

紫薇在部在曹將七閣部假假二載萬里歸客遊子在十年吟尺寸心未還

應絕端蒲剛道驛馬秦關西雪時筆擬時蒲州秋平生未能識荊

州一刹新涼幕府拔利賊門鶯綰帳望挂帆人望不何當求

霜乘節嚴關堤河海無涯消細流不借階前到上地也

堪長揖兄君廉宗備小草太凄藝從負君節藏七尺軀

乘圖遨遊空歲月鄂城風雨暮江湖投書久佛何適鍔推

委頑曉層山島畢竟微根花葉拜被擇跳點剔窮邃
蘭儂以詩以余抗一流，贈之，因以示余，詩究清處，書亦端楷，
其前程當未可量，惜余不及見之，因錄於此以志珠惜。
是日天氣放晴，水退六寸。
廿八日　晴。辰初起，偕同邑先謁中丞署，議請令汾陽牧吳璟也
往野外頒撫修築事，又廣濟令福昌阿應仍委經理，方免
貽誤，隨與制府議商，亦均謂然。歸即敘稿飭委差剩不
清也。水退五寸。

廿九日晴，詣四方寺，午後渡江，湘雲上舍來，因談及李氏請郵事，且云閣下較胖，甚健，可見閣下兼李氏以請查災賑淹沒黄州案內，而之甚詳請。奏以待郵典，從為胖所之云。現予尚歸來年，當來長沙，四野滿茫，江風烈甚，竟如斯矣。某之家宣要白髮如婦青閨，屋則其書以記勤之由字，此廿百了也。李氏之眷即於廿二修覽田里，不知湘中於何知之耳。

三十日晴，黎寧軍審訊京控一案，詞款于藩司馬何小宗處常過署便飯，暢談山穀先生博學事，復詢藩臬趙光祖糊塗情憤之甚，聞之悵然，何此輩之多耶。雪過三寸。

臘月望日，晴。偕子遊先詣文廟、侯夢樓學使，至後隨同行禮畢，復詣宣化數閣祠神前拈香，畢，赴社雪澤。畢回署，因外日申刻廿有兩寫翔鄰孫作所發之案。

來兄云其胞姪年二十一歲，業儒，甚痛來得良醫，且醒昏，乞我取支訴等急遣女子前兄請楊瑞山前往，方秋閑，方按云尚無大害，言不欠致心為之，醒文節遣

貲云力拘助甚前行，是日晨至李月知處，北元來辭，即往滬
陽會同開吳自至，即吳牧前往勢之，諒貫串理不保無誤。
隨又探吳牧瑤來辭，所云亦經細查，初畏三品居心未安，均
以不以放心，因文錦勵再三而去，比返寓。
初二日　晴。是夜燥甚，雨雪仍不下，殊深焦急，望天心早默
祐。節不可缺之。是日得京信，並閱邸抄，知以隨貴交滬道大
臣會議五條：一請查積欠；一段於漕米；一試行長蘆山東票
鹽一款；仍停工費；汰冗員；一開礦業之舉。

旨先行符沿守郎儀季芝昌杜長董耆中堂 英 儀朱桐軒

風標杜齋先生亦累陛年噫此所謂天下本無事人自擾

之者如關病纔氣倚之弱極矣而又加劃代之藥一劑不

已又連以峻劑投之其斃可翹足而待 國計之所以

昧昧若此為世道憂不能不痛哭流涕長太息也承退守

初三日情然石齋傳是遣先諾撫院因中丞保留風寒未

愈謁隨同往謁撫院謁見議備嘉咸江蒲四邑院及江夏蕭

麦漢漢等又議何江之事以新升江南藩司酒桂山方伯 德翟

屢觀道境舟泊以午因日往拜晤談少許回署又順道拜為
以太史蒜往粵西署晚飯同彭小山江西來書昨日發家信
一字姊兄四川一字胴兒點中點中信由兄處由中丞轉遞今日
雨止稍有涼意風亦稍緊發明星獨有天也水退七寸
習晴水退五寸昌起簽稱華傳武日知當先奉電署節
往江咸嘉蒲分派佛隄工段每告以標簽派工人代繞計隄長
六千里並一萬四千六百丈共估需土費以萬九千兩餘高以出本年水痕
為始用二收外三收兩寬五丈五尺高一丈二三四尺不等以其地勢頹

甚也。紫府人極粗疏，而陽之卯尚未集，故特委之以專責
成，亦因材器使之道。至經理錢對換嘉魚劉令是
往云。午後日諸遣罷，又請桂山方伯便飯，因罷者已及酉初
矣。是夜風多，頗涼，而天氣甚燥，夜臥竟不能重被云。
初三日　辰初起，視天色甚陰，似有雪意，為之欣然。飯已要
出門，偕至督署，又至撫署，會商之事畢，回已午正。
因頒年存閱之件尤生書，然耳中風蓬蓬，總寒氣亦
覺適人。待至酉正，雪仍未降，不知

矣可以斬此也並昔水退寸

初六日辰起小雨雷仍未降至申酉時及數次又灑微雨矣已

亥微灑殘溼及至雲天明始又已潤朔矣水退一尺二寸

初七日辰起天色仍陰亥有北風昔日知光泰統領盛嘉江蒲四

邑已隄未詢其以高視本年水漲探稱三處皆已比照前

界惟江夏之金口隄太低約短五六尺餘一律皆照前到復多

難以金口長隄於何處之時再加以子埝其通工均以外三面高

收分云又探武昌郡守來兒以所發府庫存銀票暫應以

三萬兩買米二萬石，買米頗已飭令四川云南運一次

江翊雲侍諫來書，以貴國本因度支短絀，籌議當道之法

多而可行者，莫是由而來？定見要奇以直之，因復書數百

言，以廣門論說，足兵足食，而足食尤要。而十分兵其先也。今省兵

數多，每四五六萬，有無事之二三萬，每營兵額十餘萬，平時無

所用，有事則不惟不得用，且用之適足以濫費徒糜糧餉，至已即

以湖北論，額兵二萬餘，歲餉銀四十萬 三十九萬餘 糧六五萬餘，又加兩

餉三十萬餘，糧十五萬，不餘食，計之，存五一十萬，以存省，可減其數

但裁旗糧五千則歲可節省十五萬合十數省及京營兵何止
數百萬偶謂明季裁減驛站四萬額伺之心且此輩不商不農生
食之久一旦裁之無所資生勢將為亂不可不慮則請密為上陳
但飭各督撫提鎮先行計其可減之數不必遽減遇有缺糧開
除勿補年終計其數咨部咨軍機存案減數既足之缺糧仍
行補充兵減不得許六仍照減之以兵之數為差等但古用兵皆
貴精而不貴多即以身為貴陵乃招募鄉勇其得用尤甚
於兵無事仍遣散之於一切防無虞也因有八旗駐防四

倖不勤而工但昧絶食路日於情民費無數民賴吾之而彼不
知恩也且謂米漕太甚獨有怨言但令將軍都統弛逃旗
之禁種貿所之或慮其無以謀生則給以一年之民糧而資
遣之俾出旗籍使自為計亦不限以數不限以人不限以時此亦
天下一家中國一人之要計不數年間所省不可勝計並二策
本皆於
國無礙有利無害有益無損之
言即於是日更擬奏第七
不審其權要兩平達否

初八日早起微雨因申正多人山上衙門拜行道賀事持陳捞
院道又日諮詢見回署適得京信王夫臣所議五條之奉
明降旨不准請于札致楚省兩行改折漕糧密函由糧道札
耳午後天似將晴雨初以後又變細雨繼而雪後不降則甚
無可奈何也水退一尺
初九日天已放晴江夏令及委員來言敉放四門安民加賑撫
目下糧均已完竣民情歡悅查看水已全涸春苗甚茂亦
惟郡雪甚殺耳申正勇夫令班楨來言孝感黃陂捐

頃之邑勇頗撫甚爲安靜酉刻姚覲登華佑自黃州
回爲言黃梅之民極清官律甚和將來臨之以恕謂其
廣濟福令則頗狡猾甚少實乃爲能駕馭刀生勞逸
於求撫實則難耳時日已迫又苦無可爲之人圍之心實不安而無可如何天下事如此類者不少可爲太息而已
是夜月色甚明望之如雪水退一尺
翌日唐懋先語南院議安江工及修江夏隄費武勝門
等讓開事吾謂北院時年豐歲曾爲未大命數須以行
而夢訪以投從陸令承審命案未確以調省審訊

訂名甚厲誤員現值備聊限工且須勸捐集資勢
不能辦又無可代聊者爭之不得亦無如何且自述之因
事之難往之如是年後趙心無挑補之物親登日來諸
光付許敲于舊日屬來此論請其成及物付至西正
相之隨寄坤兒一函附行小宗彥常安信又示撫摺
并寄都中黃渠兵房韓及魏雨帆曹蘭石二信
將以十日啟行此過一尺五是設之諸標相行過畫江南水
勢尚未退歲暮稽龍亦無從查核矣

十一日雨。首府孫協來謁，定期於十六日查看江隄工程
及蕎麥灣隄工，令其速開圖摺呈覽，俟後籌辦。
姚二觀察又擬新造江墟（箱）修道連周景恒日年文與謝
韓臣學使暢譚半時許，回署已酉初三刻，雨仍不止，
於麥苗甚爲裨益，惟入冬仍暖，甚恐數日內尚不
能得雪云。
十二日天已澈朗，大有晴意。首府各官俱來謁見，為
無要事，惟候指囘核實申送，以漢陽縣字多隄

始也

十三日仍雨微雨傍晚送日諸物浣畢回署

十四日晴過趙少卿周景垣姚補之三觀察早飯午後門人羊少青服闋自安徽得之官甘肅過此來謁與之暢談一時許因留其在署小住並助以百金約一二月即將行也

十五日五鼓後即起先謁玉皇閣行香隨赴

武廟侯新院至日詣拈香畢談仍一時始散是晴
申刻何子貞人乃郎葛臣遣人來署知其已到漳口即遣
人將家信送交并探詢行止云
十六日晴辰起答子貞畢即偕謹達查勘江工回署適何
世兄來見閱其行止據知擬由此扶柩起旱查世叔者
來閩歷不甚親離因力勸阻之第小兩之張羅以遂其
行氏以對子貞云爾
十七日辰遣人詣莫子貞寓大人并送莫翁五年金又兩之料

理舟中瑣事。既是日晴，得荊州報，云頑事件俱已大定。

河陽吳牧來，言到任後刁劣生監地保根究，均皆安靜，

為之稍解。又得至未中丞書，以五千金為河陽賑助。

十八日。微雨。辰刻詣撫院衙參畢，回署，為委員往呈具奏五千

金赴黃州，一萬二千青之於是日開行。

十九日。晴。何芰溫來拜謝，為之理當之，為屢言之速交

常泉帶兵赴任，亦託委員楊丹令萬棠。晚子壽自恩門來。

二十日。辰刻封篆畢，即赴撫院致賀，回署，飯後答拜

下车接见各官讫与子寿比部谈一时许不觉心为之开盖自八月至今未有如是之畅矣是日热极稍有此风雨而不雪

二十一日晨起诣中丞署晤寿毕回署草兰陕奏疏来拜子寿就程臣学使亦来因送兰陕行途留程臣与子寿同饭随答拜王季安贝拜舒西美会毕荆州府库找巴工程之用

二十二日晨起在咸州刘侯来谒都司马平蕃道来因留

並子壽早飯午正時李長生自天門來破冗縱譚頗覺
書詢子蕃仍並函候又暢敘少頃勒少仲函商陳事至
二鼓後始散此二夕皆值星極則湘天皆明星云
二十三日晴修函道先詢申至再乞劃存議指江咸嘉蒲四邑
以隨陳之移須歸之項五萬五千餘俾敷支用又全口長門
本款尚存一萬三千餘蒲圻本款尚存六千餘均由道庫支
頭給若致計不敷只一萬零又江夏知嘉魚隨陳之本
款七千九百餘尚不敷只一萬兩均擬於指輸項下籌款給

蔡又荆州萬城大隄制府題批飭自行設法籌辦無如為數甚鉅該府竭蹶力任擬請即將動撥之捐之一萬兩并該府前此捐指之四千串均歸大堤之用不足之數再議令府中籌辦以昭鄭重而示體恤隨與分別具詳云

是日申酉戌三時又偕兄與存長子壽子藹暢談以三更

明日將得分別入京還里也

二十四日辰起存長已先行子藹隨來與子壽共早飯畢即行是時北風微起似為順利後三刻東北風倒子來

即安樓雲門矣朱榮山殿撰自鄂中來與談半刻託傳仍
根雲閣學舟已抵漢明日當相見也
二十五日晴中丞先慈夫人山院因其諸到府請兄畢即出城
訪節魚濠馬頭與根雲閣學暢談欵許隨看朵山之楫
回署後又與姚芸談王季海兩界程爲籌備似於根
雲學當詳之益隨又遣使致送奠分二十二金並饋書万千米
炭者納以備舟中之用蓋根雲爲人豪俠好義頻年庫三
十有三而所見類大余與之交未深而彼此諸相敬佩故每三

闻汪如此中丞到于萧泰驿以明日亦启行入都云

二十六日早阴李子马兆元自河阳回据云彼间刁生芳坚石计

议张辛六安定闸工已周历勘估计日开工以闸均需修照原估工费襄

闸又一万六千余所请之六万九千有零足敷工用以前发遂

拨之四千串为西岸窑及文武员生劝捐所入则留归垸堤

以工代赈也午后得孙君翔极正赈加赈银之数后又自黄

州卫极军丁应赈之四千六百余两请一律捐办其广济闸

工则业经兴工云是夜微雨仍不成雪

二十七日晨起，渠太守禄閣自安陸查看賴回，據云過孫地查鍾祥京山潛江天門四縣水勢均無變，為之一慰。又孫白馬營黃參來言江夏營蒙營及四縣之堤所丈之尺似稍短，請發部頒之尺，為武昌府庫所存部之查驗之，一鐵尺一銅尺一銅尺，稍大於之三四分，隨以銅尺授之，仍又諄囑。是日談事而暑，晨有微雨不止。午後閱胃雪子針及地已成水矣，然仍過卷四柔又黃和院之指點一番，付罷之後，知函孔速為書。

二十八日晨起微雨，初止，似有晴意。江夏縣令來謁，知前所

請豁閒費六十五萬一千有奇，已經戶部議奏，蒙
恩允准，從此民氣稍蘇，可免追呼之苦。計自去秋迄今
辛苦籌畫，幸而獲免，此心亦可下對吾民矣。而可快者無
既爲辦周王季海物，太守先後亦來，門人孫子嘉又來
爲說項，請與孫孝旗之女子續姻事，如其果成，實亦
花花相對，但未知春澤之意何如耳。
二十九日，是月小建，已爲除夕。辰刻備香燭，遍告宗祠物院辭歲
訖，又遣人存問何根雲、閔學美、芸陔子之籌庵坦望就此

總是此三年似將十分光景行矣本日微有晴意探詢民間雖災不雪以連年收成尚好之故然余每以不雪為憂昔聞脚夫云大人盼雪百姓喜晴蓋聞窮民得此晴天更不受凍又可營生一雪則冷便難出門飢凍之情亦不可問矣雪雖未下眼前是過好日唱嘯之生志意逢氣未必下雪便無不雪便有也為之喜甚

道光二十九年正月初一日月建丙寅吉日庚午是日黎明時四面濃陰巳初頗見開朗巳午未申時陰時晴識此謂主年

學人率合莊寅初即起盥洗後先詣司命前拈香叩拜
天地隨於　祖考神位前慶祝行獻斟酒畢因試筆寫
吉利數語已及卯初隨詣　皇殿隨　制府學使於
萬壽牌位前行三跪九叩首禮畢時僅一刻餘即偕
司道赴
文廟待　大府至行香後又詣
武廟
玉皇閣拈香將至撫署偕司道府廳州縣申賀人至

攝署時 中丞以寒疾未能出門即令掌印四署陪府
屬各官五更謁賀賀摺及早餐已午正始矣
初一日五鼓出門詣 城隍廟 文昌閣 火神廟 八蜡廟
財神祠 風雲雷雨祠 各拈香畢隨各拜常藩閩陝廳
使 欽輔臣學使 祁珂年各字及青年文武各官四署
歸出制府將亦書各拜學使奉使初款登文先後坐譚
對剎而上是日或晴或陰桃雪意爆竹聲聲盡捉不
絕殊有春年景象

初三日忌辰天氣甚晴朗余以齒痛且連日早起甚眠短
形疲頓因閉戶宴坐至二鼓即安臥至次日辰正始興稍覺
精神振云

初四日暢晴巳初一刻由中門答拜三覲瑤又往賀張協值
壽姚補之覲瑤以病告假後來小坐送出中門隨到
閱公事約兩時許

初五日傳司道進署諸藩臬衙參議併辦荊州楊林磯需費
九千九百兩金請動蕃牲生息本欵請　奏交設江發

萬壽宮工請動本款七千九百餘兩，仍不足之數一萬九百餘
兩由漢黃道庫籌款辦理，仍需另　奏，隨即上詳文撫
轅。其十餘萬之請，即上詳二三，田需後即備連函稿，隨
找蕭漢陽府工賑只二萬三千餘兩，又備僚隄工各札說
漢黃德道如呈觀察，因黃州來之請求許。是日層陰似將
雪，三更後又稍開朗云。
初六日晨起微陰。漢川令王雲、麻城令姚國楨均來謁，姚以
乃叔耑辦廣濟隄工，詢以彼間工事，云皆逐段可半年告竣

昨書蒙標記高寬丈尺，均未被上塵標飾，月內必俟完工
考令西稱漢門之工，二月亦可全完。其間懸樑上掛秋檟等
付津生管理，所用對目分文，皆必列標其收，及各處匠役
分願散發，亦需二月方能完竣。後之云前此請為重訪談
處亦理類著，以其所問證其所言，為無歧異，乃又一種隨
手出囊管拂覽觀察，圖印披閱之。俟得穿行根覓一函，及
其家信，由吳六兄處轉交，措計程或可於正月長河也。並白
午後積靄，陽光未申，酉間晴陰

廿七日晴無風

國忌，午無多客來，調步少許。余以心血太耗，邇日來每覺疲憊不堪，飲食亦較前甚減，深以衰頹難期致用。自當於定廠完竣後即奉身歸里，以避煩囂，而宦囊素無資，風塵尚未全清，亦不暇計也。寄總署中一書，又接閱京中來信，知陳文前亦未得雪。

初八日晴，先詣中丞，因病尚未會，是以未見，隨詣制府謁見楊譯鈞半時許，復至官廳譯文，坐時許，四鼓檢閱公事

畢。王子壽比部遣人持手書並代作連東亭詩跋
南山書，筆由而達，實獲我心，真不愧一代才人也。又閱唐
兄與中丞書，擬捐米平糶以助賑撫，甚爲之具詳
請　奏，緩此老將於月杪抵都展
覲，計時指麾之期亦正可到云。
初九日，晴。是日官幕來謁者甚多，終日酬應，疲倦之至。午
後稍自寫便回。重太守又來，苦譚少許。又復子壽比部書。
夜則星月滿天，簫管盈耳，大有年豐人樂之象，殊好令

止庸不知為安逸也

初十日晴同官先詣制軍衙參畢隨赴中丞署探視病已大愈因其請久談未少許聞制軍亦來遂同出至官廳又談半刻許始散步至殿撰處旋來晤談時事殿撰以人為其所潰萬難料理若新設政則斷不能行也云云吳甄甫中丞極意整飭無如事皆隔膜竊恐其一無所成蓋中丞於州縣以下皆未經歷徒是長工文牘耳

十一日晨飯後客皆無惟漢中運同拘香委員來初及

欲開倉庫採糴而過三四千金者州縣亦辦無敢辭
至一二萬以外者特缺亦而其數多彌補亦正不易耳耳
所聞吏部文到知蘭陝兩使者聞中丞伯之
命甫及春甚為吾省慶陝西糴福地而陝省氣
方伯為更優也是日發京信四函及致粵中張南山
司馬一函並附子壽函去又託頑友唐心農轉致吾
兒並中丞書其稍穢之錢口為之料理是數札發
漢陽太守交用云

十二日昨夜四更时距署一里許之横街因火爆鋪中失火延燒
左右編棚甚多署中庫附閒仍甚巨余先遣俗役人及庫
丁等衆安爲預備招出署看勤護救而制府亦來即捺胡
麻坐板烈門之内至二更後火已下余始登輿十日道上先
後稍稍歸余又登文昌閣望之見火氣全滅甫行歸内已
三更矣至本日立春向本不觀往稱賀萬壽以外藩
臬亦當酌謝而吾鄉道及人但余回任平無闕位亦
皆隨和遂以局至出署午正始還又收兒至中正一械亦柏

併給陳探通又寄家信十餘件，并核閱各事畢，已起更矣。申正刻微雨，而陰寒頗甚，似有望雪。

十三日。晨起，風色甚厲，天氣甚陰。午初同日道赴江干付堂簽花畢，隨赴制府，不讌，亥正始散。

十四日。晨起，黃日馬赴江邊，戚寧、蒲圻、嘉魚勘工回，麻城姚大令字輝赴廣濟堵工，家息郡大令赴江咸堵工，很輝。又廣東萬補知州丁昊來見，詢以粵事，據云夷人二月入城之說，尚非實舉動，志又云土匪甚猖，社勇亦不甚寧教坊必好消息也。又去貴州家信，五月姊兄羅中來字，五月即蓮溪之島勒由四川嘉定太守降除同知，過此是二年前，艷中羅入與余為至交，讀書一時許而散。相問

微雨

十五日，黎明，偕司道詣關帝廟內，制軍學使至拈香畢，隨詣玉皇閣行禮，後至撫院轅門禀賀。回署簽押公件，又觀收漕河民碑二塊。飯後，復閱視文書。時為元宵，署中親友杯

酒歡晏暢叙至酉戌正而散是日自卯至戌時雨時陰

十六日晨起閲穆霽亭方伯自湖南來將入都展

覲姻世稚蕃〻任因專遣至保安門外相迓随同談晏

即同霽翁至署小酌是日微雨濛〻訪辰叔還先是師遜庵

應帶來見謨珂四刻此冊為鑑村之對近日摹自黃梅

金大令西翊臨摹及修葉階工甚為得當余閲其名式

六年姻質朴頗可愛局量恢宏寬厚且閲歷亦深無精

深乃与暢談殊深敬佩真不愧仙舟先生後人也酉初

鄧湘皋胡允林來謁六舅，老成能事，來詢其所事云。

十七日，辰巳午未陰雨，申酉刻稍息，夜而仍較爽朗。晉石刻程壽亭方伯來談一刻，錢新甫從安字易容之來見，廣補王字漢陽，趙曰爲廣補，周曰爲，均來見。漢陽李仔以偉隨入都，來言請以三月初間赴都北上。午正蒼靜師送趙太史文孟岑同招潘初六屆所暨來拘上席李胡拘曰爲林通字陰蓮庚曰爲，心蘭康隨赴，暨觀察之招，在座爲壽亭、蘭陵、拘方伯，趙心田、董雲舟、姚補之三觀察，久未見，不托於番禺鄧登

場亦未能娛耳悅目，當年來興致不佳，絢爛之文都
覺索然無味，圓冰閑聲，歸名讀也。
十八日起，天色晴明，日光漸升，至諸中丞署道賀，見畢，復
至撫院又參拜，報壽辰，內及賀藩署首府，並趙少旦觀
察兩署簽押房，俟完後因內腳遂與之去，更過署暢談，
隨便小酌，至二鼓後始散。此吳末氣不可過抑，足得品地超
高，他日得信必有展布，惟俸資清瘠，似於揚生之道
亦未能講，求天保佑，成就其為人，自應異之大年未發之

重〻頓挫甚〻無裝無病到子卿耳

十九日卯初開篆隨詣南北院字賀畢中丞以病命彥擇來雲

坐談一刻餘即子余〻件完後隨赴府廳拜回常之閩談稱露

亭初方伯及楚如為董雲舟卿並留三觀琴廷設芳卿玉來初

姐散是日寸雨時陰　夢侍　先大夫似為童子時課文光景又夢登樓

二十日微雨偕子遂赴撫院例集又往道蘭陵藥方伯一行并

答拜署臬調隨調中丞署借街又雅集至酉卿而散歸閲之

件又聞是陝西府知〻賢君到任華以路不蘭尚所稱贊時之

成正國殆〻有餘衣那臥矣

廿一日辰初晴霧已陰午後又稍出頭步至山殿樓未祥常

蘭陵方伯亦來暢譚移一時許據云兼得以廿二日巳時行矣

廿二日辰初天色微明因蘭陵方伯將行即於辰正至皇華館傳

道同送登舟既隨舟送程霧亭方伯又借霧亭兩乾畢座舫超

九五數隻〻招來到回粤料理又俟畢致荊州守信附陳子壽械

前全工竟日雨勞憊截竟無晴意仰視實漢不勝焦悶

廿三日雨仍不止遣人送蘭陵座舫回言距逢莊浮梁五後脉

輿夫躡樹杜徑而行亦艱難今日走百里程窮迟未能到雲霧

亭方伯校本日辰刻接奉

批摺亦著來久擬換書肩亦頗覓擯夫長行此仍行艱難

也是日午刻內姪王致亭茂才邵安自天門來探云從陸土

夫甚多工作頗力惟陸川一帶麥苗生蟲如蝗土人殊切憂慮

似此均非佳兆奈何

廿四日辰初刻雷聲甚厲雨亦沛然未止道路艱澀行隨處拜字

使再閱公件有知院會行補惶之札已運往各府州縣矣中丞

於民事頗能加意如此一節余亟欲通行又恐為時尚早近
涉張皇遂以含意未申々今奉此札適獲我心為之欽佩無
既
廿五日辰雨不止先赴大朝衙門寓道處交方伯至則已行隨
僕同道赴撫院衙門參畢後赴中丞署謁見即還署治事申正
歸後恩太史來談之時許而去酉初雨止似有晴意
廿六日仍雨治孫春壽開歲以聖教序墨刻銅雀瓦硯贈之
蓋其先治書賀也

廿七日仍雨祁太守王太守梁太守胡太守俱來見江夏令卅

令亦來議及張公兩月居署撫士大難而人夫無食則散撲不

能不接人曰張署壯以資以食能差修人即需米石所

費以十數計則賠累甚鉅云云還為進陳緣經費難籌

公州縣所估已甚樽節積十賠累即更支絀以後即難免

平崇李江水盛漲仍以撐禦而雨久不止又實無法可想（另付賠累）

不禁焦憂奈何也來詢湖南武陵楊孝廉彝珍來見

某付其文類深造亦有志之士与談數刻而去

廿八日自辰至未無雨申酉戌間時雨時陰是日因道士請
三院春酒以午正入席酉正散席頗極歡洽
廿九日辰起天色微潤至午正又有雨意酉戌間則又濛濛密上
矣既於蕎麥不宜而院工則竟不能動作口中終日工費奉經
因此每切切思之不知如何是好春收失望惶懼之後生發
遂無擇術危乎殆哉嗟彼民不聊生官亦智將束手無延
上天不好生之虐也惟有日夕禱求天心仁愛而已
三十日辰起雨勢稍止昨夜自酉正至本日卯初大雨如注今晨查詢

江干居人十數日來江水已長四尺餘各處田隄州縣但見搶運
日雨大不絕興工之案築工不過三分餘也雨〻積慮無已是日河王
子年書志與壽澤兄弟談頃之兄以孝穆〻次女為門人
劉子嘉茂才續弦並告知子嘉屬其早日媒定云明日為
二月朔日日食應救護
二月初一日卯正三刻日食余素服率屬兩州首領及康補
巡道判州縣東向行禮畢僧道諷經擊鼓鳴鑼望天
救護居民食甚已初復圓如式禮完各官均散隨簽押

之事時天尚微雨至午正以後猶覺放晴先是余擬
於二日五鼓時親詣　城隍
關帝廟內拈香祈晴已諭令奴子預備矣仰
觀天色既有晴意則祈禱之舉竟可輕行一則遲沽
名之譏一則免貪功之誚凡事固以心安爲主一切嫌疑
名譽皆當置之心未盡而譽實可羞心既盡而毀
亦無愧也矣卯刻聞居於朋星在天爲之欣慰伏枕
四鼓後耳畔似有淅瀝聲急呼奴起視仍以星朗

覲余摺覺安穩高臥云
初二日天方黎明覺之無聊急起作親嬪孫而欣羡四周無
雲已暴之日將出矣是日府物各官均來衙參頗有喜色余
亦謂其因形蕭之後兩得情露必為兩朋數千日也亟作備
札飭各屬趁摺集夾擘辦工事限日完竣俾資抵禦
初三日昨夜戌亥之際觀天無星心方疑异乃五丑正大雨如
注夢中為之驚醒是日當祭
文昌因亦披衣而起愁心如織憂為不堪以此淋漓無休業

麥隴勝綠，似所謂山諺云：不怕初一初二雨，只怕初三初四
晴。不想此一月間，似半月之晴雨，老年力田園屢驗不爽
者。卯初隨同院致祭畢，巳正還署，理受民詞數又
簽押公事已後，攢眉望雨，無計排愁，忽聞逸然太史
遣人送其所作詩二冊來閱，閱之頗有奇氣，要勸一過而
之心胸稍舒。至酉正，閻性農孝廉復來談，數刻去。
初四日。昨夜大風雨時許，寅正卯初微雨濛濛。余以初一之后即
擬於次日拈香禱晴，因其日午後已晴，自當停此舉也。

以避浩劫之識不意甫晴一日而仍雨也是以天未黎明即詣

關廟 城隍祠 風神廟拈香默為禱祝回署甫及

卯正而天色甚為黯殘誌枝頭鳥聲亦有愁意悶極

無計惟有枯坐而已

初三日黎明出署詣 城隍祠

關帝廟行香畢即赴撫院衙參又往拜梅自學使回署

陸賈太守來談半時許知鍾京麥苗尚好天曆二郡隄工

亦有五六分工程又閱各件擬咸寧令呈覆中通查符

無惶怖且有古云久雨滅蝗似非無據之言或者連
旬之雨竟為滅蝗地乎是日及昨日皆陰
初六日黎明出署詣　城隍祠
關帝廟行香畢還以公安李令呈是年內江口隄出險工請
撥費亦理大解隄經批即撥給揭案余將不謂就危險隄
段到處皆是前可設法自當辦理周安況完為險要大
吏閱歷年所見甚多危險殘狀為置之是上下游江陵
石首之隄積弊興修不成情節費而誤大事乎李令今年

壯年能額分有志向上於此事雖非十分能手然要趁年
未老以講求似不為無得一是能之者易他人誰肯能
勝任者況時已二月又得及貴人從後之時要易生手
誰敢出此爭於二者也不多餘擔負虛枝更非容
易不惟前積時及至延誤工程矣是以傳命郝功章去
前令其妮轉告達此意俟郝回來時再為諸類仍不
能不籌款給之以專責成而全大局也并自己劃撥關本長
楊惜農師送與三君宴集新梅自此使遠來占有不坐天雖

不雨亡來放晴名流發時歎意近來酣暢又值署外田禾每每卯散秋大減近署略別連日後來細詢工程者及字標稱人夫辛者踴躍大三月中旬可望告竣云

初七日卯辰巳刻天氣似陰午初又雨淅淅瀝瀝至於日晨猶未歇安徽楊道來容來言前兩日鳴雷諸小所官安徽諺云驚蟄前雷鳴四十五日不得晴湖北亦有諺云雷鳴驚蟄前高山可種田是其證驗例此雨擇何時止耶

初八日寅刻一刻起視天色甚陰疑有大雨時將臻

先師亞聖先賢相繼也

文廟俟特標學院到齋行禮甫竣適之天明即光晴

謁回署接見各官後至午初則微露日光矣是日遂學

使赴漢陽考試一日均甚晴明

初九日晴隨制府於黎明時詣

社稷壇行春祭禮畢又同詣　龍神祠行香回署適

同鄉劉蓮坨輝　主政澤寰明府璜先弟同來一將入京之

赴河南候補長女年四十次女三十歲六姻皆安詳穩

重帝典昨存于舊書子夫携書兒子家言分樹東大
表兄函悉其與其贖費雖銀須於此間張羅因爲甚
早飯細詢鄉事玉串即帽去是日晴霽甚暢似可
數日不雨爲之稍慰又函札頗係在寺該其暇亦閲
工矣
初十日五鼓偕易遂詣
關帝廟侯勸院至日行春祭神畢回署又往拜謁
氏昆仲回署看工傳前存及清查局委員至署與之談

清查子文催函為函致各府州知縣為清查文催函催各州縣勿稍玩泄又復談吳咀為飲助殷氏昆仲記又接孔運館要易人壽牧元問乃十餘年前同官楚省共事人性頗淳勤稍得意即目中無人今來相見亦復如是所謂故者毋失其為故也酉正劉孝長回年來談及近時名下君謂諸子詩僅得名於詩之一道者皆不知用韻律對王魯之所以橫絕一時者豈能自天生亦養於騰挪押韻是以聲調既諧抑揚頓起

伏以應自然合度今之詩文往往一韻到底亦無二三筆三數句于音節之近無全篇完美也李杜韓蘇千古絕唱畢竟韓蘇不如李杜蓋李杜以智勝韓蘇以力勝純用氣者力則氣者可以而竭[illegible]何若李杜之[illegible]仲舒卷李筆曲折如意而其音節於用韻筆故竟無一直筆眼前作五七古亦用韻者惟胡子重云云其言甚爲有理筆之於此以求完筆云是爲暢晴

十八日子初一刻驚蟄二月節天氣晴明之事既竣休

書致蜀中吳仲雲方伯、張楙雲廉訪、清秋甫觀察，并寄諭煒兒。今其歎為盖賞拔云。因正達生東亭來見余，既為之序，并書穆伯銘祥四字贈之，與之暢談鄉里間事，約二刻許，而其神氣頗恣逸，相仰臥殆如老境達人如是耶——

十二日辰巳間天色甚陰，傍午遂晴。中丞頒御福字匾，即留署東閣。風甚緊，老東房云即將晴矣。已而果晴，將轅。舒還第檀友來函，知兆松岩方伯已到京，廿五六七連

見三次當未知其詳故也罷照撫藩陳方伯一年

從考嘗還一字使考試亦嘗還有謂其一法好頭

不毋屬是奏也又以措藩撫參開官效頗不能防閑

地保宗隨奉旨知照議用不可仍以委派（祿）辦案實人

所不解之理以上次是奏亦曾依祿城（三人）理來奏者不見

聖主如天之仁於民事無不靈靈當心也並日周春渠

別駕亦自京旋帶到黃蕙翠函寄直隸詢近來先

生兄防耳鐵補補一禁（佛州石）鼻煙壺一枚細詢都中及從邊

情形頗謂蕭瑟過甚云

十三日晴 偕丁道詣中丞署語次謂昨日為百花生日天氣

晴和此一月內可期無大風雨又議秋操及他案牘

畢而散答謁制府謁談後即赴署敘談談招萊不

多而滋味甚美浴畢如果所款調味飯後還署又

事哥羅遞讓達艇觀察自荊郡還來署談

三刻許某言江下石壁人來購甚踴躍惟金價均不

甚是不安安由以限繳不繳而休必須籌款及及方

緣曾濟萬州華縣撫而以前七年四千餘金賞緩
勞也
十四日天色忽晴忽陰余以奉
旨清查庫款另延汪蓉州先生專司其事於是日頒自江
陵來署與談數刻年雖七十有三人極老健年內尚生
一子其精力殊可想見
十五日偕王道日瑞
武廟俟兩院至行香爲室禱

聖諭畢又講一時許頒發武漢兩府隨來議陞上各事又晤陝西榆林太守何鋸小謝談粵西事與前所聞敗壞之象無稍異榆林在陝省為最苦之區較視粵西則又過於天上矣是日居雨午刻略有晴意晚仍陰復接及琴五弟拜各信

十六日制府赴貢院甄別江漢書院諸生倚馬遂同往點名畢未刻還署簽押之事畢後與友人商酌詳議清查庫款請 奏文稿又復春圃祁大司農書是日

午以前陰午正至戌初皆微雨
十七日簽押之事畢進集江蓉川江湘雲張聞齋潘
韻六諸君傍李星甫大令便酌適陳靄亭同年之
次君修坤來謁於前月十七日自長沙程行間庵
阻風或及昔昨日始抵漢口詢之南北已長至丈餘矣
是日雨勢不止至午後更復淋漓令人悶之心悸戌
初崇月知自江夏成嘉蒲督修隄塍回據云工當在五分
餘天晴則月初可竣當分餘為碎石坦坡之費

再十九日雨，則累矣。又探江夏宰，報新臬使昨日已抵
滠口，或二十日當接印視事云。
十八日辰起，仍雨，偕司道詣撫院謁見，畢，回署簽押公事
完，後復樞友書，又致祁大司農一函。
十九日晴，出署往學署致賀，還簽押公事，畢，發母舅信、
發京信。探江夏宰，報新臬使本日往宿漢陽，二十日過
江，以廿一日巳時接印任事。
二十日卯初起，偕司道迎臬赴撫院衙參，畢，閱額門廟訪得

以昨时厚仁因访谢君同至星华馆西寓，适玉己正甫来与谈
数刻，约同署时慕友汪芝房同已搬行李至署，又细儿已
阅弟姚亮臣已从是日入署，谓师因促李星甫大令来
馆，并云早饭后至邻门面使，将谒人物院后，复来
居相谈至四刻，趁去君之清名久契
圣心，故以学士特简此任，细察其举止，谈言谦抑之中
颇见风骨，和婉之中仍有刚毅，维甫相见觉其深不
甚着也哉，于楚郛更复将大要恕名手为之愈且

桂云

廿一日晴。辰往拜賀顧門，晤訪又彥，拜少耆觀察，擬再往拜龔蓮舫觀察，還過訪佛蓬，不果往。歸閱吳子單，適值中善舟見知吳景來談，細釋少穆留餘廣和案據云所控方伯各情均屬子虛，惟奉案飭為(?)奉府葉守所攺也，主帥不往琦相往勸，自必和解，托出巡程增撫均各有得不討方伯已也。中和得京中信知彥兄絲絲中要疊見四次

聖意欣幸之誠合號　安西照閣〻不勝歡忭此老謹
度寬博天鄉元氣賴〻培養不少也
廿二日晴得李雨馬公石江將來字知吾誤霉院工竣
今已分工程益厚基所存天曆來年亦得亦已八分工程
竟此天震月底三月望後可完竣為之一快是日
存廠州知府來福識清查司禁局知先泰年譜錄赴
四知公陛階何亦至三月半可以藏事
廿三日晴先頌中丞霉梯條議江陵調補之員會以著

罔論令襄陽熊令對中原意否黃岡議罪予之資
探荊州明守來書請假現在又要處院之差令梅
罪至謂之要與陳令有叔而同鄉相知其如此之人要令
協之傍以襄事也撫院咨請之制軍亦謂調補甚情
論令為宜
廿四日晴甘蘭寫耳夏道遠去峴岩觀瞪來江夏令吳階平
陀弟也予案為丙子同年任廣西懷遠令周雅圭中
西部竹軒為書至

台吸保共读约二刻氣局似为安祥未知其年寿究何
如耳午正退堂署及请去吴丞申正還遂又签押小子举
自作札備萍乡之令延速出工时已戌刻倦极思眠矣
昔日启起修书遗先拟制府诗读毕再作中函县诗
见田署学使对韩良萍阳试後来拜谈一刻许去是日
为甲子最不宜雨又谚云雨淋甲子五谷同無耗土坊尚已
月十二至二月初连旬连雨阴晴菜麦均已受累且小
日精长安得阳晴一半月否为有益而夜已一闻阴

雨四弟似得大雨其心中急迫無已乃巳正以後竟仍晴
霽午膳時快賽拜之後又見其對岸已擬小艇急傳西
南炎火隨又現中軍相近（發）火勢甚盛急往撲救至彼樓
之南則已傳制軍署火至轅門則煙焰衝天由上屋至
大堂均不可撲滅矣傍晚遂近內周視制府瓦堂胡床
猶覩未燼之詞同人各為兩無善衣物兩箱鍬金悉巨焰並
起火時即焚燒大門人不能近而延燒之遠亦出意計之外
此中似有天意焉

廿六日早起微陰偕子遒至稻大府處閒畢回署方卿及漢陽太守回來見隨簽押公事後晴天色陰甚申酉間微雨答蔡樞友孫雨帆書蔣蘭石書

廿七日是日子刻春分自夜至明至於日晨時雨時陰

廿八日辰起已放晴矣偕子遒至稻中丞署稍久客起揖辭閱操歸招因報刺而還公事既竣郝太守回辛來謁與談請查子叉與談通山另代咸寧合倉谷事是日申酉間仍有小雨然天頗開朗必當暢晴者

廿九日晨起天色甚佳夜來諸人含笑意兒童婦女嬉戲歡恬直不知人間有許煩事者觀之亦覺喜然是月小建明日即為三月例得隨班謁廟遂於二鼓後安息乃展轉床褥再不得眠因移燈床頭隨意於架上取書一冊視之乃顧亭林聖安本紀勦閱二卷踞積書倦意似睡小睡未及四刻奴子已擊傳呼啟請矣

三月初一日黎明備儀進謁

文廟何初隱玉拈香畢文謁　明倫堂宣講

聖諭後至官廳少候，談約半時，隨各行香，余遂詣
文昌閣　大神前行禮，畢，回署。是日晴，午後陰。
初二日忽晴忽雨忽陰。余於府廳州知縣條後簽押了
畢，始飯，又判數稿。適吉曉岩觀察來辭行，並言
寧夏情形，談約三刻而去。隨往臬署，又至諸蓮舫
寓，又至糧署，答拜吉君，回已酉正。再閱文件，至三鼓
始歸寢。昨日始得郭筠仙太史函，閱其已至長沙云。
初三日晴，辰起，偕子遂詣中丞署，又偕詣制府署謁談

畢還署接見各官隨簽押公事飯後復恩刺史階六
書又遣人往請宋薌濱孝廉幫辦書稟事又以青蚨
八千買顧炎武天下郡國利病書時已酉正明日
天仍暢晴諺云不怕初一初二兩只怕初三初四晴而起若二
日晴則此月可無久雨矣為之快慰
初四日晴巳初劉府來拜談約二刻隨披閱文案畢郵遞集
驗顧門畫詩吉曉岩觀察暨甘少禺遞蓮施邵莊
四三觀察函署便酌謝其數後薌濱孝廉遞來文簽

押之事後與鄧嶰筠暢談一時許之及戍邊者昔頗贊
詡吾晴偕道銜制府鄉系畢文同孟堅乃主觀登寫遠
若還置君先得荊州太守來字以爲安西行白院必須加築
方資捍禦議以六千八百餘金修之又得堅利來字以薛
家潭實不潤潰之既已完護歲修工程經費不支請爲
撥給因以六千金給之並昔極委員往修務須保其堅
固以資捍禦云云是日仍熱甚
祝以日前知照閩州宗牧來謁或是爲之勞疵亦自知得免

還未久知其人未歸聞似半月之間即當發矣隨往皇華

館送之遠旋出遇觀察行送畢得秀兄並中丞書已於

二月二日發

觀四次

台對甚為安帖已於二月望前之日出京回貴州巡撫任

大約閏月可抵省矣簽押事後又致立夫中丞書時已戌初

風甚而雨頗有涼意

是日自辰至酉時雨時陰酉正以後則點滴不止矣是日之季

海人字來談一時許致東河帥一函
初八日雨偕丁道詣中丞署謁見奉諭以秋錄請示會審日
期中丞擬於十七牌示時以甚雨遂不赴南院而還是日
冷甚月中派員清理存庫已數程夜星月
初九日辰刻尚陰巳午間晴申正後大風播沙奴子
云此觀音景也酉初武日知營兩字辭上工播為江
邊土語三月漫灘四月晒灘言三月水大則四月水小
也今已水勢漫灘矣四月雖晒灘州大難望好年

翌日昨夜風烈烈後又有微雨今日竟冷不可支例當衙
參道重喪而未常至督院獨請畢即還簽押字後得
師逸然太史書知黄梅隄工只已分及二三分不等工費亦不
至甚鉅心爲之慰逸然又爲畫楞研圖題句法律而豪
邁之氣亦張然之溢人晝日已稍風已以後晴
十日晴得常南陵方伯二月廿二日　周寓來信廿五日晨
覲棠
垂詢上年災務甚悉一一據實奏對

聖意如是。欽遵，即於廿七日跪
安。擬廿八日出都，二月廿八到任。其眷屬於此間亦擬十七日開
行，由襄陽赴陝西任云。是夜月明如畫。
十二日　晴。辰起，赴江漢書院，隨時察遣肄業諸生入學禮
畢，還署。松武爲守郡，幼年漢陽守夏韓園，即補守王季
海、漢司馬趙靜山、候補司馬周仙儔、江夏吳大令、漢陽年漢陽
李大令譚堯赴署。早飯，閱酌書畫事宜，詫隨簽押各件。
遣嚴風往黃州察查。是夜月甚明，因以步出西廊散

百囀，樹影花陰，神怡心曠，入春來第一夕也。

十三日，晴。爲清明節。俗諺：穀雨宜雨，清明宜晴。又云：凍驚蟄，晒清明。頗驗。今日晴，其亦年之兆乎。手足懶倦，旦過撫院謁見。還署，閱兵曹主政王幽孝風家屬將以十五日啓行。此君天性忠孝，又好學不倦，詩古文詞皆極佳，與林子穆尚書曾由清寓書屬爲閱，四月乃來也。數日前尚來接見，而忽聞將行，中心殊戚戚，因遣使致意，許於日李峯甫大令既長便酌，將借以餞其行。言論半乘去。是日得曾爵河帥

二月十二來信又附王子壽比部正月十二信又閱鹽利以勸
捐藏葬閱之實深痛恨即當嚴札飭之又得道小為甚賴
登書言黃梅廣濟洪災甚患
是日午起微陰巳正後晴我自王孝鳳借來吳甫回王早飯孝
鳳年三十六循循規矩其言訥訥然如不出諸其口而德性堅定當為
本源之深談動可條理令人且敬且愛此現當之為佳數代為
張羅而賢名成行鄉道三十二金聘申程發午後郵竹峰太守來
久談請查事麻城鍾大令崇光帶案來又談地方公事并并

方傑甚偉亦頗強此服前人手也青霞楷蕃持之匯送紹香
見周大夫刺史渡江來見約二十外即得還黔云是日蒙州守鄭
兄甫新到自川中來得錦兒正月廿九日書
十六日黎明備道船
關帝廟隨班總行禮畢回署查書數生息各款又重閱
請查郎圃由漢口姚芸陵處交到王子壽自朱河來函并季
梅先生遺詩四卷序文一首致梅生之弟輔堂一函俟覓妥便
寄為確寄是日暢晴頗覺甚熱夜中星月燦然

十六日上半日晴辰起修了道去擺署隨同秋審已正還署衣
重綿而汗出如雨覺氣候不常未午後則風暴大作江
上行舟俱不敢開帆申酉又覺甚涼急加重棉而風狂
特甚雨亦間作好子云此乃觀音暴也
十七日昨夜風猛雨急幾於徹夜不休辰起猶時雨時陰至午
後始無點滴然仍陰氣甚濃是日周中丈來拜將此一言
聞行由鄂省存多知亦未之識蒙蘭生息事程復大風雨
不止

十八日晨起仍陰偕道先康謁中丞制府署謁談畢隨往中府
右江道趙觀察又往中協張協領四署陸生調笙調律之
弟新擧拔萃來謁氣宇甚局于農皆館還東人也午後仍
陰風雨不覺炊氣逼人
十九日將隨柳浣赴東郊行耕耤禮先於五鼓即起盥洗訖至
次陵堂黎明時天雖不雨陰寒實甚既而陟十里許至
諸山之東岩寺　先農壇官廳暗晤適及郭藩趙觀察
培之齋至柳浣亦隨即行禮少坐後余即赴就近訪姚小山

親家墓前展拜至戚至好幸而昭官來此可以料理
葬地拘次清明借遊春而至山腹痛〻洵其未書手此
還署已及半正簽押兒畢又得南陵方伯函並知來書
以本月廿日印履任矣書中抄寄京師近事之聯云
貪鄙無恥人不可以無恥清正官臣今之所謂良臣上
四字請兒〻
上諭為山東營務陋規二字未受在而某對向如是受
褒者豈得以為情耶是夕風勢仍猛半以後別

無雨氣稍和寒甚 作書寄子壽蔚州
二十日 晨起微陰 仍有寒氣 時到府署 因回祿後造撑者非
至日上樑修造同諸謁見通報并四首以壽圖大吉貴無信
及桓友者無知其務已奉
諭前令入城一遊仍嚴密防範又移營扼相以保道書房
不正者降四級 爾任陳協揆降六級 留李石樵別又陝假半
月云是日巳刻以後天氣放晴 余署因前有後低亦小有改
於辰刻已與工人三晉即完後矣後常南陝方伯書又改爲

兒急中亟一函再閱之事已及戌初是晚天青寒甚近頗覺差

強人意云

二十一日陰申酉間微雨居正謁藩臣學使罷看談如許還署答

拜畢蓮舫觀察藩臣學使招來小宴暢談數刻而已

二十二日陰存麻州師招來謁隨答拜之事餘除湖南糧儲

陳觀察芝居自岳州來稱上届曾遇十餘日據云洞庭阻風

近湖內好表甚闊自從金道備舟而行尚無恙也午後微雨

以後仍點滴不止是日作書寄炯兒又為藩臣學使作書寄

杭州保信軒太守

廿三日辰起微雨傅苕道往中丞署議長陽補缺事又議

鍾祥荆門積欠事因雨仍不出道還署簽押等事接閱

吏部主政彭君名昱又致樞友黃翠五辰返後視事

午許時之酉正雨亦稍息

廿四日晴上午事既後寫到峯泉汪衡甫方伯者一函又致房兄

盛中丞書王季海太守來談一時許彭子蕃之沼郎汝琮以

新補弟子員來謁閱其詩古甚佳尚未見也

廿五日　晴。昧爽忽大雷雨，中心惡悸，問以為今日仍雨，則四月
初旬又難望開霽矣。辰起，則朝曦在樹，天氣朗括，稍
為之喜。急詣制府署，謝委回任長陽，務餘以海船請補
稟詳陳令有儀之虧空，委員陳大模前往查訊，如能追
解，約已虧則即當詳參，不任顢頇了事也。下院後往拜南
糧陳觀察，彭吏部回署。又接晤陳廣文履亨、家輝特
還與闈幫同署牧林之華敘談舊契也。午正三刻，始往陞
署。請督學使芝楣觀察假談半日，至酉而回。還答拜

之事嘉魚劉令堅征存來銜五萬六千餘兩之多此才頗稱才守而亦復如是可為慨歎究未知其能依期解繳否

廿六日辰值柳莊席鵝聲盈耳開窗微曉晴色到簷急起披衣不覺已交辰正所謂眠不覺曉者此境真為難得也巳刻祁太守來見汪友舟大令來字和甫署黃陂事亦從之麻城歸大令字梅田知午後姚亮臣有息來上館從李季甫大令習舉子業也是夜明月滿天不寒

不慎又手腕先為覺通經作書復朱蘭書唐卿貴州又作
書寄炯兒
廿七日晴午後微陰一刻餘似將作雨未成復晴是日辰正試萍
二府萍之馬廣補用同知萍陽大令均來謁萍陽新選
姚顯儒來見小山親家遣繼子已偉宗世兄觀頌秀淑謙恭亦
有次序將恐不知所以教之又係於庶例新耳和川令常總隨
帶業來有其本人亦曾任宦伯其領書師孫亦無可氣大不
造就常南陝之長男由衡州來右手足有病而甚知事

年已三十七歲，據云明日即開行，昔年作書寄南陵閻生云

廿八日丙午，穀雨節。但諺云穀雨宜雨，是日陰晴參半，而近來得雨已足。傍午謁中丞署，謁見人又謁制軍署，巡捕官言制軍小有感冒，遂未請見。隨往拜常世兄文蔭、徐太史畢四罍，歸自學使處來，謂行將於明日按試荊州、荊門、安陸各府州也。未正申初，閱日鄉翟宜城大令（左觀）（八名寬）來見，據云交代僅短馬價壹萬兩，每千兩合價二百兩，捐補三年餘兩，罷官後頗賴君為之掌攤，轉措約千餘金云云。翟

令人概慮厚謂其年老實為不堪特此之私心未免
稍存耳
廿九日晴修書寄送中西往皇華館送韜臣學使及其叟
韜翁大人還只為時大人自蕭嘉濱勤限四語以尋為
加倍照管以便親往聽收渠年例送案自當別求轉往
京謁選不見已二十四年矣若道往事如目前彼此均感
老夫者實不堪回首矣囑其小郎續以卅金即由大兄處轉州
北上云金殿珊侍御又來談所許之貴邑中再賦接濟

事後隨再閱公事又披閱宋荔裳孝廉時藝一首

三十日晴李梅生來為補書屬人先刻梅生遺集四卷已即作書

寄梁討書及子壽書與討寄

初一日五鼓詣

文廟候物院至僚道隨同行禮坐談四刻許隨詣

武廟 玉皇閣行禮畢至總督署勘地擇以建火

星造 文昌宮地地在四中朝對甚佳即移之火星宮大吉擬與

雅丞商定之是日陰晴不定申酉間微雨

初二日昨夜又復聞雨是日辰起陰氣甚降雨又間作隱隱
滴不休連朝微雨也乃申酉間居然開朗大有晴意以為乙
睦苦鄉及存麻州知俱來謁見者道乏幸隨時接示處之
初三日晴陰相間但得不雨即已幸矣修道謁中丞劉府
鄉系舉回署看麻城人前往廣西潯州守與東守昭關來
見問以地方事及所見所聞情之殊不知其何以出守數年也
初四日早晴巳正以後微雨申酉間雨勢漸盛是日得子壽蘄州書
何子貞京門書又得桓友孫雨帆書又寫蘭石書並蘭石子貞書

致祁仰年、葛靜園、胡靜山、鄭田、張仲遠，均爲一一轉交。又齎廿孫得少穆先生、陳中丞書，李昌甲初親親爲致意云。

初五日雨，辰起，偕易逸谷詣制府，謁見畢，隨往虎將船補觀登以黄新自黄州回也，館俟閲以事又致荊州字書時備安松溪陽工又致子壽函。是日午後大風，至戌未尤甚，且交於氣候人。

初六日早晴，午陰，酉戌間雨，天氣甚寒。是日寄炯兒信，又寄王蓮生家信，并致楚翁信，均由見雙中丞轉交。

廿七日早間仍雨巳正以後陰江水已長至丈二尺一寸

詣谷陰石怨傳道諸物院謁談畢回署督押人從領後

後羅次原劉史書又作書寄張林西庶說四川又作書

示佛覺隨至後園山亭小立一刻許復與李星甫宗郎賞

注溪州諸君暇談歸閱苕溪漁隱叢話六卷

刻孝陰傳以夏無人識假

文昌宮事又議改建江神廟事作書寄西堂(何郎)書劉

鑒泉方伯出四川太守山東來書祁知縣太守未見人下商酌

讀書説事翻閱苕溪漁隱叢話四卷得婦兜以中安枕

二月廿七葊也

廿八日卯刻陰辰初陰晦殊甚既而雨隨大巳刻稍明雨仍不止

未初微開陰中忽微見陽光酉戌間星月出矣是日傳子遂訪

兩院補談回署籌押各事後至書吏以師揚至要若江

西巾來傳秋坪舒孜花田白彭小山和果一調爲存一調多佻

也晚見唐少星甫大令擬六兵課問今年水勢星甫謂此

仍不免而定亭背壯擬之事藩臣傳中將馬貴勸撫也

粘記其說如此

十一日天氣清明，大霧，徐天約兩時許，日始出，天氣仍晴而不明。

巳正，有江西人考取軍機章京刑部主事王琨武玉來晤談，

粤東漢長子，甚恭，而獨至自以前所見聞也。其人貌似有

才，且年方甚少，然頗言多妄誕，似華而不實，其年初赴姚補

之觀發領，日產出為醇鬱門庭詩卸赫而藏發鈕鑼，

極精美，頗係出人某某郎中由苑務微營河臺納現措械

寄廣送

十二日余以小極不適存厰來云楊來相見雨初莊印潭太守
自甘肅西寧府告病回籍過此暢談至戌初始去其言甘肅
近事甚詳吏治書務均大不如前矣了手獻類而字華而不
能要其信其他不知矣是誰之過歟是日晴燥熱殊甚
十三日立夏丙四月節辰起赴中丞制府稟見余拜道戴吏
部久立甚人誠篤而安詳丙江夏律士之家當品其道以
程孜法之遂廣重其人也又遣人送印潭太守元復米行
茶炭四種受擬以此馬二匹是日陰甚午初微雨酉正大雨如注

壬戌正據歐諺云立夏不下鋤犁高掛言立夏之日宜雨也
惟曉明即晴而熱是日作書賀何子貞及孫書抽軍機章
京書穎生侍御

十四日自卯至申斜風細雨凄冷不堪言狀酉刻雨戌正忽見月
色似欲晴矣是日辰刻偕田道詣臬署會審刑以案
巳正訖回署簽押公事閱清查各件至戌正始畢

十五日晴卯初偕田道詣
武廟俟陪官至行神禮畢坐談少許隨至

宣化較閲，謁神廟行香，默禱暢晴，又還至學署火神廟行

禮畢，步歸。郝功堂、陳蕩房、丁海順先後來見，簽押房談。

又寄白香亭函，由通江調補四慶修元江直牧李丕儀帶呈。

得吾甫閲子的到信，云連日恭讀

世宗憲皇帝硃批　上諭，至本日戌刻完，後乃從驗顯門

府試處借來者，明日當奉還也。

十六日，晴。昨夜今宵月色亦復皎潔。是日辰刻家丁王貴回

暨中來的兒子家信，安兒均皆安吉，綱兒亦頗用功，心為之

尊齋所作書示炯兒由吳竹筠轉遞計閏月廿間寄遞到
頃接閣下伻壺往江陵陳令大煥來省以佛祥陳令設
所辦災賑而一無措亦轉瞬即届　奏限其勢不能不參而
太府之意在保全該令何容易此事殊難了理若一類卸
後之牧令豈不相率效尤耶大局所在關係匪輕不覺憂
從中來真有不能已者奈何奈何
惠書情昨日吏部之文剛遞湖南以是南撫調補江蘇或撫
放粵江閩者亦相濟叢於腦甚之疾甚重已綱請假兩月純居

全局未可知也是日得卿遜蘇太史書知黃梅從前好已甚
六月初間郎川下完後廣濟則收全完荊州安陸武昌漢陽
亦存危則均皆潰壞收完武昌省城俟來後及德佑碎石等
工部小厚少松岩弟伯來書情殊纏綿為之心醉於其用度
當未必能節亦遂一病書再詳盡勸導之又見陳當寺
稍安為陳令婉求免其事竟大難一查廿八年之地利名紙
後不免其事不得也
十六日卯刻剛侍之遠所寄軍報得見畢隨中保安門何制府塗

勘江夏縣蕎麥灣田五日往賀顧門惠孫郎吳新婚之喜回
羅復師退庚之信又接閲韓臣學使書是日早霽晴午後陰
十九日早陰下雨一刻赴江漢書院考課途中微雨一洒即止之正
即開朗午正微熱微有西南風是日大事完後發韓臣一函連其竹
坡寄十戌初接閲鄂抄江督李石梧已允開缺陸立夫中丞補授蘇
撫以傅秋坪調佩卿方伯升晉中丞陶鳧香升粵西藩壽竹軒
得升晉臬竹軒為恩樸莊先生之長子與余世交至好也七年稼
觀察安詳明練而達久屈晉階不勝欣賀

二十日早起天氣微陰，稍有凉意，午未間仍晴。傍晚造
詣撫院謁見畢，回署料理公事。上詳請委候補令陳
肖儀辭宜，又詳請發荊州臨湘城件費。
二十一日辰以前陰，辰刻微有雨意。荊門知克素擬陛之完後李
通判金吳謝委署武通判事，姚大令國楨謝代理當陽知事，
繆大令穗自荊州來，投字見，細詢荊事，據稱令云陵工尚屬堅固，
善後事因去工尚皆好，修險而備防護，好不以入之患，皆添補工了，
收米確實善後，令類而各負責任矣。飯後公事畢，作書答復

雨帆曹蘭石程容伯文致鶴田太守子壽此部各一函隨即得鶴田

子壽書壽卿子二年均取左學前列似可得拔萃矣為之欣躍吾邑

海中丘滴不休奈何奈何

三年二月天氣亦寒涼前日出奏已已微陰即作雨隨復晴霽

為之繼續先生二府底州孫功來謂江為今以梳粧台地取縣佳

特于信不宜議以另擇他處為是

文昌廟地又江邨廟所有實情亦未最為亦須改造奏此

二事請兄閱於文風水火之事自以今年為是因特將署諄

通判李馬令往勞飭办理經山川不經須言語以罷須爲

憑理來錢萬金無害以息我窮又難並閱其以命示之

經天下不忘此事十常八九亦只好聽之而已酉正韓蓮舫來

極言詳參便詳陳今以後世爲物變一即以其方在我亦無

成心一人之不行亦變化錢眼窮此亦事之不得不於韓蓮舫

之迂拘甚可笑也

廿二日晴卯正赴轅見道領物院謁各人畢還署答拜又往江澤初來

先請令作書各州縣備銀儲糧又請吳大令速辦定假呈

文昌廟基地又修達時　江神廟申正初四刻李太守來謁回
拜勘陽田地據云將築甚堅實計之費白金十六兩矣酉初
燒見二更始止四刻燕書程讀宋華係五卷
廿四日晴辰起署漢通判馬佐蓉辰巳後黃陵請　來言已買得地
方紳士查勘得山前民劍亭之東查地不遠
文昌廟係壁方六者主人文蔚起以史革安等役者所歡
往看亦大屋佳似即能迅速經云是日天朗氣清視為
明星潤闊

廿四日晴，至戌卯甚熱，戌正雨。是日偕石遺謁胡瑗祠兄商酌安
陸公墩宮墩補錄入吳文議假還兩廟事兩邑參擇之事
畢。作書與壽介軒，又數行示王蓮生，書請託常南侯之伯
收存轉交，寄託南侯閱，并蓮生致篆錄書多咨閩五日子
壽荆州來書

廿六日昨夜自戌正雨，起猶細密，斷則止，屬斷則風起雨揚插偶
奉騰遠文倩閱粉牆殘缺，但不敢至今猶已年來中洛殘
雨初稍霽，斜陽細也，戌刻止，滴仍微，披覽江山甫覺足遠茫而好

此速雪尊遞呈，以患甚，終已手呈。今日爲夏甲子，尤不宜雨，其奈
之何。是日寄胡舜卿及罩澤通判馬令，倣近楂陵蔭壕坤爲
文昌廟李春蔼之信，其延遠堂，始清查兩款黄安、青陽三縣
申刻常府無雨。本日爲夏甲子，諺有云：夏甲子雨，撐船入市。驗諸
門蜀諺云：雨從廿五戌刻起，則甲子前已下雨，不驗也。
廿七日，大雨竟日，自廿五夜至今日戌刻，雨勢亦未休息，聞襄陽已
陡長以數尺許矣。廣午刻雷皆滿門外無地，不湿田禾小麥已受
害不少。予知氣象轉條中心夏慮，恨甚，令人寢食不安。是日申刻
萬鄉僧垂從隊大候來言，傳祥語，實李所言已有數年之

頃今屠雖詞而見氏事悄然乃成習因譬觀登言而窮詳[不印]係亦而過精詳須臾再不成樣乃上下年議云當然不然反受其害上下人尤當深長思也

廿八日巳正天將微開自昨後亥正至今日辰正大雷大風大雨驚心動魄徊徬不知所為三日以來忽又如此境界真是天道難測也巳正以後至申正仍雨酉卯將歇是日因雨大錢[不]宿兩院衙係申正傳知明日綠明宿　城隍廟行香祈晴江蘇撫

水長五寸

廿九日黎明詣城隍廟行禮畢在官廳小坐辰許回署接
到祝雨不雨後乃徵閏又閏日出矣王季梅太守來談少許辦
公事稍暇與星甫鄭賓論詩文數本至戌刻乃見明星至是
日為小滿節

閏四月朔日黎明偕司道詣
文廟官廳候撫院至同行香畢坐談約四刻許隨詣
武廟
玉皇閣行香回署看簽押公事登答客官來見人已及午迄用飯

後又查閱清釐庫款清冊間時已申初乃有微雨漸雨漸大雷聲殷殷旋直至戌正尚無休息竟不知老天之何意也是日江夏縣報長水二寸連前共長水一丈六尺二寸

初二日天陰辰刻微有晴意府廳州縣皆未見王季海太守云南河已開禮智二閘因數月雨水太多江湖盛漲之故夏梓園太守云江西贛州一帶雨水甚大又上游湖南雨多晴少南水較往年爲甚此間來源既旺下游又復壅遏無處

宣揚一番再盛張揚竟于實云云然據探中人稱今日承平

定之年來年酉戌亦堵開頭來知列文徵兩矣甚爲不書受之西

國各處炯見信及陸與文字照見請智半直殷及內子治帑西

洋口是力者均不能日可到者也

聖之日君起陰修道先縉中要再縉制府說人畢中擇

英信謂夷務甚平靜其兵船已開出澳門似不無憂矣以其

國亦甚窮國與本國亦利在通商既不宜有滋事惟海運頗

猖獗香港總兵已有船亦出十號沿海村市歸雲每家貴不陷

則肆行搶掠云云以予所聞則十年前已有之此時則更甚矣
不出數百兵船也還要料理二事畢當送父回鄉對吳通重
來謁余因子先來明兩村兒之言其來時自貴州銅仁
以至湖南常德沿途盜風甚熾動輒搶奪常德饑民亦
當來數地方大吏亦不知所出何事耳是日午前陰晴不定未
以後又點滴不止初擬亦當早定之云
霪雨竟日不歇天容慘淡地氣潮濕小大屋宇無不滲漏其
閱邸一日有黃色魚自上游來長約數丈似蛟非蛟似龍非龍

堤隨流而下，自龜山腳轉入漢口江岸，人見之，共甚驚恐，不知其何
物也。是晉捉取，長三丈，連前共長二丈六尺四寸。
初五日偕同晉道詣城隍廟，隨抵院，轉請行禮畢，明晨二刻始
各司署首府祁功年漢口馬超靜山來見，各談三事，不見何
越南貢使周乙知及委員假阮還者，隨營押貢件書案書
陵標撰貴說五厚試辭臣學使信翰子年貴譯諸不可送
拔者得胡小山自江西來書，以應繳條銀丁耗需銀八千餘兩為
張羅，及果力甚拮据，竟不能應之，亦只好為嘆奈何而已。是

日細雨辭識玉成所船覺稍有開朗之意歸憬在東面西為黑晴甚
甫而左六手毅亭而下周易均謂明日無雨而風須俟初八九矣
予曰方克晴也
初八日晴早進隨撫院詣　城隍廟祈晴畢回署是日癸酉
與華命甚合又為閏月因命兒子郭先人替裁縫作壽衣又借
黃師傅展而作大像是日自朝至暮或雨或陰或晴氣甚不
定紗中幅小長二寸連前共長小二丈六尺六寸
初九日晴早進隨撫院詣　城隍廟求晴行禮畢回署約四刻後

聞鼓早天色晴靄已正間尚不甚清明惟又作雨之午未申三刻則竟大開雅月亦明似明日大可暢晴矣得炯兒三月廿三日安稟江夏積水長每寸連前共長水二丈七尺乎現又晴水長七寸連前共二丈七尺八寸停止通詳撫院諭漢陽四署陳以署令王霽堂請告病開缺余將詳參規避以值水長防護吃緊之時故之甚本府亦恐守令去府郡城努力為緩頰姑為稍遲四日倘不知悔則無可再議者又得漢陽守初呈

上諭粵逆入城之事已結徐仲紳尚書葉崑臣撫部蒙
恩賞[illegible]子爵男爵及雙眼花翎并為之去花翎二枚分別頒領
省城之將軍副都統陸路水師兩提督俱交部優敘蓋
聖心隱患十年今拔
天威稍振寔手在事諸公之澤荷
嘉獎也可勝欣慰之至
初九日陰晴相間時有冷氣疑化雾仍不免有雨也是日學案
信知

聖躬速和現已授元於四月二十六日帶領引
見矣試差亦定於閏月九日考試録無新事知契長班等
望十日晴黎明偕日造詣 城隍廟隨赴院謝降畢回署湖
南周資山孝廉來談少評言其省多盜江湖人者十月七甚
優署中差役多拳棒手善緝捕官聲甚好又有劉湯
湖某亦安陆長沙王某家資頗裕亦十長善他為其則
本省經而罪甚湘潭李某人如甚平隨薪治剝是又之湖南委
員宋廷于庭明府閱湖南情重事甚疲玩延來鐵保陪

完竣各堤府縣雨水太多秧已大傷若再不暢則秋登歉矣是日長水三寸連前共長水二丈八尺五寸查上年五月十日江水長存二丈九尺一寸今相距尚有一月只短水六寸可見其勢大可畏哉得沛兒川中書吟樵沈氏昆仲有信

十六日晴水長三寸連日前共長二丈八尺八寸據荆州報水高出楊林磯二尺二寸而來源猶甚旺也沔陽天門漢川各縣被浸但皆係頻年潰淹地尚不至傾塌房屋損傷人口并無多得漢青書甘肅來信沈法園親家於三月二十四日在丹噶爾任内忽中

風聞鈔其子孫最多而隨後時除老妾外一無親人將來身
後之事殊未可知也已隨作書寄煒兗川中諭其於外
家無爲照料以免親情擬斷因屬作書寄世甫爲之小
作張羅也
十二日晴長水二丈連前共長水二丈九尺據潛江邨人稟隄內
垸亦有漫潰者自漢以上至於潛江郡皆有漫柱之處夫
天不欲絕其家之所望乎頃聞蝶漢恐又將有雨但望賜晴一月
我不收穫者道秧田皆植而芳鄰猶在未言袁浦又聞一堤到

古勝之此亦可知其所以愛又不專在于者也作書寄黃梁孟
文子筠論查王季海罰俸事
十三日晴昨夜忽悶燥甚疑將作雨輾轉不寐乃晨起
天色甚青洞亮暢晴水之平定俯目遠矚抱院堤
頗韙廬陵此晴霽二十日江水退七八尺獨有轉
機也作書寄樞友曹子紱二泉又數行寄杭州守問狀
稱自乃有事罷署學通判馬令來言備
文昌廟工程須為細心安辦不令掣肘云

十四日晴水勢平定致試翰臣書并附寄其家信一函又以庫
乏一切屬邵仙峯太守轉[交]賈翰生安陵囑其安心調理云
十五日晴探知平狀水勢平定細加查探水已退落三寸餘知平水誌
據前此實緣長了尺寸有探落則風大而水亦不以吹滅復起而誌
竟不能憑信但不長則必得有落據以具請為新聞是日
躬往謁道隨兩院詣
關帝廟行香畢晚坐一談即散築隄已詣
玉皇閣行香記數後即適至蛇山查看新建

文昌廟正殿上梁情形，与贊蓮、觀琴、茶叔坐到西署
禱雨行禮畢，檢閱公事，与友人議請查事。適得京信，知
聖躬尚未大愈，東事以從權撫議，以顏觀琴以擬署理，加三
品銜。其人無實心力，特以瘧應好，且曾在軍機當章京，亦
勝任愉快，殊不費錢。
十六日芒種，爲五月節。自昨夜子刻起，始則微雨，至卯遂成大
雨，如注，直至未末刻方歇。申正刻天色忽晴，雲如潑墨，又復點滴
不休。據報中秋以來雨逾三寸，以此與大雨不知又添幾許，盛漲矣。如坐

嵊城驛與天台交代。

初十日卯辰二刻皆陰欲將作雨巳午刻微有晴意申正又陰甚至

未雨也船中觀江水平定是日余往坝中協過大風雷別此之涌湖

再下雨則淹及街道矣晚聞杭李星甫雲閩下云明日可晴後日

必晴

十一日早陰晚晴探撫坝水長三寸除長後相抵仍存長水二丈

北尺程間下星甫節賓小生見明星燦然明日似有暢晴不

覺為之一慰是日得院行至部咨文知　中丞趙竹亦先生調

補湖南巡撫羅蘇溪方伯由鄂照晉此間中丞驕巖門庭訪升補照常方伯隨往謁賀中丞亦來座談約三刻而去晚明光類青王傳如曾氏偕穀亭秀才李湘帆等回黔應試兩同子兒輩寄省物並手書家言僕爲交付計六月初旬當可當抵里中也

十九日晴陰各半早送傳如曾氏等起行晚得桐兒來字並寄到蘇詩註策款燈下閱一過是日極熱長二寸

二十日晨起先詣制府再詣中丞署禧之人擬將上年館撫詳

請旨，並統計除急撫安民由官商捐輸項下辦理，又臣飭臣
撫等酌議，除黃岡、黃陂、孝感三縣由縣紳勸捐辦理，黃
州衛自行捐辦外，江夏、嘉魚、咸寧、武昌、大冶、黃梅、廣濟、漢
陽、漢川、沔陽、天門、潛江、江陵、監利、公安、石首、松滋等縣撫
及以工代賑共用銀七十七八萬兩，經現已造冊，核目即具詳，以
清界限。去冬春臣已年閏燥殊甚，懇得甘雨，未申酉仍晴，
霽報到水長一寸，於子去明日方便是回照寬安悉之至。
二十日早晴，辰巳間陰，午後小雨，申酉仍晴，證四周雲氣甚濃，他

州牧必多兩也，牧甲損以長一寸並白珠為兩帆。信寄桂燕山都護書，又寄吳偉卿一函。彭小山書來，借二百千，實無可張羅也，亦復之。

廿二日　晨起天仍陰。府廳州牧均來，謁見升任貴州方伯臬司滕觀門來，以大府擬奏署理藩篆，謂余將護撫篆也。此事余曾再三力辭，蓋因現辦清查，斷可即設法彌補積欠，杜絕新虧，正自不易，未便更易生手，大府亦為首肯矣。乃忽生此議，似未必能坐來數刻，而大府亦來，陳說再三，勢

不可已而只誠之將不過尸位樹因於事無益轉名如奉任
藩之日辦理得手也已兩往督轄謝史文陳緯楷四砥石街
請隨即還署時已微雨漸覺西北風緊雨陣陣下所不可支衣易
單兩處命棉料理各件竟忙迫特甚至水長一寸
廿三日時雨時晴晨起飭日送謁中丞署得見隨至將軍署閱之行禮
奏護理撫篆因遂謁謝四署即料理謝摺計案奉擬定之
命之後二年雖隨時隨事竭力盡誠終恐負地利多不如意於
地方仍無稗益方深悚之茲復護任封圻自顧益增慚惕

惟有勉盡心力無負職守以期仰答
高厚而已晚間与筌甫蔣賓訥吳談科場事至三更就臥知
報仍長水一寸
二十四日晴水勢平定
二十五日忽晴忽雨水長寸是日巳刻接受撫篆即卸藩
篆固刻拜發謝
恩摺遣弁朱尚青往京限五月廿七八日遞〔茶〕致翠亞兩姚蘭石
各送百兩應隨不可支

二十六日昨夜大雨如注戌後微多不休至今日巳刻据覓開霽
午後已晴矣署中积水長二寸連前共長水二丈九尺九寸矣過
府廳均來謁傳首府廳知及漢陽司馬進見喉先籌撫賢院前及
左右地預防雨水漫淹致得識事武漢日知皆住鄉試大善只其人
亦均能事故得慎之或不至臨時有誤也
二十七日晴而不熱署中积水長二寸昨聞有河陽災民數千人
在漢口鎮沿河擺閘市屋賤為之羅因諄恰漢日知趙魚武
速渡江會同府知設法辦理務以撫綏安集得宜為要春日

據夏守之積年籍僧俗糾傳集要員差保分包於貢敬寺廟
要所需另其糧分別給發口糧遣之回籍等因應聽遞緩俟
秋志不能不示之威並河陽可保無論年歲無歉皆有此等
託辭災民四出流乞而本地無類瘠棍惟恐無事因而附和
中者一律加之以恩轉難安謹其說似爲有理之詞其便宜
安而矣午正姚芸陵觀察來言地方而甚屬凡現已市肆無
擾云
二十八日晨起天色如昨情意茶官先後來謁一一延見畢

隨往扬院謝步以豐邵未賀是午後得王子壽來書謂春
收失歉米價甚昂窮民無所得食心甚惶懼所恃此
川米宜豐為料理俾有所濟是可以安人心也予此事早在意中
擬與制府商酌似可也奏遣办是未正微雨申正又大雨如注
約半抵水長三寸連前已三丈零五寸矣
二十九日天色微霽約抵水長二寸是日審理象等招解命案四起
京控案二起即備各別還禁閲釋記和江隱携李居梫制
府因病開缺舟過差人來署寄託寓各信乞加封轉遞照交

恩親重乃因其長子梅生太史夭化之後鬱鬱不樂決意引退議者或有微詞終究不失為正以此之帝紫固叔而枉事無裨於大者間矣四更後大雨如注是月止逢

五月初一日五鼓起雨仍不止黎明微歇傳遍謁文廟俟制府至行禮畢坐談三刻許回署萊疏照擬到任文照略司假送短擬其二本擬初二日申時拜發又擬查舊案招商運米免稅各條緣早間與大府熟商以此間壽收之別江北之大米價之昂郵兩次之多皆未具奏實於此時詳悉陳明抹

運渠石堤以安人心爲急務以後水事即當歸併之云制府大以爲
然故於查業曾具稿詳奏也是日自辰至申雨仍瀟瀝
不休至酉初刻方少晴是夜積水長三寸連前之三丈一尺矣
初二日晴水長二寸連前之三丈一尺二寸矣是日辰至申刻接
藩司經歷李及弟侄造站船李先於午刻傳送之
續調何蘭雅通州承中丞於郎觀察署府居修山制
軍值此水勢紛心寢食而此次屬居不得不專直至是初
紛擾之疲倦極矣得之夢湘兄家羅讓明府書曰鄉張

尊五吏部第來四月廿四日所發也

初三日早晴謁蓮舫署連訪未見府廳州縣俱延見查珮藻

以饑民已在道甚為安靜奠院前已疏請暫緩為賑濟

張吏部尊五攜眷過此未見為之悵悵昔日見安為閱世文辭

理之佳畢時已雨初但見小雨繼雨勢大至成巨創傾盆而至矣

天不欲孔甚久久伺是日水長二寸

初四日時雨時陰濕熱之至署外水長二寸連日前之共長水三丈

一尺六寸矣

8

唐樹义与曹觀察等書函手稿 共14冊

道光二十九年己酉五月初五日晴晨起往撫院署賀端節
並為竹泉中丞送行談一刻而還還衙應客又料理各件晚晌
一休息是日不暖不寒天氣要雨晚間星月皆明似乎望數
日晴惟江水仍長三寸連日前已長至丈一尺九寸云
初六日早起忽陰忽晴人甚悶燥至辰正忽雨甚微如是未三刻
而雨大作矣前本為趙竹泉以巳刻登舟冒雨送之僅可送至
皇華館視江水已平岸尚清溢令人心悸後冒雨拜張吏部仁政
又於未刻謁撫署拜儀門與幕友拜吳某同招友馬某談一

剡請儒司登撫府書吏掃除而賂醫門政事余乃移於上
屋耕閣之件既多來使而糟賫不絕不如此蓋護任之無謂也
張子發而引其所施展其不得手力辭不獲因應受此過厌
也拙拙不長罷
罷日水長三寸是日自卯至酉大雨如注中間只未刻稍微耳武陵黄
荊安法名謂約之披陁本年餘武日知增僧四邵之限出備高三
尺七八寸至四尺餘寸矣按此去因雨大為東閣行試檢自其便覆
陸試後還閱揚校商剡遇江

初旬水長六寸自辰至未大雨如注申酉間稍微戌刻又雨昏因
昌邑府廳齋重等向先後搬署待上下兌後所往撫等便回署料
閱上件有畢出學使來答拜又5額門亦陪談一刻餘不敢隨手
制府傳知明日卯刻回省
城隍廟祈晴再至黃鶴樓　外姥閱於江水云
兄自黎明後至道陸制府行香畢時議雨水糧價及吾處地方事
昨雨四更至天明午刻至未正大雨不止平地水深二三尺江水均長
七寸連前共長三丈三尺九寸得黃見堂中丞點中來信云样卿尚

屬安靜雨水亦調似所聞黃西路事仁懷聚衆抗糧之說未免猶
寔之厚王雲卿袁甫信閏月十七已見晴霽不知此係水澇
好何平　晚得小山書即如復之王莆信中亦付之閲切也
翌日行知傳之送隨判府語
關帝廟祈晴行神報畢出談一刻許即還陸劃人神郡之陵湖
來見詢知謝翔陵勝所領官兵甚屬寔之卿下卿將領之好惰下
本旁王大宮一常為奈綫土且多草率之至貴即嚴札飭之是日
自丑至申均陰酉以後又點滴不休矣水長六寸

十一日昨夜瀟雨竟無休息寅初謁大帝廟祈雨詣
関帝廟偕子容隨制軍行禮畢復詣　城隍廟行禮坐
談一刻偕子敬隨至撫署與友人談吳竟亦　奏稿係西藩署常治等
看心農言昨來西人撰云新來積出壽人概請旌科甲出身才甚爲吳敏
宜其由部郎放道來及老任中放臬臺是日水長尋雨至申刻稍
息殊慶霑霖之氣者甚溥也戌刻接弁西同年書知其及第並信
十二日拜客　賢本堂件昔府神同年漢陽夏蘇漢之島替靜山及
署漢陽海安何均來謁又筹議招商買米事又與　顧門方伯

後一刻許始復。王子季秀才同偶山來，以其兄子壽將至省城，促

趕辦金將買米歸，蓋為平糶計也。聞其里中情形困敝，窘甚，

因以米百石付之，辦為貽若買舟運歸，即以此米減價出糶，糶

畢，分買糖種糶，糶米錢均存西山，亦無小補耳。是日水長四

寸，連前共三丈五尺。晴。

十三日，五鼓詣

武廟，隨制府、學使及司道祭畢，坐談刻許，再詣撫署

家廟行禮訖，入署，遇堂，五案考試教職，又延見首府、澤州知

我自知並未入流府經知事之差孫其遷藩署判閱下第文
校對　奏稿各件又改粵西軍機章京函及黃琴塢
都信時方成仰田與王子壽宗節家服談道及楷臣學使
試事竟有出人意外者噫人不易知因此並郡於其學號
深情似亦不無可疑之處殊不料其大相懸絕也為之怏然
日雨仍終日忽大忽小雜間亦忽雨忽月水長七寸
十四日包辰玉來雨仍不止申酉間始有開明之意水長六寸連前
共三丈六尺七寸矣已刻將發雨水糧價一摺隨年及官員欠款一摺

張主政仁政胡主政大復均來謁見江夏舒令武昌張令孝陽楊
令亦來謁答拜唐主政寧楊令蕭令處三信均付之
十五日黎明隨制府偕司道詣
武廟秋晴行禮畢坐陸小軒即還署卯辰巳三時未雨午刻
微雨未申酉間尚不甚大晚則如注無事寄寧鄉兒諸
二函致楚湘書并附竹枝二件又手寫尺幅中堂楚南府訪文
京卿棧懷撰帶字均六月初十閱京報也
十六日平明隨制府偕司道詣

武廟祈晴行禮畢坐談少許即還申正亦如之自昨夜子刻即大雨
傾盆沿街如河與夫人役皆由水中行直至酉初稍止酉正又
復盛雨亦無可奈何也
十七日平明隨劉府修道詣
武廟祈晴行禮畢坐談少許即還申正亦如之漢陽海令來見
據稱漢口存糧及陸續到者仍有三四萬石現聞隨州有米數萬
石為民間阻遏不能出境即備文飭隨之護票使商易搭
回商販往糴彼間斗大糴漢每石只得一石八斗有為守言其數

九弟則令了漢平西厚士八弟三千石以日需米三千石計了剩

武漢（栖）需足從二十四日糧矣民心但以糧價無有平也暑雨

仍不止憤名太息細又矢名相鄰高陽明日為六月節以罢道

晴武昌關靈手水長四寸連前共長三丈七尺九寸

十二日余既獲撫篆一切辦理公事及文武鄉案仍在藩衙門均

多不便且署方伯駱籲門之陵升任貴州方伯新任吳署司到鄂

即在其晚吳署已應挪出以便本任居住惟向例挪移衙署

以為漢陽之物不免浪費因以裱糊屋宇添備器具等

須丁役因語多所費用一兩開銷十倍則無從稽考即減之又
減亦多不贊余因與豁門言彼此均不用知中一物即指夫抓腳
亦自開發均擇於本日移署余即於辰刻携印至標署三堂
東進居住其後一進命春壽孫兒母子居之春壽與女兒于姑
皆戊申生命本日寅時進衙改於二十日申酉時進署云是日
為小暑交六月節又為甲寅向首必得暢晴方著乃丑寅
時天又大雨卯刻始歇辰巳午未稍有晴意申酉間則雷
霞滿天似將大晴去水長六寸連前共三丈八尺五寸昔標

中將軍要城守春策是擬四城皆有坍塌舊閣因水淹淹房屋
居民驚遷城工城塌而罪遂甚亦隨之竟備至七命之多此豈亦
海數耶一可慮甚于畏也
十九日昨夜戌亥子時皆不寒不熱一樣無他電慮乃丑初一二刻
聞枕上猶聞淅瀝聲心爲之動然不以為雨也未幾而簷溜
有聲來幾而大雨傾盆矣伏枕不寐直至天明又移時始止
雨仍不止以後稍有間斷酉初間天色稍開不知究能晴否
初報水長守達前號三丈九尺三寸比之去年六月此日尚小五寸而

來源正旺等情、

二十日起兩日陰雨大雨傾盆仰祈漢漲湖湘武城內水勢

盛漲字日晚顯托江水又長八寸連前已長水四丈零一寸各日通

省雨及武昌來稱其均帶雜憂意荊州之報水高楊林磯六尺

七寸沔陽嘉魚一帶均已漫溢武昌所屬山地亦報淹浸人

未能無恙此時什急也

二十日起兩日陰忽大雨傾盆江水又長四寸連前共四丈零五

寸荊州報水高楊林磯七尺八寸縣川水勢未大落地襄陽所

時來之安陸以上壽收者好皆為下游搬運米穀之前節費
武漢物價則中米之價每六千文一石標準漢陽海人云川米每兩
來者多經大別山則桐棲之民亦已不少漢口之承北之七年
大承之守已為邊無可及矣
廿二日早起陰閱保安平湖門一帶城皆浸水隨漬劉府及白道
台府副將吳道等二人前往查勘城半城腳竟有數千處滲漏
無非查閱漢各城門雖甚安靖覽現年水災無如之久多生
少頃議築堤之工費多而不繼者繹耳城樓一望滿目江湖

城上栅楼之人已所在皆是情形实堪悯恻随时设制存置谈一
刻许而回长衢竟而水阻之不能行由花门远来更觉愈恐
多水深三二尺与老鸭肩承轿杆前后扶持廿六余人步不
免胥坍跌之实物势不长八寸连前共四丈二尺三寸未去字
蒲阳海介均言较之去年大水已大十尺余寸洋岸宿商
皆搬居长而两旁仍阵之不休未免仍所设栅基百丈每回
省得昔梁立于书知责州已发官而物甚之房刷为主簿
山和君皆债字之至而甚之房尤多流博二三场均据讲究即

諭知炯兒加意看題，其文藝亦尚可觀，究未知能否僥倖獲，老天佑此奇突，必須大憲札委，亦不能假賴憲恩，惟當禱之而已。言之炯孫。

廿三日天始晴，晨日光從亦間有小雨，到午始水長九寸，遣人赴潭炯兒之岳家姚宅道謝，始知彼間初四日來陸長水二尺餘，或已封門，男女大小俱登樓居，門外有棺板所阻，小舟不得前，無路出入，一家諸皇皇孫，余聞而驚詫甚，因遣村官以手諭周轉大令，令其撥支橋梓之，令速僱小舟駛進，以便伊周得自遷移，并遣奴

子婿再送迎其母子來署小住云隨又思撤棹之今未審是
否忻便又傳見漢陽丁知縣靜山司馬屬其明年速往會
海寧斟酌妥辦務以便民活人為要也是日午刻府黃舫虞
師為余傳真詫遠道來羅張之客廳友人奴輩皆以為似余
則不知其似與否既以為似則似耳他日當裝存之方若話
間奴子傅山西方伯兆松岩遣人持書來來人為其舊彭某
其妹胥侍余為筆書貽其詢以松岩近狀云面貌稍豐亦
不甚耽酒到任三月來官吏者知畏之閱其來書亦所言

明衍佛心而已。證文以閩廣數種贈余，另一種以南蘭亭墨蹟，文文水先生識，米襄陽手跋，趙英甫、仰王弇山、周天球、文文水皆有題識，家傳而為宋槧，學士嘉慶九年所得，考證極淵博，確為真蹟無疑。羅苾林中丞記以一詩，乃其家所新得而珍藏之者，而今於以為於於岩之手，而又歸之於予，其事亦小傳矣。因展玩數過，敬謹藏之，並記月日於此。

廿四日。晨刻冒雨循胭脂山，至劉園，過底夏，獨陵門，繞道至青蓮，勸班已到，至東塔下歸善庵，十三七秋，以示深六人，解付與劉軍

商議似不能不據實具奏廿四日署後雨勢稍歇隨遣章
罗某日遣胡來詢議可知事碾米平糶事被災州縣急
撫事隨查閱各事畢得子壽荊州書知荊江水已過五尺
因湖水陡漲工次水勢稍殺可安石首或可幸保然亦須
雨不再大也申正刻姚亮臣信來據云漢〻水比較上年
已大三尺八如探水長八寸連前已深丈三尺矣
廿五日大雨竟日各城門俱築壩猶不能禦水長一尺二寸連前已
深四尺二寸矣日遣來詢議擬專備倉糧並集各紳碾米平

鑼以為號開廠民設六廠三廠收米三廠放米不得過三升來多人
贊禮生王乙文識江篤軒令精於書額恩錯誤事自應罰過
擬傳其三人或召張令嘉郁並劉令竹沙梅令鄭太守意專屬
梅以豐手甚優也晚間劉府知會於廿六日早明請黃府接篆
江神云

廿六日黎明乘小轎至斗級營步行由西巷直登黃鶴磯上
丹姚閱隨劉府劉江議文劉軍與武昌縣桑心偏溪零一片茫
茫際即青山與小渚水至巴城不淺其三版漢口一帶堆屋沒庭

皆係小雨耳
天若默佑至於此極奈何奈何辰刻四鼓又復細雨昨
粗雨勢之大蓋小甚聞漢口水勢不可形容者頃據報水長一尺八寸連
前已四丈四尺八寸矣本標守備曹振聲率領帶兵五千名在桑
舟三隻沿江巡緝賊匪攔截護米船者據稟請將詳覆
辦理等語均經集議以張大聲勢而要隨得轉飭總兵審處書
言半離防城移禱諸事等已行之斜陽晚期及撫憲文
並已到　制府頒閱是稿甚願之說已早得漢陽府知府理
所言亦是其意乎可歎也是日得三弟制軍江南來書

江湖之水甚大之勝邊晴究未知將不害事否帥為至要以
帥意之
廿七日卯初起天微潤朝閱北門及漢陽門城垛添補甚固東
門樓由東門城樓而上循城觀之距東門樓子對武昌有垛垛倍密
人行不能地步惟長不及三四丈且勢甚高雖垛垛者無不得過
去二里餘城在山間山下為桃花林亦備倉在高處為積水所淹
倉卿路出水備不能經安員禁止築堤率水歸放似可無誤其餘
答覌之初間年羅之也陸續撤運員陵至要當上因往員陵覌

々清水已淹至臺堦之腳二尺餘則門外已七尺餘矣昔曾查勘
々水文深一尺餘行路西北水勢更大因仍循堤頂從後鳳凰山循
城西觀第一段堤腳已半惟此水尚不至為害過去至草湖門
水每二尺則封門矣又過去而北門過北門十數丈城墻勢甚低因
水已一律瓦尾皆在水中此一段沿湖崩盛內外幾平矣尚未
堤築急時垂尺皆要等語云再前三段皆危險之甚
之塘磚土搶護保舉事即竭力赴此堤總不保無虞矣等
語因再往前查勘自此段至漢陽門共一百餘丈實屬危急

陰。果已办理習洪似無處事，請尚庚子信因詳切囑之再遣
漢陽門樓在下面，船不得渡，復由黃鶴樓側茶館下照壁行
與道。御切率老字句保安門來，云彼門堤盡已安穩無患。畢
一茶，隨由小巷下至斗級營回署。得京信，知山西巷謀參奏之
案尚未訊結。於王申亞從家與洋樓下老覺又復不自禁來
早知世事故窮理不如心華，停已朱又得阮芸台宮保書
并寄所著詩文各集，心緒作亂，竟不暇披覽，其亦年間覺罷
晴。是晨陰雨微洒，隨即休息，翻視長子

廿八日晴冰長哥制府道會奏雨水灾歉情形及請科場改
期一摺係稿來查閱被灾之摺尚未還徽科場改期之稿亦
不甚暢且此摺應專奏不應係尚須會奏改為也擬於成案遂
之或不段係有尋得平之標處及字城垣坍塌之皆築堤加高
似可保無虞矣云
廿九日晴押正衆不精由大東門循城行過新南門瞿山門保安
門平湖門文昌門漢陽門北門草湖門至亭備倉由小東門城
還署查勘危險段落俱已搶築堅固似可保無虞矣與

制軍函商會奏地方被災過重及現在情形又科場期近城內水深貢院現淹至八九尺不等請展期九月擬出月初間具奏陸援學使來拜坐譚二刻而去物积水長三寸

三十日早晴申後陰醖熱而濕甚又風戌刻雨水長二寸遂而不長四丈七尺六寸為晉卿書交鄧壽圃寄農發摺為書之昊及吏部黃琴五並致又交二弟家書行轉母弟同王便函外舅何常治來函人俱平安惟所帶什物少件為賊所掠尚無礙本約六月初十間可到黔也

六月朔日黎明由對山直上過閱武場出火巷詣
文廟陪同　制府　學使行禮畢坐二刻許回署作書致鄉眷
兩中丞處因乘遞封發寄京各信又復荊州明太守及王子
壽書又閱核　奏銷錢糧　題本稿及他公件說昨夜雷雨
一夕寅初出門卯初回署附拔仍有雨辰初則晴仰觀天無
雲矣是日水長三寸午刻　制府處拜摺遞京
初二日晴　探報水長三寸連前共長水四丈八尺一寸武昌府開
單寄知共到上下水米船鹽糧船大小共六十三隻漢口來

價稍減。昨黃州牧來陳慧澤、湯府夏守來謁，請予諸章庶

務如意，詳察鄉間乘災搶掠之事，宜以威懾之，亟須委員會

營逐匪，亦理應剛民不聊生，非特桂心不安，且恐會匪滋蔓讀

務必須誠實，而手印不濟，章庶務為之料理，云寄考卷一信

函附論烟兒兼詩文各首及滙遊字樣筆一床

初二日晴。早過蔣蘄州牧，但未見。又至陳城隍搭棚稿園。初

西湖廠乎，雜花計設之六廠，三廠收粟，三廠散米，收錢每米一升

減價至二十五文，以市價減至十五六文，每廠委員監收監放

々犹另派武弁一员人帮同兵丁名弹压之々以免拥挤广补观察姚补
々崖依广补太守王李海泉炳董其役广补同知通判襄其役
每日粜米二百零石每粜自一升至三升而止计共备仓捐谷
五万石共仓粜二万五千石陈芝楣批戍百日粜云暑水长二寸新泉司
椿寿到省坐谈一刻许而去其言直隶河南年岁甚佳仅以蝗
中将实级至稽山耶
初四日卯初起天色微阴出署拜客往臬使椿寿山谈一刻许
卯刻往勺庭书院乘骑赴来凤云殿查之后遍验卷仍姚

觀察王太守見後在廠候一刻許隨往山前之黃龍寺三
元宮龍華寺楊公祠米粟各二廠查之前與姚王二君同赴
畢查甘之委員惟武通判李芳收傳之霖未見總首
喈觀察太守加意料理好隨即回署至未刻小雨止屑
不止知撫州吾雲寺甲乙等廣西委員王經歷持其名者
陛觀察邵觀臣措轎等卑分文移已任千總秦星賞寄
莫張副將余甲汶已千總信一函來查張副將已經回營
已信撥印交付現任撫標參將胡偉傳送便轉寄其

捐已即送藩司收庫請與批回并前函信随傳兄呈覽
歷乃雲南景東廳人与前山東巡撫程月川先生爲近
親伊詢月川之家事據云大兒甚好業已早故其子現
以通判分發江西二郎三郎四郎均故無子以大郎之
子爲嗣云云名賢後裔不易爲之惆悵無既至其族人
近感衣食竟足相安莊善寶中丞義田優贍之所致
即此一事因書報及子孫觀者莫爲來文歎
詢各目情水勢平定新任桑白樓轉運之來見又延見揚州

院郎中祜蔭貢使參吉人周以謙六品年韓書吉人達秋
收錢萬余慧廣安靜署有交常蘭陳可仍二信又寄銀
中丞一函并物產穩之件寄由荆州府轉交又接揭老以
師來函五月廿三發也
廿六日晴越南國遣陪臣禮部侍郎潘靖鴻臚寺卿枚德常
翰林院侍講阮文超等行人八名隨人九名內地通事二名貢品名
土沉一百斤土消香五十斤土油一百斤土布一百匹砂仁四十五斤檳榔四
十五斤沉香三百兩速香六百兩犀角二座象牙二枝桂福

日到鄭參者倒寄延宴因於巳刻前赴署會同蘇道延宴請之其陪臣甚知禮以其國王服尚未除又此間大水爲災不敢受宴僅於三茶之後即照起辭行余因偕蘇道赴小東門舟中爲陸貴左老人致祭并恭拜蘇道並使之廣西館守及藩臬兩署署署氣分寅其歡笑不支是日江水退一寸

初九日晴　越南陪臣呈寄申謝其辭館通順又出一摺奏其國王請易服道符於係奏稿並言自粵而至湖北一路情形也

查舊案皆由楷署設造即當造冊送楷院四本記是日樣亦例
摺二件附摺一件清單二件擬十二日啓剡拜發粗紙水道一寸半難
已二百廿也米七百石覓尚安靜云
初八日晴子道胸來談又知探水退二寸是日作書復楊少堂總師
得炳兒五月七日家書云昨日方府郡到年言城內外桐梓窮
民查實其計五千餘三人緊擬每三人給米壹百五文千零五半難
減價三升計費一次需錢五百餘千數日一發大約需五三云
余書寄養廉錢七百千零道一併付之可敷一次餘錢併

万金付永安義局助其收埋路屍也又據濟陽海舍來
言擬多買蠶豆施粥山上棚樓貧民食之全年需米
五百石除以百石付王子華於螺山減價平糶餘轉
運糶復西山舒當存四百石又助書記宋鄭賞孝廉
十石外又賞給在廠彈壓兵丁錢并每日卅四石共錢七千
餘石外今以二百石給付海舍錢即以煮粥散錢以米易
倘錢以米易易積糧均補其便將時今需余石
以示惠來鄉里不得俾不遂行其志之所安而已計自

去秋及今如此等事已費人傳錢六千串亦無可奈何也

初九日晴早起無倦一函寄炯兒及西園先生楚湘親家樹

堂表兄以翌日唐春岩即將行也何瀆清日焉來見與談

時事均極周至大有見解坐約一時而去細檢水退二寸

翌日晴水退三寸探悉長壽守中軍參將胡偉仲西

等業已殿營驛特標及城守各所兵三十餘名屋篡名再指

給壹丹以示偉懲隨又再給二月米十二石正連前有共計

三十六石說王守文言清重所設判府史不謂衹讀之會

十一日晴水退三寸早起審理京控命案若干起傳見黃令
周誠初知縣周日知視衙不何潛溪曾甫杜德新
辦章程以備陳奏又擬請查局員江世玉並開各項
辦理共計四千一百餘件歸尚未辦數也並看稿三件請
單二件擬明日咨官府刺封發閱制軍腹疾未愈所
遣人存問云
十二日晴水退四寸於辰時封發奏摺又寄兆松岩方伯一函並蒙
贈日食羊四斤試鮮羊肉及鋪墊各物以單查送其來

使回晉辦交米子餘荊史一書是日申刻得子壽湖州來書職以漢口存銀或易剩銅鼓鑄錢文濟所不足又議於沿江濱地諭仿買種雜穀民種稼謂其不煩耕種畝可得二三十石每石可得米三四斗每畝用種不過一升許擬於濱江之後流民所在宜為諭種凡江岸湖濱及濱江廣皖均可試其種植秋後即雜全活應自不少云實當審度行之是時天色既變風景儼似江南波浪掀天疑有大雨旋即晴霽

十三日晴順過四季咊日酉刻抵岸回鄂十四日會奏地方情形

一件奉
批妥速辦理餘摺該部知道又學那欵奉粵撫中
丞筆札曾心甚缺欵李仙九芝名補授粵藩北相
岩北那藉圖先行署理王西岩北琛之事久在意中其
內宣四川時任徒兒子家丁胡作非為以至破敗決裂乃
猶不悔悟憤懣慨慷至於如是不知其亦悔心之萌
否乎又往為子孫作馬牛而自身老而受罪乃知無
錢之人其受福之時即禍已伏之亦可哀也哉云云粵撫矣

不利自福係尹鄂串渠矣及王八中丞來惟尹竹農師
以調燮撫爲言善終則非死即革而王尤爲隔其謀國
殘殺亦親手人之自爲前臣己亭下而時刻以爲
圖而民爲心則又何所不利然所處得實疾所難辭特
人不之悟耳缺矣于利不利者進日廣補道發達所
來緯以大府派令弟只四千赴河查勘頗實安更
不止一河陽查勘即不應將之河陽上事了安以靄
日查勘今安更甚而仍借一廣補道往勘勘又借及一

州實所不解已再三言而不見諒亦無可如何會來
漲自悵惘如日亦偶如此針砭於此類是也惟有浩歎
而已祁印年太守持其乃兄春圃書來館授之語已
有不行之機此刻事之未知如何費多少唇舌而未之能
祁氏昆仲有長城君子其所造正不可量耳
十四日晴早起大風有雷聲未一刻即止水進三寸得唐中丞
見嵩之先生書據云照舊年歲考佳又得胡潤芝太守信
亦未過及值邊鄰苗匪事皆入門　制府之陽據云世濟

程閲司道三次乃胃氣弱甚不能食亦不在食嘗聞候氣積硬亦宜於重墜藥其速愈為好也又崇本合自安若未收太不可支余世兄自四月来亦至小大雨多粮少得江安粮道信料場也請展至九月閲云

十五日黎明詣家廟關帝神位前行禮畢隨往姜舒藻補主政劉君又拜賀人趙良榮使補侍講之者隨往查勘陸路一帶城垣又至貢院探查水勢尚未退及一尺是日天陰而悶熱殊甚[illegible]

雷將署外擬軒翰
至東堂同南季

作雨初狀江水退四寸
十六日晴昨程戌初以後大雷雨凡約三時許續訪則何
兵頭來初狀水退四寸作書與黃琴塢吏部許託查科
場四通報事又變雷春霆帶廿一營是日為粲生居先差
人各處辭謝自恨孝殘無狀焉遺德傳借與函其方
首閱門思過仍被受誅之賀也
十七日晴水退三寸得張聯平（閏）四月三日來書又得子壽六
月旨荆州來書

十八日晴水退一寸是日遣黃府來見議請委員分赴四川江西
河南買米及稽核又酌議以漢岸存貯鹽者借銅趕鑄
是日厚子壽來信囑以此事商之為李紳公行事也
十九日晴水退二寸厚菴撫傳秋坪書以江夏一帶被水甚重
米價大昂仍有踵增之勢本擬濟堂知此間之極缺
而銅不保又又搜手接至搶奪肆行則更難此為患也
更大可慮矣
二十日立秋是日晴水退三寸姚補之饒蓮航向觀察來見閱

制軍書來，特見考，因得鄱意，初刊親發，令往查勘，實額及請歸宜信於往年，並以使此奇實，亦聊致不當循行，對季之意，呼為值年，特達以使早為出奏云。

廿日　晴。宜昌傳河從戎自京來，乃十二年前甘肅請標中軍副將也，子章同年生，相與話舊，不覺惘然。隨遣師送西仙二千枚，並以四匣，以將微意，水退三寸。黃州守楊子存來見，出福禮年甫四十，氣象甚佳，似是一流人物。又得季仙書，因云於前書已請假一月，退志已決，可惜

又得李文石南撫鐵竹吉書

廿二日晴。辰起，答拜宣昌鎮阿、黄州府楊、新道屠、補護

觀察，赴陳得等州縣，查勘災務，起行。又拜明果、椿靜

並回縣拜水道二守。是日得緯兒五月初七日所發安報又同

羅次垣四年成都來信，又手寫江蘇中丞傳秋坪函。

廿三日晴。辰起，答拜湖南提標善後，回署。司道府廳俱

來見。司府議請官以夏舒今續做季羅之人案以首

此災務既緊，自以府中會事為要，即飭首府酌擬函

日祺祥安也拟积水迟守吴子作书交子寿并寄京信
函寄明赖田君学
廿四日晴少迟吾守首府祁次辛来见议江夏县缺了应补
知府何守王守来见何守呈杜新县二案王守议将樵厂
以众价买出断可竣也吴君作书寄姊覆又作书寄叔太
守恩白吕大令赣仙以县事嘱将重托也
廿五日晴昨夜甚风收将作雨今晨起时小雨二刻许天气来
凉甚午后复晴矣水退四寸闰制府尚来见安靖

書已陳向姚補之觀察登舟為多送已正來先謝諸
君季使來約看讀一刹錢雨生辭君云竹孫年運好
湖南任後須聲大作人比之趙惠毅申舂云余謂亦
幸而鄂中大雨不到而長沙即晴其運氣自佳且
接陸費中丞之後稍有振作即當改觀然竹翁之
心志未是亦量度中之賢之者宜其聲稱翕然也是
日作書寄姊兒并致林雲陔垣吟樵各函
廿六日陰訪道五弟差人約廣補道姚補之識清書李致書

澤傳秋坪彭小山書

花日晴川遞一寸昨日澤姻兄六月朔日書并叙及之云前見
文丈夢湘親家來函及家信皆云蓮生因於今春修
書致蓮生薪資搬由馬遞託常方伯轉交云余已派
瀉二十餘日先則瀉單下血數日後轉為小瀉每日十餘次不等
幸每日一餐尚能照常後又減為七八次近則日四五次乃精
神雖覺頹頓不能不延醫服藥姪子已請王敦五來閱五
尤敢謂二日內可愈事冗心煩應即速為霍然為妙也

廿日晴。永道宇過看，邵臣來見，撫姚補之，觀其言，請查之件制軍之意，先請從勸限，分賠倭償，過分讓與者再行增補，云云。此仍打官話，專衍搪塞之，其實於國無益，於事無濟，而於杜對斷之法亦不能有所把握，徒而免打官話之兵法，能補其所為，登刑華得華衍奏實心為政，轉致書以求不能言。此亦閱事一者之氣運而通籌喚存仍而已。是日作書復兄，兼中通浙閩罪言伯並附烟雲一函，知及之三篇，附正文一篇。

廿九日晴。北風。可。是日為 太夫人忌日。追慕音容，不勝傷感。晚間設饌拜祭，情有餘哀。孫兒春壽亦隨同叩拜。訖，即簽押公件。又由驛便寄炯兒一函，并替伊家報。

七月朔日晴。北風。可。黎明起，先赴署。後關帝前行禮，又至 大仙樓拈香求簽。蓋因公事不順，動輒掣肘，婉轉曲折，迄不能濟，心頗憂亂，且無裨於事，無益徒種種。信不若奉身而退，以待賢者。默禱一過，簽設甚靈，但使得歸，雖士官仍惜。古人以微罪行，不欲為苟免，固亦天爵重而人爵輕之

意也隨出雲翔　家廟行九叩禮謁津陽門上帝府樓緒
墩下文昌門至揚署看門橋不厚兒可露道因順道而善後軍過
行談一刻許聞四署溝潰海岸先揚去溝船到者甚多
者價亦減每三千六七文至五千文不等地方甚安靜前任唐
大令曾發帶兵周巡一遍四鄉亦皆肅靜
初二日陰冰過半是日拜
萬壽欽天文及賀招募大辦責京首府鄭功年來見謂唐
壹三兩方估量閱萬時習澄遠而無從補救

圍於本境屬實請旨六補之至實錯重件而仍以專衍
了事甚好此說甚善但何必當力爭殘費累民之力而婉
轉委曲學達甚等遷延任時昭如耶甚難
通二月陰晴相間道外間微雨十數洒天色稍淨明逾二寸是晴君翔
即請將署獨取籽商議請查及賑撫之事乃請查則若查
而無補僅取諸追勒賠賽賽賑撫則惟照請 嚴受敷儀
以專衍之事俟撥於冬間煮粥散放煮粥之說無論弊實甚
多上年散放於民不便以為費餘已見大意而仍以行之望

州與民為敵那正議論間適來

廷寄先已有

令人於蕭關二項存貯動撥擬郵令各人持勘收情形迅速

具奏以往

廑念可見

堯舜在上胞與為懷搃不肯使一夫不得其所以饋鎮兵以

益增惶悚無地此後安歸私心不至十分掣肘無情

重之事只好聽之耶已午間又得陝西布南陝司伯來書知以哭

安陸止二府亦稍粜二十七万石，而所粜七十万，每石合此间价約三千零，即將此書與眾商量存查。閱開好問米價已漲二十五六文，若果源源而來，此即無需置議矣，此亦為量移計省便好開，知之必安人心之一端也。

留晴川退三千，贈額門方伯來見，將經出者查勘實稿。椿靜然二府到來商酌，現審命案二起，其人明白而又精細，庶幾尤極不致一若貿貿，有把握，所造者未可量也。以種藩穰霖廖乃年來信，彼間實窘之甚，不無形此，專意亦難加之至

已如急攖之月每請歸上方學年終來取秋實之足之秋評年為之旨䏚識矣

詢晉晴水過二十日過府麻俱來久談委黃梅咸寧二物缺又議纂閑好應調人員又候定觀察蔡已將修文昌閣成以備秋祭往賀江蘇方伯程霽亭日年書

記以日晴水過二十六日往臨顧門來久談請查事每借以鄭通判（周心穠）署黃梅務事至補天門外饒撫辰署咸寧知事

翔鶴坐程昔為事察觀看災歸晚候更小後辭寧怎之員

亦是經理周德務與丁朔勝任惟事後須調劑耳

鄭胡兔陝郎中自京師攜存甚燕一函來未見以農服

來此作游覽者詞間甚盛之也狀類賀宮性好放志不遺

矣

是日晴祁門李太守夏辭閔太守先後俱來見人物極小過

二寸遣人查探貴溪院長會尚存一尺三寸至四尺三寸不等黟縣低

則低六尺七尺不等四鄉水痕已過丈六尺八寸而積水尚存低田

七月內未經過淨則稻穀是會又需時日已傷苗鄉民犢不

理當如是慎也

初八日晴行三十里晚抵陵邑日所經之撫無眼四邑

之撫廿二日方得入

覽鄉試已定改期九月正副主考須一月始行想撫程次

稿一摺附

摺片咏來

通寄之言將知照諸已請一萬二千餘兩江蘇一萬五千餘

萬江寧安慶亦各有所請

體人天地為心於賑撫一切處不吝惜願其更勉之亦必俯

允所請其撫輯撫災黎情形至於赤子何異卿等

撫南河漲增搶保字奉還堤埝　天神加佑若能堅守

不潰是實朕自省也大都言乎

堯舜在上如此念切民生而臣子其者獨以專衛目前精飾

此理其心皆人心耶　言之不勝憤懣涕淚奉旨道

來來必有鄙邪卯年特其乃免厚庸志農家言一

時君民之識道於言者發此閒語　如之遲為無所法

擬明日親詣諸營一行斟酌界限撥捐為要也

是日晴 錢明府邀由潯陽門上城至望山門下城至籌署議定

月望前撥捐請 緣以六年頒撥共用至八十一萬餘今則

多蒲圻興國蘄州被災較重實需至九十餘萬賑濟

皆抵蘇藩閩各只三千餘萬（皖倘三萬 故能四萬減至六萬餘 閩錢三萬餘 指撥存剩十八萬餘）

請再撥六十萬以應急需餘以剩軍擬主稿而唐余接恭

已應之矣為民請命無所推托也至唐委之搢紳評甚

未安據稱彼自前尤實難力爭且此事為非重大關係

現又需調和料理民事只好隨日查諸天下事固不能盡

如人意惟有注意於其大者而已 初九 小退二寸

十日晴 水退二寸日昨連來福明議擬撫案件事畢于余病後

胃已傷頁覺吾近則胃弱腹脹頗形頹損因而請假尽

得之西席江西 李蘅齋現得不時需延威廟療則大

難為理也

十一日晴 水退二寸 制軍遣請 歸招德來閱大致尚安所

稱先動藩庫存款二十八萬餘兩請部撥六十萬兩以

尚敷用，擬於十二月接招。

堯舜在上，又有壽國太守農部主持，何至無股務計算

須廿五日方到，連段又須三日，京餉到此已遲，之在十一月初間

鄭餉則尚未起途也，展轉撥款則在十月初間方得閱閱，

實慮也。然而此時雖接，若此招已成，萬分之幸矣。晚間祁仞

年來見其陵存與京山，令當下不千事，且自謀之，供廣府者

廢而已。是日極甚。

十二日，晴，聞退三千。是日申刻招符，因得銀兩，帆信黃琴

閲邸鈔以太常寺卿内升耆介軒調江西臬司移乾就濕亦
僅與平如何閩芝相決意打退想祁春翁當出協揆
命以先帝國戚賢度觀則蒼生之福乎是日換慈
十二日晴卷起留制府確問其世子病已也回署仍
兩部文已撥已二十萬兩飭其並日請
解撥已於原剩撥款英署江夏梅令署漢陽海
令均來見勉以不為出仕須變其視其所理何如耳
細挑水送三子

西曹 水退罷顧門亦仍來議閣事發陝西南陝

藩卿及王葉達生孟文發鞏州太守信芬子壽丞呈旨

得穫漢中道書

十五日晴 水退學黎府那怨諳 福晉及陵樓下

閱帝前並 家廟各行香舉畫對本章中件文核應

奏各稿及公事說從新中道書于初呈七月十二會奏

請旨 辭呈一稿

十六日晴 水退罷各起是息浮穫和恨筋韓不止急請

瑞山醫治以為濕氣所致用藥小洗了未審是否有
致晚間自子卯至丑正月合牧護上下台階及行神之際
均極甚費力亦只硬之而已
十七日晴水退三寸武漢二府及王趙周三委員均來見
以清查一事奉制府答一段至再十分制府付之之此事既
盡之私心自用照則四護府省岸費之項不肯強補
以後
園陵之四護從二十一年為始之條此即係先年已經勅

上心之願志在湼槃所謂利人增層其何能安然無
悞至也補舊牡新均成虛僞猶而不能自主明知之而
無所補救不識之罪其何能辭心惟智謂閑印必精
讀此經而已古來無經經國遠謨每爲把持牢籠
而不得行其正謀爲人國不得此一節也噫
十七日晴。昨送三千贈爾門方伯來是識蔚若潘查及
委署各事均係鄰及局員均謂設法籌措亦說無疑
達洗六次刷胸懷痛似已甚生不能通達甚而不便

亦無可奈何也。午間降雨一次。
十九日卯刻降雨一次，隨即晴霽。味厚、夢蘭及炯兒來
寓，筠蓮先生寓款，卯於本日至炯兒寓，筠友、夢蘭、筠特於款
寓。天成號轉寓，說黃州守楊果來見，另擇京地方，諸事
又前廿日寄夏日知，張伍霖來見，談及廿五及時藝一切，
閱之甚爲悶悶，何至强
恩仁宜是邪，不可解已極。積水過三寸。
二十日卯刻降雨一次，隨即晴霽，水過二寸，擬明日將

楫先致黃翠五函兩帆曹玫收賀一函又致新中函信又
致陳少舫太史書曹頤生為心芳拘浩遞書
廿二日前半日大雨巳刻以後陰雨止二寸天氣微涼於中正
抄楫圃初稱蒙恩右營好秦姚把總費往修於八
月望之間投遞或不悮也
廿三日晴永遇寺委札荊州府飭於枝江所屬之江口百里洲並
市磨盤洲查緝劫匪等嚴密搜捕著名巨匪務獲又（旁注：沒人）
通札各府州縣令捐資墾種勸諭安民流民於濱江

濱湖瀕地播種稽遲，稽遲之物其生氣易萎，其穗實饒者
夏秋二季皆可播種，每畝不過用種一升，可收穀二三
十石，每升不過八十餘文。地方官捐資出而為力，而又不
須耕耨，流民種之，亦省勞力，似於實惠不為無補
也。中丞刻稿緣無奏請來，祀病早愈，仍需許二
墨為癡亦斷不致，惟候傳來，再頒覽題誌
廿三日晴，水退三寸，前郡郡迎華未見，不識漢川若何
情形。嫂家南院及可伯遠亦仍書寄西園先生，併附

其家信又字綱完一信均由霞村寄受彥竹轉交
黃晴岑追奔何蘊深太守來見談所解西藏費
梅分周春垣別駕來一辭即赴署後又分設貴州即用令
崇石家馨海秋來辭其以赴老崖迫先裝湖北令丁憂服
闋並以仍往貴州其人學問頗好品亦純潔因短川資
特從息楊榮坡及三姪順亮等共湊三百金借之每月
一分行息於姪等無損而崇又可即得川資是祝云
是日得炳先川中來信六月十八日誕生一女

廿五日晴。江水平定。方伯賠觀門來，又議及清查事件，符道閱特棣所擬批稿，件件多不能合意，批乙而已。作書寄四川，答附楊石慶明府信，及呂二百兩交天成亨轉寄回晉，致楊軍門信，譚次垣一信。

廿六日晴。江水平定。標勦州報水長一尺九寸，此間尚無雨，涸急。漢水坼來，船隱坡平定也。是日作書致兆松岩、山西順寧府宋郡實孝廉、蔣乾昭、李五峯、湖南芝太守、傅遠書、龔蓮舫觀察。自荊漢勘災回省，言不無些利，沔陽、漢川被災甚重，嘉

魚灣陽相等急呈撫之

廿日晴。蔡承平定謝韞臣榮使來杜々識書院肄業諸

生因所定田籍五十畝之九，資所耗（包者）維係送此一事，其某不

好先行示諭一揪，非世又增母履係遺歷諭生所費無多

或典可虞。愿試續蹤之倖，恨兌暖々一道云（邊々來者）云韞臣甚為

於諸擔署京山俑人，來見又分嘗貴州，即用紐物榮宗贊

來辭，因託寄王梦湘親家一函，又為之作書，只乞中丞

渭南署方伯，游揚之。又卒畢後，作書致伍梓陵之美河

特揭至貴將子申正范碩夫來談三刻許

廿八日微雨有風水退一寸司道府廳州縣俱來見至午仍議

籌賑及各府以備賑撫至夕將前四門兩縣孫九寶信

廿九日早風甚涼往謁制軍又答拜學使四署俱係微雨水

勢退二寸得子壽七月半前信又得王翠珊侍御二十八信

三十日晴陰不定水退二寸李盛鄉葵臣楚香來拜上亟君

神交十五年矣學問既優品亦純正乃屢起屢躓抑何命

之窮也聞將於中秋前赴江南謁立夫制府或當有濟

此間一缺而難，而省中講舍又爲人把持，直以作養老地，

天下名利之事類如是也，可勝歎哉！

八月五日　晴。五鼓即興，以叢水洗腳，訖即詣三叟壇，

聖帝前行禮畢，隨於後樓求籤，問姻定本科能否，

望以本試禱：如果能中，籤中即乞明示一中字；如能連捷，

即見兩中字及報捷字樣。乃十四籤，是兩中字，一句報佳音，

一句好音兩兩快，轉本月可完畢，已近頭場矣，哉奇符

仙兆耶？誌之以俟驗否。隨出叩謝。

文廟，同制學物隱齊回道行
神稷畢回署，江陵孫郭乃澤
川寶兮、唐鱗蔡兮、羅勇道、戚視兮均來久坐，都水退一寸。
初二日，晴。水退一寸五。詣
文廟秋祭，卯正回署。復甚張德香叔至，愆陳友特
朱刑柳鸞交傳秋坪、程霖亭書，得梅兒七月四
日來字，便如林第之於六月廿五日已去。
初三日，寅正微雨。詣東門外
神祇壇行禮畢，隨詣山前象鼻山，同制軍崇迴

文昌帝君安位詣四署並吳鳳洲年處
初四日寅刻甚雨微過一寸 辰刻詣赴
文昌廟同刻府學使致祭畢回署未刻署府伯來見為
言汾芸各府頒撫臣雨及甘霖勘辦定州獄事宜此人極
明晰情形生練文字決多疑以致事常遲緩當地方無
事以之主頑悍懦之不可多得也
初五日晴 微過一寸 學使就籍臣毆擇以所書
文昌帝君陰騭文付來瑞巖中仍交生勸以之上板立為

寫呈楷模即節交刊刻云
廿六日　晴　江水平定　作書賀壽圃相國協揆之喜　予
主翠珊舍弟亭話兩帆雲帆如雅容仍答函臨得不
止至於一程無只次要執之至唐
廿七日　晴　江水平定　烟兒之歷翁姚小山親家以今為
六旬寡壽　腹痛之言猶如往年　乃屢將生別竟十有年
矣　為之設蔬施食　命兒婦率孫兒詣墓廬祭之
廿八日　晴　江水平定　予道華兒文僖德查發館標事務僖

朱日三葉又上陸道議及商及事又明月府秀拔勝條理
直隸獲天門幽秀長長與沛華未見器宇頗佳似
能讀父書者故人習子為之欣然

翌日晴冰退一寸余昨日精神頗佳乃飽肉似被厚受擾又
因而受涼今日腹瀉數次力除毒邪須日復原不知何向
聰之盛也

翌日晴五鼓赴 明倫堂 偕學使日遊至
萬壽宮前行禮隨生班說至府照常未半刻余疾不能

支因醉後畏光還觀門方仍以言用真神麴二錢炒焦研
極細入紅糖白糖各一錢能飲則以溫酒調服不能飲以開水
調服服二次不愈以萊菔細茶使四兩片逐血用酒煮蒸
開水沖服又聞部司馬論言以薑蔥合搗碎炒熱用帕一方
包好按[熨]腹上推揉又用帕一方炒折丈一物錢係薑蔥搽滚
門以艾熾搽之屢試屢效因逐血豐法行凡遇換者三次服
頭露喜發左近膝脘處尤極疼痛是日連服神麴二次並又
推揉二次夜則困擾偃臥而已知視汗水平定

十一日晴。水退二寸。早起審訊日詳三案。又延醫人王敦五來罨胯。視據謂左胯之痛由於肝氣不得疏宣，專之意歸肝，病者不信，而此其說似亦近理矣。余又服神麯一次，揉搓一次，似已有效。藥因需而來服。隨作家書，寄毛鴻翎指府經歷楷甫雲南撫幽來信，足悟於十一日寄回，照中計於月初可閱者予刻也。是日吾覽川中來字，以獨自不得成書為念。此子近頗知事，閱其來字，心為之慰。隨據翰臣學使送來京報十本。少穆制府之見擇旨開缺回籍調理。此老一生大局已定，今既晚節而歸，可稱完

疑因自念識淺才庸屢經卮任近復可痛詳繹通省實務惟德
勝而科場期近不能不力疾從公未免惆然況此次姐知復祖上場容易
下場難此言實不誣也陳楷一缺伍程時峰先生商來唯晉甚
才不及少荀達甚安徐幀靜卿陳撫以至點張曉峰中丞補
授曉翁去冬已服闋聞亦因病不果起服今遂授之
天恩不可謂不厚特惜不能畢集此處又膝觀門方仍調陳
藩張麟電擢黔臬因該方仍著實將來當易廣
簡用也吾年已增習省邊會稿行物查訊成寄葉因昨日奉

已寄方人袁威寧代施伯霖安指傳不甚確有程閣將首七房

歷私毀施公亮不校亦於七月三十日奉

上諭臣 穀秦臣 樹義揆實查辦正與李桓係雷春霆理書所陳

推當切實根究不校隨飾施伯已擬任詳不至有術腠蔽也

十二月初二日丑初後微雨漸歷旬氣為不甚滯余以脾瘵不能成寐

推臥誦正廣黃數更籌而已至卯正以後雨勢漸大遂覺滯氣

逼人起服神麯一次又推揉一次大便漸覺乾潤先一便[妙]吃推丸

僅數丸而止再一便則居然不洩不滯矣是日居然接發 懇本

稍初積水退二寸雨勢自中旬以後更大民田悉顆粒也
十三日昨夜大雨如注今日亦未稍歇於農田抑甚有益於再
多又不可也水退二寸是日奉到户部公文已奉
恩旨前月十二日會同制府奏廣積捐銀六千兩除先已蒙
二千兩外又續長廿山東陝西共我發三千兩起運解餉
借支計所請皆九千餘兩全奉
高厚鴻慈允准如此而獨筆行不力當為有人心都噫
十四日夜間仍有微雨今日則大風不止寒氣乘之甚逼人物狀

永返二十日巳刻翰臣學使來談半刻許何鏡溪太守來辭
將以十六日起行約九月廿間到京老于月底西省郡功
年太守來見以新奉
恩命升任粵東鹺使為之欣躍是日拍弁回河曹稟物
樞友信又得黄翠五書
十五日五鼓起謁
謝神祠祭祀畢又謁
風雲雷雨祠祭祀畢再謁家廟

關帝神位前行香祝又諸事齊備
聖帝廟內同學使司道行禮訖隨往撫署致賀又拜賀
鄒卿年都轉　就稽首學使畢回署拈香又致何潘陳太
守贈川一百兩因其未來守謝隨進入署候坐對評兩電畢回
雨勢稍止涼氣侵人初更雨透三寸
寅刻行正諸事齊備偕學使司道茶祭
關帝畢隨拜賀閩門調補雲南方伯々奉文諸學
署賀人壽訖回署是日晴雨透三寸

十七日晴。水函二十日初旧年都轉來兄信並屬分之案
擬三數日內印齊呈。秦崇家言函又寄。秦兄無之
中函書說甚轉寄，想不日早到也。
十八日晴。水函二十日招侍自京回，奉到名件。秦招
殊批印刻蔡綠轉行，說又接得兩帆艱兩極友
來信又得琴五來函，又得子壽自慄山來書。
十九日晴。汪水半定得霞府亭方伯、郁府芹無二君已補
嘉定知縣缺。為亮祖五日趕作留楊楸雨函，作書寄見

學中並附致梅湘親家一信爲毛畏指存沈庠收字文
得謝小山次存口西新選粵省來信并附嚴問樵書及
書畫二件即作覆交來其楊世兄已補列二十四年
失去人滿倒蹤跡菊疇考而不見臨楓爲之惘然
廿日晴承擬年送陳小舫之長男芝生以新選拔來見字
甚端楷人亦清秀惜太弱耳作書答程霽亭吳以莊
我處道員年終理前擬續據爲查明實知案以擬覆
之件此時尚無不動者如以四五千金移交湖北藩

庫，令其營存生息，以為接濟之用。如此辦理，嗣後即可免許多沾擾。業已約於卸事除作如此辦法，但不知繼挪出此項分文否耳。

廿一日，晴。江西平定范繩甫來署，知陸利類價已滿，迨歸任江夏縣事。

廿二日，晴。祁仰亭來言：考取謄錄、對讀，向係照例二班，均在場，場期尚隔三四日，迨選取時考驗手上所記，即裁撥，撥後至司道會考，仍係不能書寫之人充數塞責。茲擬改於初四日考試，畢即送入貢院，其飯食由該府稍備仍責成司書府書批差領頭押送繳費爲允頂替抽換之弊擬是寔之策以昭永久云云又據潯陽海關令來言桐棲灾民仍照上年辦理以子粮九月初一日開放也水退一寸殊非叔岩署中至一函

廿三日陰金耕金桐孫望華竭答望欣日奉之弟也以所著萃山吟屋詩二冊鄭鷗閣詞一冊屬改爲題二絕句黄上愷甲辰已已閱兩令之竭答所薦金城官書吏昭送和勇不已酬竭答印已下世又爲楚人琛之感也詩云個

億風流一筆賢，清詞曾誦十年前。晴川芳草揚州
月，莫誤尋常旖旎篇。前時玉局無前游，剩得
才名到手由遠上黃河誰賭取不勝，回首望蘭州
是日封寄七件：奏摺四件，片一件，清單一件，擬於去
年時拜摺居任好委員進，又發四川家信一件，與婦兒
寄李雲孫羊皮大褂一件，海青皮領套一副，寧綢套
毛皮桶各一套，又寄賀清秋園觀察一函，均交邑以問
知湖北臬感人全此信另稟逕行三帶去或十月間可

到也又由贵竹马封寄梦舫一函仍由毛吴庠收寄转
致出树石函山东花丑白江西出至蔡两太守信附之又
交朱荻米唐即一函早间送府封信来兄封积水道
二寸
廿四日阴水道二寸着忠领剑存处会商公事论田四封
得保蜀唐马母同来函知洪法周之柩当在母舅前
恒其三郎若虚集得三千金奉其庶母回川云
廿五日晴水道二寸换戴暗帽式另存祁得本手来兄

試用道李韓卿海舟還廬城館舍調箎亦來有細訊
德安府雲夢應城均因水淹類形困苦特來如江漢等
邨之較重年館舍人極安祥
廿六日巳時封樹午時掛晨水退三寸天色或晴或陰
廿七日晴水退三寸王子壽妹婿自黃利來省應試帶到
子壽一函其子弟均不來見以考試閱防之故其品學
可知矣余頗秉心不阿經過時擬題因之未肯傳見僅
令致送元卷而已黃吳諸令枚江朱令均以調箎來見

詢之地方情形及沿途查看，均謂晚秋頗佳，可之心稍白
河司馬李筱軒兆元自京旋湖，詢其北一帶年歲頗佳
君以獲望引
見，以知府補用，其存楚所歷之處官聲均好，亦甚
官之嬉之者也
廿八日晴，水退三寸。日前遣府役復來，見探得已派費銀
四十萬兩，內費荊州十二萬，武昌十萬，漢陽八萬，黃州八萬，安
陸二萬。晚復學傳秋坪書 附致安常二府函，即為轉寄

廿八日晴。明過三弟，作書復秋坪、中丞，閱楊星吾書，以卸擬力設法搶築六七堡，堡堤以保清邑，誰都肯帶數百萬舉梨棗叢書咸順不置，由其平生太心細，故識字而能致是，以習好此功法，乃壽講中獨有識甚廣，此人人無良之，何可笑。

九月初一日，五鼓起，先謁三皇殿，壽聖帝前行禮，謁再赴家廟行禮，隨赴文廟，偕學使同道行禮畢，與學使晤敘，對話即赴

直隷查看情形最合水道者審明道即查勘以便
詳一一剔許因其無到奏議請未便久遠即西岸者
鄉惠人等與上商酌各事所數其暢消水道罩等均仍存
長江水三丈零以守也
預三日晴明水退罩等照日考試簽官先盡揀選薦詳
道實缺候補同知通判州判及州佐共二十八員因拔
貢及小科甲出身者六人不與考試外將候補同知閻
以存等二十人送考文大挑知縣秦燾捕因病未應

不能作文自請先考請紹於篇首事呼大人試耶孔子道以神道以文得之不得自有命識此殊可喜已勵示賞得賞字諸生謂於酉初完卷慎東閣今張匡基得神得勝一氣呵成劉侄精學寧嬰卷之作學生入闈不知甚不草率民事矣而之快財

初三日晴冰過四寸早起審訊恩施知民李懷學謀殺期親尊長李侯氏一家五命一案業請王命正法擬於初八日抄摺畢

奏同時阿蒙補用人員竟當面考之招擇甚云
聖情原想諸將軍要商酌調補堅剛之員并其他
各事祝四營省安陸賈太守來見河陽吳瑞生刺史亦來
与談甚一時評擬頌隨斟酌　奏稿接閱者兩亦付目
睽朗掌心跳手顫殊為妄動而誤其皆謂氣色甚佳
亦不知其何以好也此函二字
聖意晴此過四字是否相符因知清查之奏已一并設擬矣
不至疲倦京中一切平順諸兒已擬賀喜之言忠奉云

初八日晴熱甚卯刻詣護封園奏摺三件行致摺交省信

訖巳正刻學使來署隨刻府志来隨請正至考棚　副主

考張玉大雙五日謝

恩延宮婦華以次入闈余隨刻學相與行陵亦即隨行来

訪並貢院遂與之考入內簾又上衙門見考官十員內外圍

心存鄭叔能先靈闌朱啟隨楊樹陳子錫張廷暮上董文

煌郭鍾任林々華蒲兩翁隨同閩試歧亭同知郎論

內收掌黃安六許齊藻均入簾摺奏　奏摺即備摺

調望識相道查看勝保對讀相所進來此又子式學可知
其所閣內各事又傳見孫封以事要見細議場事又簽
押文書十二件已酉正矣
是日陰晴不定早起與吳軍入闈余以三更久不能睡且與子
本無同宗更向諸操調望識會此次竟未前往陳臨部
蒼田謝蓮舫相觀登者見知已與靜與入夫復陵孫村
官之司馬本之案尚守陵來言一二辭內有段孫封事體
於科場條例究不符合且本可除弊起見近又易生

韓瑞請仍留刷印辦理等語，將其字跡留識提調對明詳
辦，而十九日又札飭內簾識費仍刻字刷印，各道刊刻迅速
須將號關刷存備核，毋許刷印不肖等弊。存該內簾房
考官知是以得各房分校所揭試卷內，須廿一二日始竣。
其務須榮多者，不上所閱者，或係將所揭已薦各
卷抽出圈好，以備調閱，修例未之前聞。念此雖屬
細實，平勤三載，何得遺珠之歎？此中何能輝後諸
君子閱歷名場，曾經辛苦，今日品求佳士，自當相

當年苦於二三場經策則須一律盡心披
閱如有博洽之篇即可連呈乃佳者則
復看補薦方為不負今擬荐卷本無定額似不
宜過於苛刻致貽五色目迷之誚將來内簾可論所
留者房薦之卷本監院去留一一親加校閱即以驗
諸君之性情人品倘稍存此而慢不經心甚或草率
薄則平日之設施臨民亦可概見惟使士子十分敬懦之
難免不同照相加也勉之勉之至要至恃之至於是否前

剋恭行間中々韓劍除甚難惟當剋々盡心期於安
貼無誤再與白官言之至舉者有子弟入場設身
處地亦當體諒以爲且無論
君恩々當報殊々當報也酉正天陰甚且有風
初八日寅卯即起仰視天象無雨無風心爲之定隨寔
畢於寅正詣龍門傳道中生開點初因尚排擠送天色大
明卯正點竟賞文諭曰各送歸換单膳毫不耽延巳正五
百六十四名未正即剩卯皆完竣封案後至酉初款待接

查各生子均皆安息，場規甚嚴，仰體以星在天明日五朝

子卯傍邊子丙字號所題之考諸生日昨出號各號

不雨，但得三場好，豈是人望。今日申初得點中來信，均欠人

所寫十三藝一詩，氣象尚不佛遜中書諸之而已

初九日卯正起，傍監試道上眺遠樓，西望又赴四官騰望所

查勘又周圍巡歷一遭，均甚安靜，隨早飯畢即至文風

查號傍試二場試卷，晚間又登樓及四角騰望一周

遭，泪回至至書丁細道茶話已及四鼓，始散。本日天氣

大晴

初九日晴，卯正即起，起至公書房，無事，看卷，旋復回四照院，簽押事畢，客至再起，至公書房，又看卷，消遣而來受卷，接見大門，應接不暇，贊善濟濟，神氣豪邁。於昨下視號屋八千二百餘間，號頭光焰上燭天際，而西望，尤覺蔚然耀觀，其中必出絕大人物，為之欣慰無既。五三鼓，令場靜，照還院，另閱他事，說臥一時許。十日寅正起，卯初即到剋，點名，至未初三刻完（共進號生七千四百九十名），該是日大晴。知貢自點六更，辰十點過，水三尺現仍存，長承武文六尺，今二寸也。

昨得三夫制府來書并胥助漢陽應試諸生盤費
屬即碌交拔萃劉季㮣手收當即托漢陽府令轉
致矣四條擬十三或十五六即回信也又得張琳雲以米來信
以米因雨水亦大竟不甚好挺云下游水陸灘高可虞
又無閒款無不籌不設議請官運至爲未知户部礙
遲四十日來否已屢耳未至一刻話悉目前已刻成誦
桂闈内篇門讀出菁英辭意迷離卷已五百餘十入庶查桂
届期連亦須十二日午後主試方得卷閲閲者則早得

十九时六点起程不到两埸手安站点名順序天氣晴和

已挪子青之至

十二日卯刻起周歷查勘一次又到視殺敵砲臺周等

株苑四望殷院作書復陸立夫刷存附十二日出安文書

馬上遙遙又出王詠香薇研太史晴江秋棹圖二絕云

通泉慣觸胡兒笛鼓聲聲蕤畫船拘將美人齊拍（社龍馬鼓）

手使君無此好神仙根佳（君風）親回首長安日穩載將桂（嘒）（卅）

樹及春來時試胡處於背是江城電裡天如水（時留）

月廿三日卯三刻云

華第一牌。是日早晚共進試卷二千本，入內簾，連前已二千五百卷矣。午後用號戳印三場及謄卷。於時天色甚涼，風甚冷，諄諄飭委員留心火燭云。

十三日辰初放頭牌，又進卷一千本，隨放二牌，再三牌，申刻又進卷二千本，連前已四千五百卷，亥初放牌完竣。計卷實共收九卷，連頭場三千二卷，計共四千一卷。

十四日卯初開門，點二三場名，謄生照貴名冊不擁擠，至未正共進謄生七千四百九十三名，尺不到六人，酉正封號完，亥正關門。

簽門請聖安出堂兌數啟至今天氣晴和晚間月明如畫

場事擬為順逆堆集以胃脘酸痛頗覺委頓又小感微

寒飲食亦減云云近因謄錄硃卷三千三十一本進前共七千五百廿一本

十五日早起修理試卷送蓮舫觀覽後往飯遠樓及

四園周歷查過一次又看教習生飯粥魚肉飯後近二

場謄錄硃卷一千五百本隨回里服浣作書寄吾堂河

師又寄陳東甫以子二安前附奏左函措辭一函附三場

題安於十六日發遞申時傳巷号中謄生完卷共已三

千餘人力求放牌詢之鮮久書吏戈什哈等僉云歷届
均係三場十五必須放牌本届此時指者欲生喊求已
屬妥分之擬此提調監試亦復無之遂煩之不允祕
門闈放由此陸續不絕迨至三更已放出五千餘人矣是
日天晴夜有微霜
十六日晴巳刻又送硃卷二千本制軍約差人送奏稿三
件供稿二件查閱修改封還一件城及請保人招一案
招一招辦江漢關樓二十日案口供氏招一罪員存漢陽安

陵得一郡遇丁憂知府請撫臺奏留守得擬六日發
余亦有意出關日期中晚收成雨水難價三撥擬廿一
日發云江夏縣報十一至十五晉水退二尺三寸仍存七尺二
寸四人晉見先中丞詢湖南瀏陽攸縣雨澤未足十四年前
權司官也因留之使所歷諸稽事如在目前察其與會極
似承騰錢事已六年有四矣精力亦大過於前接中國策
都遣史後發卷官呈報共收卷七千四百七十三卷卷首點
出五卷實收七千四百六十八卷又補點二場號坐卷一日補二場
補共卷二十本

十七日晴陰相間辰初出試門至荊州駐防鄉試獲生二
十名道隨平提調監試諸內簾門主向主考官恭請
欽命鄉試題目二道回監臨院拆讀於封條文係道光
元年曾擬論等奏摺
上諭整飭監務事兩文係恩夬任者四字即傳荊州筆
帖式二員入內至桂花亭厲露霏所請官也坐刻
刻刷印訖仍發謹擇
硃筆題目密封謹交照呈　軍機處恭繳二枝

係蒙出點所二千邊號卷任運開二字是日首剩若解

二場硃卷三千本進前共六千五百本訖

十八日晴早起出至三堂查對號卷回監臨院兩道送進見

茶罷一刻併余以胃痛甚不可支相與者散隨進硃卷

一千零三十五本陸續號五千五百本實解進卷七千四百零七

十六本計數殘二本

十九日晴辰刻收號卷放牌首府及署鄖陽馮守來見

據江夏令等已查明實民大小一異傷人又據漢陽令查覆已

日二十二日弟保均定於二十五日分廠散放傳文又接荆府
道到省禀具奏撥辦江陵稽核災民搶護城垣要
書府漢陽安陸鄖陽各摺片又查閱自行具奏要閱
另鋼雨小糧價中晚二稻收成分數陛生各摺片又核
暨鄖陽府開缺請扣留以補及病故開缺刪業名詹
本完於廿一日接蕃午問楊紫坡借馬匹仍來請摺二
件全日進內篆三摺碟蓋二千八百本廿本
二十日晴午接摺廣七誠差及將目兵千總姓送戒部

俟命於目前。又一道，改補包村居委員陳瑞神智過人，
於盛口之軍機靈巧，微微行爾，論近於清議，誠深遠小心
貴物論時方居正，如子郭先生稍初著云烟，究已中行
星巴名保秀眼青闊，乃十足名也，隨標聖名遂及
石首府州知縣閣內大小委員人，行中軍副將老將，述
守軍營員均一一照看，隨又接到照中兄然，中途初
一日四鼓一函，初二日一函，府閣星之序，次南甫書伯一函，覽識
道一函，貴陽府知府一函，均係九月初二日發，均仍九月廿

日到今人披阅竟有应接不下之概万二块後近碌卷二
千二百六十八本连年间所近二千四百本道光七千四百六十
八本藉近卷之便至内帘门与称之试诸剔擦云者
場布来中定初二日似未终印稿晓云
二十日寅刻起行恭奏摺一出闱日期附随和罢字件
一摺戊等清单一两小粮价地方情形附随生件一摺
久未痊请丢卸护篆係两陕四藉调理等情
会摺差弁左营经将杨文耀赍递计十月廿四日卯刻到

京三四章均奏可以案
批斯如上不行
天短則十月十七八日可西二年以外便當料理歸裝矣
是日巳刻與抱調笙成稿畏語別彝札歸途出奏摺
出料閱內事件五行中軍奈特胡偉律料理就
門以後事件認印出開隨好會學使回署後澤鳳彦
五二次相息咔飽已罷小雨今晨陰甚至午以後則
雨勢覺寬纖矣初報十六至二十共長水一尺四寸連前除退仍存
長水二丈二尺六寸

二十二日卯正起冒雨詣督院謁晤是送行之事再晤之
奏摺稿悉照侯玉二刺而擬文將會議禁及郡縣轉
卟觀即回披閱各事訖王子壽長與家運字孝曾
隨其孫子来來謁氣局恬靜可嘉之至因留晚飯
無將收到來脩五百金付之又送盤費卅千文並贐
甚
廿二日晨起寒甚寫家書還京覆命詣九峯說退
見播云制軍云稱咒須引退即不宜前接中丞請

安之不宜往謁中丞等語其實虞請開缺摺中原有

力疾支持請俟新撫到任交卸回籍之語現在支持

似可請

安爲是而制軍現有此語即又不便執拗只好先乞

巡撫前往陳明中丞不即出去江干矣探得陽令

開呈九月廿一日放散各廠捐民共大口十三萬七千六百八

十口小口八萬三千四百九十四口又捐銀五千一百廿六兩共發五

日口糧共錢九千零七十九千五百文計一月應須錢五萬兩

千四百七十二千文，共需錢四月分糧二千一萬七千餘串文。

滌岸商業陸續捐輸已六萬兩，稍紓當務尊已須三萬兩

零，勸捐自可集事。但為之確隨標撥，斯中途已至漢

口明白渡江廿五種印——即飭好為預備巡逆口陰陷。

刻又撫以為孫字呈九月廿五日前白據等人查明各鋪

安民熬給分文，撥十日一次，共大口一萬二千四百卅二口，每口百

文，共錢一千二百四十三千二百文；小口六千二百九十二口，每口五

十文，共錢三百一十四千六百文。計一月共需錢四千六百餘

千昔府叢四月口糧一萬六千餘串文計陸續遞增至一萬
串增撥司道共捐各一萬串已足應用毋庸再議
籌款矣
廿四日卯刻起清理應辦事件及見敦名李季寬後道
新任中丞過江予又往迎旋接來稿深以余
聖眷甚優中丞較
召對時大加讚賞指日即當封圻不日急應厥勇退為
言并將總督尊府暫住都門隨帶部屬托植友代為

將請閲鈔之稿抽出等閲其情甚為不感無如事煩病
懶兼難勉强且人生富貴禄不應來亦不推再及
子孫富貴顯榮此心可對
君文一切請所不計為妙也是吾繪者屢於中刻時已稍
至白鹿書院集使明日仰刻排印承送後即可擺開矣
中刻擺字部之交急請擺兵編二十四葉已擺三十
一葉好費如甚留印刻活字二孫道兄
廿五日仰刻起排書之計擬寫本文排印記傳等之時及中

竿得還摺閲防函之費送即乘輿出署於卯正至寓座談
州知府來見當便就稽居之來讀所詳文与至宅行聯函
翁宇貴州縣箚係一千由馬封遞投是日陰甚時有微雨
廿六日卯刻起檢点家乘為炯宪排次併歷刷府來拜因道之來
調天門安令田孝感至鄂閲余得道之度江來見謀小舫之子
蓋長之持其尊人手函來蓋以旅費不貲於向岸蒿
張羅乞為吹嘘知下場人言即無用鄂宗陵
鄂之山孝廉璽子行從九日來相閲閲文了緞藉作

以平盤費一則官職雖已捐得而入京之用四毫點
之用只好不對于金對不能兩勇意將之為擔手以之知
余志於手空之耶 是日風甚無雨而陰
廿七日 昨夜至今更為不成寐心無所思或以血耗散耶
晨起風勢甚緊然天色在晴不晴間隔墻望鄰舍家
菜圃一睹鄉景而竟不覺觸動歸思安得即為歸
去耶 午間王季海太守來見談寔川貴府帆先縣宗來
過不甚半時而去申初作書寄楊蘋南樹南擬附房中函信

去尚未發。晝午後北風愈甚，陰屋內冷氣逼人。

廿八日 陰。風色愈厲。巳刻祁仲年來訪，先來羅積陝

中丞遣至談，頃之時而去。中丞謂新甲之廷君李果

奉使諸不甚佳，不知其何以純中云午後仲年送謝

摺來閱，即代為改正付還。是夜大風更猛，屋尾俱振，

通夕不能成寐，重衾猶甚寒也。

廿九日 陰。門人彭子嘉瑞毓灣南陝調署 如來見，一為拔萃

一舉優貢，余以前所取士也。

廿日甲子辰正始起天色已晴此月見晴則一冬可無奇
寒甚冷所謂黄梅襖子窮民不至寒凍矣是日梅
小雲大令來見周仙儔同馬濤鈞六工俱之來爲談數
刻而去蔡處正武方伯周廉訪及貴陽貴筑
太守大令發書附致雙雙兩樹兩老信
廿一日乙丑昨夜北風寒氣來頗甚辰起天色仍陰
湖南副考孫之來拜又到追謝留不得已送其程儀
二十金閱抄并初二三摺責抄往京急爲裝函作書

嘱書局烟兇惡佳廣布譚唐撫呈字郵回信亦是爲
鞠月仍著人請撫院借賀布辞意日道府知云
初二日陰晚尚剃軍需撫并回鄂奉到附奏
批撫三件即遣去軍中丞代爲轉行記得撫左信菜進
聖駐大營即不入城营幸無既緊多來書以惠撫一
様已皆鄰人擬放之機因陳云仍留住東來而得爲之
素我無論不材不思以勝任即當此
命况已請退惟特力疾拜

恩邓次官时原无了境何不忘之必尊老道不堪而
后此陷矣于人也闻夏梓园太守升兖沂曹济道十年
不动一旦无意得之识而喜之
理言微有惜意祁仞年处访来谈一刻许贾扬
生夏梓园海源山先后亦来幕友张闻绍门人
李星甫及姚亮臣七姪各来谈数刻而午酉初
寄妥九月十二日所发家信并附炯儿安禀暨
手书并字莲姪竹楼弟树南甥人函并附贽之莲

府安信均已收閱存遂莊炯定信中以壽中丞見委
庫色京平足七百兩合貴平六百九十兩集京全以
奉先人衣金一切支用完後閱之不勝哀痛一第何足
奇異而高興一至此人豈謂錢何具小子不無知稍稍
艱難至於此年已弱冠猶有壹心得來立身行
己之道處世接物之宜而不審其多少於歷而
後雖成立耳七百金乃中人之產十口之家以此營運一生
吃着不盡吾小子無知以一年費之可勝駭
好弱不思用騰罪人中竟費用十七金而不得其旦老子多見及
此曾經囑切手書論之而吾不見諒遂重之真矣夫何

照隂午間舒石君上余來謁伊或多將幕舊友余
二十年前作委員時所寵愛今春見了安稱隹安
寔至頌藉相偎蒞閲余引進特來謁伊甚是感了
暢譚之刻伊探去志字之事見白捺字之好所居
之請安居本年應山隨州安陸年歲甚荒地方甚
安靜而已頃特舒名達揮斯人來和以石年庚張潤堯而路
假御史本道五字石印張所贈封御史本道而假之六新
以余曾護理撫篆也吾兒練兒九月七日信

初五日巳刻駱方伯姚觀察均來見李香甫大令亦來見宗節甫孝廉毛吳伯早飯至申初始散是日發陸立夫制府兆松岩護中丞信又寄炳兒京中一函

初六日晴楊靜然庵訪來順談一刻許去門人陸調笙來談將與烟兒同行北上已允之矣此子頗有出息吳中翰季平陞得小京官也申刻王蓮生大令自陝西解餉來省寓不易覓樓屋安置其跟役諸人之暢

談陝中近事寥矣知姪去冬起程補晚待至三鼓始調
當試道來此名係一等潘潤津陳藻濤皆所賞識此閱清
劉元吉為江夏時所取前芳李雍嘗為華甫太守之子本
年姪以府試冠軍進學姚省惠乃小山親家之子文筆
極清年甫二十而好學可愛惜僅中副車往轉昭
惡科連捷亦好也可快哉
初七日陰提調吏試孫道坊暨人皆調律閱清李
齊吾姚省惠各來叩謁又翻閱開墨之過又三蓮

生早飯後隨披閱各處賀年牋到楚湘親家九月十七號來函知炯兒須九月廿間方得成行其毛鑑庫收郵遞函囑自行帶來矣午後范直來上舍到寓少談留留便飯並自申正後去辰

廿八日晴漢陽無大風來兒知勸捐收官已可就緒為之一程教調江陵令翕昌廷自黃岡來見授江南某某輯寄云因即亦均請告假月來速獲羅老五曹泰等附某存積匯所自取也

初九日晴。羅蘿陽太守、賈韓生司馬、趙靜山、荊子馬、識完
蕢補司馬、周朗卿均來見。門人沈調緯、閻閱清、出元
吉亦來，各獎勉而去。
翌日為
太后萬壽聖節，我以引病未得隨班叅祝，中心歉
然。是日天氣晴朗，景物和霽，普天之下，想皆共樂春臺
也。河水自九月初十至十月初八止，共退水一丈二尺九寸，現存
長水一丈三尺。吳翰臣學使、祁印年廉訪均來談。附許

晚間與蓮生暢談至二鼓而散
十一日晴雲輔太守海瀛山大令均來見張潤生上舍送
余園石康刻山家論文集
十二日陰叙擬湖南藩司春介軒歷由蘇來鄂介軒乃予
師愚樓蘅先生之長興急遣人走匯符趨之便酌至
園刻始來以是日鹿鳴筵宴大府暨陵西轅照例往
見故也與之暢叙六年蹤跡及乃休引退之由性情
未擬為謝諸道喜出門遂去倦極酣臥矣

十三日晴

十四日陰有微雨差人送馮桂山中丞遞其家信及衣箱二件吳荔門方伯所寄家件申臣劉壽竹軒來談一時許知其明日行矣

十五日馮桂山中丞來談三刻餘羅澹村觀察亦來拍府及荊門州郭刺史王季海太守均來見午間王子壽比部自鄂省來急返了下榻來正劉炯甫自鄂中來不料其如此迅速也下見欣然晚間與子壽一時餘是

復徵雨差人送壽竹軒行竹軒又送烟兜壽金二百金衣
物四事再肆不厚因將受了竹軒又寄信京寓託任
屋宇閱假四兜為下榻地余因作書寄璧其芳功
情為轉求保代部置云即求捐餅十六日早
十六日午閱徵雨烟兜持子英書來云祁老墓地以
舊經廠署為宜價千五百金伺當力為為之晚閱九月十八
日旨判府會捐差餅四千一百也閱所捐捐餅四月以病久未痊
奏請開缺回籍調理得

兮俞允感荷

聖主矜全委膝誠懽誠忭此後可幸之日皆

君父之所賜矣吾身不慊知何可言

十七日大風雨漢陽府知切壽元精居官使之來談數刻去

十八日大風府考已過府知切壽元摶擇行期以二十八日爲

宜

十九日大風雨襄陽曾覲堂來談一刻餘而去

二十日大風雨午刻魏趙竹泉先生自湖南來談一刻餘

廿一日大風雨。祁卯年處訪來。趙靜山、馬來朝談約二刻許。

二十二日晴，大風。撝靜處、署方伯、羅溪村署處訪姚補之。署襄陽道鄧來見，夏韓園亦來，各談一刻。鄧子瀋勤六上舍來，又陶方書扇封紅下方案，餘辭辭至再，雅兔陶亦永永長。果來自保定，知寒擇歸，並紅赴鄉，已允為致書徐信軒觀察，似不致無濟也。

二十三日風稍定。祁仞年來辭，將過拓北上就靜臣學使來。子壽生談一時許。又詳閱烟史詩古文十餘篇，擬廿五日當使々隨來寄往禍々并請益也午後靜無事試文來詢問藩司應亦論事大略摘要告之并細談閱署江夏梅小蕖大令來是以湖南寶慶府新寧縣會匪滋事將代理縣令某某戕害并前任李令家屬全行斃命護南撫以某某勢門方伊已四百里入告派署臬事俞雲史署糧道雷太守帶兵千八百名前往勦捕制府亦即於三五日內帶兵前親赴督辦云云小醜跳梁不足為患然須速速蕆事方為合宜兒則

滋蔓難圖當此突竄接連而犯焰恣不可不慎之也
廿四日陰金殿珊同年來談一刻傍晚乘舟觀燈後來
和瑞山制府將以明日起節即往湖南剿匪新寧匪案因請
南撫談一刻而還
廿五日早晴晚有風薛陳中丞來談一時許羅滇村單齋
訪之未開寫來陳六世兄來辭因贈二千金遣書條子寄
信軒晴南助之以二千金與信軒書函附之頃見兼所
繁甚之託也是日已刻吾人遣制府四

日記手札

珍稀日記手札文獻叢刊

唐樹義日記

下

（清）唐樹義 撰

國家圖書館出版社

下册目録

唐樹義日記不分卷（下）　（清）唐樹義 撰　稿本

道光二十九年（一八四九）
十月（十月二十六至二十九）……三
十一月……六
十二月……二八
道光三十年（一八五〇）
正月（正月初一至十九）……四五
二月（二月初七至二十九）……五六
三月……六二
四月……七八
五月……九二

六月……一〇四
七月……一一八
八月……一三六
九月……一五三
十月……一七三
十一月……一九〇
十二月……二〇六
咸豐元年（一八五一）
正月……二二七
二月……二四四
三月……二六一
四月……二七八
五月……二九一
六月……三〇一
七月……三一〇
八月……三二一

閏八月……三二九
九月……三四一
十月……三五〇
十一月……三五九
十二月……三七三

咸豐二年（一八五二）
正月……三九一
二月……四〇二
三月……四一二
四月……四二五
五月……四三七
六月……四四八
七月……四五九
八月……四七一
九月……四八一
十月……四九四

十一月……五〇四
十二月……五一六
咸豐三年（一八五三）
正月……五二四
二月……五三三
三月（三月初一至二十四）……五三九

唐樹義日記不分卷（下）

（清）唐樹義 撰

稿本

歸舟安穩錄

己酉 庚戌

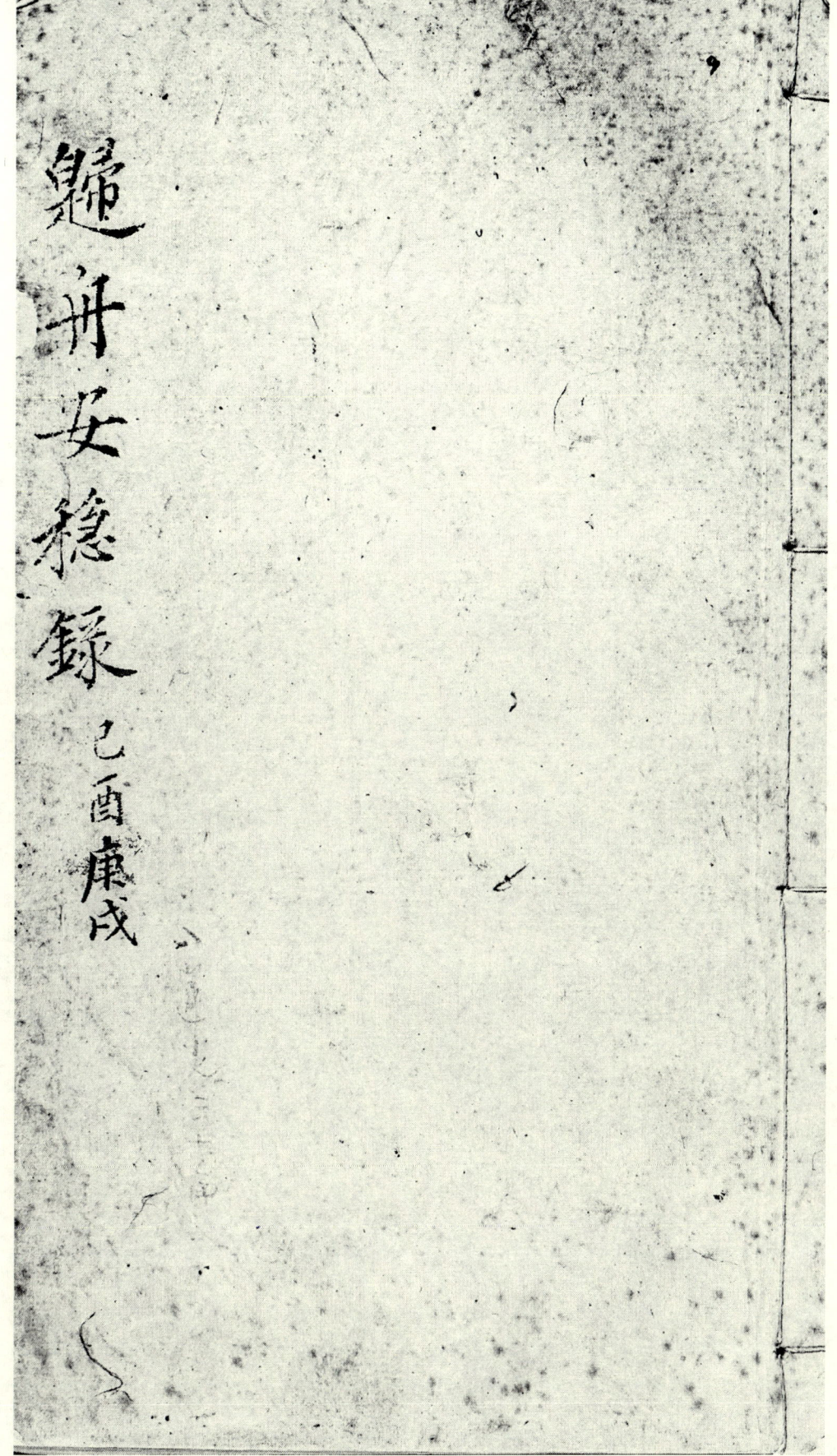

十月二十六日庚寅　晤顧門方伯受卿藕翁來約同行並余
以廿八日登舟當須待姻兄行李秉時猶聞行必在藉津上程也
豐屋每訪同余將歸拂拭病強來送行此君歷官卓卓有聲晚遭
山後不輕與當道一交接罷官不去為正人故我往還在官十年
餘多承砥礪今年已七十八矣後會何日相別殊為惘惘再初刻許
蓮舫觀雙壁試校射畢來談一刻餘渠因該次亦動歸思
未知果能決然否是日天色暢晴北風頗勁
二十七日晴　辰初出門先詣學使處辭行隨至藕翁處時晤顧門

方坦之、鄧蓴家、樗靜庵、辛庵訪撫卿，後並來進署，因至顧
門談。次詣黄甘田，走詞庭，又晤黄慕友、范晴之，談別，并晤姚
覲琴、補之、杉得祿軒，時慶宇、梅浙全來，俱茸珠背破
殘不堪之象，為之惋然久之。再詣朱寅之、羅澹村、羅蘇訪
讀之、莿舲及黄覲琴、雲舟、姚覲琴、補之、石齋、程玉農、蘇
使、茅竹詮之、觀琴、蓮舫之，拘之子時蓮舫及鄧覲琴、黄
田均以陽射來得把。時甫知姚訪卓在署，談至三鼓而散。
已倦極思臥矣。

二十八日晴。巳初碇行，津籌士彥兵備來相餞送，沿途迎送譯
寸心為之驚。移至皇華館時，學使、方伯、兩衙、道、府、州縣以
至者俱依隸大小畢集，竟日應接不暇之勢。學使訪
翰臣、依講文貌送至舟中，開行，泊於鮑魚店岸邊。
登輿之余因男、生、官舟，祖障白丁、姚芸階亮臣亦敘
別，符兄、母嫂後抱兩孫歡哉，抱時辭歸舟，已戌正矣。
抱日來，雖甚勞頓，心胸頗不清爽。
二十九日晴。辰初開船，中途來迎，護一刻之趙梅小舫大人之亡

來乙乙暢言方知乙難昨夢一一意乙遂娟勿自惱莫時事方艱
得手兒難得手而要知所以保全調護乙方為不虛此來也至
晚名精靜急脈但如抹窮早到而歷遂乙無侵良用憫乙
初一日庚子劉鉽輔臣學使來談乙劉許意擇賂余至某處
中以杯酒暢聚使冤事行李到來心焉兒定者往踐約旦
趙子壽日往為澤之趙靜山周仙嶠楊日高先後來見遂來議
節傅碧渠范瑞堂乙今伯來見因乙乙日身至陳陽府和樣
祥文詞會馬珊侍御晴以書院中諸劉刻保使詞晴

以閩上登舩一时蓋聞歲二十二年今日市賤不勝今昔之感
云是日天晴西風甚冷
初二日晴波信風靜海濱出宗乃來見爲言漂工安民可以救
諸物自口糧遣之歸更須費已多明德兵閩之慨發年後極靜
無之罷歸所伯来细詢底蘊之件即一之詳告之坐一时许始散此之精
细郁深宏柳必酬貫條不系華省官民可期得所係歸此地
方之福也
初三日晴下班風色甚順波浪不平惟思子行舉當宗

到來陳仰軒盼吾羅浚村署齋訪赭顧門方伯處
辭圃觀察李謹堂太守及姚芸陔觀察亮臣之來
坍之後來見芸陔又將其母命以二千金贐余千金
為炯兒作都中旅費辭之至再至三無奈其情詞譯
之意懇誠報不得已受之是以益之實係傳遣遺送不
同受大異於漢岸諸商之中故此非無姻婭親者往
來固又不可矯情之甚也
留日晴風平波靜闊湖南寶蓋之佳已經半途因為

貴兄作文較數日來殊無藝想其不甚得顯亦可想也

居兒到樓靜無累胥可仍罷讀村累胥無謗日來舟中

順兒藕渡中亟還了外艱亟命與前往唁之因不斟

酬松亭又過楊宅等便要讀半刻許而還

胡兒日晴從祿爾州應煩不可文亞形便如賈氏到來以

便早好舒暢而已遠無信息忽其人弟來船知其十月

十六已到武陵二十四日當來閩帆不知其有何事亦殊

可笑如侍五長華自不到亦只好各自起程而

已正在無聊，炯兒持子壽詩歸華安送行詩七古一橫幅來，適隸老重讀之，曾賜教閲平生知己，此君爲最，他日身後之文必當屬之也。

初八日　或陰或晴，微有北風。早起，致壽介軒湖南一函，即借子壽尊翁李輔臣學使之招，説談當日類相歡笑，保及時事及古來名賢，不勝種快，自嘆此生休問天矣。二公諸令之傳人，望之何啻雲壤也。

初九日　晴。早起，料理京中各信，付炯兒收藏，并見會攸

只二千二百金付之除薦居外存作千五百金自庚戌春
至癸丑夏一切用度自足專衍已切諭之無論科名成
否癸丑冬間定須到家蓋術士謂我歲行在丑將
死也予壽於申酉到再因命姻兄陪侍以得其行言
隻身消遣以擴充學業上存手心子之雖虛心體受再再
詞仍屬想來擬至撫署於蘋溪中丞尊前雲前較
又擬收至椿靜堂商諸霞暉陸科解乃協者人再三
山會遂備資作函致明古吳郵訪何蘋溪太守明體

因李倚軒拘太守爲日青劉太守談人道地也隨秋門除隸
李壽甫大令就諸臣學使姚亮臣部郎雲韓書丹階平
宗少梅孫小石濤韻六諸君先後均赤邊行是夜秋雨大
作又於子壽寓中晚飯侍母二語談頃覺倦急歸寢北風尤不
甚緊小有雨意
初五日陰微雨數刻方晴過存齋因過顧門方伯赴漢南往
拍來嶺余又至縣衙半日而散隨與顧門議定以十五日巳時同
由関行并定議使奴婢氏行虞兒不能即來姻兒且姑

迨渡江淮舟稍停候至五月以前總到即便僱車速
顧覓小舟趕赴大舟同行若過十五六一期即烟兒亦不能
久待只好僱車行李由付沅姚亮臣宅中收存明年
再覓便帶京便寄也只請々鑒川兄而回照拜答
金殿卿同年及仲蕃諸君來在洛澤情意濃綿不
禁離別之感云北風甚緊
望日兩早恐得緊塢京中來書情形眺々即交付烟兒
讀々令其查閱道立并護諭兒子一切皆惟命是聽

又卿嘱作字數件又与宗蔚雲孝廉話別即返寓閱行
記漢口灣泊云李鐵梅少李海滄山三大令先後來見
一一暢談所言門人漢南陝調任亦來久与究筆論翁京
中相見了地并備書加意周心歷早途行以拔筆一途
於得京官為好也午後微雪隨即天陰風亦稍定晚間与李素
比部暢談酌時許始散
十二日庚辰早起朝曦已上天氣未甚寒舍程鶴琴江畢即打鼓開船
至巳時以后李榮年命余也開行四十里經荊州府郡舊因太守使來

接西符道條收五万金與瑕施費八端被雨十六處情形頗能擇
使臣又得王命云係壽至岳州因閱南來關帖見沿堤船無云
云蓋民於此已三致意矣遂將費衣被復一金復西符局為
子壽詞意江漢英傳一席及代催黃州傅驛潛天四處
備金二万五千均似尚不出奈也委員劉護勳奉道行日道府
均差人來至閱上漢日知及當知均差人來隨後署漢陽縣大令馭
來談二刻餘吾行僅三十里至沌口泊與子壽鼓棹後即
至蘭門舟中與談一刻回船始知李子星甫大令停舟

來迓到已半時西命瀹茗傳杯把酒暢敘至子初刻始
散因僕奴押行李先至岸王文軒以梅花數本之贈據云本日已到
陸日十二日丙午卯前尚暫來相見云
十二日黎明開行七十里至東江臨泊顧門方伯三舟先到余舟
以酉正二刻到是日小雨數次東北風甚微姚藝孫昂兄奉其母命來迓
余坤叔來迓得至岳州招過余舟晉謁兩舸完竣余舟卯回計明
日十三卯正到陸與論僕奴買民到岸情舸完十五日定須開行
也酉正三刻王子壽以部役請至子初始散
十三日晴西北風甚緊顧門方伯以其太利怯舟之例也命撥

人小泊一時許復换縴行六十里宿解州是夜月明天清水平

風靜與子壽比部縱談至三鼓復道及兵事益不覺興高采烈

也

初一日晴風勢大順行九十里過嘉魚縣又十餘里泊龍口知縣劉

君先遣人送程儀再送酒席再送下程均不收受至酉正

刻該令來見其人病尚未愈也問及賑撫云日已大有眉

目惟堤工需費三萬兩餘某不能分賑項作爲築辦理頗

形拮据屬其力陳於上爲民請命尚非敢擅行其志

親手籌撥何如耶。是日酉刻至頭村，因見了堵丁桂生傍
其長與由常德河流遞來兩舟相遇，遂看漢口之際，並同
握時愿遠其之二十金係元春等情到漢後遂覓舟赴樊
城，明日北行云。
十五日晴。天微甚風，逆不得行，行二十里過黃陵磯赤
壁磯風甚，不泊，甚在小山間。曾武康初在此串卯與顧同方
伯謨以四刻解，又與子壽訪郝侯，亦四刻解，郝陵州同程
明三來，佑武中之員叔也。細詢陳樊陵上之言之，娓娓可

随山理甚为得法，民情均皆安帖，惟经费太绌，不能不力求撙节耳。曾经纲兄以是日辰刻在汉关行，计恒可望早到，不至需滞也。

十六日晴，南风大作，遂不得行。与子春比部、与杨紫坡、王阴村同日登祭风台，访武藤羽，余以顶风不果往，舟中与王文轩妹婿谈家常事，类叙畅谈，间仍与子寿谈至一时许而散。圆月在天，江风已定，明日当可开帆矣。酉正刻大风暴。

十七日晴，顺风扬帆，过一刻随至螺山，犹及未初，因泊舟，至子春家拜谒见其二老，再请不出，遂见其长君家廷、次君家隆、三子年甫五歲，諸物備之規矩也。以四十餘而二老壽躋別不勝感謂前後二十二年均為之弟，勸善規過無不盡，羣出不特其品端學優，肝膽照人也。得舟適及申知，罇門右伯謂風力已小再上，恐無停泊處，均余且作為住陸乙第伯，讀須一時許又昨其友人謝某出江西副率年二十餘，亦佳士云（從前已西陸上將來到此相待，烟兒於十五日晨刻開行矣）十八日，晴，南風大作，行未十里即不得前，亦不能退回，薄酒之處惟横流下錨，任其鼓盪而已。酉初稍息，遂拉縴行四鼓，始至白螺磯下，追及罇門右伯三舟同泊

十九日夜正報轉北風開帆未十餘里即雨申正至岳州之甗門外住篙

飯先是遣劉軍著速之戌什時還又偕舟人雇覓撥船以湖中水

一尺只大舟非撥船不能行也又遣人至敦小吉堂問訊知吳退菴

舍人已回里因將楊紫坡兄是楚省平糶銀六千二百兩点交該

善堂主事〻悅來候唐蕭月毛西園先生之僕人吳村莊唐

說常回轉呈西翁內有備節穀共七百二十兩另又玟道四百五十兩

共成千二百數為子牧師如是如是

二十日北風甚勁舟中不能讀至酉刻稍定與子壽比

郭談至子初始散尚不言別蓋各戀戀分手之難也夜半四鼓月上顧州方伯遣人知會開行時風色方順行三十里至新堤口由循口之東往東湖走長沙湘潭一帶由口進舟則為西湖余等舟進西湖望常德也進口風即稍偏舟人均以篙支撐代縴湖中無縴路也又行四十餘里之三舟已前進遲遲不上而王石甫之舟又以岸重難撐復手甚緩天氣大晚深霧牽擱遂即三舟牽泊而宿而波浪動盪心神搖搖不安穩又慮盜賊之窺窗也遂

与便如翁氏明村文轩弟兄紫坡独倩达你手解識
至庚子正月出如畫風靜波恬倚船而觀心胸為之
頓開記余丙戌冬初與陳子梅夫由京言旋道出洞庭舟
泊君山之畔時值子月十五日月光晶瑩一碧萬頃與宮
柔烈氣象迥殊不侔瞬已二十四年迴思之地皆在楚
北亦皆由此湖言詠偶然出露機闗巫西湖郡君不能
不作證盟也是夜自天空且風擊或大或細上下皆東南默弱
我心四眩後有四戚在鄰舟驚懼後亦無他
二十二日卯正風收始開船行達帆湖心四壁無際心為

怡發往水閣初僱住之舟所不前王石甫為所坐車牌船更窄
帶不往來顧門方伯已不知前泊何所惟余隨行大小三舟及
僕人僱長一船又接之船三日泊處無岸從舟中人竟亦不克成
寐江湖自從行路之難亦勢之無可如何者所謂只憑此行
昨風波到此地位惟有付之天命而已
二十三日卯初開行未十里即停擱不行撐持半日舟子皆求
至無策不得已又僱覓二舟運所備撥三舟并而搬運裝載
而大舟仍不能移動遂棄所坐之舟改登小把桿而行又

十三錄已及酉正仍泊湖中似明日或可暢行云

二十四日卯初開行風不甚利幸其舟輕而不膠撑撑縴

行巳初至鯿魚洲門門舟人云以前愈行愈深矣甫及

午初東北風大作舟行正順揚帆三時已出湖口至王君揚家臘

泊蘋門之船亦泊於是遂並相別已四日矣亟往暢談始知其昨日

尚泊鯿魚洲之南擱淺遲到此方及則修耳回船未久

王君舟亦到則在帶裝石上亦另覓撥船而來前係均平

安渡湖亦尚是快被擱閱永州一帶曾西諸連縴人隊闖

常有兵船由湖中繞道長江，殊為可慮，然係傳聞，未知虛實，確耗此亦常不能得其底細也。

二十五日卯初開行，河流灣曲，風色順逆不常，舟人恆撐篙代縴，並帆行甚遲緩，淺灘寬，四望山水清佳，頗似家鄉風景，不禁悵然久之。酉正泊深港壕，去新陽尚有六十里。是日天陰。

二十六日卯初開行，河流淺而曲，北風甚緊，雨亦淋漓不休，且行且止，行二十餘里即泊，時已酉正三刻矣。

二十七日前半日微雨，未初轉東南風，舟人張帆而行，至新陽

知泊于常陽者有二千里程也
平穩風雨不得行從泊新陽知人陳其來謂以病辭時
藏門名佑問之外洲消息探玉亦不之知所其人不相見
蓋此地距常陽近至長崎亦小遠是有兵船達日過
而禁之彼其他者不問耶
二十九日北風甚緊並有微雨從不得行午間便好常氏與奴
子孫養住便覓麻陽船一隻價四十八千文并稿薪盤費用從此等
船隻出郡又勸僱遠河二百五十千斤大食費不過四百千也

三十日雨止風亦稍息因即開行午未間微有順風行九十里
至白水鋪泊距常德三十里
初一日天晴午刻至常德接軍書云什峪春退回新寧
事探云二十卯刻攻城開仗至晝死傷此後未無信息寄
心農去字閱楷修禹及協戎韶人均來韶中文送滿席辭
之不得推要之者行軒蟲語自長沙差人以士隨憐幅板鴨丘
心相饋舒青年遠道送來甚爲肫摯讀之感無已萬莽門方
伯志以万金爲饋此呈因出起行余勇以二万金助之福提施

了常愛了無紙龔中日寓世好拗諸辭謝於誼不可得
愛其意思亦甚濃繫遂作書辭之是日便如寓氏已
借收子儀長男覓船使已定余所坐舟二十金餘四舟各五
十一千連前所存漢陽所雇之舟并計也又另覓伙食十舟價
十四千余遂移舟於作書復竹軒說書唐某生以其高人所作湘纍
及瓶花硯記相貺贈其二金又宋二府寓其人亦以詩軸及金扇為贈
委討石物
初二日天晴黃提軍送席高心農太守送席均不能辭遂

葬事之心豈樁仙又覓來各件謹時評而七甫郭子衡去
以詩古體并呈其所作詠史一冊甫陳秀才大醇北以作論十三
篇全字詩韵全字左畫正音黃二亭等韵切音指南一本
課子千字學一本古體詩文手畢旋得楚中書及京報又
作書復秀兄翁並致楚伯叔已到常德也又得玉兼及其
友楚孝廉書以初著甫來安也又作書訊心農太守轉
寄梁弟京中并附胴兒家書昨得姊兒川中來字內寄
寄胴兒函亦并寄之

初二日　晴　得燕平書，知試梅臣學使遭丁母艱，為之太息。其尊人先曾乃道光十九年以保舉作武陵令，聲名殊不甚佳，後升湖北同知，以卓薦由楚入京，本年八月抵京。楚學使罷黜時，得梅臣當力陳其行，而此公宦興頗濃，梅臣亦俾所入患字救識以奉其行，乃還至許州，竟於冬月初旬間以痰疾逝。聞梅臣於十六日得信，大只即奔印，遂東大府奏甫而去之為衰已。是日作書寄姚亮臣，因聞江夏之壤甫延燒鹽船千餘艘，其家行李甚多，未知也無恙否。

心爲稍稍通融得其一信爲精也午後遣兩村官還西剩思

枳楊桂農孝廉來亟延之入痛談一時許讀其近林

力穆爲歸閣中序行細甚之屬吏所贈詩余亦以子壽

行歸其半刹去之君心事抑而已

初四日晴晨由西常海關行午至望亭土官塘泊風日頗佳甚以

暢心目開爽悟於舟程是日作書復子美訊之投書之族孫唐

齋以無撓舟先行須至浦市方能改道坡仍來封薦也

初五日昧爽三更大雨即雪辰初始行西山皆白一水寒頃看雪穩氣

幽溪隔岸里许不见物惟闻篙声铮铮然也行十五里至桃源

始知宫常太令元音挈舟来迎随与相见阅其旅诗亦来

得披览也雪尤不止止时已及申正前途距县治尚远因即

小住明日当再行耳

望六日畅晴行七十五里至桂标山泊

望七日畅晴行七十五里至濯子滩泊是日两岸山环万峰

列戟青石山如幢盖如张帆如鸟兽状北岸群峰石一滩以

怪险图之备详矣行经其危险之处想见东羽上大滩

一個名魚子灘率過此風七八船未三刻而過

是日午初至清浪灘由常至傍千六百餘里第一大灘也長約

四十里亂石橫流夏秋水大則滿灣無放舟師稍有不慎即不

免於覆敗冬春水小則石如錐立曲折浮環水淺而灘高一舟非百

夫挽之迄不得上往往擁擠至百餘舟阻滯一二日而後過者

時在灘腳前舟未上者尚有二十餘待至酉初余之舟若帶

併力牽挽酉正一刻畢登一二即蓮驛泊于水聲如雷通

夕驚枕於檣幸已過一邊即安穩也是日晴

初九日卯刻開行，五十餘里至硃江溪泊。是日天微陰，節節皆灘，水淺淺而難行，獨幸載輕，故尚不濡滯也。

初十日卯刻開行，連上數灘，至楂石之下，巳午刻未過羅議溪。以謁選入都，胡丙舟相遇，接談數刻，君年已五十餘，昔附同其乃兄雁生煜觀察隨侍長安至晉之懷慶，其弟懷素小芸楚人劉孝長浮及楊湘楂村、特夫、小山與余朝夕過從，直不知人間有來傳事也。今不及三十年，曾之兄弟者孝長、特夫、楂村皆已下世，小山方調江西首縣，楊湘家居將及八年，余今亦借兄知蜀道而來乃徒步京門求一介尹撫今思昔不覺為之惆悵時余文捨正行遂舟與之貴且寓意不專見不能稍事持贈張難而情之懷者嗟余何而已矣吾陰行五十餘里至酒獲碉泊

十一日卯刻開行昨夜半有雨今晨雨仍未止船夫皆披蓑衣牽船行甚急甚遲之路懷殊適行二十里至辰州府余恐驚動地方不令泊舟太守便是前同院陸令張君景恒皆遣人運流持送酒饌不程均未收受又二十里至隄溪塘泊午後微

前日先申以後仍陰

十二日微陰行牽縴里泊白沭塘下是日灘少水平且安順風特灣環處多不能直捷故仍遲滯耳

十三日晴離伍家灣天燈殊甚抑初行半里至浦市與胡村文軒兄弟分手張安等由此另覓小舟出桐仁回約正月初二三即可抵海因作書從子美遣廣壽亦隨之行道開行十里至辰溪縣撥灘泊是日天或晴或陰相半雨

十四日晨小雨灘少而水亦稍深行八十里至沿江岩泊

十五日早晴午後微陰過辰州關小坵子灘行廿里至黃溪口泊前明羅謀溪至此行須辰州灘水最淺撐挽大難過此則坦平行問之下水各舟所言皆謂昨以爲慮乃昨日抵及前夕天雨不止河水稍漲今過此灘竟不覺淺篙師水手皆欣欣然余亦大喜過望云

十六日早晴西北風大作篙師水手安坐舟中挂風揚帆極爲欣快行七十里至黃獅灘下泊隨船五隻以帆滿河風力多故行較速余舟猶後至四刻始來及到前船不遠頃

午來過河五六里泊得順手是日午後漸漸風止略微

十七日昨夜漸雨晨冰雪甚冽不足卯初開行舟師以冰塊太陡

冰決漲開對面帆不行舟不能過唯將余兩舍余亦披衣起

推門觀之凡二刻許始得過此冰是日漸甚申後微雨行至舒

王家小佛寺距滸江口尚有卅里也

十八日卯初開行十里至滸江口舟人均於此買炭泥及他物因小泊乃過

李恩生先來入京與相住閱久候姪書知兒女輩家中均甚

清吉心爲之慰時以歸囊蕭澀借銀以十金爲贈君允諾

之贈無忘及作烟寃書，遂即開行，過連州灘，泊大〻杉木斷

下。竟日行來二百里也。是日午後稍晴，今晨昨晚皆小雨。

十九日晴，過野陽，泊江岩灣，行五十里。

二十日早晚皆陰，午間小雨一洒。行五十餘里，至中方墟泊。來

朝過高低洞灘，灘間岩上有江神廟，由下而上如登高梯，水深

而石横流，又滐環，稍不慎，竟舟必碰毁，故最爲險灘也。余

日行七舟，完增乃才損，遂不覺，聚力計全舟皆上，甫及未正

一刻云。

二十一日卯初行過魚樹灘至無底斷泊共五十里是日天氣晴明大
有春意
二十二日陰甚寒收風行六十餘里至沅州府泊着人至芷江
縣內查訊知初二日由常德發遞見岳先生之函已於初九
日過去是此時早已到省轉八兒及因子猶甫送我途中近狀
矣又聞鄂州中丞調補蘇藩月航同年署撫印以松岩升
升此事久經三兄中聞之者而不深否閱署藩以直吳并補
乃醒姜求先生之乃郎與松岩又並好了事不不並省

意見矣

二十三日己巳立春辰初自沅州行五十里至鵞灘泊是日陰甚間

細雨雪

二十四日昨夜冰雪至今辰始止辰正開行歷歷險灘行四五十里至便

水驛泊午後天色微明

二十五日陰過險灘三行五十里至波州塘泊

廿六日早陰晚晴行五十餘里泊大魚塘下過晃州通判胡君未

晤詢知新寧事據云縣城已空賊匪多竄出武岡一帶滋擾

官兵連次敗陣互有殺傷此乃緣來年也

廿三日卯正行十五里至新寨入貴州境又三十五里過二郎灘渡

日天晴歲事已暮舟次宗族眷念故人凡廊廟山林及已作古人共昔

一百三十人撰絕句懷舊者凡作六絕詩未知杜陽當可披索覽也

廿六日晴行四十里泊下楊埠申正卯上楊心舍舟獨登相傳詞之黃草

施秉傳遞一站甚不安靜究其白晝搶奪此間本無人現尚未傳黃

平州待降匪不能怯思胡閣此之大守不置尤足於四月案理傳遞

月即有辦理宗為隔傳所謂大難人最之也已正過玉屏知縣官以

旂幟相迎辭之不獲心殊不安當隨偏僚致謝而已是日得閩芝太

守九月廿六手書

二十九日晴行四十里至清溪縣泊知縣李君若野理

親出迎送并錢送酒席民壯縴夫均辭不受又署傳遞黃

今差馬請至日佳出吃飯亦婉辭之以縣方伯行即到郡為客

乃引退又縣中人也

三十日早晴未正以後陰泊龍鳴閘下行未十里因歲除舟人皆有

酒食甫及巳正即休息也泊船後與便如崇坡於柝又登岸行至樹

陛下有小廟主人供於此取賽手便龍斗滿禱祀無窮張吉士
意諒及地方官吏咸念洞悉若守在署之意感其懷服萬民也
知今黄君官聲必佳聞之欣佩無已

道光三十年庚戌正月元日戊寅早午卯正開行二十餘里申初二刻
至棉花溪泊舟人以歲首宜得休息故早泊也是日陰霾似
有雪之意

初二日卯正行過焦溪至大王灘下泊約二十餘里是日陰霾已
午間有雨聞額門方伯相去亦不遠也

初三日卯正行過天王灘遇周鶚周麟兄弟每人送書千餘又
四行楊先輩兄弟亦及第二孝廉無以將之各贈書
帙二十四日行四十五里至鎮遠府閱府鎮軍秦太守
來廿五日來近人小生鎮軍與圍人官聲頗好太守則老
書生以碑碌不偽也因為遣程先往及各從次子舒好子
黃福來述閱訊家事知皆平安為之稍慰舒閣鎮軍太守
言黃平苗匪搶掠之事中丞已派委胡潤芝太守及太小
委員千人赴黃平為之似今日已可到黃潤芝寄韓濟手札

料理妥協總覺此所不諳事外物甚但求知許以便宜不
來傳馳驛留耳申正二刻行抵傳遞處傳單定三更去
守送辛鴉來相見孫今黃君保楚堯人迎往早飯余以照人
賞封贊動地方官吏婉轉稱之因處寫夢姓店中時
天已經明店婦進店也
初四日知登岸店中小坐一刻即往拜傳軍太守閣
顧門方伯已到遂亦往拜道得越中姚巡捕析來信
今月十九夜江夏壞角延燒糧船至四百二十餘只

大小船隻無算傷人至萬又三千有餘畀西周兵便還京
小船亦被焚燒淨盡僅來傷人而已觀門言漢陽賈
太守亦之草字數亦相符也大之要常之災也是日得閣
芝自省來函即作書處之聞已到黃中丞乃專候之此
了無緒亦矣是日陰旋有雨
初五日辰起微雨檢點行李裝箱打包擬明日行矣觀門
來談一刻得閱湖南匪徒滋事又復蔓擾中丞已還
撥軍亦將歸伍官軍甚不用命鄉勇頗有悔意此

事殊未了也

廿八日庚子，自镇远行，镇军太守均出关相送，值谈数语，一揖

而行，上文德关，过相见坡，凡六十五里至施秉县，知县王君与黄平

徐刺史偕镇远黄大令均奉檄带乡兵四围兜擎苗匪，坡

未出迓。典史城守千总首偕一见，即登舆至行馆，初不作行

听。夫又不独留一身摇动，或者骨节筋疲，竟困之之极，是

日微有阳光，午后阴

廿九日辛丑，行六十五里至黄平州，未到州二十三里遇飞

西洞爲此中第一勝境仙雲霞窟頗極幽邃惜小雨斷滑
余竟不能一遊未免負諸山靈矣辰巳間雲霧氣滿山午後始
見霽轉申酉間大有晴意 徐判史名中玉號石民前此西湖佑訪之先生之之之也
初八日辰起大霧出黃平城至重安江吳陌後過渡登山過大風洞玉清
平知凡七十里宿是日驛來晴天色尚覺開朗在重安望兩傍青山
一名金鳳一名玉麟對峙山嶺雲氣逼人倘在江浙必稱之爲洞天福
地崇樓峻閣備飾莊嚴不知引人多少歌詠惜乎其埋藏（蕪）僻付
之之等閒是亦山靈之不幸也嗟乎豈獨此二山已哉 羅清年ㄔ鄭吳 寒峰曾苗道士

初九日庚戌雨清平行六十里至馬草坪宿是日早霧午後凍不可
耐登高入深石滑幾不能下脚輿夫亦辛苦極矣馬草坪為平
越州屬剿失書以前所對此二集矣
初十日辛亥行十七里至酉陽至平越之馬驛又十里至黃絲哭又
四十里至貴定縣署令趙君以廣順牧治此時署有東歸與史
陵縣廣東高州府信宜縣人是日霧甚濃滿山皆雪道路
硬滑難行到已二更矣
十一日由貴定行三十里至新安驛又三十里至谷里宿是日陰

過羊珠洞水由地中行今竟以

十六日 昨夜一更由新昌加夫趕行擬辰刻入城一刻閱有 圍邨不知所事發令一刻電忠日道府知及親友出迎心甚不安故以早吠城南邨也一夜微雨頗濕難行黄正韶到家夢湘親家樹電袁奐先來談一刻餘勞中丞即來拜會周千秋刺史亦來伍俊臣諸瞽子樹子霞一談又至藩臺暨漕帥處坐甚久矣再往拜狀元山濤參軍不值而還藩薩子隨即來拜縱談一刻即去余亦倦極思臥矣是日陰

十三日辰往中丞處展謁又至首道府縣及學使處拜賀
學使丁道府縣俱未晤拜訖是日陰
十四日辰起謁白雲寺展謁　太夫人墓午刻到墓未刻至
原寓與大兄嫂相見飯後即還酉刻歸是日陰
十五日辰刻往拜顧門方伯並為之籌元寶十枚兩為交付
訖即由彼開船行出仁濟門過順德江過白泥至三江橋泊西
樵到蘇家寨天已酉正伺尺曾姓父子迎迓即下榻黃家
擬明辰方能展謁　先大夫墓也是日陰

十六日辰刻起登後山展拜訖甫塋一刻許後還寓早飯又登朝陽閣竹林寨一視即行回城亦已酉正此三日也拜展　先塋祇來掃而已拜松楸鬱勃氣象森森於心爲之稍慰而鄉中父老見童年面目道左欣悅之情由猶如揖別來二十三年今竟得歸猶有二三老人話當年情狀甚悉今前塵如夢之覺初醒不禁喜極繼以悲也是日晴

十七日雨酉正三刻鳴雷午後出拜魏曾博瑚兄來談四刻餘而去狀元山亦來

十八日晴午刻武陵南署答伯翊觀察署齋談同來談一刻許初士隨
善人衖步行即出看梧親友并至陳射來家晤其夫人及長
君訊問家事出唐充足為之一醉又至何亮清孝廉家歸已
酉初汪李湘帆茂才來屬為摹物待歸華出詩文是日申初
往探翟讓泉大令看園題寫山林並題昔人詩云主人難免
花枝笑如此園時不在家吟詠再三不勝惆悵出臺讓泉甫出
山有此佳園然未必能歸享安樂耳
十九日陰出門數刻而還自十九至二月初五日雨多陰少未載

偶來案上偶出究未能暢亦無可詳

二月初六日粘命奴子收拾園亭是日晴

初七日晴往楚湘親家處談酉時許已搬明日出土地閣至墓

祖墓一次往城即日赴劉壽亭年丈小河坎鄉居園林遲來

正考將府報內不雅觀賀

太后召諭即日子刻到是日晚間又復大雨如注道路泥濘遂不

果行申正往學使署道賀談二刻許

初八日晴早起詣技祿寺廟行香遂出西門繞阡陌行登壟

雲山周圍縱覽，与老僧閒話一刻，仍循山而還，道盛清門又至楚翁家暢談，因共文竹溪同年、出樹堂兄丈晚飯，至酉正始散。

初九日 晴。答拜數客，順出東門赴永慶寺，申初還。

初十日 辰起，无坐盥洗，方畢，忽得 中丞書，藉聞

聖上升遐，心肝摧裂，不勝哀痛，即登趨 撫署，受閱部文，乃十四日申時也，又与 中丞相對痛哭，約期成服，隨出署，即通知朱蔭書、王樗湘、出樹堂諸君，所囑知會津士至朝

廣集云是日晴
十一日辰仍日詣
皇殿成服畢各回家十二十三日同三日均晴
十四日由佃君知會明日
大行皇帝遺詔寄官律均赴南郊跪接復日詣
皇殿跪聽宣讀行禮如前儀又得　中西書欣知
新天子爲四阿哥少年有英挺聰明仁聖實中外臣民之福蓋
數年前趨朝時已仰望風采矣是日晴

十五日發信樹堂蔭堂夢湘諸君自至南郊跪接
遺詔文至
皇劇踏謎堂讀舉哀成禮畢回家晚晴
十六日微雨
十七日陰
十八日晴
十九日早陰晚晴同蔭堂夢湘出次南門送孔母尹太夫人葬
同船雪崖同小坐

二十日早陰午後雨得吳知會

大行皇太后喪詔至又知會二十一日

新天子以正月廿六日御極喪詔至是夜冰雹大作

二十二日早聞微雨作陝西書又致湖北官幕及子壽諸君書

二十二日陰作書致琴五斧論炯兒又復直督祁道瞿先生書又

致書叔兆彬岩中丞山西又復春介軒廉訪湖南書前四函

託中丞轉寄後一函託武次南方伯加封寄

二十三日早陰飯後登輿詣白雲寺舊居順道至炫兒墳前

一昶午後晴

二十四日未刻詣

太夫人墓前行祀起碑　祖父母合葬碑王太夫人墓碑

均須重換故也是日晴　是日於西偏添種翠柏一株

二十五日晴由舊居行過鳳凰嘴都郵嶺蒼樹寨合江樹趺

過水田垻至蔡家寨朝陽寺甫及未正即登岩上山詣

先大夫墓前以申刻行祀既告祝起碑後周視將有碍之

樹木砍伐又栽種梅桂翠柏各樹畢還寺宿

二十六日晴

二十七日晴 夜間大霧

二十八日晴

二十九日陰 晚間大霧 是日得子壽湖北書 炯兒京中來信

三月初一日 晨起霧甚 巳初晴 飯後從後山西右行直上 又轉左山直下 上至鳳凰山山口 周歷四圍 至本山已及未正 極不可支 還廟 頗倦已極 靜臥 逾時始覺稍適 甫五旬餘而精力頹敗如是 以之堪任事者哉

初二日晴

初二日晴晨起早膳畢即乘輿由三江橋至野逕春牲寨走鳳凰

嶺詣

太夫人墓前查視碑石訖即還老屋時李春帆茂才王敦亭

姊壻均已先到久之晚飯又周視寨後山林時已酉初歸後燈火

明矣

初四日辰刻葉三

太夫人及姊丈母王太夫人碑石訖相邀遠近寨鄰楊孫攢前

氏老少四男女五百餘人宴畢後散頗極歡快未初雷雨忽作中

正陰晴

卯正辰刻後詣

太夫人塋前查視碑石一過門東〻興還省寓因連日感受風雨

濕熱体甚不暢特延狄君山茂生兄〻診視據云肝風脾火太

甚隨用鈎藤防風諸藥並用薰眼是晚稍適午後彭樹

來談一刻許而去

覺目兩眼服山藥甚有效因再請其診視又改方加連翹生地

等味

初七日　雨　再請墨山行祝云已成大略平遠後可清理前後九五帖

初八日　細雨斜風田

先大夫墓碑已定　初十日來刻茶之不錄不忍往料理遂登輿由

北海凌出竹林寨居拜　曾祖母墓之　樹亦表之年丈及鄉老謝

之出渡二刻許由新原寨出大街灘至三江橋過高木寨之中

至日起之茶話此行半刻此至朝陽閣廟已酉卯矣

初九日　陰　飯後先請

先大夫墓前看祝碑石已不完後隨乘輿至耕山　伯母龔太安人墓

祭掃畢，即步視左側地頗大，可作繼墓穴，以待兒所葬櫬之地，穴陡西
右多些，前山急，兒婦又不能去葬，擬還於此埋也。
前日來刻立碑記，擬邀合寨鄰老叩畢，集前坐修標穴猶四年，
飲酒千壺，既醉且飽，歡呼笑樂，令人心花怒開。以丑己二年九年來，今此
景象矣。還寫寫從寫與鄉老宋公八十六、傅公八十、周公七十八、王公七十五、李公
七十二、王公七十及日雲亭例之趙公六十五暢談，往事皆精力康強，健步，殊令
四信由於不知不識耶。
帝之側，將保其天年，如余年來六旬，而兜弱且病，聾聵髮蒼者

甚不意雲擾擾別自帆亦有自歎安日蒸積和初無雲霞無雲
信陋餘生歲月耶　暑中剩陰雨
十一日辰起鄉人因年來宿債只得生理多經各處書來寫信
余當買不得已擇其最緊者分別發之共用只一千九百餘金
唯務先托料理甚　微雨
十二日辰起詣
先大夫墓前查勘碑石館舍及工匠均已完竣惟今四周栽植
深淨訖即還寓早餐因即乘輿回城已及申正過歸寓以中流差矣

升坊邑子出長生貴安信還西層覡〻知以内子三月十八四十生辰
與其夫婦特以万金為壽又遠寄什珍數事特免符擬遂集十一
万金匯通前官五二万金借給年〻用小子隨智孝思揚初心甚
周至閱〻所我美可早除晚睛
十二月作書寄陝西常南陝營府仰何瓚〻陳以王蓮生大令將
赴粵四川也又作書寄黃縣丞宗薛廣〻王壽庭楊生仰鍔
撤還細說來字將由中西家將所寄京華又以五千金而貴陽志
書續搆〻項〻家替分轉改舟愛園西湖觀瑟書的山湖曾

五月讀揹也是日微雨
十四日陰將之匯文又以寄京信及收特往謁鐸中丞坐談一時
許霽（湖南）匯防堵之事及都中近狀明有閩知大都將悍兵驕武
猜文恬粉飾之情形為多如中丞之韓傳胡闇芝太守之才
高而心實實不一二觀無安得三者大吏盡員皆如之何
遂不足見萬年那是日申刻又答拜武陵南嵩方伯朱陸
李濟卿太督湘款冢田晚閱文作書復周子夫劉與胡闇芝太守
十五日早雨晚陰料理赴匯之行李并託袁萬拜李湘帆

於壹翠泰（在熙生乃翠盛）紙鋪兑足庫紋一千一百兩（限三四五月交足其票亦限五月六日存以算兑交）

余以成日即行，母子不及作書，因明來善及吳子隨行，特於

途中備寫稟管

十七日，母促打包，以已初行，至周井巷樹屯表兄處，母談一刻許

至吳成仁懷讀地方，房東清理閑者，節時收訖，即行至北門

稅廠，王蓮生太令在彼處送，又談數語，即登輿，與行，午

正三刻渡至

先太夫人墓前，查二石碑石工，各然拿均已安妥，與榮先施主

談甚歡卯正中頃隨山行步行子嘯至札佐宿時已酉正矣

天陰

十七日卯正行微雨嵩道頗泥濘凡七十里至息烽宿到乃申

正五妹兒差來又畢升油祁川件家事拉騾瑣屑良周俠

就此報作書已戌正一刻明晨不及矣

十八日晴住一日乾水

十九日晴至黃材尖聞東山年兄撰椎香卯正到家聞之悵然梁年

兄敘金而歲晴撰於江寧而還不永年家故那果甘串

刻入城住子美二弟家，蓋自丁亥年至遵義掃墓以後至今已二十四年，故鄉山水久縈夢想，何幸晚年得歸，歷歷前程，直如夢覺，其喜不知，其快醉之情竟有不可言語形容者，以視今山世界，不啻天壤之別矣。

二十日 晴 以奉
太皇太后長辭成服之日起至昨計二十七日，除制服，戴用纓冠衣，起作書諭姊兒符禾知於黔省北門外川貨居聚盛昌（在前北琴舫）處兌銀千一百金，囑於五月望前在羅清安撤回收票文，以前在學值之天成亨

寄存京二千金收票一張寄交曉其在川省天成亨號先收寄照
將以此為備理初喪之用也飯後出門拜劉太守循之因其孝誠父喪
例得回避特而不曾隨拜何前太守秋谷太守同養恬署代居常
協領及都守典史即詣舊營軍署周視計已二年餘矣完竣修文並挽內
皆氣象寬敞以作五家宗祠足稱孝大為之快然是日劉象賢孝
廉來寫字頗不凡與談一刻餘而去
二十一日飯後至北門康家丹為
六右之老二年年前已為人置案以五年奉寄曾東五妹陪留即

話甚久，惜氣局不甚闊大，他日當局究竟重加研練，或可造為鄉賢。飯後至煨亭，亦佳景也。隨由北關過洗馬灘，高橋至觀音閣拜祖象。順至杜太君墓前恭祭，探集夏族及前後左右寨鄰共勞祭，飯畢，歡而散。又至福田林墓前祭掃，訖，由河樹門過洗馬灘河。回日方申正，雖亦倦怠極矣。是夕暢晴，酉刻以後天色微陰。

二十二日　早晴。莫子湘孝廉來拜，友芝其尊人名，與余　先大夫戊午同年也。人品頗端正，學問閱歷亦優長，與之議論，似覺微有傾氣，雖亦不可多得矣。飯後至紅花杠介石公暨太君墓前祭祀，親族姻戚男女畢至，凡一百餘席。
席散後，余即還寓，時方申初，微有小雨。
二十三日早陰，巳刻後晴。余以今日赴海淀謁墳展拜
高祖考三公墓，因昨日申後微雨，遂不果行。與子美之弟安生
暢談，頗足樂也。
二十四日早晴，即啟行赴半山衙
生高祖母　曾祖父母　祖父母墓前祭掃訖，遂往謁　姨曾妹
祖，精神雖健，而雙目失明，兩耳重聽，年已八十有七，寡媳一孫女

付之蓋其長媳子孫皆甚不孝辭虎多年矣午後即西宗大雨一刻

雖是日親族集者約三百餘人

二十五日早陰辰初即起行詣海就堤以巳正至

爵三公墓前恭祭祭訖即往致籽林家午飯大雨約半時許遂登輿

往華陣杜東儒表弟家兄姨母王太孺人年已七十有六精强

神囿步履兩目皆不減少年爲之欣慰無兒無女寡居海就堤之主夏

親族氏二百八九十人

二十六日早陰午後大雨申以後復大風余連日困憊頗甚要以腹

疾至近日略明休息疾亦少愈
二十七日早陰飯後由杜宅起行回城途中值小雨申正抵署雨亦止
二十八日早陰午晴辰起至子美弟齋閱各信件親族之家書一一
封畢十六封凡一百七十餘件大觀喜成詩王朗村趙村廣庵又看
自海色來談至子初始息
二十九日陰午間微雨一西飯後出門答拜城內外諸親友說
三十日晴各親友均來答拜午間與葵子湘甫吉堂晉翁谷談一時
許而去

四月初一日早陰午後微晴太守約吳小研偕來賀翔余亦遣人
赴文丰閘村兄弟亦來因至後山觀覽一時而還是夜雨
初二日雨
初三日晴
初四日晴太守偕王以招孝試文章四遍不及相見余到了時偕
叔一刻而還太守亦偕先遣人來致意余未識後來謁之又談
一刻終似予予善其情外間情形當年蹤年
初五日早晴叔弟杜東傳來君善地理偕造陽宅亦甚

省結樓因下乙日至蔣余軍營看定亥巳兼乾巽方向樣。舊基既移於右約丈許，向西移開大水法亦之之作本年無月尖利，須明春二三月方可過之，若大利須十月也。是日午後細雨如絲。近時許余先著拜志字兄其兩節來，隨偕東伴朗村兄弟子固文子同至楓源洞上謫仙樓，三十年回首節也，恍如夢境。幸而歸來，覺此身亦飄飄有仙氣，未幾為之書額。

初六日晴。與東伴及王文軒家子固子吳兄弟共酌。初更方往架

先以筆記之留交子固俟房屋料理定中官時仍須煩東偉廉

存也

初七日晴至陽村先人亦偕至杜東偉家拜南茅坪田溶年陵楊

葉陵來言前件之三丈有杉木大一圍餘二尺可以作棺因價貴令

伯前往觀之

初八日謁佛辰初起即起甚早日暢晴酉初微雨一洒

初九日晴子美弟邀陳秋谷太守周養恬刺史小酌時至

桂村明府之郎君名頌揚適來因招入座憶余於丁亥歲曾至

其家太夫人貴恒村之二千出見人之一今已二十四年矣蔭芝学堂好
已作古人不忘其後嗣如許長成可賀郗枝也第快耳
差之年六月已得初晤恩通営信剳史折遣
道宮房中至二件行中至办理黃耳一帶甫迺三回万[illegible]一十七八[illegible]名淩
暹羅示粘決一九古千戶一名雖已擬以軍流徒罪壹處摺二元乃查閱往信遠所
房苗匪滋擾之久地方官皆畏葸不前弁團堡弗審為虚洲殘碟
民幸生還凶威已戢專委胡閣芝太守往办假以便宜月之內竟
能首轉令獲地方首凶正法快意想此摺速至必蒙御批

嘉興人聞世孝字宜以題擬不次也

初十日早陰陳枚弟遣其四弟成枚來言將以十月初二起靈于

船三侄墳塋及其伯母墳合葬於鴨溪陳君三弟墓左右余助

之葬費因以洋銀十枚贈之歸于舫作書 先大夫至為友愛閱

其所葬之處陳隆又為伯母治葬在煤山下似均未安以致陳枚之

弟並無子嗣陳隆自不宜遷又燦雲姊祖之曾孫愛哥年已二十

七矣尚未娶妻亟以洋四百助之其家式微僅留子雲哥妹姪兩

人耳雲哥現寄養於余家已經內子許為聘妻一二年內或斷

生子延後亦太如乃又標子莫弟云曉峰二伯夫婦子媳五墓均無
碑石隨以二柏五株弟已付子彦爲之立石以誌曉峰負文名而淳
芝伯祖等應（舉）府乃相次擬申均以額滿見遺年至五十餘而始
登一科年已老程途又乏子嗣其情可哀其平日之居心立品
亦可見矣是日小滿巳刻微雨酒後遂暢晴酉刻得黃
專差來信知少女息出痘亦已落痂上下平安炯兒二月廿二來
書京寓亦好其字學尚爲有進又得黃琴塢孫芝房何子貞及
丁世琛兆松岩壽前軒（江俊卿）畢向孟王李海胡潤芝各函一一披閱

欣歷無已

十一日早起即晴。青萌姪二人來見，言是 先曾祖母之姪曾孫，其意甚窘，予以青蚨四千文贈之，為一餐之費，此皆可憐者也。

是日晴，間微雨一洒。

十二日晴。陳秋谷太守以酒饌就余同酌，辭之不得，因同子莫兄弟及秋谷之門人馬、楊二茂才擾至二鼓而散。

十三日晴。子莫之姊妹三人同某妹之女蘭秀妹偕其長女同來，見余因屬子序其備饌二桌，每招諸徒輩之老年

姑婶妹来问所谈妹以余曾　貴舅死所以不能觀之祀袁簡
齋先生請林將軍祁公祠遷小妹惟之貴教托官祀者
乃肩棄契切而曾味情状固如斯也丕另卡間俟小有興語
陳夕祠觀木工未將所作工程因就地指示規模並逐 查
宗祠以觀樸素 樸素 用移工覽料實為主正不在華飾也陳以為
前送文字對西山集嘗送請織工來送教人種樣樹善葊禮織
油井五合五所料惜貪其利故其人不忌所自為像子祠祀陳秋
谷太守遞云清福枝氏甚為確切余謨擇之保不禁感悅自

問生平歷官僅稱清勤自矢而已，禦大災、捍大患以及興利除害諸事皆未之能為。今已請告歸林，猶保首領以殁世已，爾無寸安無德，後復何所望乎？只自到殁，因勉諸子某而好自為之。

十四日晴，時陰，雨甚微，農人皆扶犁以待耕田，况旱青稞未登，不勝為之惜。蓋吾民氣皆甚拮据，每年歲不收，則苦之矣。樹長是夜大風雷雨，極之氣全收，余亦安眠竟夜。

十五日天氣早涼，微以覺暖，霽。子園弟亦致新問軒及高焉昌

三姪咸共得　初壹屋宇十七連包於危姓木工議定裝架及

工四百兩另外三百三十兩共合實銀七百余猜貴寄於其間

計再裝價須三百余瓦二須四百余磚尾四百五十余及圍牆

尾姐梓榜器是須再四百余連地基價六百五十余合共不及

三千余則　初字成矣

十六日請借玉吳日至寒山御先諱淑儀姪妹親託印恐和之

六妹會每年收回以十余託和之於搭屋左右栽花種樹及行

云往還　先人舊觀也此時和之當為其猶無他又是子姪

孫女輩亦頗學而無師，因再助之番二百，錢十四千，以資教養云。

還城，首及東正門軒來呈用帳，計錢番約若。

十七日，晴。辰正啟行，由石家堡出南門，過紅沙杠，出夏楊坝惠居

舖，登懶板凳，未昔行，午正至葛耙坝宿。

十八日，過烏江，又至養龍，就宿息烽。是日腸痛，楚不可支。

十九日，宿札佐，到庵中，初以天氣熱太概，與大鄭移行，程約七十里，

即住宿。是晚天色濃陰，疑有雨意。

二十日，早起，陰甚，更轉裝行，時方卯初，由烏江來所見稻田為沿來

穰多當今行乾望於十日不雨則將成災是日微雨數點於田禾實
無所濟然亦稍有潤意矣未正三刻到家
廿一日晴雨各半閱訊家丁後隨督奴僕堆砌石山
廿二日晴雨各半堆砌石山并收拾七間廳各二分屋
廿三日晴雨各半石山成 子美弟自通州來請咨申刻去
廿四日晴雨各半出門謁 中堂霍條廣文拜賀 子恪方伯并李閏
武次南並訪孫觀齋康郡守郎大人暨署督又周耕史未
薩米濤師歸及申刻朱壽臣太守來謁金甫子卿若叶曾

於 唐師佐吾先生座中見之。戊子赴官楚北，又見之。從兹與
觀璒座中今已三十五年矣。署中老吏以此爲官而相調者郡
不得明保之來事
閱致張子綱，於亦名不副實者頗
廿五日 晴。但今晨大雨如注，仰天四望，雨氣蒸甚，寬哉者遠近皆沾
闔澤。午刻次南府訪儕孫，觀璒來談，二刻歸。時池荷田田，如珠
滿盤，雨中獨覺香逼人也。
廿六日 早陰，晚晴。存孫均謁監雲山謝降還，至余處談一刻而去。

廿七日晴　吳子苾方伯來談一刻許　而七午後擬袁竹坪秀才狀呈
山東軍政書兩世兄　曰子英弟小酌　竹坪與余同學少年時日服同
相見暢敘當時情狀　覺我獨老　月前我與心而髮為霜矣
廿八日晴　是日中丞招子苾　沈南一小酌　子安以得家信　甚見
西甫已作古人　不無感也　行中丞因招觀察及康侍誠太守曰庚庄封
西山台兩佳倩　額擬觀吾庵閱出京信　京抄傳觀　欣知
天子英明仁孝　寬已求賢　少穆宮保　稚圭中丞　石甫方伯皆當再
作出山之采矣　為之快我　吳方伯桐園三月念八日書

廿九日，晴。早起送子美弟行，集行李頗艱。現因備理宗祠為期尚早，遂挪此項三百金付之，將其到後再為寄歸料理用度，并屬以二百金交其帶歸，付子固手，以為支當木石各工伐木及燒磚瓦之用。又付帶《皇清經解》一函，共三百六十本，《經世文編》一函，共八套六十四本，又《經海》一函，以為宗祠中存貯之書，俾族姓子孫不至固陋無所知識也。是日亦不逞。

五月朔日，晴。申正以後微雨數洒，夜雨。子秉、蔭翁談一時許。

初二日，陰甚，時有小雨。

初三日濃陰密布四望溟濛細雨不止酉初以後微有日光晚間仍
有細雨是日姊宅字來係四月十六日發
初四日細雨濛濛天陰不開早起作書寄周莘伯恬刻定印若助長
生處之限照以成刻也因姊宅專差來寄信六件又
附鄭姓一件也其吳常保參軍信附於此到日即已發去云
是日申刻買使女一人十二兩換名之曰歡喜年已十二矣
初五日晴雨各半戌正微有月色亥以後大雨如注是日爲午
節是日閱夢湘之郵寄家書並讀其著作數首年條陳敘

晉生寄王夢古先像，晉來談良許

初八日早起小雨，已而復晴。得小雲師信。志澤、有卿信來，即答

姚賡臣、支午亭、王季海及賡臣之族兄之名一函。又得夏

叔漢、楊孝崇來信，旋亦成疾病，垂將死，求為賻助

即函覆，問軒德以六金賻之。是夜移臥臨池停東室

蟲聲唧唧，加以風動樹聲，拉襍竟夕，殊不奈眠，至丑初

始得合眼

初九日卯正三刻起，擬封書寄楚各信，又附寄楊理堂一函託

秋曲山來因近日詳馭閣方陶府伊心來談一刻許邁　中丞來
於七閏歷堅談約一時許周鹿池寄（而之）知楚道已於新鄉生獲
大兵千全撤矣　廿五日　晴　午後又詣樹堂兄嫂處談一時許
廿六日　晴　辰初出門答拜陳秋谷太守　穀山年丈　至孔翰
朱筱隆處及周鹿樵世兄寓各小坐數刻而還
廿七日　早起陰晴　巳初微雨一洒　午後仍陰　先是楊協戎來隨往
秋曲山來因詳馭閣方伯處詞世兄收發來稽前來談至申時許
初十日因往青裳小山江南並覺大雨竟夕

初十日早陰微有雨，巳刻以後天色漸開，午後有晴意矣，晚間月色甚佳，憑眺小金池畔一刻，任荷風送香，清氣襲人，極甚妙境也。是日作書寄煒亮弟，寄白玉班指一枚，馬褂一件，此又寄小菊偶一朵。

十一日晴，晨起搬移床榻，致吳仲平方伯信，徐勇卿處使請秋浦觀察四川書，以予吳事十六日將起程赴川也。申刻又往視王親家胃氣病，又往視幼素先瘧疾。午後陳宅送兩漢酒席一棹，因邀陳秋谷太守、孔敏五明府、楊硯川協戎明日午飯云。

十二日晴，秋谷謝契，登狀子安山、袁竹坪均來，早膳後與秋谷

研山竹坪手談至戌正始散

十二日晴巳刻微雨如絲不及半刻午後赴竹坪處設四簋

邀子文往視夢蘭病傍晚後作書寄子美又寄諭梯兒寄

其料理千金以便六月半間寄付元泰帽鋪黃偶之云

十四日晴風甚作書復鄭筠巖撫廣西

十五日晴陰相間午後狄曼山參軍來言為秋谷太守尋覓住

屋已有成議因招秋谷來便飯小酌至月上始散

十六日陰晴相間作書寄琴塢索中峯託其閱無為義莊存情

歷署告一冊事又為唐湘鄉家借閱書扇跋語是日心中煩悶殊
甚肝氣亦上逆來令子綬計歸來百二十日陸續應忘竟未能
遂日暢適豈偷閒數年仍犯造物之忌耶
十七日早陰已以后微雨一陣午后仍晴駱籲門由雲南方伯特
授湖南巡撫道出此間因遣人迓之來正來訪遂留共晚飯
果之汶時與余同過柳五百屋乃甫到任半月即升豐川仍拮据
此頃竟不能歸余聽霞道亦不甚過之也晚間胡潤芝太守來聞聲
相思已三年餘今甫相見其器宇甚不凡經濟淵渊習吉慕為

未閱書並將對僕之言告人甚矣
十八日卯刻往拜顧門中丞，與談一時許，告以為政之要，中丞似有所採
湖南黃子起名吳，隨往拜陶芷[illegible]字歸，所石珊太守來久談
吉寧州鎮亦來與談，對刻[illegible]袁竹坪代會良千金為之質
票，議於六月內還，川中兒子歸寧家兄　兄盤中丞遣人來言
明日辰刻將拜摺往京，因以銅兒家書致累[illegible]吏部陳[illegible]
寄書之第封寫，又擬畢某使薦可以擬到任謝恩者千件
二件及四擬任用（奏摺）七件，計十一件，共[illegible]件

硃批託中丞代為恭繳。以
顯皇帝方修實錄，此件宜封送軍機處存查故也。是日酉
正繳。雨一陣。晚間顧門中丞差人辭行。
十九日　微雨竟日。陳秋谷、楊硯山、袁竹坪來，共手談，二鼓始散。
二十日　細雨終日，二更後竟夕大雨。秧田尚未全栽，已形乾旱，得
此似甚有益，為之快絕。是日偕陳秋谷、楊硯山同集袁竹坪
處，午至二鼓始散。
廿一日　晨起，復中丞書。時朝暾初上，天氣猶涼。余以小恙未愈

尚薄棉在身也。是夜大雷雨，以壬子逢破，又值年月，諺云有
壬子破，大水穿城過，蓋言雨水之多，數年來屢試不爽，未知今
年又當如何哉。云五月壬子破，蔭(?)□重以後又當稍減，果如所云
則將甚矣。
廿二日晨起，往拜胡潤芝之廉訪，繳楊安宇郎石珊大令，武汝南
廉訪，閱四吳，皆黃(?)。中丞明保已指招來，因不送賀，皆援一劇而
還。隨至陳秋谷、宋葆甫、和靄楊(?)，後數刻，午後至袁亭(?)
來。因即(?)秋谷復來，當談數十語起，視池荷已開放一花矣。

廿三日半陰。育齋和偕緝闇之太守以請余子蓴淑親家秋谷意存，以俸不暢，遂辭之。巳午時雨，涼甚。申正到府，胡研太守復來迓余，仍面辭，謝閔招。並回有漢英往津沽監議入城之說，想因新君登極，以此嘗試耳。

廿四日早起，微有陽光，飯後仍陰，天氣涼甚。郎石珊大令亦來謁余，坐談數刻而去。袁竹坪為元泰號持呂五百金來云，居縣明日將行，因數行示煒兒。

廿五日天陰，亮日午刻微有陽光。早起，為王蓴淑親家書傳閣

二字跋語飯後與滌秋若楊硯州袁竹坪在船居閒手談至
一鼓始散胡潤芝以平山野木一竹尺贈平山湖南岳州府人也
廿六日早間微雨午未晴申戌間又微雨天氣涼甚朱蔭堂傅師
來談二刻成幻蘭世兄亦來以上閱子俊書相商益孫子俊書甚為
人蘭生方伯傳也
廿七日急雨數陣池荷已開二千餘朵來
廿八日晴晚涼特甚他處疑有雨也
廿九日晴雨相間是月也遲子使爷祖庚自述史書識田

廿一日晴天氣熱甚據竹坪為魏泰達先墊四百金來銀色甚醜
駭換百餘兩原議不出五月初六日兌完至是始足亦不若市儈之行為
矣是日得金殿珊五月二日手書
廿二日早陰因地荷已得書閱原擬約中丞方伯廉訪謀果來
此責夜初酌旋以彼為書約遂謁撫軍商之乃惠升皆來以初
五之辰為朝隨詣各處告之又往林學使許桂其來至與湖閣
之談一刻修而還是日午申間微有小雨暑氣殊未減也
是日申刻見總中丞持陸三夫制府五月十一日手書來閱內有五子方

果已病，但直至屢丙借寓湖上一年有以，非此之不如聞其病亦因此

而起。吾後之思無遠近，婦孺莫不呼天代籲，斯人不生如蒼生何

窮書專述經之於先跋意云云，讀之不覺淚流三年，甚傷心於畫

而事則難乎雅，相思長嘆久之，不勝遐情之慘，乃至如此，念

今我寸衷不安耶

初二日，雨。昨得大雨如注，池水竟長尺餘。午後蘑搖數千，隨至袁

竹坪為子陳秋谷處，遇雨，手談竟日，至二鼓始歸

寄南子晴，為子春本之第三子與靳六峰之長女聯姻，親往致請

王孝淑親家陳德圃齋年丈及世孝軍馬少府作詠人以玉如
意金鐲兩行云袁竹坪於午後來元泰所覓之千金及乾泰
之半一萬金前後均已歸清即以三萬金交竹坪生息三分當碧按
息招匯日看兩次特老夫人收之稍慰寸心耳
初五日早起天氣晴和鄭雅廉學使先來孝淑親家亦來
吳子瑩吉伯武漢南廉使孫心符觀察及二席倚城湖閣芝翔太守
郎若珊太守先後均來席定後中丞亦隨至園中荷花均已開
七八十朵滿池清香撲鼻靜氣迫人主人亦幸能免俗矣畢集

酷暑大熱未午後忽得小雨無物清爽旋至酉初大雨如注殊於
竟夕忽無足為意閱田家得此當為嘉益云
初六日早起天似陰潤出門答拜靜世兄又至朱蓉陰堂處程繩之
兩處道賀又往拜穎六吉太守述南西回事乃胡潤芝太守處人
來言見邸中鈔以湖南軍務告竣
恩旨加太子少傅銜時晉
新天子萬壽聖節即在初九日前三後三例穿天青大褂
挂素珠擬明日辰刻往道賀也

望日晴午赴重中丞署稱賀還與秋谷訪君作半日手談

至一游後敷荷池約百十數色清香撲人殊不思去流連至一

刻餘半月照樹明星數點光瑩瑩殊足快心也

初八日晴池荷約已百花香氣撲人心目俱靜與內子以杯

茗共坐小舟消受之此福恐亦不可多得也

初九日晴是日為

新天子萬壽聖節即同學使亦於是生辰往賀之則

已改日頒布偕回寓道遇秋谷袁竹驛來邀與手

謨堂二姪姻嶽

初十日晴 辰初刻與袁竹坪渦芝眉輿出南門由西南過土地岡至小河坎尋青亭州倅家 青亭與余自癸酉闈中結交迄今已三十八年 余歸來已五月餘 數與之酒杯以為至日往今始備宴集與一行 不可謂非良覿 而樓臺池館幽邃精嚴 足見匠心獨運 花木竹石亦生趣撩人 主人則襟道抱瀟灑 平生令人欲忘 以遂與竹坪芝眉至西丘姻叔歸 途十里 涼月淌地 北過城根 已譙樓初更矣

十日　晴　昨日入初伏，晨起即熱。石生、支道、楷湘、觀家來，乃小坐池舟，暢談二刻，烹新芽茶，助以木樨鮮花，池中香氣襲人。柴帝臣偕吳昌遣人赴四川，乃寄兒一書，令其將所存千金先寄天成亨吳雨亭，發會票來此，以便領還宗翰支用。又與小峯家鄉肉二方、普茶一大筒、全杞菇一包、豆豉二十圓，大小號羅湘各二對，並子英帖一函，道及初四日為丸極書索事。勤府回盤各物云云，又為戲初蘭作書致陶子俊中丞云。

十二日　晴　秋谷、竹坪、硯川、三果諸集竹塢草堂，二鼓始散。

十二日青來[illegible]一名[illegible]夫[illegible]東[illegible]園

澄懷園語記竹林詩話云歐陽文忠公與杜正獻公之門歐陽和杜詩有曰貌先年老因憂國事多心違
猶已身杜大喜時傳誦之道光庚戌七月既望余引疾還里已半年矣金詠再四不禁有味乎其言

夢研然二主人識

十六日為余五十八歲初度[illegible]兒輩[illegible]和 是[illegible]記 [illegible]

此日大痛腹復張滿不可耐[illegible]晴[illegible]望雨[illegible]甚

十七日晴　招崇海秋、鄭春峰、楊大令、彭　庫使、陳雲英村舍

人陳彥漢、彥聰雅集，未待歸單，寓舍又頸擬懷詒午

蔭甫餉西瓜十枚，亟剖食之，不啻一服清涼散也

二十日晴和　見撫中丞託　恩四百

詩苑文嘉字休承，號文水，文衡山先生之子

文衡山名徵明，字徵仲

十三日晴陳雲莫封舍人招飲在廣東崇海秋太守日邨陳德圃也已所偕德圃雲莫封出至皇宮大周歷陳氏付屋頗寬敞云

十四日夢湘來家招同陳秋谷狀元山袁竹坪李述谷小酌時夢湘與秋谷有花擲六方令之事是日晴月色甚可喜

十五日晴靜坐付歸草晝二日風摩小樹涼氣襲人直不知為三伏是也夜間月色滿地可親先嚴諱日懷遠廣事甚道

十六日為余五十八歲初度逾兼仍坐草堂和　是日然也西紀　是時四季

此為大痛腹後張滿灣不可耐是日晴郎家望雨張甚

十七日晴　招崇海秋鄭表峯揭大令彭　庫使陳雲英封舍人陳彥溪彥龕雅集待歸草堂賓主頗極情洽午後請彥溪彈琴一曲

十八日晴　是夜一更北門外濠一帶由米鋪中失火延燒二十餘家閱邸抄英鴉片煙者益信果報之不爽矣

十九日晴　地方官皆求雨不得鄉間望雨殊殷是日熱不可支適朱藤翁餉西瓜十枚遂剖食之不啻一服清涼散也

二十日晴和　見豐中丞記　恩四日

二十一日　晴　聞地方官討保秋雨因忘處誠無戒焉愧不稱位
而我亦蒼生且當有薄田在如是而後心不能安耳
二十二日　揆臣山偕持扫日米蔭堂王吉甫劉樹堂三男往山會葬一已廿
三年不游此山矣屋宇樹木大半新建種植井排細字日心目一開與語異
小坐至申正始散又至楊心齋觀登亭園內占甚今果盟諸侍時遂已
酉正歸日早起頗有雨意乃為南風吹散申酉間雨數滴仍晴
二十三日　晴　楊秀才成功蘭世兄陳秋谷先後來者談到傍
二十四日　晴　孔叔丑子大夫人改葬城西南太子橋側因與王少芳府日往

道蒋竹日也李蘇生寓稿賀

二十五日　晴　午後吴子岩司差人持其文一角來乃甘肅以蒋之彝并任河州敦潁基館已經余莘因者蒋之鼇在山丹得任指補已一幕相余在蘭州府時代為草擬年內書之角字樣以致歷任藩司署業程之案得此項據為假城假倉等項之用甚深矣奏着落四人分賠等語歸來已不名一錢何能任此重累也已奏明着賠又何敢以冤妄之突瀆之辦理仕宦數十年辛苦備嘗情狀以歸而仍不能安穩亦可哀已

二十六日小雨大定字黄口生來談一时許良去

二十七日晴因暗歎無生心绪甚煩约蒋翁同至張鶴南處

算命少許招陳秋谷來同往北秋谷來言孫寓安了

解人孫遂不果往又招袁竹坪來手談至戌正始散

二十八日細雨竟日農田頗爲欣慰然尚譚甚大足之也

二十九日濃雲密布亦間有雨然不甚大

三十日竟日濃陰亦有微雨后至朱蔭舫家稍坐久假

談一时餘歸後秋谷竹坪李述甫來談至一鼓而去

七月廿一日辰初三秋雨小而濃飯後晴未初大雨旋除申亥又雨

廿二日辰起吳方伯來標五四月廿六日招募一二日再回調畢省

可貴投也是日晴午後陳稚眉夫人來與內子談家事至

晚飯後相于先是余以特來至家其夫人用費不甚充裕因節

三百金交青竹坪按月八厘生息交存標息招席內子親付特

夫人（夫人）時用已一月月息矣乃仍以見還並無甚家人多口雜需息因此

特致禮願余留其意當爲收還另以他項申送可耳

廿三日晴閲楚香親家文犯胃氣稍稍痛亟往看視見

其狼狽情形為之悚然立付狀與山関方以吳莫乾臺

等藥為用似無錯誤因復至袁竹坪家將存票息摺

還之據云存項三百金當時為送回還一半月息是讓之俟其

送到再為察送特告夫人所也無日秋谷竹坪誤吳埠來

池房手談至一枝始散

初四日晴早起至雪崖洞陳容山方伯住前拈余先至

六月十五袁竹坪約日至幽青亭鄉居後於雪崖洞相

約同行余於居正至洞因約竹坪不來遂周歷觀游是方

伯塑像剥落不堪，因命住持僧重為新治，至是往觀，光已煥然，所費不過數金耳。隨又四處游歷，閱其房樓，別添繕文武帝居，是余廿三年前讀書地也。又指臨河神廟，所云瘠頹已久，現自無力新修，亦余舊游，以遠人嬾於前往云。

初五日晴陰相間。朱蔭翁、伏英山、孔叔五均來暢談，李述翁、袁竹坪、陳秋谷來談，至二鼓而散。是日姚

亮臣六月廿日手書

初六日陰 早起往祝夢淑親家之壽 飯後作書寄姚亮臣兄弟王子壽兄弟金殿珊同年程舒山宗傳 晚間讀桐城張文端公聰訓齋語一卷 倦極而臥

初七日早晴 午後微雨一洒 申酉間陰 鄰人陳雲封來談一刻 舒見總宗傳來談一時許 而士安同年竹坡之三郎亦來 氣宇深秀度

初八日 昨日為七夕 俗謂之雙星會 五鼓後至今晨間始作雨 俗又謂之洒淚雨 午後宗海秋明府來談一刻許

余隨裕間屋蒼拜陳雲莫封舍人而還

初九日晴，晨起微雨一陣，余以腹脹赴狀毋山參軍許視，謂食滯

之，開方用鄒叔子仁等藥，即無恙。午後留程康學使來談

一冊，將以善研先生圖冊乞題。申初二刻陳雲莫封翁，却又來賀之，其夫人

亦來，以生辰時所畫見。是日作書寄周蓉悟刺史，交劉象勝孝

應翁異論予固，余弟所贈初出事

初十日晴，飯後讀澄懷園語、記竹林詩話，載陽歐文忠

公出杜正獻公之門，歐陽和杜詩有白髮先年老因憂

國事至今未通擢允身時余引疾家居已半年矣嗜求再

[illegible]

倚城太守

假文和公

欣恩不薛

無素瓊

中華民國

年工工己

[illegible]圖[illegible]

之人賢未有登進之路亦報恩之道也至先得我心為

之快然兼余之引退非被時高宣自見識情未短

規模為難適當事與心違遂乃決絕而去之既無虛囊之累
適心愈覺自安謂我為高蹈者固為不知余心即謂以
才絀相詡一再勸駕者亦更非真切知己耳

十二日昨夜二鼓後大雨如注直至今日辰刻始歇四鄉高田已乾亟
望雨澤以此大有回甘之機矣為之快慰無既作書寄就韓臣
廣西前書已作抄月因無便未發茲復再作數行并致
朱伯韓侍御一函由中丞處加封轉遞粵西中丞衙門傳交
或不至浮沉也

國事與公遠避乞身時，余引疾家居已半年矣，余亦再四不覺赧然。

十一日　晴。辰起，出門答拜晁然宮傅、祖康學使、倩城太守、石珊丈人及署府參軍蔣君還。已及午，讀張文和公澄懷園語，云：臣子事君，能借銖者，以借銖為報恩；不能借銖者，以退休為報恩。蓋奉身而退，使國家無素餐之人，賢才有登進之路，亦報恩之道也云云，先得我心焉。三復之，益見余之引退非敢以高蹈自見，識薄才短輒稱爲難，適前年與心違，遂乃決然而去之。既無塵囂之累，適心會覺自安。謂我爲有縮者，固爲不知余心；即謂以才能相調，一再勸駕者，亦更非真切知己耳。

十六日，昨夜二鼓後大雨如注，直至今日辰刻始歇。四鄉高田已乾，亟望雨澤，以此大有回甦之機矣，爲之快慰無既。作書寄就韓侄。廣西前書已作，抑月因無便未發，茲復再作數行，併致朱伯韓侍御一函，由中丞處加封轉遞粵西中丞衙門移文，或不至浮沉也。

十三日 晴 常海秋大令来 知周小湖观察已到省矣

十四日 晴 往拜小湖观察 岱無太守 阎芝太守均不值 旧烟究安状

十五日 晴 小湖观察 登之又佛太守均来会晤

十六日 晴 致送湖南神物八色（爱荆湘花套四 被面八件 毯 烟壶二 博古偏笺四）

十七日 往拜小湖观察 谈一刻许 又往晤阎芝太守 蒋闻张晓晓

中丞於初十日因病开缺 云贵总督四百里马上飞递一折 於十三日拜发

昨日即送省也 晓晓人极精细 乃年甫六十 遽归道山 哀哉可惜

地方之蒋至於如此 此时年将三品以上切無人矣

十八日晴。昔傳其丑五月陳定齋先生之元孫與耑竹坪同來坐，日指筆張無一處相似，自云前得斟酌損益成解譽幫始說之，而已。是日招料理族譜事。

十九日興甚。吴子嘉亦伯招同周小湖觀瑩、傅莊林太守習次南廊訪心翁觀瑩，少集西廊，自午至申，暢談廿四刻，亦云久矣。

二十日午後陰甚，頻聞雷聲，黄昏雨，宿于書室。塾招余發子貞太史、蜀山祠部、少蘧工部，附入家信，由塾招轉交。炯兒分致舜文，附寄李和生主春庭和家報求。中丞約招余碾遠，云是日午後至次

日黎明雨凡四陣

二十一日 辰正仍小雨 午謁文甫學使翁祖庚先生送兒蔓研齋圖詩來是

日讀大定守黃心齋二先生大定府志稿又讀秋舫居學使重校刊小

學三卷記

廿二日 晴 早起洗眼閉目坐一刻許復開眼看澄懷園語數段內

述陸象山語云名利如錦覆陷井使人貪而入其中安有出頭

日予此語細思甚有味又述李文貞語曰喜玩錢字旁上著一戈

字下著戈字真殺人之物也錢附物戈爭貝賞非賤乎云云因悟

古人於貪貧二字形象頗同貪近於貧貧不可不慎此實亦因
此夏季午後與同子昔游小園余隨夏老於坐荷池小舟中翻閱書三十
二頁至范景仁云君子言禍計禍消患於未萌使天下陰受其福
無智名無勇功至於不得已為此使天下受其害而享其名者何心
哉潞文和公謂此數語乃古今純臣肺腑之言蓋非身親閱歷不能
知此余以不才自宦三載此味頗親嘗之讀獨樂之論不覺汗涔涔下
也是日申初微雨數十洒池荷值昔六花丹桂已爍於珠樹又素馨
蘭亦大小八盆皆開二年餘前各種香氣靜中遞來消受之餘戒

樣恐信不禁非所謂清福也耶

廿三日晴　周小湖觀察孫伯誠黃心畬偶芝林陳秋谷胡閬芝五君守同集待歸草堂自巳至申酒盞茶甌歡然情話伯誠閬芝皆先辭去秋谷則已九分醉矣是晚海鹽王朗村見示壽閬芝書來爲余覓岩移作喬方已得大樹三株中樹四株又得楊文卿書寄來兒子家言翁殊甚可危今年又得周姜帖大早堪憂云月十五日投至閩大吏附寄姊兒信也

廿四日晴　爲先府君生忌日早起備麵備包餅寞附隨請三敬

寺看砚李湘帆所刻神道碑文午後陳霓真封翁人來談一刻許酉初後偕致齋昨日曾道人訪　墳前看看所種花木仍偕人同乃還

廿五日晴小田慣之人回云翠樹甚好桂花亦活惟內外大小松樹已死三株八月十六秋分當補栽也是日午刻得炯兒六月廿三日京中來信大小俱極平安看其措詞甚靜字亦謹嚴似有進境未刻由　見蔡中西道到京信知前月十九崇徽妻招已交館上八千兩閱看者係人名單大約周旋者多竊恐十不得五亦不歎也

廿六日晴夜微雨數陣今日天氣甚陰頗有涼意出前門為祖庚
學使穆賀蓋已開坊得早允也答閻明府黃心庵太守謝之刻又
答拜日本馮果已回仁懷廣文任矣又答拜定蕃孝廉趙君則已
回寓因崔朱蓉峯來既寂處坐談半時許出所藏邸抄近日
十八日奉
上諭朕弟奕訢著封為恭親王奕譞著封為醇郡王奕詥
著封為鍾郡王奕譓著封為孚郡王並
皇上行四五王已出嗣惇郡王（奕誴）恭王（以次）序六七八九王也又奉

上諭 皇貴妃謹尊封為康慈皇貴太妃即恭親王母

本朝家法三皇后之後即以 皇貴妃總攝六宮事

宣宗成皇帝初配 孝穆皇后繼 孝慎皇后繼 孝全皇后即

今上母也 康慈太妃之次則有琳貴妃現晉封為琳貴太妃其位實

人嬪常在答應共十位俱以次晉封云

廿七日微雨數陣辰起以素心蘭一盆二分前送王芸舫

廿八日辰起至酉作書寄黃翠塢又一函示烟兒并帶去詳觀

古三家縣文八十本其八本託黃公亮之太守明保入都之便計

十月初五到京也。又寄常南陔、段果山各一函，为朱蓉舫所託
来人阁保前年又寄与李少青、牟少兰，以上三函均信致王莲生
陕西，将为转致，并以黄石中安报手谕、焯兒川年饰其收
到即速寄陈又宗、周小蓉。恬刺史託将此信附入家报，果
寄呈。易蓉恬每月必有家报到川也。又寄与国弟信，属其
趁上粮时特所捐琴田挽行道尸文复莫子香春庵常协
台各一信，殊觉惭感。连作各信，手腕欲脱，然亦无如何耳。
是日寿刺史、研農、宗明府、海秋均来谈，一刻而去。

廿九日陰晴 各些作書唐詡村兄弟買壽方事又買滕事即

着周貴明起程回海早向敦請黃心齋大字送行談一時許

而回 是月小建

八月初一日晴 每年在官皆以此日合藥歸來時篋中尚剩東方之初

雪鹿茸心常繫數物因唐瑩波楊鍔查無向用藥物而已配

料理過此以往則無錢買置矣優游頤養之子無需續補耳

是夜微雨數陣

初二日雨 合藥擬成以碌碌餅餘之九月初方可服也早起差存貴

西道佛居田午閒黄心畬太守来辞行云将於初六日成行也
谈一时品评当时卿相甚悉云是日酉刻杨文卿孝廉自京来
望日雨午间应武汉南廉访之招同席为周少湖佛拗观察
吴子苾方伯孙小舫观察附又寓中主也已刻得家书知五莲
生大人已於六月廿外到陕婿姊见以申刻无恙未信张令独会
之至倚阁信门此心何日得开耶
初四日两得武昌明镜田太守书内附王子寿子莘兄弟名画子寿书於六月
十九日发到共四十三日知其仍在荆州也

初五日早起微有晴意已正即雨至酉正方來休歇否而乘興赴
先太夫人墓前周視樹木菁葱塘中亦甚茂惟擬於左手砌不得
進草屋十餘間招佃戶寄居之爾無以照料之爾曠土甚多
借此可以分種不至荒蕪亦俾生之一道也來往約五十里稍覺
均苦未穫收割以此兩擇稻田太有稗蓋是日所陰甲秋上不
青亦甚已霉所保亦貴以為歲此後此可望蓋之以上矣
初六日陰雨竟日寒氣逼人獨坐誦黃石齋先生字所刊之
聖域述聞頗心氣甚平然幽月淒涼自顧孤無聊奈耳

道光三十年　八月

初九日陰雨竟日。巳初秋雲來，與十女診視，云當先大概再專治痢，坐談未久，吳子苾方伯來，又與楊文卿共談一刻餘，以盡釋從前文卿教其二郎及孫東儕，月以十金，俟擇日再為上館云。午後以篤素老文將恬園詩并京邸遣人送還。還薩少唐師文借其弘簡錄史書自唐迄金元共四套，未閱，隨至蔣亭與文卿小談，半時返寢。

初十日陰雨竟日。以吳秋崖經訓約編諸書共五套并宋史文鈔、弘簡錄載文文山傳，倩吳子苾方伯并李少其書扇。午後與文卿、湘帆、紫汝談至二鼓始散。並石居刻據宋史文鈔載王炎午生祭文山文，忠義之氣，耿耿如生，因手錄一過。

一三九

初九日陰雨，傍晚天似將晴，午以後仍雨，此並七間廳後墻垣坍塌數丈，擬明日即築復為要也。

初十日早晚皆晴，午間略有微雨。是日辰刻至袁竹坪處，以佛兒名田天成二字重發匯票一張，遺失，託竹坪代為覓兒為將匯票兩張交付碼頭，仍存候兒時再繳耳。

十一日早大霧，晴意，午初雨二鼓點，亦不到地，以後或晴或陰，微有[illegible]衣棉衣放脱也。是日赴孫心簡觀察之招，同席為吳子[illegible]育、胡式[illegible]、南府諸周小湖侍御、柏觀察、楊[illegible][illegible]

極歡洽

十二日早起天朗氣清出門答拜蕭仲香太史又至芷薌漕師處談

守赴鼓以煒寓中作字又至蘄長生世兄談一刻許即還翁學使胡潤

芝太守約以佛手相遺皆做作然生氣殊少不足觀也一鼓時蕭仲香

太史來談一刻許即去二更雨轉城外失火幸未延燒乃延源鋪胡

姓僅大一屋而止

十三日晴早起作書寄炯兒京中又數行寄黃琴塢吏部館屬

潤芝太守來拜談約一時縱論一時人物殊足樂也夜至侍歸草堂

與楊紫坡小坐，涼月滿地，荷風送香，又有蘭花、佛手、桂樹新湊，因風氣味甚覺恬靜，時已二鼓，竟不思歸臥云。

十四日晴，蕭仲香來辭行，并託爲催促路文事。飯後高心泉運同來談。兩訪道臺，出門即書，書扇對條幅數十分，又往唐拜高氏昆仲，與仲香送行。晚飯後，明月已上，靜氣迎人，出至池邊，留忘數刻，又讀書二十頁始臥。

十五日晴，是日爲中秋節，先著人至院署、學使署、方伯、廉訪、觀察使各處道賀，候道學使出按之行，已而得罷，署與蘭年少青竹坪云此孩子，刻月華如輪，五色圍繞，至丑初始散。

青六月廿三日來信知甘肅清查截至道光三十年止生息撤銷均皆禁革舊案生息殷丙年文波及二三千金此皆吹毛求疵亦是見當事之好為苛刻囊空如洗其為奈何少青信來謂日人于為集腋之舉早已作書辭之然亦難措足此了及前項賠款又諸實抑之數亦不能不被其張羅耳飯後無聊與李淑帆楊叢坡家伊閲手讀至月上時談只晚餐余又到池亭一時許始歸卧去

十六日晴學使起行差人走送説因久不見　中丞昨日中秋又不

往訪叔勇恕甫，因於午後走詣之，談一刻，語頗推暢。又周小湖觀
察曾承來，言甚親密，聞其將署臬事，因亦往拜許兄麻侍誠
太守。又往拜沈南屏方伯、拜敏生長而回。
十七日。晴。前日得姚亮臣七月五日來信，其人已去陝，以前曾疾終。
而遊信來，伊退行歇業，求為致書立夫制府，拘江寧都轉
揚州不能不將其請，因速作書，付十八日足信之便，仍交亮臣自為
寄投，亦便也。午後王文軒來，言其三兄錦帆已死，衣棺全無，
急以千金付之，令其將此事速為料理，其眷屬回籍海邑

秋分

故園以便葺藏好書照料余首肯再諾千金助其盤費云

十七日　晴　先至菩薩營濟卿處候之至芗湘觀察處賀喜酌

從陵武次南屏訪事還已申正又与李湘帆謝果手談消拗付致

十九日　晴　袁竹坪濂秋谷先後來各談之別饒風韻

蘭世兄之舅夏甫因讀得時周小湖罷署而訪來云

廿一日　接公家武次函撥廿二日即起長行也是日得榮荷

卿閩中來信云以所保調百守秋當即啟行北上與撫迎

捕信來湖北年歲甚佳此二處田園深堪欣慰云

二十日晴巳刻武庵訪來談午刻辭同其侄行前日六錢之帆已
見府呼老再三嗟悔因郵與薩書蒙湘雨果竟忘不再
發請來年開足無中西來蒼樣暢談刻許而去隨與湘帆葉
坡談良久談至二鼓將散
二十一日晴辰刻胡潤芝來畫師陳二如來之繪象頗肖聞其
畢人為思南廿六七即將行矣飯後赴傷家奴將倉谷風篩
倉北口谷一百十四石至天夕稍後
二十二日晴收例溪谷四石五斗收繼熊租谷十四石零

二十三日晴。文將倉南廒存谷風篩，與文倉北得谷米五石，計前後兩次共存倉北谷二百零三石，石皆有虧無盈，以量時每斗必多餘也。得小山七月十一日西來信。

二十四日晴。周小湖來，彦將武次南來辭行，坊談刻餘而去。作書與子周弟，并寄鼻烟、阿膠。午後朱芝蓀來，漕帥來談，兩時許去。

二十五日晴，午刻微雨。西湖閻芝去宇來辭行，將赴思南署任也。申刻作書并炯兒課卷二本寄壽介軒湖南。

二十六日自寅至辰大雨連一晝巳初延秋史山來診視氣脈遂不如
律昨服其藥頗覺有效藥仍照前方稍益以後即當服補藥矣
午後過胡潤行又答拜陳孝廉
二十七日晴卯初起麵作粥食甫畢幼樹兄來之王學淑親家
侍來邀同游落帽中狀元山訖叙五吳山長至南門外由栢閣福清寺
菴道武次南入郡余隨由廟右側上至陳復初先生墓下地極頗
佳山水之勝環抱遠覺眺久之歷拜既訖復登輿行蓋先生以少府
官至二千石作年鄙人兒時即荷青目知己之感豈能忘情

指已三十七八年矣還至馬桶街轉而東至觀音寺寺僧導
余登水亭小坐茶罷又詣劉公祠徘徊許刻始行過甲秀樓循東
門而回申正姪孫雲奇自遵歸得榮弟信 四叔祖純齋得牙風症
驚悸之至急專足以再造丸二粒限二日到我子希處第一緘
年已八旬有六氣血衰遠隔切覺憂慮後下幸早預備藥再
請備之審不至無所措手足耳
二十八日晴早半周諶嫂夫人於午時以痰疾下世大兒婦之寄母也聞
之悵惜早間遣人役劉文攜荷葉至年正崗來繞淨

二十九日。是月小建，是日即為月盡。計余到家已二百二十日矣。核計赴送又往返三千四百兩次赴

先大夫
太夫人墓前共二千日，在家共一萬七千四百日，經營墻屋，洒掃池亭，草草就緒，然近無二數日。每聞清淨好人皆以為清福不可多得，亦可見五年二萬六千日，都無非忙裏過耳。為之慨然。

10

歸田錄

庚戌辛亥

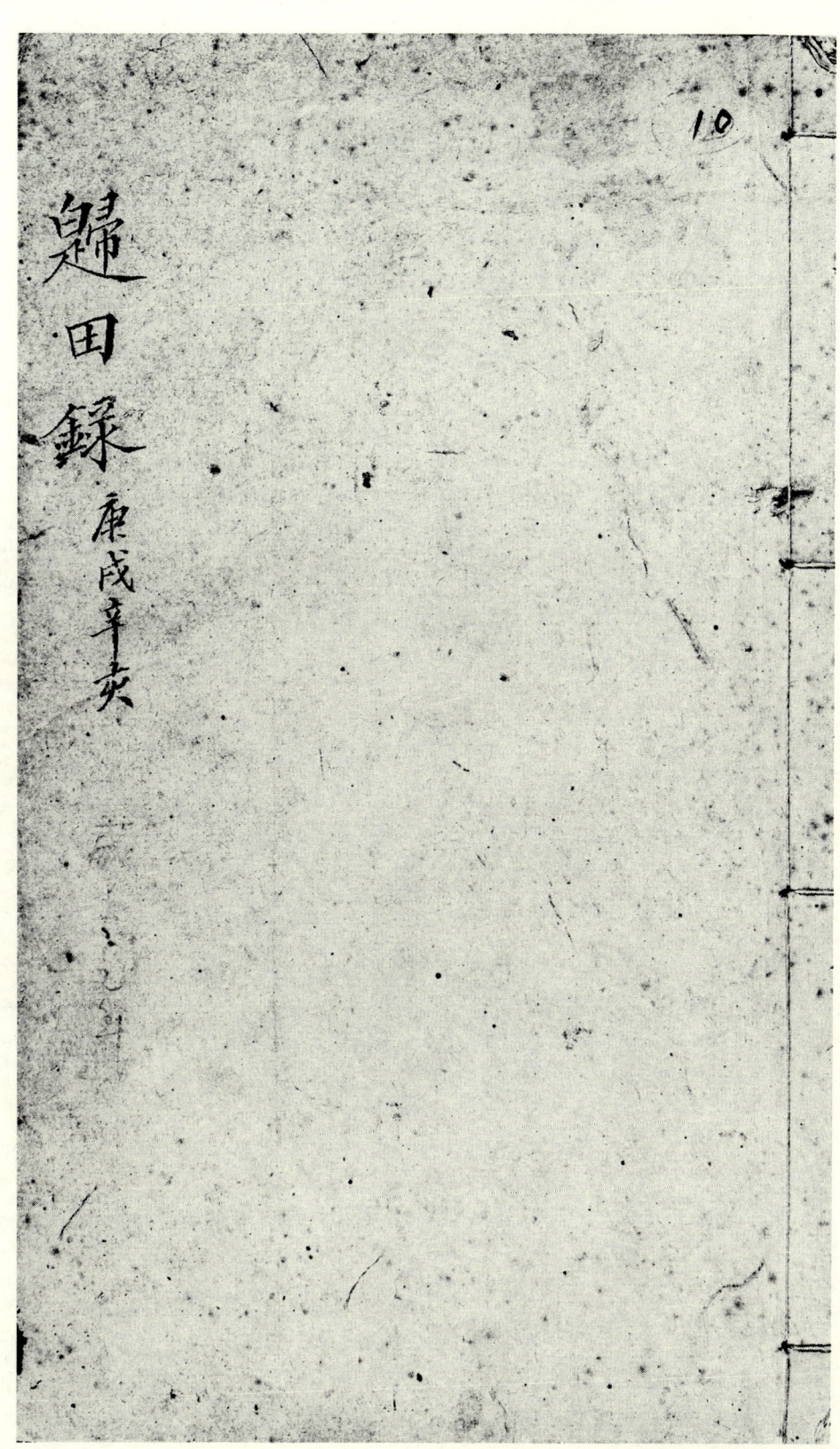

庚戌九月初一日始集族姓支派創修族譜是日戌晴
戌雨王穀亭琢安偕其弟來辭將以初二日赴清溪崇
明府西席之館又王錦帆已死余既為之衣衾棺木殯
於側溪山中矣其子文仍小寡婦孤女誰與護持因與文軒
穀亭琳姪商之仍令其還海其夫不允吾議以頭村查村
廣庵之東及杜東鐸與余各分任養贍一人余擬每年贈
穀三石至頭村代養其子且教之讀文贈之年金作服費
與獨以初二日成行云

初二日陰雨不止頗有涼意自早至暮均在行館等書西
備閱理家傳串和　秀中送來商酌防堵廣西逃匪事甚
急專以團練為主兵則抽用鎗炮一項又調備北兵不少因
力足云云晉徐仲有書亦有書明致錢匯款至寓入照鏡
也由賀定字來或改為轉致龢門一函前月二日所發甚
贊介軒請修鞍子費已於五月不繳矣龢門信甚理得甚
意頗在大加整頓惜其手不遂意見亦多偏者因閱之而佐之
則妙耳

初三日早有微雨飯後即晴余以熱逆病起時手足盡戰以
麻木頗覺危殆自已生死貧賤富貴付之流水行雲毫
無驚恨亦且諉之命也付歸草草魏爲和之脈亦不家祥五
張又另人求書楹聯條幅各數事晉膝遂亦酸痛仍不爲
意午後汗出不止頭目暈眩數刻始與李湘帆王文軒家僑
園二弟手談至二鼓始後假臥一覺天朗猶稍稍甚適云
初四日晴早閱草創族譜數則飯後答拜許家隨訪夢湘親
家豪適一將出門因余至遂返不出同返二家來要鄰人胡孝

雇馬冒雨出門其出門何之則往遊山陝會館也余亦鼓興易服
同往先至胡孝廉寓小坐一刻許即由胡宅東園出後門
即到會館中坐片頃頗多惜皆俗不可耐每人一周即行遂出
水閣出至九華宮時方興修亭臺并堆砌山石開方塘布
置頗較大方監工者爲署府秦君 蔣吳室茗待客頗亦
潤澤坐憩良久始與三君分手余寓相距稍遠遂浼淑先命
其乘輿待道余行過吳子亭入新東門仍循城而歸適
遣人自蓮叉還 妹祖純兄兄竟以八月二十四日告終華物之竟

不能及聞之悲痛無已生平無他技能亦不善與人爭競罕
緣謬即没身不復再娶亦不置妾傳宗族鄉黨莫不敬而
愛之惜其困頓一生獨子皆早死孫又不克肯爲之惆耳
聞吾有晴遺楊葉披娌倩赴道帶携没之五子抑亦知付子
圖有脩建　宗祠之用并與子圖暨今儀娌倩等主角者
頃說鍬即超赴海陽會同頭村大兄以十四日剋破伐
壽杭云午間得閲京報知朱伯韓亦催取入都吾古之金
所謂三御史者於是皆將正用矣
陳頌南鏞　蘇賡堂近畔　朱伯韓琦　道光壬寅癸卯甲辰乙巳

丙午間餘々有龍々亦皆先後相遇，或丁或降，或病而亡，黃竹々論無不皆之，余以乙巳相得識陳桂樁、樹胡月舫與朱訂交，丁未之冬在荊州仍與朱壁桓樹贊治種，別後此心交久，桓後來得相見云。

初八日晴，晨起以錢一及實器與炳臣，顏八舜莫致八千文往西周褚樹夫人，隨往陳磨山周俊其新備亭壽，亦出所著書之志，致以將遠菜及愛文往朱蔭堂處投謁之，別而還。袁竹坪為樹堂生辰來生，別後而千樹堂言頃年閏八月甚不佳，不知醫中何以推衍出此，韓時憲書，初九年雖已治過到司行問，尚無從得悉也。

初九日晴，早起作書復熊蓮舫，並託為蔣繒村覓館，即交晴村寄

校文晤李湘帆与竹坪细阅碑亭答作与邓木道订定随赴王梦湘观察之招同座为秋谷竹坪及同年文竹陔广文一枝招敬

初八日晴早起赴待归草堂看奴子栽菊饭后作书以梦研圃宗周子湖题诗文以梦砚记墨刻及　阳岸傅王恭人墓志赠成均兰闺秀手文作书寄半山御和之六琳　是庵中丞招同吴方伯周子湖谈子衡庵赏菊辞不赴以明日为　先大夫忌日也

初九日卯辰间阴已以后畅晴谚云重阳有雨一冬淋重阳无雨

一冬晴擇此則冬日之慶貧窮人皆得黃綿襖子穿矣早起於
先大夫位前拈香茶畢寔時七八封一一重看說道至夢研無二談陵
劍南宿觀山和淡雅聲聲之作不覺淚隨下因證書一函交書興
名氏堂屍者之意為胡曇仁作一首隨赴待歸草堂西偏捡閱訓女
遺規上下二卷申正刻彭平子母琴英楚化蓋身為群氏至今已三
十年矣頃生為祭不如雞豚之逮存我將何以慰心能不悲哉
翌日卯初微雨數十点南風甚暢雲氣離黑而行恍惚已晴霽
矣至之覺翁候胡孝亭來陳秋谷袁竹坪亦先後至遂共早飯

手談至一鼓後始散，中間吳子苾方伯來拜，以他出不得入園

看花小坐半刻即去，與主人仍未相見云。

十日。昨夜四鼓即雨，晨起陰氣頗濃，竟日時雨時陰，涼意甚

覺。遣人往答拜 允庭中丞 子苾方伯 小湖觀察 心舫觀

察。歸及申初，仍詣伯歸，草草看視，雖御菊壺過柏霞村大令

之子媳來見，訴其家計之艱難，有四子尚未成立，而所天遽逝，

老翁遠赴石佛，米鹽零雜，拮据萬分，幸其賢義太守張公

撥每節贈銀二十金，藉以勉支，月前聞張公係霞村之申述

為自省所觀又閱方伯乃其門人轉購晌署方郡王廟甫來江爲隆
陽債及之江之隔水不至殺膜移戎集賑而成稍謀養贍之
費忘大多事客者維圜之年
十二日大雨不止飯後蓉湘親家邀過同往看孔叔五表弟之職隨挺
赴陳硯山處午飯在座共竹坪秋谷及馬君至人也
十三日無雨而風涼氣甚重陳秋谷借余待歸其事依至
人送蓉湘竹坪同酌菜不多而精堆余以十一月年後偶會
二鶴子通柏霞村之子媳來見泥涕痛哭訴其苦情中心為

之悲傷不覺傍午十二日午後腹痛而無泄溏脹悶殊甚勉强

席而歸今日仍食飯粥早放溏尚暢而後重甚不通云

十三日早起腹瀉二次脹悶殊不可耐後重尤甚剃頭後即出

門赴吳君拜壽訖隨往拜陳秋谷太守託其移寄日期以二十日或

十月初二爲宜坐一刻始即謁武廉祠傍王夢湘孔叙五狀兩點三刻

飯訖隨遊畢山來爲園子旋觀無爲余開方是日早陰午後晴園

中菊花頗有枝大小盆約四百枝亦可觀也

十五日小雨竟日寒氣逼人心腹不適看書惟讀榕門相國訓俗

遣規補二卷聊以自遣種一枝後吳子姿方伯信來知廣西土匪猖獗張甚已調固原提督向榮為粵西提督蘇方伯亦調往廣西勦辦前西省失事之官均皆革職仍隨營効力贖罪中丞於本日拜摺擬派周小湖廉訪先赴都勻防堵中丞亦隨後往彼調度聞之不勝其焦灼土匪滋擾已非一日地方官養癰成患其勢已若火之燎於原不可撲滅之湘地貧瘠民易為奈何張之會甚後中來不可數紀也噫

十六日晴雨後陰雲間復雨夢淑親家張以楹聯屬易代書

峻辭不得則勉爲書之仍不能佳只好厚顔還去而已蓉湘
秋谷竹坪同年讀至一鼓始散

廿日陰雨竟日余因周小湖要訪時已走書告以將於十八
登程赴都勻府路與道擬於小猷留饌乃於辰刻詣署
送行而其已上院學辭去矣隨至藩書觀家處讀半
時許而還道過王春庭孝廉自京師回第得洵兒信件屬
中須甚平善回訊其近日景狀夜已一鼓始自休息後
腹脹頗殆迨丑正一刻甫成寐云

十八日陰雨竟日夢湘來家邀同秋谷竹坪小酌巳初入座酉正方歸中間因腹脹不適夢湘以木香順氣丸三錢強令余服似尚有效歸來一刻許大便亦稍通順自亥正安寢卯初起

十九日微晴是日爲介石家忌楊文卿王壽庭李湘帆周登本家醫士小集萬蔭至一鼓始散

二十日晴飯後至夢湘處談一刻許又至樹屯處談一刻許樹谷向余乞鹿茸配藥贈之以鹿胎三塊是夜至春庭談至二鼓始

敬已交五舅西羽得緯兒書八月廿四發周刺史寄來廿
廿一日晴吴子嘉方伯來言蜀又黄鑒余所藏秋河南公墨蹟
壽研農刺史來辭行並以作書寄炯兒京門又寄梁鴻書
廿二日晴屠拜唐搢壽刺史隨牛秋亭山參軍家取同朱蓬生
漕師王梦湫觀察孔叔孟表仍李亮四又叔山茁果與陳秋
谷太守子曾盟秋谷新賦移家也早麵午飯頗極懽洽至
鼓後始散
廿三日晴屠羽偕王梦湫觀家四至劉樹棠大兄處小坐對段仰

偕赴袁竹坪家今秋登樓四望天高氣清頗極爽朗因共手談
至二鼓始歸得兆松若中丞八月十日書以余甘留牘頃於分俸助
之其情殊渥得令人心感之至又得楊紫陂海陽黑金坪來
信大樹已伐既賣而香洵尚需多年金十月中前可以後事多日
半定錢到省此件成後金附身之物藏身之具均託事矣忘欣
頃聞恩王文軒四弟來言楚材外舅已於九月初七日在黄安縣學
署病故年已七十有八原不為夭特其學俸所入半為內姪某某所
乾沒衣衾棺木勉強措置而扶柩之費分文無有因囑文軒

於廿六日以三十金持往扶柩並其幼子行八來省聞楚翁於蘇
近省地已自有定局且俟其到省再酌之耳　又得張麟雲
甘甫來信
廿四日早晴午後小雨周蓉皆刺史之長兵來見每每不及留飯
以酒席二筵送之作書致劉小山款達印託其帶致並託小山
閩與文花帶致從堂海秋一函附寄周彥庵藩王茂才一函安危
王文作書復蓉皆刺史並賀其為王二保恩圖平安州請席
事隨往甚居持周世光還　周字伯潤名繼善

廿五日早陰午後晴霽昨夜大雨竟夕至今日卯正始歇閲

林少穆先生奉

命以欽差大臣關防赴廣東廣西匪徒李蓋擒廣西匪類猖

獗殊甚且聞其偽示詞甚悖逆茲 少穆方略宏遠可以即早

撲滅矣

國家之福也作書寄子冏弟料理 宗祠余原備已二千兩

以待支用昨遣楊葉坡至遵義之清溪尚彥找已二百零五兩

三倍四分矣特封國豪王孝廷孝廉帶去面交託又函致葉坡

仍以五千金交春庭帶致俾得完租又一函示令儀媳嚀其每
年量給八石與家丁李忠家用以此子服役頗覺當用心也又
一函致王陰村大兄道及　外祖母祭田一節　楚林外舅之葉世
事又以三千金遣王文軒行是日酉刻以後又復小雨
廿六日早雨午以後陰陰際倚城太守來見據云粵西之賊甚長技
在於其行計在令我來彼往安得之善乎兵力寡之抵防此團練民勇
之不可不急講也細詢如何到粵東在仲冬此間防堵亦已略有頭
緒倚城王祖僎月初交卸後即當留此巡防云早間王春庭行文軒

之子來言乃翁以廿七日挈眷行矣

廿七日早陰午後晴讀書看花一日無事申初郎大令來

廿八日晴周仲夫刺史來談一時許檢點其夫人遺身賸底至卯即

而今晚年已四十八矣意想不到殊不甚也是夜自亥正至丑初天

大雷雨申刻陳秋谷來談二刻余腿已漸愈而之猶痺

廿九日早晴昨夕作書復瞻麓門中丞翁託致壽介軒一函又復畢尚

書之世兄拜森一函託麓翁代交均由天子北安甫伯加封令君致翟明

存讓溪一函由樹幣表兄處轉致閻讓溪之夫人擇於十月初二行

年是日夢湘親家過同朱蔭壺孔繡山吾富心泉李廣文坐談

君早飯後儀備補省城來勘及濬城河沙石等事二鼓後始還

三十日陰雨竟日寒氣逼人王子壽太守罷官者鄒新省來見人談刻

餘去飯後偕蔭壺夢湘至朱經香處言其悼亡之戚又往拜

廉侍城太守以其將赴貴陽任也又答拜王子壽十丈均不值而

蔭壺留晚酌回

十月初一日晴早詣侍歸草堂黃葉滿地霜氣一天菊花皆有殘

意隨過書室檢點書籍竟無下手處因亟整理不覺已天晚矣

初二日昨夜四鼓後即有微雨晨起則岣山雲封霧瑣不見林屋而寒氣甚重午間劉樹堂表兄來談一刻繼周十丈刺史復來坐談少許隨出門至府甫太守道賀說回是夜擬派兩儀齋西華桂

初三日陰雨竟日黃叔親家邀同高忠泉赴李彥修家小坐至二鼓後歸還是夜雨仍未止殊覺冷氣尤甚也

初四日晨起天色甚陰陳安臣自京師回遞弟到姻兒所寄冬菜等件飯後來若蔭堂親家送到八月十八自二十四日京報知八月廿一日考試國子監學正學錄主考為賈筠堂太宰曾滌生全小汀侍郎黃壽臣名

曷不識現居何官。烟兜來，知銘勳老屋亦來寓，銘屋予得亦犹祉
子西已來。又陳安臣來談，半時許。其器宇較安和，聞其能用功，因
策以多讀書作字爲要云。
初五日，天朗氣清，晴光媚人。至淑親家樹百處，亦李季雲小坐，竟
日還。傳姓者甚堪輿，所言甚闊大，似亦不爲無見者。
初六日，晴，熱甚。偕夢淑至二舅家，遂其疑，樹南讀書許，随至合肥後
園早飯，在二舅處，與李季雲亦坐，以二鼓後還。
初七日，雨。早間薛康侯太守來拜，爲言粵西之思恩府饑擾甚，民甚

知中丞寄來告急，以粵省相去較遠，文報不甚通也。飯後往道康太守行，夫子郎大君處，因其赴府未見。又至陳安臣家談一刻許。又至陳秋谷家談一刻許。時海陽何崇君莊生、崇甫子清瑞之海人新自京還，晚談京事。歸作書復胡潤芝太守，[illegible]賀其貴州之喜。又作書復羅澗仁、福星垣太守。

初八日，小雨。早起作書復周小湖庶務，訪福韵濤，觀瑩芗湘秋家。遣人招同陳秋谷、李貢懋明日早飯。

初九日，晴。巳刻往拜梁表弟，談一刻許，見其子女，隨赴湘省之招小生

至二鼓後始還子固處劉長生來知昨寄京二百零五兩物件及碑
卷書籍均已收到擬明日將作書寄川中也
初十日晴爲　先大父東藩府君生忌故不出門作書與子固等
寄弟新處書每本序以二本寄杜東偉等輯其擇日開工
梁又作書寄姊兒同子又以皮合拾匯共五對寄兒婦母湘舟等
托常家信寄十三日方還一行云
十一日早陸陳秋谷招同王蓉舫湘李貫生至寓便酌至二
鼓始散已午間頗覺煩熱以後時有微雨自戌至卯未雨

竟夕

十二日微雨竟日早間招李稚齡孝廉陳伯山同游竹林觀以根秀才至待歸莘農早飯飯後又作書寄季少青羣蘭王葉達生陝西并附與長生書遣緯兒轉寄以十二日長行

十三日晨興仍雨少不出再作書致子園設祠堂上墳事並與長生持信赴川之便附寄之巳正王菁卿親家來談意欲李貫與早飯云二鼓散夕間天色似稍晴朗

十四日晨起微雨往拜崇明府又拜朱賢陵隨至李賓人處寓之
做秋翁墓讀至二鼓散
十五日雨仍不止朱蔭堂二親家來拜同往九華宮借箸做墨五
兩山心來賓人處之談傳某談省城風水議捐開閉南門疏通水
道裨補氣脈禁止開挖言之娓娓似甚有理散後隨至
做翁誨與賓人處之秋谷談至二鼓照還同炜兒九月朔書
十六日雨仍不止仰初劉內子先起云識水已來明將令晚余遂
起服鳴山所開方藥令服延至巳初當來勸因遣人請乘

山五年正月至已生母吳先生起樹勁稍青鶴權唱特甚心知其必錢年客安且長安意丙寅子也八字為庚戌丁亥甲戌庚午如君試以中副車亦聊解嘲且吾母子俱安即為慶幸是日楊葉坡貴遣劉丙桃生康六十八行來所買書坊仍無整底據云九月內可到亦袖云而已晉以子壽書云有頭得哥臨淑志局之行

十七日晨起雨仍不止罷川是便得行因作書交渝佛寬隨偕收翁夏侯赴秋營之招二鼓冒雨而歸得吳子瑩方伯書知粵西太平府之龍州以江相廳寧明永康相州均失守

发逆賊匪尚在府境盤踞向提軍於望日到桂林剿

尚未嘗於究未知能一鼓殲除否蒙延孫子雲惠也

十八日天陰旦寒甚生母已三朝矣例須洗浴俗謂洗三以葉湯

洗後又煎藥一帖服之庶子無痘瘖之疾是日詣縣奉詔首

府主吳公賀太守早飯在府與為陳秋谷周十夫申酉三刻

始散

十九日辰起仍有細雨如絲飯後稍覺微朗　是岳中丞處久未往謁

張以練閣為言因往見談農家語約三四刻復往詹探一子詩方

伯觀其所藏淳化閣帖九卷十卷雖非宋搨的是佳本與肅本相去遠甚又觀其在河南所得明人墨蹟四本凡有名者無不具在有王文成數十字書似大令而秀潤動人楊椒山字子瞻以為不可告蔡京謂誣作詩直寫安能此而獨膺（贋）日下使其贋亦何妨自以為真之天下事大都作如是觀耳方伯為之嘆

是日頗陰想亦未雨

二十日早起嚴霜滿天天大晴霽出樹至王夢湘陳秋谷處談李貞無皆為余稱故人因訪夢湘秋谷貞無長談

廿日。霜气甚重，天竟不开，阴甚，亦复冷甚。昨夕由云南折差带到炯儿八月廿七日安禀，黄梁鸠子寿秀梓信，知炯儿已移家正阳门外三眼井矣。今晨贵州折差亦回，复得炯儿九月廿三日安禀并琴坞胡中丞复函（中丞来折，言廿五六间折，因亟作书寄炯儿，并复琴坞子寿信，帐弟豫安臣三函，李质生家信一件，拈封托朱芷蕃专亲家转寄。芷蕃云杭塘门丁出京乃其熟人，托之可以不误，且可得回信云）。

廿二日。夜大风，习雨。早起，拟精阅朗甫家文，后随出门答拜

謝親友而還

廿三日陰。寄杜東甫一函，隨赴李石無之招，在座爲蔡湘秋、容

至二鼓始散

廿四日陰。作書寄胡太守國芝，并附寄丁君冶周一函、琴塢史

部三兵文，作書賀周少湖署三原訪

欽貴應鈅復叙之書，但託貴陽王太守轉寄，云連日親友

來求助者接踵，皆負難自立，而余實窘乏，莫能序助，心

爲惆然，蓋惡而不可爲，恐他日亦自難爲計耳

廿五日　晴　丑正刻樹彝弟婦以病死，甫病三日也。狀如暑症，初來診脈，即云六脈共伏，二部殊難醫，余姑以附桂大劑藥之，服三劑仍無脈，則不可爲矣。余獨未之信，不意至於此耳。子女皆幼不知人事，余老矣，婦又未明世故，其能撫養無誤耶？殊痛惜之。僅有新娃爲治附身附棺之物，以廿吉子丑又斂訖。於其遺匳首飾收及其二百五十金，樹彝之娃代借四十金，樹彝之柴先生借十金，五兩者一張，黃郎兩僕一五金一四金，當俟暇時爲之清理也。記余甫歸時，弟婦有一張云，俟兒子長成仍歸還吏姪

墓地已合葬矣　母墓左回道何所標山擬仍於龍墻外、
近覓一墓地俾樹移之櫃忌羅巡乙來仍共合葬爲是
廿五日丑時即起乘輿謁　太夫人墓前焚寶材寶紙對子
隨於左近相度葬地均未當意因往邠寨後寨觀乃
四兒十年前甚見烺置取陽葬此好尚砂水朝對極佳穴前
夷平亦好微覺後託稍不得力耳總之地之不易得也此處山乾向似
年月均利宜再細細酌定是日晴暢中正即歸　已居燈草庄
備頓夫廿七赴即道矣　先墓下方修步契約爲儕屆云

廿七日晴寅正即發柩行神〻主為未主以待樹聲弟柩來合葬
時再主〻題神也是日無聊之至讀顏氏家訓十卷託對樹聲大
兄來談一時許中間出王姓吳楓秀此議論省城風水說一氣謂城內
水向不改必有凶災壬子癸丑即將有驗云云其言甚誕不經余
謂樹翁不宜誌之樹翁亦以為然而去
廿八日陰陳秋谷李貢之均過來談一刻餘初七年後由道
出翁周〻巷口惜剝史專〻店道到佛兒十月寄一函〻并寓書一本
知去小年安即將寓書分送朱蔭翁王湘翁彭樹翁花隨

复謝周刺史一函，并附佛龕數行，仍託其弟七由灣巡捕持
去，當無悮也。昨劉樹翁來言云孔理堂廣文曾言此間坦
先大夫墓左近尚有佳地，因煩李炳帆二姪致意理堂，竟
許同往，遂約以明日行，未審其眼力果何如耳。
二十九日。昨夜微有雨，天明時地已乾潔，因遣乘輿約同孔理堂廣文起
行，至三汊橋小憩一刻，復以申正一刻到 墓下。至朝陽寺，寺已僧程定
將頃前廬，甚佛像之處無多，欲即不能藉爲兩文。寺門前有來年穩印
論之程定，將兑這僧理門前大田引水，定深四圍，多種楊柳桃花等

右首池基現不存水即由横平墻下之底亦栽石堆石屏蔽于後脉

覺西邊亦不高也是夜四更後明星满天

三十日早起霜不能結幸天色晴開午後陽光一見即收工理事

廣文先查看原基字向據云實向對西三台之第一台子午兼

癸丁字扦門宜在巽巳方開吾以納結云随至

先大夫葬前以羅盤對之向似甲庚以余言艮坤寅申乃

外盤非内盤屢核該之碑時易之余以山向形勢必有一定今欲改

立字向則翻對全不合式余有定之形勢易無形之字向對参不

可於來使向於之粉合翻衣舊印已又日登山後再看所謂天了
穴在無砂無穴四山皆不羅列甚無意取又謂卒山尾閭皆法搆
相度究久志不足觀又謂竹林寨有穴可尋乃余家所已買此者
栽用之志云類可於右砂甚不得力家後登對面大山上先伯母墓
再列之處見佳山水皆在目前朝對分嚴而有情左右位置亦
甚稱向特穴名翻撲兆前後左右周圍處度不可且姑俟之云爾
十月初五日濃霜不成天殊陰晦因謂理堂且為歸休行三十里至白
平收將有雨比歸已及申正至酉正二刻即小雨不止余亦困乏極矣

日俞查齋向周卿廿番來書又日鍋星垣銅仁來書

初一日小雨半日未正以後始稍開朗於雞場雇郭氏老婦爲浮般之子女任梳洗眠食事似尚誠實云的子周書　初二日修造壁柱上梁已擇定二月至三月吉日矣作書复子固

初三日陰李青淞親家來暢譚半日因共午飯至戌初始去晚讀碧石血録三卷及血統附録一卷

初四日稍有晴意老馬死於月矣懷之不置爲作瘞馬粮青館得借李孝廉書李淞帖刻之石印壁於馬基高是日出門答拜

李賓旭、陳秋谷又往相陳礱山、朱蘅雲、孔理堂，申正三刻始還。

初五日早陰，午晴，未申間仍陰，稍有星月。出門至劉樹堂袁先處

坐談一刻，仍隨赴夢湘寓，云招客座為陳秋谷、李賓旭，早

餐有莧菜、豆腐、蕎，皆甚佳美；午飯有野雞、陳菌，味亦清潔，又

有淡梨酒甚醇，易飲而不易醉，二鼓後始散。至丑正方睡，咸條

或即其雨雲歟。

初六日陰晴相間，天氣頗熱。秋畬山始自夢湘、秋谷、賓旭叙

五夜其鄰陳湘桥彦康早飯，遂共湘谷、秋翁、賓旭談至二鼓

姻敬

初七日早晴午間甚煖而天甚陰暗即有雨乃又放晴至戌正則雨作

矣早間朱孝廉春章來見求為作書與湖署藩諸代薦安順書

院山長一席朱必寒士品學俱好湖南頗能振拔單寒此因即手

書付之秋岳山又偕周秀人翁君友雅來見以團練防堵事

求教因與言之飯後袁竹坪來談一刻許并還余二百

金取其母質其子非僅合家忘恩傳齊地楊文卿孝廉移未正

三刻來上下議論均一時欲惜所聞尚未詳悉問為 姻轉達之

經自友今數豈不得其平往往皆是非獨一文卿經年宦後焉
詒無少村來坐至日暮時始行據云粵西大股賊陳亞貴已生擒
其黨亦早散我少宗室優即可全就肅清矣 潘少府景小芟詒無云
初八日陰晴相間早間招胡鶴山李子香熊陳秋谷王子瀛湘便飯遂
共主頭之籌湘秋谷子謀至二鼓始散是日熱甚夜尚裘而歸前
和程朐以燥熱不能成寐是夜亦困倦已極倒枕即眠酣臥直至天
曉倖寅兵快之至安得夜夜皆如是耶
初九日陰晴相間早起答拜朱星垣彥齋朱瑗堂太守周廣

文陳硯山遂赴李貢生塏生之招在座爲蔣湘秋谷晚飯同作雜
生豆腐味甚適日歸得春介軒十月廿四信
初十日 微雨數十點巳正仍晴午後大風雨一刻餘申正風又大作至酉
以後寒甚是日晨起李淑帆來與寒白言方蒼談聞陳硯山來談一刻
許逆安出門適朱蓉洲來 秋田出先後至午初方出飯羅作書寄炯兒
開拆弁甚日將行也申正王子行 因從自京寄蒼來照門祇對請即去
十一日陰晴相間早起微雨僅一洒即先作書寄炯兒託朱蓉洲附寄
又貢提塘門丁送方轉交三眼井中間路北內附數行賀黃琴塢房

樣敦書云交作書致葉郁〃令何君懷琛〃舒謝其兄惠炯兒元若世孝
又託其加封轉寄馮稻香觀察書此書託以補馬咨轉交柳舒帶
交或不誤也午後日查城外人借武讀書書譜類寄杜憶余兩子於閩中
兄〃出閩後相與小生於浪南門外迴龍寺求學同學許今已三十有五年矣
時年亦僅三十內外別到今亦將七十何其清狂猶昔耶書中〃〃從紫叔來
且僕來附一領晚之
十五日晴涼秋分招口萼湘貴戀〃早飯二枝妮散晚歸來得楊紫坡
手書

十三日晴偕秋谷蓉湘赴李貢生之招至二坟招散明月湖地

歸與暢材同署石汗黃太守書太守名培杰貴州人曾任楚令

與余有同官云

十四日晴是日為

先大夫立神道碑於紅亭門之側漢王子壽比部撰文王蓉湘觀

察書李湘帆秀才刻石宋匠鄭姓石匠李姓以午時立申時成碑

亭則須石匠工錢照逕璧也蓉湘東家偕余往觀中閱文至此

緣

壓寶山後觀蓉湘所自營宅兆背通隣特未彥廣蓉墓前砂

亦頗可新穴當是稍婦來處當直平無脱卸非習慣做

所營皆甚確且天雜銅對之象寶山端重方嚴穴情亦甫

生而定實屬不易得甚不禁為之狂喜以姚亮臣李惺甫王子翬書

十五日晴黎明而起大霧彌天至午而捉散日暮留竹坪往程村者

亭年丈悼之之痛午初到十西訂踏目而歸程境孫子業送吃以

胡潤之思南來信甚閱稅甚落以票釐元斤之故寓才余家

直無片子相矣

十六日陰小女完孫月秋吝夫人挈其女公子來與內子談亡時許而

吉菊仍香陳秋谷陶來閩人辭謝楊聚恒同請平四眉

談約三四刻其貌亦稱其病狀不可憶也

十六日陰似有雪意飯後出答拜仍香秋谷孫恒及左鄰

三周通守鄒寧生鹿嵩太守拜往定番州馬童閣防垃

來辭行且致意於程相見余則已出拜因即約其還署

隨往拜之談及黃平夷人竊亂乘此多事掠搶擾中

丞已專任李芝蘭太守營白綠石民刺史往亦未堅西路運李

部設轄傳買運乃為困

國歸來，思之，投於無業家氏，借此肩背，為之蓄，曉其實一
旦闊擱，雖保其真生精熟手太守矣。倘更言雖不確，便忘
始自便宜開捏籍，以養此十餘萬生命，老成任事，有胆有
識，不勝欽佩之至。此事真不可限量，其果得其降之而起為
聖主肩鉅任耶。　十五日，每之復明蘆田王子壽、王子年、姚虎
臣書，閱信，是明日方行。劉嘉平、譚陵、招子達、楚卿、寶篤、蘅
已啓北行耳。　晨，頗有凍意。
十六日，陰，甚旦冷，頗有雪意。午，同鄉人為我杠枝二十二捆，易園中旧桐

前輩更換額字刻款所謂芳躅更存也未正三刻赴香禾談
詢悉村貴龍卿大令將來備請回信往之存念惟陳秋谷一人
主人情意殷殷款綴香美室之枝照發歸已亥正二刻矣
十九日丙辰長至節天氣未暮陰且甚冷自茲又買茅台燒酒一
百八十斤以備豆瓣糖拌油膏之埋之庭山下俟火氣退淨再用
藥物亦養生之一法也陳秋谷招同黃君應小酌之枝前照留
二十日陰雨雪不雪頗乾冷寒甚是日偕茗衙黃山貴堂
芳請蔣伯秀農部陪客為壽十二四泉陳大秋谷未前服來

申正已散仍与湘翁秋翁賁岳手至二鼓而去

二十一日陰拔貢生楊先芬来見余以不晤兄甥中庸且岸月廿五乃

其來日必得往門謝之因往謁之晤談三刻往又往拜李蘧方伯談

一刻往又道遇秋谷盤桓茗一杯隨赴陳德圃明府之招坐客惟

湘翁孙啬不相謀至申正散後順道与蕭伯香豐郡送行歸甫申正

一刻讀趙德麟侯鯖錄二卷始臥

二十二日陰赴賁岳之招至二鼓始歸

二十三日早陰午間稍晴作平安書寄煒堂又信致周蓉樵利

史託其附寄，又復子固弟一函，擬明日遣一唐奇行也。未初海陽之人回，並第四五號壽柏來，亦頗負符不甚堅，兹已費去二百餘金，以後指價當更不少，不知旦明村於事何至糊塗顛倒如此，為之憤憤。

二十四日 晴。吳子苾方伯巳刻來談，二刻餘。傍食閱史十二卷畢。午後邱枝珊大令送橘二十枚，隨以周著借刻史書亦為川橘二筐，約三百餘枚，書中言有所祝，自此據究之信，殊當來或亟也。

二十五日陰是日為 久無中丞誕辰同人公集於棲霞山寺爲致祭
堂廣師先至久待不及而歸余與秋舫受湘何君寅孝慶偕至
撫轅拜科後與之則樹聲翁孔叙五秋岑山寫泉花金山陳湘樹
陳園皆在松南楊君（先芬 仲秀）楊君 周五侯（雲甫）大及李貢無二已先到矣
行禮之後同會愭談以午正頗散貢無蒿叟湘秋舫後來余村
歸草堂談至二鼓而眠
二十六日晴早間甚霜稍冷午後即不能御重裘矣蔭翁邀同秋舫
竹坪至紵歸草堂小酌至二鼓始散

廿七日晴，早間甚霜。表侄婿邀同秋谷、蓉卿集其寓，飲小
酌。二鼓後步行至里居前，與秋谷各乘輿而歸。
廿八日晴，蓉卿、秋谷偕余至子青寓，八點鐘為集，早集兩局，鐘中至二
鼓始散。聞少穆宮保奉
命後即赴粵，由漳浦渡海抵潮，以十月十九日卒於道，哀哉！此老身繫海
內蒼生之望，方冀其抵粵後殲盡群醜，迺不可即去，留清乃未
受事而身先死，存名垂竹帛，聲滿天地，死亦甚華，其如蒼
國事何所恃，匡復有誰克肩鉅任也，回首長安不禁惆悵。

廿九日早起往答拜祖庚學使談及少翁縣篆之說似甚有確目
而大憲意取前賢無人才不值時事多艱殊不相符而往紙復又往省視
先大夫神道碑亭無聊之極因順道游罹讓溪之廢園樹心齋
之亡園歸已日暮矣是日不適

十二月初一日晴秋谷招同夢湘貢兹二至其寓無設餅為食以二鼓
而散昨日王文軒挾楚林習氏棺柩來均初二日可到尾窯擬初二日
親詣設祭並相度其宅兆答何文軒又云楚之翁學官所入全被甘為
媍乾役臨行甚為拮据以至到省為經末價七金肴餚一併需

用擲一星隨即以十金付之當自料理無悮矣
初一日晴小坐園中拔茅去蕪携僮二人掃除淨盡隱几而臥往鄰家
春飯聲儀翁約歲除之前甚得也申正一刻樹翁來談一刻許
而去是日頗熱大似春初氣候
初二日辰初起遣人奉祭席先行辰正即率眉卿興兒巳正到尾窑
山上擺祭席拜環花隨上下周視就穴砂水形勢皆合度向開井
之右不佳已予以石灰砌其坡詢之文軒四兒因此繳表用去花
前所遺命必在於此下葬蓋前開井時皆親目擊之假

讀舒丁雁園又皆其精仿文靳等所自築別圃其自信之真且確
余以舒鏐藉有所疑亦不放剡他識即以他識其子翁挹亦能不
能諱亦好自歸而已畢留語甚似可雪之作書寄何根雲雲南
并附姚芸陔補信姚信至已久函未知所寄投達之也
初四日 昨夜大風雨竟夕晨起見塘邊小桷已積冰雪厚寸許矣而次氣
逼人竟非大毛皮衣不可已初李貢三遣人送請蓋出門順道至後科傳者
竚雲厓處談一刻竚其亂字頗不甚當是後來之秀云貢三留
更為寫小聯並字 淑陳 秋蘅 叔羽二枝後相還得雲南西昌字數

手舊書情致纏綿筆墨猶似少年時也當珍藏之

初五日陰午間王二兄曾太守來後二刻辭知張將軍必祿已卒於潯

鄭營自中途被議革職聞將軍亦赴京候議與中賊通黃廷

殊甚又云郡中有開指之說一道長痛陳不可已將擲還為

郡賓相檀書力叢兩中丈移相現因病請假亦一再展假

勢將請開缺矣時事如是不禁中心懷愁昨日見傳青任存

處問其造述何以今道貫詩文集函披閱一過多不拘繩

墨而有奇氣近此不輕亦正未可量也申初長孫王子四來

人詩甚是誰安見之頃即遣人送交蓮堂隱師查收付其来使

收条說此事已了唐杞村之弟六安糧船下来寫了悵然

留晉陰天氣寒甚已刻朱蓮堂陳師来談一时許而去館後

流覽吹劍錄外集一卷已倦極思眠矣忽得炯兒九月初六日手

信又寫自九月念三起至十月二十日日記又寫近作古文二首至為

黄琴塢書寸心欣慰之至

初七日陰寒甚早起擬炯兒日記以其中有不應記者飭其勿記也已

正芳涵 秋谷貢六應日来早飯隨手談至二鼓去

初八日寒甚專足劉長生自川中來得炜兒安稟并寄公母平安函
於內子茶食針線由天成亨會來足六百兩知其大小平安欣慰
之至其字內云得炯兒十月初手書深知悔恨極力從修除
家務好未嘗內食覺信心酸以自己未嘗處此境不思今兒乃
刻苦如此當即寄去百金屬其樽節添補飲食云云其季弟
天性原自佳但不免仍有膏粱習氣耳又云川中賊匪為
不少殺戮援有即懲亦皆撫循易更改前人當皆悅服聞之
心稍慰彼間人心浮動能安靜則治理即好陳子青迭寄函

細雨

初九日早起寒甚出門答拜朱蔭堂親家談兩時同夢琳世叔貢甫叔至董山集陳秋嵓寓與之至一鼓後始還

初十日早起乾冷殊甚李貢甫邀同心泉秋嵓集其寓與之二鼓後還

十一日早起乾冷殊甚夢琳親家邀同秋嵓貢甫心泉集其寓二鼓後還

十二日小晴寒亦稍減城南小河坝劉吉亭之夫人於前月十日變化

吉亭偶悼殊甚作自輓詩十二章遣人送余爲之点定余以今年
二月 孝德皇后兩周年点主并例曾升階身爲二品大臣當
國母周年不能從杖用是釋之因作輓詩四絕句序
楊紫坡楷書贈之詩云蕙質蘭儀迥出羣爭禁奉倩
不傷神鴻恩試向情天問白髮何曾到美人消受光陰
綵筆騰瑤翠玉笛深聊之無端花鳥都惆悵一種鶯迴
少女風 年年竟成哀永逝珊珊何自望來遲可憐地久天
長恨恫讀三郎自輓詩 珠江兩岸孝廉船正是催粧賦

猗違三十二年彈指頃歸來空拜邑中仙夫人姓李氏浙人

少育於粵嘉慶戊寅歸於青亭時年方從　家大人欽州宦

行計偕壯上以十月至羊城值其于歸善笛工聚錦莊婀娜

實夫人也歸青亭三十三年以側室扶正秋水倩隱備嫻明隨

三弟年五十而逝六女福之不可多得者昌旨託嶽卯山代買鹿茸

一具價二十四金得茸十八兩五錢先以八兩寄蘇之

十三日早起陰甚西北風不止疑將雪矣遂而微雨灑地即乾卑正陰風

仍不止亦不覺寒閑之店工人糊地平船遂又之肩楊紫坡西宿鹿茸嘗

酒随检知不足斋丛书第二十三集老学庵续笔记跋于书因
摘一条书之是日午正王梦湘亲家来
十四日偕王梦湘亲家赴北河坝刘青亭年丈宅为其李
夫人点主未刻还是日天阴
十五日早起往碓狱马山新丧姬人随至云崖洞道旦年
周祀叔荼人之丧还集李贞缄之寓至二鼓归是日寒
甚
十六日早起偕朱紫陔王梦湘孔叔丞往贺王厚菁

太守召異飯後赴譽蒼辞談一刻歸是日陰甚途遇楊文卿

晚飯以其擾歸復陽度歲也

十七日陰連日忽冷忽熱衣裳更換不時竟為風寒所侵昨夜臥後以

姜拭額汗出如水晨起稍減因索倉百文為往吳書對聯条幅若干後

以微汗似已較愈殊可作書寄炯兒尚未能也

十八日陰晴相間辰正謁制軍有要談一刻許隨傳參謀至竹坪

家黃酬在座為秋谷及彭世兄二披還

十九日陰辰起以鰻魚鹿筋賀胡閬芝太守以其壽未

贺岁并致送两呢等物也复书并为王孝凤庭课阅文稿
事来寓宽就成晋午刻赴王雁峯处寿字已拈庄中易
学湘秋谷送极佳美以串正致闻极得明晨即行每作
书写烟兜々寄为王少园椒巴事又附寄忠家信
昔陵雨寒甚作书写周春情刺史寄花写炜兜门生
函又託亟在家保之子园々函交于阅朱々峯曲洧旧闻六卷中
云有王将真以饥寒甚无以自存将其印女出之矣年甫十岁入内
即不肯出闷々投曰此间甚好留的饭吃不愿去耳盖以八金济之名

三日出者以其甚懶也燈下復畫西湖舊聞四卷雖簷雨仍未止云

廿日陰甚小雨即止過秋蘅處取貢庵小集續歸平叟西偏之坡

後船散

廿二日陰晨起出門答拜朱蓉裳觀察座間晤薛之再世丈為前

湖南糧儲薛井之子以在籍食全俸蒞過

御賜覃恩得蔭之事其譬蓮一舫三乞之指也隨往狀馬山家

作而歸復過又借芸秋太守書閱王得臣彥輔麈史三卷

太宗實閱

皇上弟五 五惇郡王奕誴 六恭親王奕訢 七醇郡王奕譞 八鍾郡王奕詥 九孚郡王未工書房 尚未知名

廿三日晴昨夜天氣似覺開朗余乘興上下行俯日來暈數丈外
後燈下復閱中吳紀聞六卷意甚欣豫二鼓已過照登榻安臥一覺
遂至以奉旨殺賊勇不可當旋以露布馳奏矣斥候陳時事大致
謂賊已有清所需經費無多請仍仿前明開捐輸此後理財
莫如節用云云累累數千言疏方上而夢回適寺鐘鳴醒時約五
更卻未因枕上口占云時勢如此心枯髮久霜已惆悵蒲柳老江鄉好
當述此夢以寫志又作封疏草一場展轉床褥不復成寐遂呼奴
子燃燭隨出門而陳開階歸其六兒已惱又至蒙湘新家曾設一

时许，仰借哲意，承招集之周至，一变后据散息。是日天气甚暖，竟不
须御重裘云。
廿四日，微雨半日。巳正刻偕曹湘砺诣久香中丞，谈一时许。余复诣子琛，仍以
筠观察处小坐，刻许归。适袁翠兰来，谈十余刻，盘桓之，傍晚归，晚阅
之幽独楼下读傅青余孝廉节蕲经诗古文词，为识数语其后。青余
才挺而发，寓顿扬于神韵，实望其有成云。
夜作与霞兄署，傍远后周吴论粤西剿匪事，有粮安去黄江之首略，
即用其协攻会匪，须有识力者右持定保，节节办理，即带练精择所
谋粤匪者，据由清所谓节抚而施，以毒攻毒，实亦御之良策，用力少而
成功易，古来名将书不免事也。书识于此，以俟后效云。

又聞樞信吳雇因將臘甚賤深恐停指半年要事設闕無以示信善不得已請告回籍
皇上御極之初勵精圖治感召天和春陰疏叢陽屢不逞於前是以八九月間有地震湖南京
京師今冬大雷雨雹宜乎修省
云云招甘存
廿四天氣稍開先遣一人持祭物宴器赴以田墳余乃旦暮輕輿而行
亦以早到矣昨日以傅青餘詩文集二卷歸之為識數語云曩在京
師與黃琴塢何子貞楊數更與人丰鄭子尹何子貞杜諸以傅青餘
孝廉為宗竊心儀之今年冬始與君相晤因得暢讀其所為詩
古文詞武陵楊性農謂以為南詩家至以為本朝名家以列稚存
船山二先生為近以青餘之才之年又復若抑勤苦所造豈有

淮星暨之勝法孫世五有得於袁劉北丘不少也云云今晨將雨引之

谷生保所作夢研齋文回信之尚未就云是午後小雨不止檢兵書家取知

而是燈之精書共三千冊共二百四十一本均已閱之亮似移置待佈草也而

佈陳用皆未裝之刻即借秦澤興替書十二套送之前請劭其已否

金答付之此文當貼矣

廿六日晨起往甚乘輿至倒溪埧視

先大夫神道碑亭訖即行至順陂海王文軒已在此相待同至山頂

大樹下相度地形四圍砂水及來龍均甚惟穴情需要看在是否名

亦未必佳耳。隨與文軒分手行，微有小雨，夜路甚滑，過馬蔡崖上
下滑尤甚，與吏四人辛苦之至。申初甫抵三江栅，每之一飯即行至
朝寺已天夕矣。
廿七日晨起，天氣稍朗，亟詣
先大夫墓前祭奠，焚燒冥器訖，四周查勘，草木俱尚暢遂，
遂四年中間讀之際，聞蔡家寨、竹林寨、小寨、下寨居人竟罷不
舉火，年晚即歲除，尚多無米可炊，為之惻然。因屬殿先携來同
佃人曾文華周歷省視，每二三百斗給谷二斗，五六百斗者倍之，餘有

江孫子榮親書答數接字穀請借字於明日后剩至書文
華寄量答蓋鄉中業亦很錢甚難拿文來錢自帶呂錢
赴鄉下所穀字之封堆以請答爲宜而便也至年近報先總歸
云已令數分穀價之石十一石四斗而方數十日皆得鼓腹度
歲亦快事也又左右鄰老年如宋如傳如周如李如王同八十餘以
及七十餘由城中挑來穀食數種分爲致之以示敬老之意亦諸
鄰稱二子更欣了此亦心宗祠因請人於寺側園中堆石種樹以爲消遣
此亦歸田之樂也酉初又有小雨晚時稍熱燥

太夫墓則道路更爲難行矣
廿八日黎明即起天雨已歇亟僱佬登行一路泥濘辛苦殊甚申刻至
太夫人墓所帶去已將果品酒饌伺備安一隨置在拜奠焚化訖即
詣白雲寺後七兄宅中晚飯與嫂姪等暢敘數刻一覺已天明矣
廿九日細雨如絲閤山皆在霧氣中奉偕王文軒喬手同往其家居
爲日船弟夫婦相度日穴之所乃爲陰霾所蔽對山全不能見
仍即冒雨而還早飯後復至
太夫人墳前周視一過隨与文軒於左邊下審擇穴地爲穩

息之所憬欲先擇安為蘭圃造一所栽植桃李梅竹柳榴等花木時已

午正即往拜還城得姊兄冬月廿七日安字隨手復數行復之來

告王勝閣於明日行也

二十日陰唐恕料理人事朱蔭翁靈送來擬答姻兄安字日記及

黃琴塢寄郁賓谷函均已閱訖又寫畢節人書擬書致

寄來兌票共洋二百卅捌兩九八平合庫平庫色足二百

兩六捌八錢即作書復研農擬明日將函託子皆交郵寄由

驛額門中並轉託以期往返晚近去隨沐浴更衣於

祖宗位前致祭焚化寅时毕卯正天色阴霾出门小游而
细雨不止傍霁颇寒因念须止云
咸丰元年正月朔日黎明起於
祖宗位前上香献椒酒试笔书数十字适王二姪及其二三
令阮来弟弟坐谈一刻而去李湘帆王文轩朱珩杨叶坡暨
刘生聪奎握紫轩於绣佛华堂以骰子掷状元余亦与之
子谈一刻往拜各处刘饭後又与侄手牌至二鼓始散是日天
色阴寒特甚张闻人也

初二日陰冷殊甚侍佛草堂西偏有綠梅一株花已半開惜
地不實殿惟容二三人停立賞玩而已余猶日來獨倚夜間繼
細久之因憶美雄名士者才不過或用違其才與何莫非此
花類也予文軒林姪及湘帆紫坡諸公三數好佛歐我不成
眠誌悲感無聊令人悽惻往絕云
初三日辰起滿山林木屋宇園池一片皆白對面象寶山尤覺寒
峭特異心神為之一爽父老云春前得此大為豐盈蓋明日立春恐是
正月之節候也是日午後仍復陰甚

初四日黎明即起洗沐後隨即早膳王為學湘叔家已來因出赴撫署
答拜又至蕭寓均經款待時首府糧道學使則均已至申正會
食未正至秋谷叔又至蕭處學湘樹堂竹坪各處均談片刻歸
已申正頗覺疲乏是日仍陰晦申正一刻主客以何根雲侍郎書交來
湖南中丞及青介軒果世兄之書託予據情仍加封轉遞
初五日辰起寫對一聯大雪滿天殊令人悶未刻移使人邀龍臻達府之
長君已酉孝廉佑之朱茂之次君子陵王為學湘之次子号齊寶
擬和保元至村偏早飯午正後見隔岸雪霽四山俱滑又一鏡

恬靜氣象也

初八日天氣稍朗頗有晴意后刻傅青餘彥威偕孔理卿來

談一刻餘隨蒼往陳雲夔於上舍今行晤為石六舟問粵西劉永事又

催為雲樵問康身事渠以初七日為祭雲樵據云祭後即為石問

候周雲部秀才孔叔子劉史高心泉運副同來談半刻許作書

致張樾霆方伯河南年託寄何閬溪太守內黃函又託子遠方

伯為李桂舲孝廉圖求司書記館事

初九日陰雨相間早起偕彥徵叔家往賀郎梧珊升補古州司馬

之，青文往拜祖庚學使，談及保舉之事，謂上年知中外四千餘
奏，多字以至未邀者甚多，學知貢院乃余於丁未、戊子勸捐
辦理，其以實在千餘，何至是少，五分之一耶。暇日曾與方伯商
之，不肯，為知中外者人所敝也。午後郭拉珊來謝，談之刻，七道
以中冓彥甫持函來，要我觀之，乃歸是於去勝十八歲時漂
得一子，不禁快甚之至。是日早起曾乞陳雲吳封舍人為余
捜擇，云即有挖掘之者，不圖來扣時即有此信也。雲吳封文為
上有上問之奧賊事，得寅字成，動閱課，擇云得有便，不可力

主帥亦未久交鋒之事，且蛇影之式，本任東南之理，有當甚難
視其謀不聽，而動輒閲誤當手，賊勢甚猖獗，張康子憲奉旨。
初八日，接王壽吾太守、陳秋舫太守、培秦各信，劉鐸隨同秋舫雪
山同赴高士二四來之招，看屋，而王薈湘、孔叙五、晨奎三、季貢垚、楊玉園
高松南及其弟秀峰談至二鼓。昭叔昨得西吳市信，謂錦兜近皆待
而甚壯，因之月内咳嗽失紅，脾肺不舒，以至飲食亦不甚好，心而憂
之，謂之西山以調和脾肺爲是，并許爲開立水藥、丸藥二方。
初九日，寅正起，齋沐，拈香，焚香謝

天亮爲時尚早因復假寐辰初二刻披起至問軒姪之二子襄門訊家事二刻餘午初王吉貞淑觀家來爲余賀抱三孫之吉汲談數語即偕赴李書農之招至二鼓散是日微雨不止天氣殊陰霾自正初至今竟無一日晴朗真悶人也

初十日自晨至午陰寒殊甚未正陽光一現仍復陰氣逼人早間朱蓮史賡卿談約一時許李貴熙三舅秀峰同來談刻餘即去隨即早膳　見無中匪遇人先通之不能推托因延至行館草草談約四刻送去後作字子美並書又與姊寛一函附交阿勝

二斤、三七三十枚。又二月六七日內子寄姊媳皮葉般一件，使均承其志。
姜李升貴等計廿八日者始到，頃接沈叔繼信，姊兄病尖血已
三次，心殊懸念，惟托
祖宗庇蔭，其病早愈，實為大利，明知不至有他，雲翼此心耿
耿，私忍付服，醫無憂慮而後即安也。
十二日陰，巳起，陳雲翼封翁令人代乞陳孝人明府為查五星，丑至酉運仍
不甚吉，與前所算甚為符合，因往袁竹坪處備其上年在歷託為
詳查，添壽卿兒之造，併姊兄運限，云是日補蒙湘叔弟在盤山秋

答竹坪心泉秀峰貢之應於南屏華山以會之四弟壽酌至二詩序
据散計余歸里已一年矣雖無佳趣亦幸免疾痛可快也
十二日陰午後天氣微開略有晴意陳鐵山同諸妹姪於日暮來
秋谷貢之應之叙五及其令親馬君早麵午酌至二鼓据散早間因
氣不甚舒請杜鼎山來爲診視據云肝脈甚旺一春多以無之病
又以沈松樵信所稱肺完犯病一節與之細閱則謂前所開方
係專治脾胃藥則受之病在肺因另開清熱之方專人齎來
甚帶其鼎山又云三七係專治損傷失血此種病症用不

着亦已諭知炜兒所寄之物惟當存而不用云

十三日陰早起爲稼秦偕軍撻三隨赴花傘三之招來在朱蔭爲

陪同曾湘舲五於南門外無爲化寺以送朱澄翼太守回粤西中正

仍至花宅喚飯至二鼓後還

雨夜天稍開朗亦有晴意相間微見月色此入春來第一佳日也早

間赴陳雲舫舍人之招日席爲陳（程）吉人曰馬傳青雲吴孝廣吉人吴談

命爲余查五星所言皆驗因以炜兒炯兒三孫豫壽八字屬爲查之其

人亦恬靜可較云

十五日卯正辰初之間氣象甚佳午後日色亦明霽申酉間陰涼
夜月尚爽朗見人仍集花舍三齋中至二鼓後散
十六日辰起答拜佛芝林太守不值比歸則太守復來拜亦不值也是
日招程吉人陳雲村王子行傅青餘早飯飯後隨往答拜福星垣
太守十一年舊交也坐談一刻餽以鼻煙一小瓶又遣送對過楚柚之
寓值其方歸因亦拜晤適王之庭曾太守亦來知廣西之役等
已寄調貴州兵一千以署古州李總戎管帶前往并
命侍達值泰之提三赴粵參贊軍務此二公皆素稱勇略者

聖主知人善任興事庶可告成功矣
十七日春氣頗寒天色陰甚辰憩佛堂林太守來談一刻余返寓
出門拜客過嶽南之招府經歷精庄二枝猴敉
十八日天色晴朗莫茁升庭楚胥君督自旅自畫來茁升為之函拔筆
与炯兒同年甚多人又与
先大夫戊午同年閱其學業甚富惜空學較抄人亦謹誡子孫易為
三孙澤壽滿月陳秋谷狀元山均來稱賀隨偕秋谷至元山家早飯
日入轎歸至二技猴敉

十九日陰温微雨午間招寶谷芷升諸君便飯是刻作書復理琴鴻
温讀震川文二卷
二十日早起大有晴意見人以集薄湘借閲軒二枝插瓶
廿一日自辰至申晴酉以後寒氣逼人欲雨不雨早間中安招同
薄湘秋谷及首鄉王君麗普早飯問二廣情息知李石樵
塘師至後至今尚未有信來也
廿二日早起晴晚來以後又陰寒殊甚物至待歸華中肩孫藝
梅花頭[illegible]芳自賞之致讀震川文二卷

廿二日早晴秋谷招集寓齋至二鼓始歸

二十三日晴讀震川文二卷作告文將赴匡廬抱往返遲樹村亦之根玉號瑞卿十三來歸余尊莫家產也是夜戌刻燭花忽炸上白二寸遠信不知其吉凶否何候驗

廿四日辰正年隆甚來以後早起以將年香燭往獻於

關帝 里神 城隍之前各演戲一本並祭自樊石行時即默為

禱祝佑仰托

庇佑母老還里當盡心報獻乃歸值

宮中大事叠出不能致祭後已期之年之後而心愿始難再緩因識

吉星日無沐焚香親祀行神而還午閱邸王厚菴福星垣傳些
林三太守邦枟珊丁馬便酌而以秋谷孝陪孫又來稍遲重正招
牧云星日得姚七去年十二月十六日書其时冬月十八所寄信猶未
到也
廿六日陰復姚七書并附何根雲信又致羅露亭方伯信為致信
晴劵閱亞姚氏又寄炯兒京信并黃翠塢宋薌濱各一函閱探差
廿七日行廿作福田母家傳
廿八日稍晴意半閱勘楊心齋令弟于挺之鼓還閱心齋已放江

西糧道一計正月杪可到此君天性孝友身負重累而本家親友每
中丞各有周恤詢爲知大体者矣照仕宦此时以此君爲巨擘矣吾
言之重

廿八日謁撫福星垣佛芝林漂秋谷作此日奉之游百丞用歸由
中丞處借閱邸抄知　林少穆宮保得諡文忠爲之欣躍無既至鄉措心
會謝放江西糧道
召見二次亦異數云是日湖北藩司吳星年星垣來拜不值

廿九日微雨晨起往答拜吳石泉方伯不值隨答拜李桂舫廉訪又

往送福芝垣行中座題門方伯恆許芳荷華陪石泉方伯至酉初
招散石泉細訊楚中兵私聯開二兵示之
廿日晴早閱陳德園齋年來談拘時許留其早飯送之又莫芷升拔
翠祥行將回送謙鼓刹饋別朱揆四楊月郭小山信發其家觀印
遣發之又得桐溪京中十二月十七日書寄記又為李寄來小信封
二百內有王蓮生侯信二函隨送呈交落湘觀家喚讀　久無
中丞胥恆無詩刻一卷閱帝筒無西六一卷以書弁聯額寄送又
張東山太守日年之郎君

東山為丙子同年甫在粵由馬任壽州以太守之
命迎歸道出宜昌外君歷仕大邦政聲卓然年纔五十有將陞而起而遽以不
祿也抑為挽聯寄之云仕宦成人歸地下有靈靈君君諒我功名在其數定曰南
無歸道迴君世咸豐元年六月十一日
六月初六日晴昨日一號後得新梧臣殿撰十二月五日自剡自桂林來書
猩猺其擾難二千條言如接面談猶知余之月兩所寄之函以為月
猶到不知何以遲滯若是猶鮭辛乃達也中言粵西賊勢猖獗張其志
尚心其多不親出不意於難爲特二者後卿勇何以能不蹈事新氏何
以後業此中何擾將今日勦賊尤難蓋其意類不關於國置撫柳
不知季閣其事果然和衷為年王向兵書來於為覺閣文鍞竟

勞矣難因以金贈之王金山取易覺救讀亦無餘力日因縛之半十

二座皆推　太夫人了書也往返待歸草屯十餘次江梅山茶均

已開放孔雀錦雞亦鄰集得所以爲之破讀簡無文四卷相贈

初二日暢晴辰正刻攜穉承差還弟到烟兒安宇并附書郵園一函

云甘菊孤誕了歟已拂少青菊函其分信集勝後當寄信又撥黃子

壽二五已刻招集二舅友社待歸草堂便酌至二更始散

初三日暢晴辰初詣

文昌閣拈香呼船晤女廣文李宣綸舊如永坐談一刻過陳德園

寓，又談一刻始往拜芝蓀，尚未值而歸。飯後看花匠料理蘭菊，添

花，又自喂飼孔雀、錦雞。讀衛無四六三卷

初四日晴。擬對樹聲表兄年七十九、顧四如白年年七十六、文竹陝軍

楊大兄昭年七十、丙君促陳德園大兄年五十九、朱廣文年四十六及余

七人共年四百六十一歲，小集付歸草堂。諸公皆精神強固，

飲食過人，談笑移時，詞色無倦容，忘年來不可多得之樂事。

寫作書復劉小山江西

初五日陰，氣甚熱。晚三来乃談一刻，修湛於園中西園，造祝文

翻閱邑人隨筆擬生一卷，託高小琛兄弟招集楊氏之園，因先至
夢湘處，午談刻餘，始同往，至二鼓散。又重閱邑人擬生卷，記畢臥。
是日陰晴后起語
先太夫人墓前拜掃，託曹勤稚先姪脩葺小圃，隨赴吳家莊上樹
碑市夫婦定明字向之，至戴氏莊，展小坐刻餘，始至本莊，吳丈
兄嫂相見，適大兄之二妹自吳又來，小談一刻，即行歸，已酉正。
是日陰晴相間，早起料理先遺人至硤田堤事，飯後赴沈氏莊上，又往拜朱
蔭堂札，敘並及邵指洞霄道明人婚諳，不值，又答拜李春庵雅楨、袁明

府西還閩函广隨筆二冊

初八日晴辰起檢點什物早飯後乘輿行先宿江西門外

神道碑前查看上下墳塋小憩約一刻即行至三江橋待輿來

午餐五行申正已至翔陽寺隨步行履勘備造地基形勢稍

捷道命工人增高之是日行五十餘里一路山色水聲花氣皆悅目

蓋路無行役之勞云

初九日陰晴相間辰起宿

先大夫墓前展拜後查看四周均皆無恙徘徊一刻許仍乘輿往

偕梅藕生安人養齋前處探問　楚秋管氏曾於此山上看陰地一穴因便往
相度左砂不甚有力右砂頗好相對雙峯貴人最為壯觀水之環繞亦甚茎
下當將墳則右有四尺非吉地也還已傍甚早飯後閱退庵隨筆一卷申正王
文軒偕祖先兄弟來因與同至新宅斟酌下石方位一節復同之去
翌日先陰後晴寅正一刻王文軒祖先兄弟同往新宅基下礎石午時又
督工伐正下之房樑木均用梓其材頗佳申正福棠叔送什物來日暮留宿
太守常德來書知其已膺月初擢任之薦將北上云是日閱退庵隨筆
論喪葬一條云古人未有葬不釋服今　大清律云殯宮庶民三月而葬

延誤於風水及託故不葬者杖八十。另書蔡寶偶載記，魏晉之制，祖父未殯葬不准服官。五代史周太祖廣順二年詔內外文武臣僚幕職州縣官等，有父母、祖父母未葬，其主家之長不得仕進，所由司不得申舉解送。今或據例疏請於朝，著為令甲，凡服除而未經封葬者，生童不許應試，仕宦不許補官，則人自當速葬，或可稍挽頹風。王益之、三江湖往往有數十年停柩不葬者矣，請援詩君方以据摭毛舉者言，曷不以此備一招料乎。

十五日陰後晴，雨後復陰，午前小雨，午後晒。閱退广隨筆二卷，文

至新竿宅基和特喚閲丁王文軒談家事一刻餘遣張先之人弟
明日還便料理二十日豎柱上樑事云
十一日晴閲退庵隨筆摘録數則
十二日晴　俊奇求寫壽屏年七十六康强如少時頗知事於錢財之出多所顧卹
老年即不至多得其無怪其子孫衆多也是日採擇女誡閨範數條録之
將以彙成家訓云
十四日早起　劉閲記仍採擇摘録閨範及言行彙纂十餘條又後正師中
廼采集内訓數十條諭而知尊康知主淑有深邃之書要為家重典

之并致函樹齋一函又由子固寄去信知初望立向及月朔所用杜康譯原定其言皆有理亦即述之此等事全在存心而自有天焉無所用其逆顆也

十五日早陰辰起詣先大夫墓前周回瞭視面連峯所許由墓之右山循陵就出脈處繞祖山帳角上下山坡至新宅基而還飯後白果寨傳老人來年八十矣而精神強固耳目聰明令人欣羨其曾孫年均八九歲以炒米乾魚餽余辞之不得因以點心青蚨答焉未刻忽大風雨守廂人程翁云是冰雹當不損菜

麥皆無損歷來占驗第一次小而無損則以後皆小而無損鄰近數業
可以保春收矣爲之一慰是日仍採錄古昔嘉言善行集爲家訓云夜
仍有月
十六日晴園中及宅基左右桃李杏梨各花齊開其先開數株已爲
昨日風雨吹落狼藉滿地未免視之憐惜飯後讀榕門先生所輯在官法
戒錄二卷又至新宅基周視一遍還已日暮一杯一粥之後月明如晝星明
煌煌心神爲之一爽復出寺門觀望覺雲氣往來別一境界入門不覺子正
方展衾甫枕忽有廳差人信來急近燭觀之乃中丞札示湖北咨鎗

奏參之前任武日知黨克泰字衎緒贈蔭日已摺七年連參歷任時以摘君

辦各件無情無理信口揑誣令人失笑然不能不還城謂朋中途了此公案

也所謂秋無靜柯豈其然歟

十七日暘晴辰起略為梳洗即行水田堤壩遇王府女子談一刻即

行至江邊搭渡以申刻抵家聞招善昨日即行匆匆了炯兒書舍

殘之已卿寶及景楫秀樺云

十八日暘晴辰往荔浦湘觀家處賀其花燭之喜隨至劉樹翁處小坐又

答拜朱蔭翁及伊宗戎即還飯後出去拜摩侍城太守王慶翁昔太守即校

珊丁馬以三君偕來此敘談也又至秋谷處談刻始隨訪汪午三不值

還已申正矣叔通來

十九日午正一刻春分天氣和暢晴辰往看孫孔識甫垂訪吳子安方伯

隨訪　中丞霱謁之以楚省咨來者督光奏因被參後奉硃諭摺屬

同年遂前在韓屬任內提事咨查字府轉咨以憑核辦　中丞情甚厚謄

厚擊復往謝談半時許而還午後趙春亭來

廿日晴詣吳贊光奏記借府同年運五筆斷材屯午后叔通來談一刻許譚青

雲孝廉來偕顧寶人繪圖刊病書序

廿一日早陰午晴未正以後大風戌正稍微息而燠甚亥後覺有涼意

早間吳子安方伯來談良久貴筑令吳大（登甲子舉居 陝西西安府知人）以新授任來見

與之暢道數語此番意頗相投特慮者餘事究以肆應為難不及分

心於民事猶而手太安亦自有得也午間孔識甫蕃訪來略道京事

新天子英明仁孝好學不倦每夜必覽書至亥正

寢宮惟兩太監　妃嬪不御即此一端已足媲美

堯舜不勝欽仰之至

廿二日昨夜二鼓後大風而雨寒氣逼人不知何時止也天明微陰而甚涼朱蔭

堂譚師談一時許而去飯後以處湖北文稿往商之楊淑翁家為刪改
數段因與之同至賀吳太夫人不值隨往拜王府普太守歸過德園處
小坐半刻還是日得姊兒二月朔日書病當未愈道遠而不能親
為之斟酌藥餌徒有憂思而已又得子美書又得季高附函書
知後項已籌集寧心而子植又得胡潤之二月十五日書
廿二日陰早起得方伯文移兩淮鹽常光泰等標賞十五書唐楊
榮坡條之隨赴胡詠南處應之招與楚淑同往早飯後又同往朱蓀
亭霞處小坐刻餘而還作書寄李象甫王蓮生陝西文寧

由青書局託蓮生正爲轉遞

廿四日陰。早起作書寄子美丈、諸姊兄一函，託淑南轉交趙少州明府逕遞四川之便。安文偕修又與中丞來談，刻餞以楚硯照詩箋、圖冊，送請題詞。楊文卿率其二郎來，因與手談至二鼓後歸寢。

廿五日陰。飯後以吏象楚中文件親詣藩署交收，符知粵西陸所謂大夥羊安帶甘椒誠散黨與，乘我兵用火箭焚燒賊巢之便，極力進攻，殺傷賊匪無算。李贊師亦將由柳赴潯相度替

勒收當局清之參為之奈殊無從又至秋谷處談一刻許

而還作書復子固　晚間樸吳大令子老人來言已獲賊三人會城左近旦有搶劫遠出多知必得懲辦而後已也

廿六日陰夜起飼孔雀錦雞一刻許招還遂服藥梳頭

隨讀吳淑大先生中藹散帚集詩一卷吾鄉詩人在

國初時多與屈翁山梁元孝諸子抗衡其詩品人品尤在梁屈之

上也巳初赴秋谷之招談片刻而甚適抱無疾又不便留遂歸邀花

金山李貢愚手談至一鼓後即散再讀淑大先生詩卷再招飲

廿七日早陰午晴申以後大風是日為

太夫人生平不出門不見客閉户獨坐讀周漁璜先生桐埜集即以
太先生所謂松覓樹人欲已得于江都郭元釪蓋謂當時籍錄詩稿
林必以先生爲舉首争爲揄揚不但鄉園之推重也中丞王夢湘
親家持袁韓所短四百金來擬於三月前後還二竿中徵廿
留陪款云
廿八日晴花農之招同孔叔五李質甫熙二集其寓中有牡丹數花
頗有別致因其年後至二枝頗散最後往柳園小湖觀登不值以
奴子云觀登亦來訪余仍不值也

廿九日晴偕夢湘叔五舍三兄山心楊心齋叔四弟出遊周家湖觀
譽庠偕城王惠孚拗太守郎拾瑚司馬吳我臣大令集公園
午酌頗甚歡洽園中牡丹開數可愛惜是西晒午後熱甚故
申正即散余亦不感寒火返家後先歸睡靜歇云
三十日晴偕舍三叔五兄集李氏熊二家余以昨感冒並犯濕熱
畏寒不已匝蒙被而臥糊塗一覺直至天明起時覺頭痛甚延
三月朔日晴叔五招同舍三兄熊二小集余病頗弱不克勉強支
持順服見山方藥二帖擬亦仍當清理寒火也

初六日陰甚大風而寒終病軀益無聊耐早起周刺史燮王屋黃太守先後來晤談刻許去劉樹堂表兄來視余之病坐未數語鄧寅轎焉之來隨後狀丞山來診脈開方以午初据散日烟覺胃

廿四日發信又得舉鳴孝功信又得毛西原彥庵信又得王子壽兄弟信並覺懷二律贈少舒宮保五律又得明樞田戎易學書是日擬請楊紫坡赴川代緯兒料理家事俾得安心調治秋初四日可啓行也

初六日辰初仍雨蓋自昨夜亥初起雷聲電影一霎間雨勢大作忽候

忽綠直至今日辰正雨到始歇，積壤水已深二寸，隔一月不雨，秧
田望澤甚殷，真足之雄滿三農也。二十以後陰寒殊甚，狀如山東，為余許
積至已澌，愈兵稍為清理，即可復元，維胃膈損覺，飽悶氣虛之
損未見舒暢，且自服藥靜攝，而已無日作書，寄姊（宠）尋遣楊榮
將前往贊醫治，約初八日行，值四月廿六前後回信云，今讀
上諭，四月二十四日有藩運聯陳奏一摺，意在推諉，侵貴情妒固
治所見甚大，朕甚嘉之，其論孝廟方正之合循名核實之
意云云，大都

王闓言蘋之事亦不似真御史矣天下臣工皆不感激思奮而猶

喪其天良者則識獨敢言之不若耳

初四日為清明節即是日陰寒張甚作書復明鍾因武昌八弟致呈

子年一函得姚七亮臣漢口書

初五日作書復姚七即交原足轉遞約四月初十間可到是日陰寒

張甚早間即為秉兄已正刻赴李貢臣之招日暮其為訖

翁五花金三拘人

初六日陰雨早起出門為靳太夫人祝壽年已八十八矣猶長壽

母今歲而精神康健望之不過五十許人自係福壽早定情特對此老
壽不覺内疚又往看莊周刺史鄉弓焉而遲年聞叙五貴庶竹坪均
來談及二封知之
邦君早陰仍源甚招集伊泰府桂翔史周刺史鄉弓焉猶待歸竹
堂小閣以害的鼓陳秋谷從二尹（小柒）朝小尉生之後來朝由四川四避攻
蔡貴州與沈詩樵爲姻誼弟前沈氏昆仲來信內云姊患病
尚未復元也以二月初間起程來照日是時姊見已有信到矣
本家成林兄由道來門知本年榮膺領總云喚晴

初八日陰。早起，遣楊葉坡行，將其暨程寄同定於四月廿五日啓其
信到。益長以三月十日自益起程，行十六日，來廿六日申間延擱四日，
四月廿五到，及時也。辰刻亦乘輿行至新添寨，拜高青書先生
墓，與之亟談，半時許，隨出江邊，過白岸，以申初刻到奇木寨王老先
而適在鎮寄掃墓，因與明談刻餘，始到朝陽寺，已酉初刻矣
一刻。春收頗佳，秧田亦大發，收成云。
初九日侵晨似雨甚，雨天如潑墨，俄忽雲開，已以後晴甚，亦熱甚。詣
先大夫墓前周回瞻視，還寺觀農人耕田，亦作秧地，極有意趣

申正王文軒敦亭耕經來談至戌初即臥

早辰起以清明時屆躬祭

先大夫墓諭三十年前手植四松今已合抱其氣象甚覺可愛無奈

雜子

先冢不及二丈深恐根深攢侵伐之爲害王敦亭云不當伐十而勁

今日呼張佳遂命匠人伐之親督工匠自辰至巳四松皆去頓覺開朗

云是日新建房宇釘門延集宗傳周王李五老人共三百八十歲爲暖門即

以踐俗囑之意備酒款之竟皆醉是晚狂大雷雨雹戌正三刻起亥初三刻

出門之鄉人辛来僑麦苗也

十一日晴　昨趙西坡訪暫至陳樹夫同坐頗離懷話仍稿亦至二十少年時也居然精

京口升日登行一里至白細風山花夾道風景之殊下人未正過側溪因泥掉

柳桂舫　丹臣　何慎齋　國溪　壹兄二　子言　朱老二

子良　王少老三　保元　黎老　老大　佑广

今已三十餘年

樹木已長過人

侍郎已於今

要行矣　要而不見深為悵然

十二日晴　昨日歸後忽得子莫專差來信云姊兄之病復發殆彌留有

申正王文軒鼓亭姊姪來談至戌初即臥

卯辰起以諸河時書殷祭

先大夫墓說三十年前手植四松今已合抱其氣象甚厚可愛無奈

雜至

先塚不及之丈深痛根深攢結化為雲王鼓亭云不當伐十株

今日時張佳遂命近人伐之視構工匠自辰至巳四松皆去頓覺天開朗

至午日新建屋宇釘門迎集宗傳周王李五老人共三百八十餘為師門即

以酬謝讌之盡歡而散亥刻醉臥是夜大雷雨雹戌正三刻起亥初三刻

此間之鄉人幸未傷麥苗也

十一日晴　昨接田致甘楚弓陳樹夫同至頸樹憶往何猶是二十七年時也原想稍涼即料理啓行一路秦原翻風山花夾道風景之殊可人未正過側溪因浣抒陳伯吾先生墓即特爲之人也墓前有池開築時余猶親往視之今已三十餘年矣先生右貌左心視余輩如親子弟音容笑貌彷彿如昨事池畔樹木已長過人惜池不存水而抱山環抱綠樹濃陰仍爲吉地歸甫申刻閱陳根雲侍郎已於今晨行矣壽而不足深爲悼哉

十二日晴　昨日歸後忽得子美專差來信云炜宽之病難好難翻至有

廿一二日病勢益重元氣大虧參茸罔效廿五晚大汗不止廿六卯刻竟爾不
起聞之傷〻然天年名哉余先不知其病直至今已函矣書來據道其之
年前月初得疾奈血六月蒙過一次嘈月取又蒙一次據云心已醫治全無不
料所謂全血皆屬隱飾惟恐余之記念也天年名郁宛性頗仁孝自其服
官後每無論間作必手書心經一二通為余資福平昔待人甚和厚亦不
妄與人交待猶偏淺乎道光丙午生子我項因長殊無後即以為之後去年
十二月生子我坊專人信來余方喜其有後不意子甫彌月餘而亦竟逝
夭逝也余歸無處彰念每年資其接濟手諭全以為吾暗前緣已完未

千九百金，䢔隨是專用，今則已矣，未審正長將復何所取資耶？聞信之
餘，真如平空霹靂，手足無措，悲痛莫名，因函請楊紫坡傳益種齋
往取其妻子，俟一半月後再遣孫先坤往扶其柩。中途不聞此凶耗，又特為𥟤
書房仲昀方伯兩之，張羅或不至歸無盤費。惟余老境漸臻，何堪再
兩蒙喪數子也。唯余前妻生四子，癸卯夏秋椿兒炳兒先後夭亡，今
植烱兒在京來，而已後妻一子又不知人事，三女兒亦皆弱小，天之視余竟不如其
仁耶？刻耶？古有因果之說，或亦別有緣累前因耶——否歟？則余眉雪
名將以其實獨消磨折耗耶——是均當以無可奈何不解解之耳。兒生

於壬午六月卒於辛亥二月，雖年三十歲，實二十九歲又八月而已，哀哉！

十三日　晴。遣楊紫坡磬行探，並十五日不到，則二十七日當抵成都，四月黃安吾面信，伍元彼聞如何安排矣。早間王夢湘親家昨日前日樂子山樹墨之功未能，余不感之。

至未正王文軒自廟山還，否在。

先大夫葬樹南之左邊地甚真，且局面亦好，已成說矣，我若歸兒生無遺憾者。

友性成，宜以書地狀寄之子庠。

十四日　陰。午間朱蔭堂來談一時許，亥正起大風雷雨。

十五日　早起雨仍不止，頗有涼意，午後陰。王夢湘親家來。

十六日早雨午後陰是日爲內子誕辰諸親友於春來堂爲辭之

十七日早雨午後陰程晴峰刺府移燈雨湖以午刻到遣人迎之舟

託中丞將差又將朱蔭貴親家代致之所明云

十八日昨夜雨聲達旦晨起仍淅瀝不止手書致親家及叔五西山青莊

秀峰招南樓小酌之二弟秋舫太守日前請余小集爲排愁計甚是良佳

辭之不得因於看山亭中小飲至二鼓始散已亥時程晴峰刺府必相

見余不即已於上之房見之亦遣人迎一遂云

十九日晨起天氣微陰少時晴象已以後陰大兄南山甸鶴場會甸氏

二妹回來至日作得停船中會同舟墓誌
二十日晴大兄之艙二妹自送來將還雜場以白綢一疋被面一床瑪
瑙斯玉帽一對卿弟兩付贈之行付仍舊送盤以兆閏柳岸明後將
行托書寄婀塋舒字琴塢所念十二金收条一張
廿一日晴朱蔭堂觀察來談一時許而去高嵩南拈白秋谷蒼湘
叙五子卿山金三黃蔭之心泉兄弟梁芸廣塵玉二兄放
廿二日陰晴相間已正陳璧山周晴墀楊來談一刻餘閱研雲甲乙編來二
坊印跋

廿三日晴。得武岡南方伯江蘇來信。巳正刻花園三橋口秋谷寄那
敘。午刻飯後至山亭，以家兄來賀，令婭那南集其屬，飯後至二鼓散。
廿四日晴。午正二刻飯後，秋谷仍集，付婦華書，至二鼓止。
廿五日晴。午正二刻飯後，秋谷仍集，付婦華書，至二鼓止。
廿六日晴。午正二刻飯後，秋谷仍集，付婦華書，至二鼓止。先是孔
理堂為樹聲求來婦，卜吉於二月廿五日合婚，冀家莊杜山學
問因道錄先生自送錄樹聲之楊枝，是月十九日到府，對待成
樹二弟樓燦婭前往安婚符作神主，即將播求南之，是主命

燒猪壽ゝ安敬白雲寺後老宅内社護摩祀源内敬扶人未歸

謂葬地土色甚佳双龍合葬擬為安塚ゝゝ金情余速有憶老子

之感神虎ゝ氣隆不能移徙之府祀而則反云

廿七日晴陰相間午刻微雨一洒即止以風甚烈也孔叔安招同夢湘秋谷

以乘兜舁轎往鍾山書院ゝ集會山房半至二鼓而散

廿八日晴　秋谷余ゝ至書院ゝ仍集竹歸草堂至二鼓散

廿九日陰微雨未以後小雨農田頗需孔殷乘此大雨甘霖則得甚矣

惠山水見示招同夢湘秋谷叔安至書院ゝ於南集會三鼓二散

後坍敍

四月廿一日晴陰微雨早起陰冷孫甚李貢生招同人集其寓飲二鼓始散散時已小雨滿地矣

初二日晴陰微雨早起雷氣稍濃地尚濕也申正鄭寅軒馬來談一刻舒成儀人張丹托其帶歸山東又爲作覆泉方伯書是日大[illegible]起祀緒均

初三日晴樹聲之子年太幼穉雅喜讀伊園教之而觀其行試其稍來必讀能有成因余存任時嘗寄其母子高書存之以二百金爲借存於典某按月以存生息又以四十金借王文軒又以四十金與文軒及金陞卒合股

聞經樣〻屠生理當有六千金借給存縣按利需四百金借出未歸非十年〻後此事〻漸長成
本息合計收當可以稍得貿易每歲轉場租谷分給二三十石每歲每生
子子〻孫〻自存矣
初四日陰午後寒甚凍秋谷招同夢湘諸人集其寓座二鼓還
初五日陰雨昨夜亦小雨數次北生四五日枚豐田別為有益也申正同烟兜
安撫知其用功有常一月廿五日同舉一孫且甚健壯而〻一歲名〻曰戩祈
字乳名恩壽以寓他日封祈承恩壽世〻豪氏〻之意並告見所費琴塢更新信
烟兜及蔣賓谷有致王壽亭一函即交其兄敦亭收之

初六日立夏。昨夜六七雨數次，晨起仍有微雨，巳以後則爽朗矣。孔銘五、陳秋谷苑舍三集余草堂早飯，時蓉湘叔、親家亦來。

初七日晨起，四圍蒼翠一抹，濃煙。天已放晴，惟有數片淡雲時帶雨意而已。是日乙丑，到蓉湘叔、親家招同秋谷、叙五諸君集其寓，無至二鼓散。晚間月色頗明。

初八日是日甲子 昨夜四鼓後大雨，至卯初始止，於農田大爲有益，米價可以平矣。辰以後天氣爽朗。朱蔭翁送邸抄來，自正月二十起至二月廿九日止，毫無佳事，惟藴齋書治諫一疏。

聖主賢臣讀之心爲一快

上諭前已摘錄之矣若餘貫疏略云臣聞君臣如天地以交爲理必實

意相孚上無所疑下無所隱於後民情畢達政業興舉內睦而外

柔服四序調而萬物和去年十月二十五日恭照補官伏讀

上諭有稽遺補闕所樂聞之言竊幸唐虞三代君臣交儆

之隆再復見於今日臣忝諫司敢不竭愚以致一得之獻乎謹按春

秋書元年之意在人君慎始而正其本也

皇上聖性至孝嗣服初元哀情思追述之難非臣所能窺測萬一

者。然自古聖人不以禍亂為戒，而以羣言為用。方今時勢頹壞，從而救之，非博詢衆謀、力行善政，不足以聳天下之視聽，而激發其天良。說命曰：行之維艱，王忱不艱。蓋設之誠信，其效可立致矣。

皇上御極之初，允請舉行日講，以禮臣議奏停止，不設數言。但惜當時大臣不能和衷商榷，將此 盛美致中外頗有

諭旨輕改之疑。易曰：渙汗其大號。傳曰：安危在出令。善令反汗，所關非小。若于慎之於始，當思審以處此矣。臣愚不識忌諱，深慮

皇上於念德元無忌典學，精求宏濟之道，允執勞謙之義，預防

驕泰之萌。深居燕閒則以翔廣遊娛承平嘆美觀覽易啟
所謂任人行政。莫先於從心。心正則所畫所畫則化至更清以建元
伊始。特召前閣致仕耆儒湯金釗等以尊賢耆老昭示天下
飭各省督撫學政。舉孝廉方正。必蒐所真才。以備採用。此等官
吏虛設事。名實不符。一經查訪。即坐舉主。凡條陳章奏備經覽事
屢專利去。批示罷斥。使天下咸知
朝廷所尚在德不在財。又擇務營中敦樸有識者為講信
與九卿分班值預備

召見派甘諸臣講義論列時務
皇上虛懷下問諄使進言似文無多接之煩而事體有攸褻
之益於生前　宸備懋聖智無須借賢之邪黨機立斷群
陰其失甚今出於必行所以正綱紀興教化弥實實而長享太
平然後舉於此者謂羣言易惑用人尤難是非推誠揚抑之
論今天下不患無才患出己者不振耳取舍慎於上前名器即重於
下民厚臣子氣矣
君父勵精圖治之人存若之誠而尚玩因循苟且一時積習相沿

知之和也。宋司馬光曰：國家之事，言其大者遠者，則失於迂闊；言其小者近者，則失於苛細。與其受苛細之責，不若取迂闊之識。臣之獻五聲類於是。謹摭實陳，無任惶悚待命之至。云云。按時勢以立言治天下之道，不外乎此。

皇上所擬以求奏疏中備見此作實吾子壽之十分傾倒也

初九日。昨夜寅正大雨，卯正卯三刻止，未以後復雨，酉戌交大雨如注。是日狀元孫招同夢湖諸人集其寓，飯二鼓冒雨而歸。

翌日自子至卯仍復大雨，起視池中已長尺餘矣。巳以後天氣較朗明

十一日陰亦微有細雨早起朱蔭甫漕帥來談一時許而去

十二日昨夜至今辰仍雨苦潦之甚是日集行轅幕中西僚二鼓散

十三日昨夜至今日巳正刻間猶仍雨高心泉見來招同人集其寓至二鼓冒雨散是日得胡潤芝太守信

十四日陰連日雨水已足農民犁田種秧珍珍忙忙歡欣鼓舞蓋又一豐年景象矣是日大睡疲乏實甚

聞滇督吳甄甫先生十二日到此今日過去

十五日辰正雨止天已暢晴

前夜夢騎馬又夢乘車坐船中昨夜夢陟危梯登高苦不得上以手攀柱倩人極力挽之乃上

每在擬館作書寄崇荷卿孫公頫以心法要務而出是夜月明如

盡綠樹濃陰天光如水最使心安之忘閒亦清淨瀟灑境狀也噫
十六日暢晴日入集惠泉寓二鼓即散是夜月色甚明
十七日暢晴樹聲孝弟之子煥讀書甚愚鈍擬延師專課未必有成因
兩之晴與安軒等閒談生理今日昭之合自閩於廿日開張未審是日何根也
侍郎常州來函又得何園溪明府內黃來信前日得范其夫江夏信又得
張仲遠己酉冬月信
十八日暢晴出門答拜史逸亭伯庵訪太守大令均諳晤談刻許悵心筍觀登
以病不獲見又往平薛撫軍之喪與朱蔭甫相晤又答拜廖太守再陳德園四

之歸已暮倦怠已極甫刻仍高臥矣

十九日王夢湘觀察補作生朝渺月招同秋容諸公集其寓與余先往

為袁竹坪劉樹屯顧雨田三人相招赴至三鼓散是日暢晴甚寒然

程晴峯制軍花中丞寄之

廿日晴飯後出門答拜朱葆豐漕帥郎揆珊司馬黃仲魯太守伊奈

我諸公歸已申正閱報于蕃太守來拜回是二十年前舊友也亟往拜

之談至二鼓始歸閱王廉香康梅緘函郵仍來

廿一日昨夜三鼓後大雨如注晨起仍點滴不休於農田實大有益孔叙

手校黃山谷內外詩別集黃山谷年譜二校跋

廿二日早晴。申刻陡雨盛雷，下去之至，對行寄桐兒并元秘塔殘帖一本，託彭于蕃太守入都之便帶去。又致俞陶甫江陵一函，又詳致王子壽法部一函，附入陶甫信內，亦託于蕃便交，約五月十五後可到也。是日巳刻得桐兒京中安信。戌刻仍雨。

廿三日昨夜仍雨，晨起地猶帶濕，池水已滿足矣。先至門前拜周刺史、新大令，之邀赴于蕃早飯，即送其啟行。午前一覺酣甚。作琴塢書。

廿四日早晴，熱甚。作何根雲侍郎復書，附桐兒家報寄京。

廿五日卯正一刻陽光一瞬即陰午後熱甚秋谷全三兄然集余待歸華堂西偏至二鼓散楊蔡假四月二百到川於甲子遺物兩還以今日未刻到知媳婦孫兒均甚安善又得子美來沈於椎書知官中一切又得清秋浦信八月廿二所發二萬金為余壽聞原封為存未寄歸也至夜三鼓卯大風雷雨既猛且久駭人殊甚

廿六日自昨雜夜至今日午正大雨如注留雨赴萬心泉霞賀壽不值而還未初雨止申正放晴

廿七日晴於青蚨子園遣劉長生回黔

廿八日晴高篤甫送日人集某扇無二枚故

廿九日晴黃心盦太守來談一時許高公泉亦來聞李石梧師卒於軍不知
其真確也

三十日晴出門為心盦太守送行並往林康侯城還借日人集付歸

草書為陳秋谷書

五月朔日早飯出門至黃子穀太守處中談一刻許林嵩在座太守為
先大夫戊午同年年已七十有八精神猶健又往林陳德園齋年還已午初
未正小雨巳刻忽小雨一洒狂雨竟夕聞鄉間插田仍未能下種以此番遍及也

初二日小雨不止出門答拜顧四如百年周芝麟答談一刻偕修
湘秋（翁五）舍全出之從竹林集李貴照照中二鼓後散
初三日陰早起寒甚作書致胡潤芝王壽亭劉拱三並為炯兒問年石
懷讓在潤芝幕以書來投效之是日午間濃睡
初四日晴早間仍有寒意午後往拜周少湖觀察暢譚一时往席何城太
守與在座談命理甚娓娓勸往隨赴朱蔭棠親家之招二鼓散
初五日陰仍有寒意午刻過季淑親家處一談楊文卿來
初六日早起微雨午初稍歇片刻午正後仍雨出門赴徐宅子禾還

廿七日早起晴有微雨閱陰何人集付歸草堂為花金三串
二鼓始散得姚七四月四日手書
廿八日早起晴有微雨午間周小湖觀琴廉何城太守來
廿九日早起晴有微雨巳正往謁又熙中丞歸復姚亮臣書
夫書是日在中丞處閱李贊師遺稿遺墨甚大便亦暢氣
逆不得伸眠食均未能如常子美之嗣雍熙於廿七日來即代為納粟
下欄付歸草堂西偏擬構屋用功為秋闈地未知能獲售否也
卅日晴集李玄熙熙中丞為高心泉素石二詩跋

十一日晴秀中丞孔彦訪署古州司馬周蒼恬保先後來

十二日晴花含三招同人集其寓竟日間談甚雅申小雨

十三日陰寒殊甚二鼓後雨讀用昭持寶謀蘇來久試帖頗有八股則惟
太平寰因了了敷陳數言而十年間閱傳青綬諸君課卷

十四日昨夜淅瀝不止晨起雪猶濕地酉以後仍雨陰寒殊甚

十五日昨夜小雨不止寅卯間稍歇自辰至午仍雨未以後陰薄心泉招同人集其寓

十六日陰二鼓後仍雨

十七日陰酉以後復雨

十八日陰午後熱甚是日爲秋谷招集其寓處二枝擬鼓

十九日早起微有潮氣仍陰午間微雨一洒通身悶熱殊甚擬沐浴一過晡時荔裳情甚篤因思遂其亡人行述託求王子壽比部爲之作傳俟即便着即爲之函寄又還所借稗海程安中肖義騎傳與余痊稱青鳥銜時有所因閱之欣然

廿日晴巳刻朱蔭翁談二刻想去回清秋浦觀琴寫牛來信又閱子美已起補綴所擬雨

廿一日早陰午晴又微雨一洒作書寄烱兒亭師夜雨有雷聲

廿二日微雨不止申以後忽雷烈風大雨如注頃刻門溝濟皆盈未知四鄉亦同此沾潤否日人集高心泉處無二枝仍冒雨歸得武昌府藍田觀察及王子壽兄弟書

廿三日早晴午後微雨一灑仍晴夢湘之弟兄偕來年已八十矣神明不衰王雅子義族是夜微雨數灑

廿四日晨起天氣晴朗出門答拜王二親家又答拜毅四叔同年之長君官廣文在各談一刻餘隨赴李晋臣之招散已亥正是夜大雨如注

廿五日雨至巳正稍止未正仍復大雨至酉初稍歇然猶未艾也諺云雨灑二年

藍園與乾生此間雨多故無得其九三江五湖何彭周香悟來

廿六日雨未止破昧從雨点滴不休今晨卯間更復瀰漫四山皆為霧霧所封彌望不及數十丈其狀似非一二日所能止午后人又集心園為楊蓉三令羅弟壽二跋前所冒雨歸得桐兒三月廿六日自京安抵五月畢之信

廿七日早起雨仍未止午間陽光一晌殷四姊之長男欲來謁

廿八日陰日人又集心園心畬之令弟玉泉答筵也荷花滿池開乃未開約五六日可得清香撲人殊可玩也二跋後始散歸有小雨

廿九日早起陽光一晌收書贖言同周小湖觀察將赴古州任防

挨隨往進行又營移周營協馬又營移朱蔭書曹師各該
一刻後而還途未正三刻忽大雷雨不止以此間情勢卜之宜與三江和
湖又為大戰彼間連年安輿元氣大傷坐再水潦為災實頭
支撐且又經賊充斥殊為之一震又接薩菊雲查閱邸抄粵
西凡三次大敗貴州李瑞署傳廣東副將余將葉々舟與人謀
溪懸為廣西參將署副將專帶兵勇戰均皆陣亡李瑞頗未
已現亦被參革值賊勢甚猖獗將帥又皆紛紛推脫上
相早到賽鶴汀相國已奉命速赴軍營迅奏膚功為要耳

歸田錄 辛亥

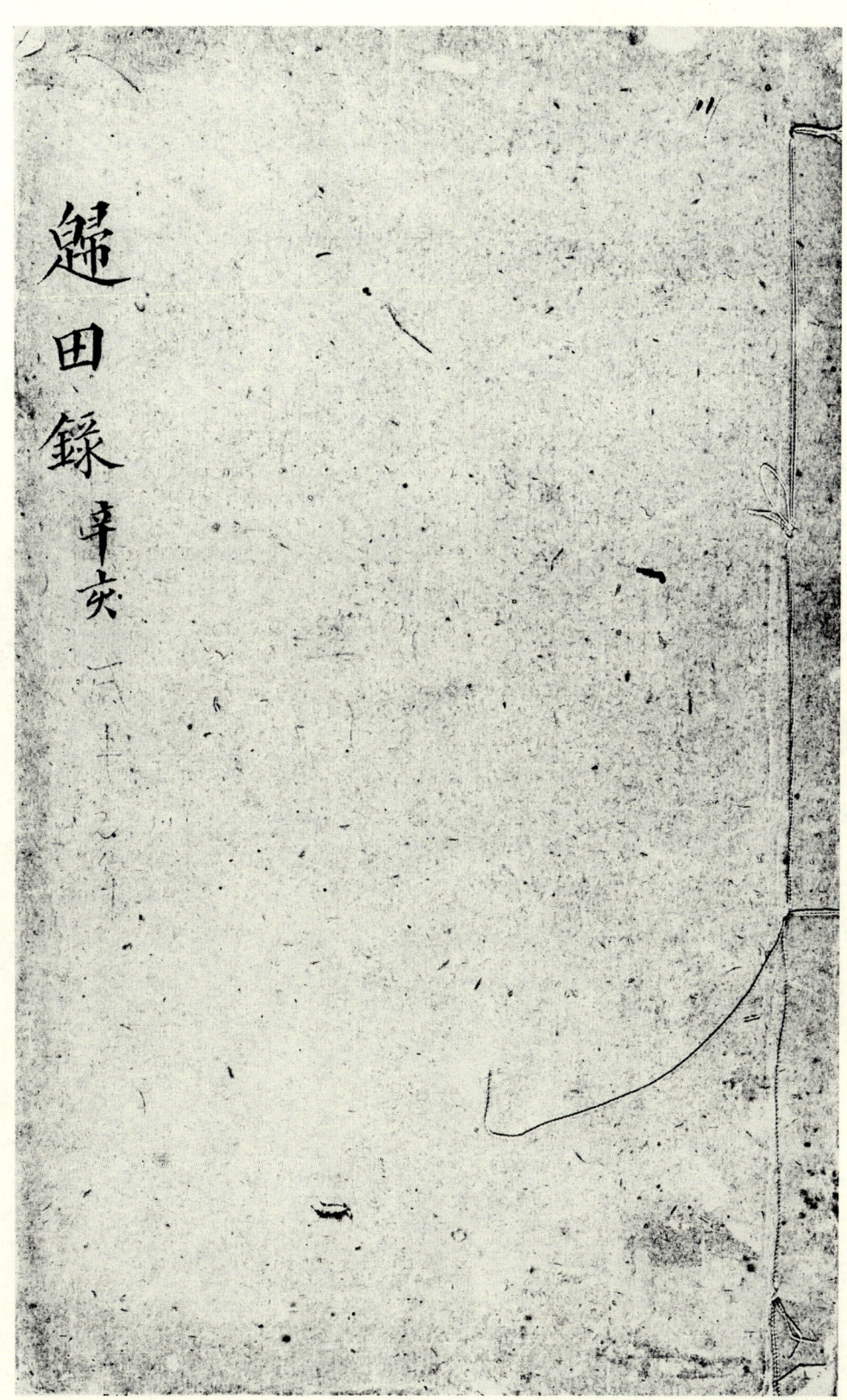

咸豐元年六月初一日晨起微雨午後稍歇戌以後大雨如注約三時許是日同人公集王學博觀察借閒軒二鼓散

初二日早間似有晴意雅隄雲錫在天也閱周蒼悟司馬省卿力入川以數行附於料理各事条目先寄楊葉坡蔵本即託晨間轉爽午後大雨一陣即止戌正復大雨

初三日自昨夜戌刻至今日辰初雨勢甫止午以後天始開朗申初陽光一晌如有晴意閱粮儲紅以符觀察已仿古人擬與蔡君馨學博叙五談吳明府一往來也是夜自亥至寅雨聲不止

初四日卯正以前大雨如注辰初始歇巳午未申天始晴霽酉刻陰

有人偕薩湘徐君往市心箭觀玲花復往煩王鹿萼太守君爵糧道事又往蔡孫貞更學正趙廣文方玉相別廿六年矣君長余丁年貌雖清臞而精神甚旺縱談往事不覺為之悵然

初六日晴日人下集花會三處無二枝敷粗者微雨

初七日晴王鹿萼太守來談以三刻餘聞荷卿弟有雲南朱之命為之憹害無日事又聞粵西賊匪勢甚張貴州苗兵之衆將六人明後行陣不禁悯然又聞上相已捋撫粵匪肆其猖獗我行迅奮雷動而快也又聞湖南湘鄉有賊官之事湖北崇陽興國通山通城皆不安請日來上晤雨亭三江兩湖水勢

兩夫人皆重之而憂其孫令我出入倚侍展轉不寐也

初七日晴飯後往觀榜湘之次郎適報其已取古學十一名為

之欣躍隨謂

先大夫神道碑前一觀城外禾田頗甚葱茂十月初間可收新

谷矣又至公園觀其池荷已開數十花芳香襲人與主人

楊玉泉秀才談一刻許而還傅青餘以所刻黃梓甫字本

孝經來似為作序并招印三千本散諸鄉試士俟下兩商

發所費共三百千余當即持力君之也又為陳閏皆茂才改閱

詩文二十餘乘燭臥

初八日昨夜大雨竟夕至本日巳刻雨歇招楊文卿李桂舫諸公等十四
人午酌
初九日晴招蓉洲諸君集行館午餐至二鼓始散
初十日晴春陔年伯黃子載太守朱蔭堂曹郎劉樹堂大令王蒼
湘觀察秋田山參軍早酌至未正始畢同赴蓉湘署賀其二郎
入泮之喜申刻又往賀孔叙五高松南郎君入泮之喜又往南園看
菊史繁伯蕃廣文送行歸已酉初換衣下支
十一日晴以余監臨時所得之金花一對并花贈江陵繆筠為湘舫之二郎頌
大勳送文世兄穀孫世兄為其花紅品金又劉樹堂之姪孫呂七爲午間來竹坪

春醉云根去江西因以数行跋彭小山大令

十二日晴晨起出门为袁竹坪送行又至彭树斋处谈一刻归又

出南门为文竹坡贺又往视陈安臣不值而还般四五日年例所送贺金

璧还湘华地乡人收贺神则必两买既全不收受固不能为余故致他

人口实也

十三日晴王亭湘亲家招同秋谷叔五金三页丝之心泉丝三于南

玉泉集某束丝二枝招饮

十四日晴郭榕珊及马来晚有微雨

十五日晴闻吴子嵩方伯调补陕西以湘前日往道贺又至王庵芳

太守署談一刻歸又至朱蔭甫處談一刻歸

十六日晴夢湘親家招同人集其東池二鼓始散同胡潤之太守書文

以渭源恒西湯州書早間吳方伯來郡伯徐公均來

十七日晴出門答謝方郡伯徐公暨孝文佳村明府傳誠甫將珊二

君處談一刻始而還

十八日晴高叔南郎君入泮招同人集其廬竟二鼓始散晚歸得胡川來信

知和定安均請平安椿楊紫波書不甚了了徐子英五月十三日書

十九日晴作書復胡潤之為賀其花發平安傍午後作書復少青

二十日晴辰初夢湘親家來談一刻始而去宋正甫高心泉亦來

廿一日晴 學使按試溪陽郡 昔一度 新進諸生早間狀子三三來

廿二日晴 高以泉招集同人全其屬無爲東作湯餅之會二鼓散

廿三日晴 早間祖康學使來拜時值剃頭未及迓 讀飯後回以片信知子

美市無罪擬爲補覓寄回作書與之并復楊紫坡一函

廿四日 晴 出門答拜祖康學使又往謁兒無中丞又往賀狄冶山先生娶

婦之喜 飯後作書寄琴五竹寄 命兒無事少者爲承周甘肅李星甫

王蓮生陝西 乃由炯兒京中覓便寄致 聞撫軍月底亦行 早已付兒

改陰時晝慢也 昨夜急雨三陣 今日午來又微雨二洒 雖於農田無大益

而暑氣甚惡亦稍除煩悶云

廿五日晴。湘翁以其二郎入泮，招同舍三叙，亞漢集其寓，無二鼓始散。

廿六日晴。早間頗甚涼爽。蔣倚城太守頌臣歸草堂談一刻，余爲仁山招同王子蕃、湘老、清臣、胡少南諸君小酌，至申初始散歸。讀秀中丞所刊歷代循良吏列傳彙鈔二卷。中丞治尚簡靜，撫粵七年以來，休養生息，百姓咸受其福而不知。固知其學有本源，迥不同於沽名釣譽者流，惜以詐術相尚。是中丞另刊可去禪書事一卷，頗近禪理，然亦可見其居心之正矣。

廿七日早起微雨一洒，頗有涼意。狄丞三兩子娶婦，招同人集其家園，二鼓散。

廿八日晴。翁祖庚學使以西瓜十枚見遺，剖其二食之，頗不甚佳，亦足解暑

是日略讀書午後三時云
廿九日晴是日為
太夫人忌辰卯正即乘輿詣
墓前展拜於巳正始到松楸無恙二十八年來僅一加修整可見土之上僅僅於石面
悵窀穸初安宛於目前想像
音容猶一一如在耳目乃鮮民已四十五年鬚髮如此其種種不審
太夫人在天之靈亦憐念之否左右周視悵惘久之隨至莫家庄以船
先婦葬地青草萋萋居於佳兆而已稍醒寤於西
太夫人墓前小立移時遂乘輿歸一路禾苗甚茂惟田疇乾燥亟盼透

兩河計此路之田十畝八九皆如是也即歸寓得炯兒安稟

七月朔日晴周芙夫刺史自平遠卸事還已赴北台禀見行將入都門

見來付歸并面談之剃頭而午初詣黃子壽先生寓為其子芸人世兄託

隨往蔡樵生丈參謁蔣參軍又往視秋谷太守病益日劇不可支

初二日晴朱蓉生漕帥來談剃頭後偕赴蔡四如同年招同坐者為

張君某及曹小泉李貢三歸已來正大雨一洒似覺暑退頃時來

久坐於田禾仍無益耳　是晚中丞來

初三日晴濃雲作雨不雨不雨而熱尤甚殊不耐人孔叔五招集小園飲饌

皆精一鼓後即散矣于蓮方伯以郵抄見示知根雲仍入直上書房

晤曾晴雨王敦亭德孚及羅熙煌汲汀藝頊洵陳甚適朱蓮
翁送到邸抄十存本内四月二十七日曾國藩遞封奏一件留中奉
上諭曾國藩條陳一摺朕詳加披覽意存陳善責難預防流弊
雖迂腐欠通意尚可取朕自即位以來凡大小臣工陳奏於國計民生
用人行政諸大端有所裨補無不立見施行即敷陳理道有益
身心者均置諸左右用備觀覽其或窒礙難行亦有駁斥者亦有明
白宣諭者欲求獻納之實非沽納諫之名豈得以無庸議三字付之不
論也伊所奏除廣西地利兵機已令查辦外其或語涉過激未能持
重或僅見偏端拘執太甚念其志在進言朕亦不加斥責至所

諭人君一念自矜必至喜諛惡直等語須切要自謙觀影法語
風雅敬敬時存於身不及之戒宜每一二遍當之言遂不量加印於
容納不廣並即聽於之萌朕深思為君之難諸臣亦當思為
臣之不易也交相儆戒庶可以起行國家之政實政也欽此閱條生侍
郎此奏語多甚深至當奉受丹朱之讀
諭旨一遍仰見宅心之厚得！
少年天子尤為僅見三二大臣倡言師名者乃心贊襄得俾太平即在於
日長懷為臣不易之心難得古人豈欺我哉
初有早涯為主嘗術親家覽擇之原本擬括入于集付歸草

豈為壽因其文孫滴為來合再三辭謝遂改作他日云是日已四

仍晴且熱甚

初六日　晴　頗為張郵改文　傍後為劉子怛蔭才書文　書扇条對各件

臥極不可支　夢中忽得聯　情江廣喜情江溪溪廣莫洲郎壽金石十六字似子雅竹枝々類上不記為何所指也

初七日　晴　朱蔭翁招同夢湘叙　五及秋谷　訖共公為孫心筠觀登改癸文

偕夢湘往賀祖康岑使子安方伯　以其第一子均以蔭得同知用也

初八日　辰起　小雨　昨夜為七夕　相傳牛郎織女雙星會別々而為洒淚雨　望

其能頻年前後又得大雨二陣　於農田甚益　惜為時太短耳　周夫

司馬來談一刻餘而去

初九日 晴 李育笙招同人集其寓飲二鼓後散

初十日 早陰晡日出傅方伯均來不值而午是夜熱甚四鼓後方能假寐

十一日 晴

十二日 立秋 早陰午晴 同人公集付歸草堂為夢湘先生壽至二鼓始散 盥華素心蘭花已含苞矣

十三日 晴 起封擬借其妹夫馬子樵袁弟楊五椿來鄉試下榻於付歸草堂之東

十四日 晴 家祭 夜熱極不能成寐

十五日 同人集付歸草堂為狀元山壽 暑氣殊甚 汗流喘急幾不支

早間以素心盆蘭貽紳軒二方伯鹿訪各一翁學使一又分致王鹿訪郡
伯一又以一貽夢湘親家飯後中丞集選句書便面稱謝并以鈞游
延眺園屋賞桂月大佳
十六日晴辰往送叔廣文啓行赴京又答拜張白年元照黎雪樓
司馬翊文往視陳秋谷明府疾隨赴吳子蓮方伯之招同坐者為朱山
長孔叔五王夢湘孔識甫壽蘅訪暢談尚有雅懷午間微雨
一洒惜為風所散旋已凉爽不致揮汗如雨矣申刻歸閱漢書藝文略
過省樓東門城好君子亭側閒園門倚城堞觀之亦無可觀水亦稍
大大無不止信之也由漢至京八千餘里每驛須費不支惜哉

十七日陰　王普齋太守來談二刻許　座間素心蘭花沁人心脾　頗郁快貴

十八日晴　蔭湘親家招同人集黃西座二鼓始歸　是日熱甚　晚復甚涼　偶不檢點　竟受風寒　咳嗽殊不可耐

十九日晴　郁熱心煩悶人　陳蔭湘留早間來談一刻許　隨出門　為朱廣文翼追頌壯黃山賀壽文　又傳青餘孝廉來談二刻始歸

二十日晴　同人公為胡荔南廣文補設集高心泉處　中午往參拜翟筵　廣文是日實疾　仍未能親赴

二十一日微雨數洒　早間周十夾司馬來言　中丞親往祈雨　雨即至

是日作書寄炯兒

降旦雨意亦尚未歇閩之親友皆言此老櫻五之點七年以來未有等
峯勤旋至之居亦無兄年以之識西滕訳佩之至是日集李貢然之屬
中爲高枚南預作生日
二十二日早陰亦有微雨殼洒孔理老廣文來談少頃周竹東刺史
新自永寧州來訊其所部皆極安靖閩民心甚爲愛戴西書之
至遣奴子以鈞昭閨帰之　中丞余三四月未書見來讀字亦未作
心緒殊不靜一年筆墨亦擲生疏因屬傳青主孝經代作業存作一
篋李桂齡廣文代爲楷書聊以塞責而已自廿一至此兩夜皆有雨
二十三日早陰以廿四爲

先大夫生忌具清饌備奠往遣姪兒豬往

墓廬又因王文軒為姊兒相度吉地余昔未之見也特約文軒同赴朝陽寺以

便相與斟酌安葬之擇安厝月日文軒已先行余乃於辰初乘輿申初始

到所走自紅綫門起至朝陽寺出五十里而惟紅綫白果及朝陽寺前田禾略

茂餘則乾旱已極即穠粳亦將枯焦思為之惻然是夜微雨二陣

廿四日卯正自辰初細雨如注中心喜極因冒雨至

先大夫墓前展拜致祭與文軒商酌墓碑山向移時始還雨止漸歇

飯後仍偕文軒赴駕步山相度其所卜地距朝陽寺約三里許來龍自湍塅

塢口發山分支脈極分明相山三層層層開面穴情亦明確不易徽擇左砂第

二更稍帶粗密於此予栽樹遮掩也山南中實丟坪良標五尺年大利
三歸已申正文至新造屋宇子文軒扁酌開門封磚等予晚飯後石
秀才來談一刻余年六十五歲人也誠篤可喜雅習微雨

廿四日辰刻大雨巳初碑行一經周視田中乾裂者仍不覺有活潤意
詢之老農謂得此寸餘雨澤收穗之谷已發可收但恐米粒不飽滿耳
未正至側溪將由
先大夫神道碑亭監工視所為瘞馬碑銘遇高秀東茂才由白手
書院還立談十數語伊出其近作制藝乞余正定此君詩字八股均
概可觀貴筑之高材生也

廿六日陰。以時文二首還鄭秀峰，并以時文試帖十首令倅詩稿三本

又時文六首還之。秋農三叔、吳姚七澤白來信，反覆之，并託丞致張仲遠

大人一函。早間夢湘觀察來。

廿七日早晴，午陰。秋農三叔、余騰卿謂以函太翁歸，陵六宴處備開方

函丁益陽王湘翁、晉卿、家滇用皆訪。紫瀛雲先後來談，卷刻段已申正矣。

廿八日早陰，已以後晴。胡枝南招集其寓，飲二鼓散。

廿九日晴。晨起出門答拜年伯黃子龢先生，談一刻許，又往拜秋農三叔，宰

益楨其許，視閣方說，又往拜宋芷灣、書漕帥，不值，又往答拜傅確園，以懷阿

經過話，中途霞談酒一時，嗟其尚月持入場監臨也。午間佛芝林太守來辭

以他故未見以其係元監試例當回避也是日肚腹漲脹悶申戌間連
瀉二次卧時稍差
三十日晴日人集湖於南廣無二枝散
八月朔日陰早間約黎雲樵傳碻園翟生袁清臣張甫岩孔理惠
楊仲青狀元三亭於南耳廿方亭詩之集待歸草東未正散　中丞來拜以
事在座祀故釋奠申正刻濃雲密布戌初起雨亟如織
初二日昧爽小雨如簾纖至晡停歇雖於田禾無益於菜蔬亦為佳閩
云辰刻赴題名寺拈集遠文海陽及吾鄉科舉知識親友之郎試其凡五十六
人早刻以午初集申刻散寺為四川人舒某捐助捐修者文忠閣高標城中

四圍山色羅列奇特清氣逼人眉宇殊爲壯觀館某此閣余至親宿
伺候据知久在寺爲曰廚自至寺濟師管住持至今已十餘年住持所修即
將前面寺貲統計建造廟宇置買田畝共用二千七八百金而其志
仍復不倦問其年已七十精力頗健談言亦恬然舊務詞牘蓋年年矯
矯然亟獎借而誘掖之歷費志心以勵餘人云
初二日晴早間同夢仙親家子餞福觀登　廣太守何誠郎石珊周十叔某馬
於扶歸寓中初据敢因借夢仙亞口忽去往視吉大院錦會自丁亥戊子五月
人捐俏運後迄今已二十五六年矣自丙子鄉薦又三十六年矣重來如夢前度勝
悃詳座師黃靈壽先生西足樓館云太夫人五上曾吃卯廣樓屋茅門下多寒士

初四日晴早間孔叙五來談一刻許而午隨赴亮思處之招二鼓後散
初五日晴作四川信
初六日晴同人公請胡致南並為其太夫人壽隨集湘西齋二鼓散
初七日晴胡致南招集其寓二鼓而歸招南壽晚歸付得半雲王毅亭
馬子楨等分銀酒樂甚觀其從容閒暇似不啻錦標高奪也
初八日晴早起料理頭場與之弟及子厚毅亭子楨諸人入場旋同湖間之太
守黎于七月廿九日來信廣西賊勢已衰不日即可肅清欣躍之至
初九日晴午間熱甚同人又集李貢無寓中二鼓始散月色殊皎潔可
愛池畔荷葉尚盛清氣襲人樹影參差蟲聲如訴徘徊上下幽靜

莫名其妙煩襟淨滌也坐至三鼓方臥日當寄張吉甫大令（謎名）六月書

初十日　晴辰正到徵雨一洒巳初刻已放所聘鄉試題如有博施於民而

能濟眾次出舜好問而好察邇言三題拱把之桐梓人苟欲生之皆知

所以養之者詩題賦得以樓當面面看青山得樓字詩文題目均佳足徵主司

蘊蓄必深不意吾子壽亟作四川信方竣擬明日遣劉長生帶壽兒子之串

闈聞姪輩方抵其陽閱其文藝均尚通順中以王數亭馬子楨楊子濤三藝尤

為傑出欣羨無已

十一日　晴遣帶壽劉長生赴川限八月廿六日趕到遣姪輩入二場託陳世李

真無之招飯復出月而歸

十二日晴作書复周小湖觀察吕吉恬刺史

十三日早晴午後微雨四兩均到地即乾也

十四日早晴得姻兄七月六日由安拟煜知五月廿四日所寄之信竟未收到可

笑之至也又為陳居北頭會元九八日貴平七拘侯爵後當連信付之串初

但小帘太史來又复胡潤芝太守書是夜微雨二兩

十五日為中秋節吳方伯孔彦諸皆遣人持帖來賀一一答之手函與高心泉亦來

舒謹甫令弟秀東揚熟簡源老翁太子理中将押附字與雇舒毅基别朱

被褐也昔送一部春黄忠以九八日十七拘舒家書遂乏倉後衙財邗樣圖殘王莊

雨道德堂陳兆頤宅有令尊令弟親收到有收条供拘使附大是程月示

甚明微雨二洒
十六日晴過閲親友出場詩文是夜月色甚佳付歸草堂素心蘭
又開一枝幽香可愛之至
十七日晴接石生文出門問秋巖山楊玉泉周笠孔試吴又蓉舒任山节
太史并晤其令弟文往過彦侍臧郎捨珊之行又至方駢為王春庭
銀年繇伯寶藏芊屋年丈至廣訪靈雨王子行說項又往祝陳秋谷
照峨文為花倉山賀其令兄轉比部副郎之喜還已酉初矣
十八日雨秋巖山高秀東周竹生訪以根均為閲藏來見王湘翁道
寄陝西安撫來託弟加封由烔笔京中轉遞

十九日雨。下集李貢生廌。

二十日早雨晚晴。閔中丞生日。朱蓉生觀察約往問訊，因於早飯前詣
譚。二刻歸。所以八月十五本月元韻久示。又云闈藝已落四百卷，而尚近來經
定並所當日未多，又多不相上下，故俟二場各所書似揭曉之期稍遲，至初二三云。
是日作書寄炯兒，寄答蕭伯香農部、黃琴塢考功。中丞云揭曉須廿
五六方能揭行也。

廿一日自寅初至卯初刻大雨如注。先是與朱蓉生、王子瀛、孔叔五約至
南城外普化寺送廖倚城太守之行，以余出城則諸君皆還，云已旋亭話
別矣。因就近至文竹坡同年處，閱其三郎經藝書經文集，書甚古奧，餘

文定信下去之至羅過陳碧山石信陸伯李貢〻日赴亨和南之招二鼓始散

是日雨勢蕭瀟至夜不斷農家正當收穫之際此雨甚不相宜也

廿二日自丑至卯大雨如注辰以後亦雨時陰夢湘叔丑請可集余座中至二

鼓始還散

廿三日自昨夜亥刻至今日巳刻大雨不止午正稍有晴意周十夫子馬來辭行云

擇於廿六日啟行入京是夜仍雨涼甚

廿四日早間小雨巳正夢湘過日黄子載年伯朱蔭棠吳樹聲狄惡山集其寓飲之

適陳秋谷太守病愈往拜遂留入座至申初散因与周十夫道行談一刻餘

而還作書賀桂靜庵開府湖南之喜又寄蔣如子彭書

廿五日　晴。有佃人甦，携先兄弟種田課租二十石，每年盡完納，其勤而有其樸實

尤可愛，因命饋以食，且獎勵之云。同人公集竹歸草堂，蘭桂芬馨，風日大可玩

也。園剩子寄方伯送牡丹二盆、梅花二盆、臘梅二盆，梅與臘梅甚佳

廿六日　晴。閱書。有四川來人，楊葉陵子書文，同沈松樵丈伻信

廿七日　晴。胡政南招同人集其寓，飲之二鼓散。請太守邢子久入京過訪不值

廿八日　晴。早閱王成翁來，飯後答拜邢子久太守，談一刻許，又答拜蔡雪樓

明府，聞其長男仍留隨往，拜吳子緣方伯，知初二日揭曉

廿九日　早陰，午後小雨。是月小建。同人公集小園

閏八月　初一日　早陰，戌以後雨。作書複楊心畲、觀登並萬東郊附寄良程

戌刻揭曉馬子楨中二十七名鄒以根中玖名親友中惟此二人季菊庵號老為仲賓侍御之子李蔭雲為湘親家之外甥僕所不識也

初二日陰雨鄒以根及菊生二君皆來作書附以根家報而不出辭賀學菊來談一刻始去午間王玉菩太守來

初三日陰早起陳秋舫來為陳假事吳子瑩方伯亦以行將辭歸來告陳岩卿先生遺文稿相與把玩良久而去飯後出門答拜黃心庵並拜芝林趙太守又往訪但小雲未晤初四日至廣小林文秦賀菊庵二兄及鄒以根大雅並至惠小宗胡南及林思三兄湘舟處各有談偕劉又往視蜀樹聲夫人病歸已酉正亦倦不可支矣過胡菊南以詞定十首十一十三兩函又閱邸抄知橋静庵已調浙藩出宗師亦於七月六

日出京計期此月初當抵里矣又得楊紫坡八月十五日成都來書

初四日雨余自吉莊歸來下榻北屋東間事皆不順因閱陽宅三要陽宅輯要諸書推方安床之說似亦有理乃擇本日辰刻移床就癸向南樓理殘書剩冊率勞竟日是日申刻得炯甥八月朔日來函抄及外琴塢考功書也又得蓮生書

初五日早雨已以後稍有晴意辰正刻得炯甥七月二十日安報知其病瘧已愈並云自今以後專於場前溫習經書及披閱史鑒外當專心一志於制藝試帖又篆帖付云其女孫嫁日有進境云云雨之稍住又得宋蘅窗書

初六日陰晴相間早閱署洛陽令沈秋帆西序來見略年稱將皆與兩弟一歸使之浪遊又一年當出有起色也過陳秋谷太守來與相

攸通高松南來，隨後但枚卿葆良來，相与長談，約一時，訪松南、枚卿

次弟之後，又与秋谷談一刻。餘午後作書寄楊紫坡，四月

初七日，辰刻余作壽屏，申刻楊文卿、蔡伯甯、莫芷升仝至，付歸

草草，因留便飯。董仲秀之長兄鹿坡孝廉、廷樹來談一刻，餘

嘉字甚安雅，特少年科第，略有高興意耳。

初八日，或雨或晴或陰。飯後出門，答拜沈明府，又拜俞其宇，又拜賀阮

彦章，又往拜朱葆中，均不值。又至秋谷處談一刻，餘又往視劉樹翁

之夫人病，又往還耀宗生、廣文子翔已行矣。歸，作字与吳及沈松樵

是日仲霖、次垣均來，午書王蓮湘親家來談一刻，餘米蘭狀西山亦來

初九日晴。作書寄武南吳門，又致祁門年方伯仁寧、亦寄蔣湘舟。是日招蔣參軍來，商柏世兄、蓋柏之祖、父皆卒於西南，聞楊聲河帥不助之。擬歸葬其母，携其子女而往，而苦無資，余故託蔣子為之啓普鄰伯道意云。

初十日晴。作壽椒氏並移置於待歸草堂之東。作書致驄顧門生莊，又一書致陳芝楣觀察，為彭壽覓館事也。是日蔣參軍來，言啓普鄰伯以省兄為柏氏設精意新運小池未竣成。

十一日晴。早起出門為福觀察送行。又往晉撫御太守、蔣參軍是所寄。又往拜子堅司伯，聞其將啓行入京也。又往朱滌師寓談一刻，得王湘南來

十二日晴。王覺菴太守遣人送百金，為柏世兄川資，盛意可感，當作書謝之。即招柏世兄母子來，面諭行期，令於廿五日即啓行云。作書復胡潤芝（并為君伯屬說項），又作書致黃石汀太守，以彼閑山長一席，成蘭生之五泉志在省親，無暇及此，聞存吾復貢之竹溪，勸世為郡人所服，勸其延之主講為宜也。

十三日晴

十四日微雨

十五日陰。佛芝林太守來，高心泉來，略談一刻而去。

十六日微雨。胡致甫招，見人集其廳。無中丞來，不值。先往答拜傅碩園君，以在刻

淡照風演而苦無資云需六千金可成因力任之當以明年春間竣工

十七日楊孟泉招集六國至白塞甚先往登拜中亟至午正始歸

十八日大雨秋田山來因而余許視時肝氣大作王敬亭以酉刻將歸省覲

高人因以五金託為買漆斧贈盤川二千文

十九日陰微雨一刻即止秋田山但小雨日來坐一刻而去

二十日陰如翁自來薩覺王蒙淑孔叔五陳秋谷但小雨秋君北南城普

化寺道余以論觀察之極此老年七十餘猶安樓而歸率子老妻孫扶樞

以行秋君日顧太息因寄絹余急流勇退為甚不可擬寺夫余亦何敢自高年

稿軒五覺為薄寺秉暄餘於秋江上站驚絃雁過駛退船迴急歸甚六出亡年

興中乘興一聯云楷摹碑版新猶澀須史篇自得錢財原有定任多苦積

堂壁也又一聯云甘守清貧只安用儘來之物要本禁窮何不仍去作官言

雖粗俗亦實理也並有午正於丙方換主燈竿又油洗東南方樓窗各事並於

為炯兒助其登科之興也又改假正室兩廂門樓為煤炉兩兒婦住屋均

以卯巳午三時起工云伏盈山但小雲復來談一刻渠方作書賀炯兒中式並道

道湖北鄉試題名小山之所居書院以中第十八名炯之同年也既能之登記代

中江右石芸生太守遇楚為之查五星云論星命太陽到宮本年至年

登科辛矣何以有科第所不解云云今果登科辛矣

恩科而中此星命亦有足信者又記葛氏王楚材先生在楚與小山親

家下地下葬後常語余云此地名僅富而可至或數百萬人必出集
家奉所自有宮中舉中進士且不出十年之內則儒不能不居功之云
蓋穴之騎就勢必遠似地理之說又有足信者夜中微雨
廿一日陰作書寄炯兒京門分附驗嗜壽介軒來訪又附寄書律一生家
信一函
廿二日陰巳刻偕朱芸陔書夢湘詣之藝藩署不請吳子讓方伯以
其將之西安藩任也歸作賀陝陽馬超靜山書并附姚七賀函
託黃卿鄭遞
廿三日陰吳子讓來談一刻許時剔花削閒夢湘叙五心泉令三貞悉

玉泉詩集全歸草堂

廿四日陰作書寄橋至黄河廟為柏氏存段讀項余助其暨所

十千文至黄信因余代嫁王九山數種來知雖可應其文致謝

蓮舫觀察一函附託蒋世兄於菜市剥中選來佚一剥仍索十

米菩薩畫亦來隨像狀亞三束為余補祝標亦亂者未通原

用木香為盒也黄壽松五色花成鬍不甚佳亦切不用懷

先大夫在陽山任内見背時年甫無靈壽覓傳雖於對河唐氏

為其子人所預備之物勉為買求實大四廉通一宜而棺形頗不堅

還點時厌漆至三四十次中心珠以為戒

先太夫人則是随侍清遠一物買時王友菴第林賓所代買者亦是
杉木其墳地下
先君之喪因甲戌歸葬庚辰亦三四十次當時親見其殮後刻
第見縫隙粉矣此物事乃終身之恨而思欲及身以賢義完好
其自用耶其餘四具一妻兩寡媳一婢子次第用之不知尤不信甚
而今竟瀕死於此子孫其甚之向當如也

廿五日　先陰後雨偕朱蓉舟王少湘孔叔五朱月舫狄鳥三馬錢吳子琥方伯杉待
歸舉墨翁逸孔誠甫亟使王爾甫舉觀琴作陪至酉初始散

廿六日　晴作書復王小湖日馬澤文柏世光常亞具吳日同人又集付歸舉

堂菊花大開歡飲甚暢

廿七日晴狄雲山來得炯兒安稟又得壽介軒信并　太夫人訃書

又附寄王蓮生家信到即爲之遞去蓮生亦有函貽余

廿八日陰微雨數灑昨接別駕注也飯後出門訊祖康學使持往府賀

王藝菩調補首郡之喜遇薌蓴先在學使座中談二刻許余欲先

辭去貫偽過門一刻而已隨卷拜陳秋谷值其臥之在屋睡坐少許即

往視新府根之病又至湘翁處賞其菊花而還途遇朱回翁言訪余

無每每不及邀還爲別云入夜大雨

廿九日雨早起婢奴輩將雨中菊花移於仆歸并架中其下任置頗

觉得实抱黄心兹兹佛造孽，吴科庭及罗中军参将伊启平饭毕回山堂

十月初三日雨仍不止。出门答拜朱世光及正本书院山长朱炎达，赴蔡和

钦家青蜀之招。是日得范衡甫信，书寄还五百金，带交朱荫翁转付

亦意想所不到者，俟其交来，则年内可无窘迫迫。寄来函朱子惺山

要来信，并代查春秋子数一段，以前类及符号据云已有句读

合命仍由正堂而晋封圻，今年五六岁子到追云云，然已发乾庆但能出而

周治之拈付之岳之之安话而已

初四日雨仍不止。昨将陕甘地方情形官吏年来就所知者开一单，因子送方伯

虞弟调门故也

初三日晴。工集待歸，草書為孔叙翁壽二詩報散

初四日晴。早起謁藩署，与子莊方伯談一刻許，因聞其將於初九日成行，新

方伯明日入城，即返居署內，往拜不便，故以今日為宜也。回途至薩翁處，陪其

同出西城餞送云

初五日晴。赴心園公集，是日為莊仙方伯入城，弟發吳仲昀方伯請秋

浦觀察為孟嘉，意甚隆，如高子威也

初六日陰。早間呂方伯來談一刻許，問其年甫四十八歲，似有心作好官者。晚得

周小湖觀察信，寄秋興二十八首，悲涼雄壯，感事懷人，不覺為之起舞。又得

劉葉泉方伯山東來信，意甚殷拳，寄知其令弟幼司庶，仍未銷差誅

丙午　晴

初七日　晴。早起，詣蓬翁，同往賀新方伯，送舊方伯回。吴子苾方伯來辭行，情意頗摯。時已午初，隨赴高杉南之招，二鼓還。

初八日　晴。作書交徐長帶呈王蓮生陝西，前安便來談二刻餘。

初九日　晴，熱甚。巳正二刻出盛清門，偕朱蓉君、王夢湘、陳秋谷、朱桐孫、孔敘五、秋登山至殘，送吴子苾方伯還，已午正。佛生、林太守來辭，云得於明日回道，又以梯鼠姬名案交之託，為安葬正安山長二席，未有為

先大人忌辰。本擬於是日赴鄉祠祭，因子苾之行，遂不果去，即在家設饌，計今已二十二年矣。音容如在，而孺慕無聞，徒切傷悼，亦復何益哉。

初十日晴。出門為伽夫太守送行，詣蒼舒，但小甫太史、李貢山亦來，談半刻去。

十一日晴。蒼舒、楊文卿、孝龕文往視觀以根、孝龕疾，隨赴花倉山招。

是日午後熱甚。

十二日晴。早起，殺四姊周年，建文竹接日，年年三郎亦來，電南茶官

呼延太史送者來拜，拜以好，出，隨出門，蒼舒、呼延太史又往三官廟

蒼舒、黎伯廬、盧文又、蒼舒、徐石民太守。太守名學敷，桐城人，前山西元伯

徐用之先生儒之長君，由黃平州州判郎候同知，工年法精，擬明保知府，旋賴

好手，是亦不作身後倚稍强，恐不能住一年苦耳。劉七生自川來，得榮坡信

十三日晴。孔叙五招集花倉三宅。二鼓散

十四日晴將作南山之行乘興駕矣王蘷蕃太守忽遣人來請為水村

甫侯撰輓聯余後以事壽筍庭至已正招到蓋見經中惡抱恙已十

餘日而日服大黄厚朴枳實不止老年元氣已虧而猶以剝削之藥攻

之投劑頗敗屢諫不從竊恐因之再起云余聞而驚駭錄之於後

奈何耳談至午初甫去即上轎行一路江樹青山高高下下目不給賞

比至相隱寺已明月東上矣明詢農寺僧擬遊臥

十五日晴早起謁

大士墓前展視一周移時即至新居童二肩與寺僧葉先數詢因念及

先生相約之處詢問其病即肯歡往肩親語其不諱而來者一言此

此行以用閩隨侑其早歸道乘輿夜行還家天尚未昏小兒女獨嬉戲一刻云

十六日晴黎伯庸來談二刻餘寫作書寄王吳松挑之亦楊莘坡姪倩以中將以十一日遺櫬先期往迎柩署也早起詣樞署門中西病

十七日晴極甚早閱夢湘新家來談一刻餘高應琛亦來日往孔叔翁處賀喜隨赴花會山廣燕集是夜三鼓後雨

十八日雨午赴陳磊山來請為媒門隨出門為楊玉原弟之稱賀以其之心含新授福建泉州守也隨答拜殷四如同年赴李首盛之之招

十九日小雨冷甚作書寄炯甫京師　狄甫山來
廿日昧爽雨甚冷今日巳初方山王素蓴黄石谿兩太守吴莘良大令同來行歸
葬要以中途病頗劇雅余新作壽枋備用（閏）之惜雅已定之矣特記其服藥
方善焉初五日又聞粵西軍事另有來犯撓湖南之者春卿勸心殊快快午後
壽研農刺史來暑冷甚燈下作書寄周十丈附其家人致京
廿一日早起收雨有晴意王湘舫來述日前李直兄家早即身殂其押神至
朱蔭平湯師霞家付花箋詞孔誠甫明讀二刻復又至王蘭蕃太守寓言
兄無先生身後事彙多種壽研農楊仲喬五狄甫三日往蔭師晚聞二鼓
相敬師值小雨是日在蔭師霞兄鄉物知甚英米因小災徵發仍加升衛

而上二礙文之格于雲河卹而河隄潰溢奉
旨摘去頂戴仍交部議處忠心悃誠以君之誠心任事而亦無所致且
楚粵賊氛又熾何天之不欲乳邪 不可解也
廿二日微雨孔釗五招集李貢雲鴈晚歸得子美承習楊紫坡書
廿三日微雨亦以承招集李貢雲鴈二坡散
廿四日微雨冷甚早飯後孔誠甫座訪來
廿五日晨起晤貴倩言吴穀臣已爲來知 牛溪已於昨日戌刻去世
寄余所作壽楊義無子辭 因所輩以爲贈余子 牛溪亦十五年矣
雅意殷肫諧而不感計自撫至黔七年來不於士不使氣情以禪

養元氣而韜精斂則應酬端慎接物則寬厚和平宦途無不
日擇一痛悔而尤嘆其爲氣質所誤也午刻朱蓮農來談潘孔璽
朱桐軒孫登墀送桂撫署一探閱甲刻方鈍人飲去已初刻王壽亭孝廉
自海陽來將以本月初四由此起程行入都馬子楨廣胡亦來同行因於歸
華宇西偏爲壽亭下榻
廿六日陰霾特甚午間靳長生來
廿七日早陰晚晴巳刻偕陳秋舫邀朱蓮翁李貢甫二兄到家道賀隨往拜伊桑
我還以較　中國聯造人送煩李桂舫代書其辭云激教卅十五年來姻
厚交誼其鄉民釋意感較肫寬書出將粵青皮閱存已二年日久德懷

羣黎功高万姓積苦成委頓葉醫翻種大黃多

廿八日晴　逢義常協領來

廿九日晴　黎伯庸以蒙研圖請題初見示其意味張仲似字內者曾來請安者暇日當了了再為韓齋是日乃姚亮臣閏月六日來書

三十日晴早起作書復姚亮臣并附寄庵皤叟一函

初四日陰招黎伯庸傅青餘莫芷升彭以楫王壽彥早飯并賞余所藏褚河南墨蹟蘭亭禊帖遺研又閱梁山舟學士藏宋拓書譜胡老亞保德州風土記此卷為黃石齋太守所贈心齋昨日携來屬余跋省齋諸君皆好古之士故出以傳觀也是日酉初刻韋壽自四川回得楷

葉慨肯谷來信又得沈氏昆仲及羅次原書戌刻小雨夾雪以後雨大且久

初二日小雨晝出門答拜年伯黄子穀先生又往拜秋田山帝協鎮陳秋谷又出北門至唐湘甄家無事坐二刻餘又訪樹堂表兄年丈處坐一刻餘而還中程又雨

初三日巳以後晴天氣甚燥熱申酉間又有小雨早起赴撫署祭奠喬中丞見楚先生實榻臨終不禁為之流涕訊其令弟云遺命不送計不開弔已定於十二日行矣此老清風亮節人所難能撫吾黔七年休養生息民賴以安與前中丞賀耦耕先生皆能以仁厚裨補地方元氣者也樹堂年丈屬以聯云德星早我兩德溱我晴轉兩為

乎年〻破洲三農望不無而感不費而惠安言除暴事〻均難從
世忌可謂先得我心者在署與王廉菴黃心盦吳君臣三君暢談
數語遂赴楊玉泉之招二鼓始散
初四日陰黃子戴年伯來談一刻餘孔誠甫來訪華號香丞署中致使
事道人來索余謝摺底稿隨檢付之午道署又常協領中軍伊象戎
日來小坐約一時許晤吳申門又與王壽亭談少許又展玩豬河南臨蘭
亭一分摘錄米襄陽莫年卿翁潭溪諸跋已口入矣
初五日昨夜小雨不止晨起地仍濕也王廉菴來守以見示中丞耳後皮
塵一件見遺並是中丞遺念又鼻烟一瓶附之余與中丞乃交好耳

蘗研齋

不嗇以此爲辭且其寄婦幼兒輩而以尤嗇矜恤安知愛其物乎

廖翁每三諄致勉備其鼻烟皮衣別後不被愛又託黄恕之太守

爲之詞云年後伊人原系戒於同弟子捷協領遊九華宫傍相印

歸檢閲天風明日武闈頭場然不宜雨天氣或當陰也

初六日早陰作書寄烱兒京師又附致黄子壽宋節甫各數

行隨赴花會之招還已二鼓得烱兒京中安報又同年少仙廿日來函

知代借官項三千七百緡余已定九月初上庫計資略當存有折閲之文

同日柏葰侍郎來函

晚間陳馬子楨自道義來

初八日陰李香雲招同人集其寓齋
初九日陰早起出門爲孔誠甫罷眉方伯呂坦仙罷幕中送作賀喜見龔宮傳之子
步弟來談一刻餘而去
初十日晴辰正答拜恩君介採問官傳青樞行期還巳正招蕭文協鎮常子捷及陳秋谷太守壽研農刺史集行館華馬子楨王青庵劉應麿均入座申正始散夢湘親家來
十一日陰早間朱蓉耋河帥狄雲山參軍來談一刻餘而去夢湘親家招人集其寓齋二鼓散歸亦小雨
十二日陰閱招差局來咨行文撥行寄炯兒坊附湘南家報一函

十三日早陰午間微雨晴意唐兄弟〻介眉來函以澤甫兄惠貺辭再
四和十對青亭來談一刻錄狀紙三道來為內子并許祝詒壬壽亭持去
乃兄來書為余籌買杉枋云有九尺圓圍但價太昂不可聽尚須籌
商云朱蓉舫允會十五日送其姪中途之柩
十四日早陰午以後微雨見人以朱蔴金三扁無周小湖來
十五日早微雨偕朱蓉舫至長沙湖訪其芳孚停人於城南慈化寺去送舫中
運靈柩暫厝隨奠李貴無扁無一是日頗詒了
十六日閱郡以招孝廉將於十八日揭曉赴江右之人〻便因作書復小山兄隨
往祝以根行五芝舫周小湖及月舟何玉帚廣文又至朱蓉舫處談二刻而還

十七日作書復兆杉岩中丞，中丞來書已一年，情詞懇懇，為肫摯，因以詩不

佳，並懶於作答，頃因朱蓮重竹扳扳，便每侭附之，隨與蔡湘詩集攜去

送廣盦二足。日陰，與鍾仙署中丞同年，由漱芳觀登掏來

十八日陰，雪意，不出門，閒睡一刻，然甚覺舒暢

十九日早陰，午間微雪，晴意，出門為高松南太夫人祝壽，又答拜田漱芳觀

登不值，又往祝王嵩壽太守病，並為文世兄書挽聯，兄亦陪徧同青雲二兄

姪及況弟樾園竹生館中説項，又和包亭何玉堂廣文安平書院之講一席，屬為

轉致，隨至漂泊園處坐談約二刻而還

二十日晴，早起造周壽南壽，隨王壽庭馬子枝碗行此上等寄咽兜鹹肉

三付年糕蘇一包，即邑孔叔五〻招一趟後散

廿一日晴。莫芷升來談一刻。聽安平令王雅烈來見，是余楚藩所屬吏

也。人頗精明，閱其官牘尚好。惜渠嫌〻氣。午後與西觀察田漱芳同

來問。年甫五十四，与余同丙子鄉榜，其時照九歲也

廿二日晴。招同人集待歸草堂，二鼓散

廿三日晴。飯後出門答拜田漱芳同年，不值。隨往奉賢叙，四姊丈年表

孫〻處談一刻。隨又答拜王大令雅烈，又所以何玉堂同年訪年書院閒聽

託為轉求玉堂安平人，作平卯安平書院也

廿四日晴。召集津秋谷齋中，二鼓散

廿五日晨起微雨以後陰乘輿同王文軒秀才詣碗山新屋屋頂成後文軒擇吉於廿六日辰時開火故是日仍小住朝陽寺東廂

廿六日辰刻移往新屋氣象頓覺堂皇周視一刻許隨詣先大夫塋前徘徊一刻許乘竹兜由新屋之後山而下飯後偕王文軒至塢山探覓穴之尺寸袁姓塚見坤兌字葬於此他日擬覓婦名又合葬也王文軒云寬有一丈五尺四較甚足容納且姑存此議俟再籌酌云

是日辰午皆微雨晚間石秀才來

廿七日前半細雨如絲申以後陰

廿八日陰由碗山新屋啟行酉初抵郡得讀子蕃弟交姻兄八月初九日來緘并寫

研子存物又弟交驗顧門中遞信又庠致三石物于舊於廿四即發須遺人
往閩已成行矣陋又得桐兒九月初八廿七兩封又得宗節賓張萼田各一函并知春
介軒已放烏什與馬大臣又得周蓉皆古州來函
廿五日陰雨早起以舊畫金旭致傅青霙并一函為之餞別又作書復周蓉皆函
為偶後傅青霙來辭行午後至李湘帆家來呈自小逞明日為冬至
節云
十一月初一日為長至令節先一日前當日雨午後雨止出門為周小湖觀察傅青霙
春慶送行過至朱薩翁處談一刻後又至精謁蓮舫之世兄不值而還作書
復沈秋帆大令又寄寄鄒一函即託秋帆轉致

初二日雨止朱文圃因先兄夢淞親家來談一刻許

初三日早陰午後又雨是日於竹歸草堂西偏校書

先世生日忌辰記二軸久不作楷書眼花手硬生澀不可言喻程衣

初四日早起微雪未以後陰晴猶以貫尧晨來書知姊兄之柩已

於十月十二開行約冬月底可到墉壽母子之來則要月廿一方能

成行當未知果不候否天寒地凍雨雪載途殊深念念之

叢閱無聊試檢丘書案叢積一掃心目稍覺為淨云

初五日陰早起與陳德圃暢談一時隨赴楊玉泉之招二鼓後散

初六日早陰午後微雨朱星垣孝廉偕小雲太史名來談一刻許

歸田錄

辛亥壬子

咸豐元年辛亥十一月初七日王雁晉太守來談一時許襍論時事知
廣西會匪蔓延永安州半年之說無日期新中丞西礪堂相國之次君到
任約在嘉平望前蕭事云在勸捐而免點地瘠民貧恐不能副
其奉慰亦只聽之而已飯後作書復陸陽張仲遠大令并託寄書
子壽比部一函已七月所寄子壽書亦來得其來信時楊信是函到
八月十日之函乃九月十五所發十月初六甫到發函伴寄報知其配楊
宜人已於六月二十三日下世子壽之言曰宜人今夏病痞继發寒疾
弟閱其劉七馳歸視之已在殯矣聞家人藉藉傳其為神初謂妄後再
襍詢之皆曰宜人病亟自剋記期時日不爽抱恨前生再世皆為峨嵋

行者今歷劫曲長齋往淨土閉目仰空喃喃不絕若與人答問狀云當即
導至雲中應者宿讚次呼諸仙佛姓字又見大海五色蓮花浮出
皆有尊宿在其上俄而世界甚成文字隨出五七言順詩偈味之
皆宗門解脫義亦此外青蓮好頌詞理纏綿頗謂左右筆之書均非
生平所解道者時濟時呼侍者速具羽儀（蓀識）如長劍具云駕車來迎
去去矣頃畢而逝方醒晨習乃斂貌視來病時加安之可作歡喜容
拘手歸綿威靈見其咸歡喜而至每稱太宜人白婦病至往視之見
其散髮垂拘肩合掌趺坐三晝夜不動跡珈靈通寢席中央宛
然世所繪大士化身此豈況俗人所能都乎聞之益悲悲嗟乎宜人

飄而來飄而往其幻也與哉其終有因也夫非有因何生恨非有悟何生慧夫報應因果儒者所不談以為幻則誠幻矣然質之人之言又聲聲之言何也嘗人生時無他異惟韋三男自言均有書房文皆紫腕奇寢至半夜忽見暗中光圓如鏡洞燭毛髮月餘四五夕如是今年手植草木雜卉數十種病時前患作花深白微紅艷麗如潑臙殁時多奇異征刻之昇錄弟恩也設又非妄言並著之其言如此夫以子壽之人品學問孝友忠介宜其有賢附莊韓之助其素有自忠非無因至於仙佛情緣後果前因雖為儒者所弗道然而天地之大何所不有政事以存而不議置之也是日早陰程文微雨

余之生也　太夫人夢一老母手持白蓮相贈而孕即將誕之日又夢天大雷電以風忽霹靂一聲一雄雞高髻修尾特飛入座前而下　太夫人大驚而寤而余已墮地矣又自八九歲稍有知識每月必十數夕夢至空闊無際之地世界皆光明如鏡獨往獨來毫無障礙得又一月中家庭凡吉凶悲悼事若皆先知之甚亦不自解其何以能自十八歲受室以後則夢境全無且非復疇時靈慧無因子孫之言故并記此以付之子孫不可解而已

初八日陰午後秋萬山高以承王椒翁同來談一刻餘而去

初九日陰午間略有晴意呂瑤仙中丞招同芝淑翁五朱桐孫但小雲集其衙齋
先至誠甫署示伯雲談一刻餘酉初又至朱蓮舫晤師雲小坐二刻始歸
初十日早陰午間微有日光朱蓮舫來談一時許以署中延有勸諭捐輸
防堵之意存翁特請此老招侶坡來籌議云云晚間作書復胡闇芝
太守黎平
十一日陰夜來微雨日人不集待歸單要為李貢臣壽二鼓散
是日要東谷大令送白麵八斤以其物甚微且來自遠道因受
之復書聲謝云
十二日早陰午間微有陽光酉初雨雪是日王廉普太守吳兆臣大令

招同王季澈孔叔五夜金山但小雨狀西山高人亦楊玉亦之乃見於帝王

官舉酬蓋租勸捐輸以助防堵此署中丞之新政地方官不能不奉行承

教其實衆人畏累於事無補也

十三日早雨午後晴夜月楊玉亦招飲豫園

十四日晴李貢甫之招集其寓夜月甚佳已而吳來庭大令來談并出示所

以古金託其表弟往定番之寄紙買樹園其[illegible]其甚鬲天王作壽杯三具

得費百數千金未知其果確否也戌正以後大風至丑正始歇

十五日陰周祝園中夜未及對面諸山色皆似已印光景池水微風蕩漾殊有閒意

會心處不在遠也

十六日早晴，午後陰。王菽原太守來談二刻。偕何子貞孝廉來
辭行，將作大名北上。作書復王艾軒爾耆、李少霞大歌、張丞亭
還，甘肅無論賠款，共湊繳三千七百七十八兩，寄艾軒之助
千金，少霞至亭亦資助五百金，殊可感也。
十七日陰。李宜生招集其寓，坐一桌，二鼓散。早間湘翁萬山桐來
十八日陰。早起出門往拜黃以生太守，并見其三孫亭之孟立。仍必成佛然之
微西門之雅基又移也。以生頗鄉物三十年，所至皆有循聲，惠績守大宗之
年成府志六十卷，批閱詳贍，信而有徵。今聞其引疾求退，殊為可惜
而又不甚聲聞之之談，以時許隨出北門，為胡牧南之作吊，又至淵湘

原望付歸華堂適
閏郎上青鶴聲啼楊
秋乃啼枝作寓所在
池上大樹柳下云君
與華秀同青秋提
手長談於此以候臨

親家處小生行利而還飯後帶蔭春來云往荔波助防域事將
以月底月初成行此老之師頗不利於人言送春親事畢遂奉
母歸而休致甚近似懦其心良苦合者此行或可稍洗不白之冤耳
移而與事大難功成不易果能以歲月計則如天之福矣
十五日微雨陽光午以後仍陰作書寄謝少青以廿二日須還者助千金文
函房同人集湊送觀者來是又先擾繳是其之私交追一年非有舊而饋萬
義如此是則大可感也又作寄炯兒書是日以楊榮坡來信知廣壽母子
見亦將以廿二日到家心為之稍慰並示寄炯兒云
二十日陰寒氣甚逼人乾冷殊甚作致琴五信并附寄家報一并付好

以廿日遣送馬回歷子并寄京也

廿一日陰 先至恒小甫處談一刻 繼過王藕舫太守至文暢談二刻 隨答拜著封自大令 又往孔繡山處坐一刻許 隨至雨翁處與伍敘談而還

廿二日辰起 小雪 沐櫛焚香稽請

祖宗生日忌辰軸子安奉新屋 默雯禱祝仰祈祐得和會無災無害 光大門閭 炳兒媳婦已孕其子女由川中來 炳兒之媳亦來吉時移與同居頗為順利云

廿三日陰 出門答拜胡子何長觀進士 午與黎伯萼莫芷升談一刻 繼又答拜福星垣太守 渠已于正月與和兒女宗界争蘗婿癸毀刻上近年有望也

廿四日晨微雨，是日為李貢無生日，晚人又集待歸草堂，二鼓始散。

廿五日大雪不停，午後白世界如輕綃玉琢，潔淨空明，天容為之一新，令人襟懷俱靜。巳正劉樹堂大兄來談，甫半刻，黃湘甄家來約同赴但小帝夫婦之招。在座有呂堯仙署中丞、孔繡甫署方伯王彥蓉署觀察、吳君徑大令，集江南九華宮，散已酉正。是日以果表弟自宜當之為安慶來信，樹已立契買定，又為下寨人所阻，不能不借地方官力彈壓，遂託安慶郡尊速致定遠剌史，約其前往，約廿八九甫到云。

廿六日微雨，竟日無事，為兄經營傳生辰，因鄉婢者以其貴遣一婢存民也，又同濟係迎至雲岩洞展拜，故事以巳正到廟，未初散，禱隨赴夜金三處中小集。

廿七日大雪彌天要午後發日人至棗李賓蘭處宅二鼓後仍冒雪

歸

廿八日仍雪

廿九日仍有微雪胡莊南叔話乞為其兄雍容題以手卷赴湘安

日往戲神西還周君孝楨來謁南山陽令之長君翰甫秀才之兄也

晚閱逸某詩稿又看家信是日嗽甚咽狀為山藥二帖

三十日陰微有陽光巳刻招胡子何楊琛垣黎伯翔英芷升周君及周孝

廢雞早飯余以感寒屬楊紫坡代作主人

十二月初一日陰辰起為黃心齋補觀瓊跋其所藏陸朗夫中丞保德州風土記

手卷卽還人歸之觀察已刻到得炯兄京寓九十月廿七日所寄函札

此卷相爲黃氏家藏今仍歸之心齋觀察所記乃係伍氏土觀察又錄藉延

州作令言非保甡之金所尤异其觀察由翰林改外領郡知三十年所至皆有

循聲惠績守吾黔之大定纂府志六十卷凡山川德蹇風俗文獻靡不精確詳

贍林文忠公稱其親家如家觀氏女子姓實可求是與胡文忠公之識惠

端亮黃合一契刻此卷之爲觀察者也固宜余以道光癸未冬釋武

義卽聞之之賢卽定志三年辛卯又七年相相見今秋賀數之過從每歎曰今

之古人不可多得大吏方交章推薦不猶決然引退歸裝惟此卷及舊

書十數篋而已惜之之去而之不得靡沿堂道爰不勝依細流連豈徒諸

一重輯年譜成、咸豐元年、嘉平朔日、遂又屬吾譔跋、
初二日小雨得姚亮臣湖北來信又得王蓮生陝西來信作書謝徐梅
橋制軍吴仲雲方伯清秋浦觀察沈吟樵足下家子美弟以專差七
川省遣恭子吴樾而〻去西川以攷也又寄胡潤芝一函
初三日涂少門觀察薩雪巖又若拜翁祖康學使周以撝南參軍
初四日涂甚謨曾際生侍郎孫際聖汪仰蘇高深之奏稿之存於惟
楚南材〻名際生年譜子貞子壽遲深立夫潤芝諸君可多得之人也吾
按書寄鄭子尹又寄李協台子捷一函相託莫芷升弟政已成正鼓
于舊太守之沈君以琛忽來詢一切送客後又作書復謝于

舊府帳房如子速備肴酒以明晨送之聞其初六日即將程前

進也三鼓始卧

初五日自昨日午後至今晨小雨如絲晨起作書寄駱籲門中丞湖

南隨往答拜彭世兄談一刻許即赴夢湘親家之招二鼓散是夜風

狂雨驟寒威逼人惝地窮民殊可念也

初六日早有微雪即晴同人公集李貢熙二庽宅

初七日晴札飭各招同人集李貢熙二庽二鼓後歸新月一彎殊使人在

蓋月餘日來不多得之境也

初八日早陰午後微雨已刻東叢率輿夫肩二品乘輿至白雲

寺後營中內擇以初九日迎
先祖父母　先君　先母及前室王夫人神主至府山下新備
屋也申刻至
太夫人墓前展拜既藤花隨子大兄嫂相見拜完女七八人繞屋
嬉笑亦甚為樂是夜風雨不止
初九日黎明即起於
神主前拜告訖即命紫光三姪請主入輿一一安奉妥貼遂行
以酉初安抵新屋具醴酒香燭奉安跪告已月明如畫矣
是日辰刻微雨巳午刻陰未以後遂有晴意途中遇一擔夫還

知炜兒之柩已到，往不敢開看也。

初九日　晴。晨起詣

先大夫墓前展謁，將以飯後往視炜兒之柩，因見其神主，不覺心傷，

竟不敢再往也。隨以書卷自排，自午及酉讀震川文及全謝山、陸桴

亭稿先生集各十數篇而卧。是夜月甚好，子刻以後又微雨。

十日　陰。巳初至鄉子村，又?益尾庵四周，知炜兒之柩在內，勉抑悲懷，著視一

過。所選往穴地前相度，每四五丈至樹西，朝案凡三層，均一一周覽，說似覺就穴代

真砂水環抱有情，不可謂小吉地也。而?諸禮是穩，無月丑寅間仍有微雨。

十二日　陰，甚寒氣。適人有黃平人來朝陽寺，以種杉種茶自鳴，因念

先大夫墳山頂上松杉均不相宜惟茶樹四季皆青雖數百年大不盈把根亦不能及遠且葉可為茗實可得油俱家計所必需者其砂外閒地以之種杉數萬株杆棟兜坪兜墳山之後之左亦可萬餘株其價值茶則每株一文杉則每株二厘次年待其生長驗給價三分之一三年再驗核實全給總計全數不過萬餘金二十年後即以一抱十株計之亦數千金可獲現兜未能有餘以貽子孫為之費此後固家給其讀書之費似於后生之道不無小補云是日酉刻得梁門梁信知樹已買成理以日即已砍伐可喜之至

十三日陰午後細雨如絲寒甚是日課讀歸震川唐荊川全謝山文若干篇

戌正二刻登臥

十四日早陰午刻略有陽光申以後仍陰午起謁
先君墓後現樹宜栽茶與杉飯後玉卿子林勘田云有汪劉王毛諸姓田一
二畝三四畝共在以上矣因念兩兒現上葬於是亦當招一人守其墓即應
有田數十畝使之耕種納租現亦當優其人之家口又可使永遠祭祀有資
益玉黃崇山兩還來申酉間課讀漳唐宋文二十餘首
十五日早陰是日未刻立春晨起讀月令一過飯後謁
先君墓後現其所種茶已直達山頂惜每窩相離四尺餘茶與杉不同茶
樹粗大不怕有四五寸圍圓非如杉樹亦以長至七八合抱故墳地最宜種茶
冬亦不凋根又不竄望之亦青蔥可愛且材非無用之物也歸讀通典通考

三通各序晚間讀佛鑑花蜀石真西山奏疏十餘篇朱晦翁大學中庸

章句序亥初二刻遂臥

十六日早陰巳午間細雨如絲倚門而望嵐氣滿山乾坤如混沌狀二更步

歸殊不雅物色云讀漢唐文二千餘首是日爲焯兒開墻起棺已周届

婢僕楊榮坡姪倩攜長孫戎墉往其墓所而文以告而瘞之將以二

十一日與歸兒并葬于獅子林究未知其棺尚完好否昨程五枝夢中似見

柳兒戒其甚言當欣悅也

十七日五枝時陽榮坡僅出面持書來函披而閱之知焯兒之棺已起完

好如故心爲之慰又示增壽孫粥之快已會亦同往起遷又聞果吉第定

蕃蕃樹已伐得四棵棵枋三具不日可還訖事另覓收道云是日陰微有小
雨禄讀漢書及漢魏叢書五卷
十八日卯辰間微有小雨讀越絕書十五卷西京雜記五卷四詢左近四寨歲
暮無米為炊者共四十五家大口八十八人小口九十六人因自書票每大口給谷
一斗小口五升就用圖書擬廿七日遣人散之以票取谷既不紊亂又不勝混
期於廿七八午俾得之即以度歲不至又為散失也噫擬貧之家豈能此四
寨乃九十餘人哉力不能遍亦惟就至眼前所見者給之而已顧安得人人皆不
失其所耶　申酉間嬉來知焯兒之柩相距只五六里明日辰巳間定可到其
改葬地壽研豐判史遣人以幛及奠燭數可來而遠道不能辭惟拜謝而

已聞親友中尚有來者於賓予甚無益也是夜雨簷溜有聲

十九日晨起仍雨作書寄炯兒京師又代贈壽作祭西立仲麟二十一日下葬告文隨重讀越絕書一過意炯兒過午當來時已申正望之不至中心懸念不已午後又復雨雪益覺愴惶因專人前往迎之直至酉初始至王文軒楊榮坡亦先後偕來酉正始喚琴云

廿日辰巳間仍間斷有雨午初更晴意與王文軒同至鄉子林寓度閱壙地勢楊榮坡居擬引贈壽祭告其父林訖又與青木寨王粵閣語鄉中窃望事大約差役豢賊而害不肯從捕凡民間以賊送官又指使賊口誣攀鄉民之稍有財者謂為窩招若剝挾之嚇詐飽其欲而後

止每一案出鄉人必數數傾產故民民畏差恆勝於官言言實堪髮指矣士大夫雖知之究亦無如之何以未嘗與官相習或自愛不肯輕言或以言言而官不能轉以自為多事遂不敢言為民父母儻不以民事為念甚不為差役所騰藪者哉弟矣猶憶某案鹽利時無半月不在鄉間每至村市必引生眾眾應樸者細詢其左右者無座根首無盜賊不悍者以下氣誘之使言備得其蹤跡確實嚴密查辦半年後竟不狃不聞之鹽利積境以西三百七十一里民商旅船集往來入鹽利江境遂得熟睡蓋船一進界舟人即囑其客子曰此唐家府子賊斷不敢入過此必當守程請趕

時養息云云計余寄鹽利六百日僅到往十分內雖扣一百六十里之螺山
風帆一切業未之者即皆蹈金獲以後所需案亦無自問亦無他也
惟敢差役極嚴又凡到處皆留心舟中與中皆不肯輕易忽略過去
耳因王叟言僧書於此非故自詡亦以見到處留心之必有致也
是日酉刻王芳亭廣文自城來乃余所請為焯兒受業者焯兒先未至
至因其明日將歸故為作主介芳亭至之芳亭乃焯之表舅向日極相
得秉筆凝神必能彷彿其聲音笑貌云
二十四日卯正即往獅子林查視開壙已刻已開深三尺餘泥皆冰凌
底已有水桶餘浮土不及一尺泥皆膠凝圍圓內二尺許祿五色土了四圍

剣但黑色且雜沙石地理書謂五千年來就只有一穴穴之后色當与地異如
果無異即使黑者厚者均可葬而不疑此地四圍均黑而雜以石獨有一相之
地五色圓暈其為真穴無疑下有水者以（間）壙明深均也未就兇甚又作畫法
於水環抱對面更標向有情地不可信則已如其可信以如彼之就穴於水
而謂非地則更無可為地矣頤和兒各只一子又皆幼稺其婦又青年守
節相依為命昨見其有水而強葬之即使地理之說真實不誣
亦斷斷不敢以之下葬遂命人役挑土填之暫以粗糠淺殯於此嘗即
另為卜宅猶坐年必孟畫付之無可如何是後又不知何日歸得了此一
了耳至日暮（徹隆）剋仍往王芬亭處文兩燒完香主誌即命其子增壽

奉之返原山冢之屋与伟宽之主者列将以明旦仍迎增寿奉还省
居俾二妇二子朝夕奉祀余以酉初亲其棺椁安置妥贴乃还
二十二日　昧爽微有小雨辰起仍细雨如[illegible]巳初即出俟府人逮早饭后至
昔亭杨紫坡李勋宪增寿等拟主乘舆还城出门至乡子林处亲
阅居之家已成随诣　伯母舒太安人墓前展视又周视墓左穴
地又遂循山而西南至张氏墓上一览仍由太安人墓前顺道还过王文
轩表弟以其堂妹王俟诚先生妻见示乃知文孙入泮后即来
随侍因病垂化老母年已六十而受病亦加措为子念因以合
唐文轩雅为寄之文轩又至宝山遂而妹之弟子昧已物故其

孫女將嫁而無資，因爲數行，令其持付趙竹鄰令儀姪霞領
者三石以爲費用。是日午未申均有雨，滿山嵐氣天然絕甚。
廿二日早陰，酉以後又雨。劉丙自城中來，得祁幼章、俞壺丞、吳仲昫、樊彦卿、
梓芳、小川、周蔭階、沈秋帆諸君信函，展誦數四，不勝離索之感。是日午未間
乘輿至黃嶺山一帶卜地，來龍頗平，星體及砂水朝對均屬可觀，惟穴情
太高，又當今不利，明年地理之難，可嘆。
廿三日卯辰巳間仍有小雨，辰起偕王文軒及居程先至對面竹林小寨內查三眉地，亦
西角，惟面角山向不合。又至余家寨後，龍與砂水皆可，而穴未真確，名亦定佳
好耳。謁仲母蔣太安人墓，左窩現穴情，龍勢俱佳，砂水皆環合有情，且

近依屏山其雲氣宕而下叢山向酉卯兼庚甲明年甚為吉利隨至對
面近案山上一覽余云地大可用余亦年心欣然以其距
先大夫墓更近又地面寬闊而多者似此間更無疑義遂請文軒為之
擇日不須再覓他處矣
廿五日天稍開朗似可即晴至對山審視葬向定以酉卯兼庚甲以近案及朝拱
砂定之不能合分向也擬明日回省城遂命府人治備菜諸
先大夫墓前祭掃之物
祖父神主前請祭小年內則無日能來明正亦須月初始能展謁也
廿六日天色稍開然尚無晴意也晨起檢點一切即催促早餐啓行一

頸臣溶以已刻行申正始入城至長壽巷王淑翁寓別始出來歸見其二
郎初還入門舁細兒女環伺階除久久欣確無兒得朱蘅翁信知宜衛
甫所寓京改五百金已遣王夫
廿七日昨夜有微雨晨起地猶濕也辰後陰料量年事瑣瑣殊覺怔忡
且兄支號來刻王淑翁來談一刻許而去吕岳仙署中遣來始為辭之
廿八日陰天氣微潤早間果義孝來帶來標云所作壽（訪）杖頗蔽但極
義已運出青藤地方所已諾後定予弄夫已正刻朱桐仲孔叔正均來談一
刻餘是日料理瑣瑣類極煩悚差幸尚不過窘故雖煩悚猶餘裕云
廿九日陰早起出門答拜淑觀察遂至吕中丞岳仙園觀察蕭福太守星垣

主太守雨蒼吳子馬丹臣及田南右太守許叔民蔣芷汀傅卿夜還
已申刻來研農刺史過來高以孫亦指至後一刻偕胡潤芝太守甫自
黔平來省之暢談至一鼓始去
三十日天忽放晴遂出賀歲候時陳秋谷太守促之承余戒李貢生
余軍先後各來明叙一二刻隨後但小雨來別余已晚即將沐不能
延入矣沐浴既畢遂率增壽孫兒祭
祖先焚化寶財已及酉正明是在天燈燭燦然兒女孫兒女嬉戲满前
氣象似甚吉祥明年歲可即與烟兒議婚及第也
咸豐二年正月壬子元日以卯初初刻起於

天地　祖宗位前焚香，晨拜，献椒酒，讫，磨墨试笔，书吉祥语
四字。是日宜出行，因赴蓉湘卿家贺岁，谈一刻，随偕湘翁、秋翁至李
贡三二宅〔帮〕谈，交酉刻始散。天气甚阴，辰卯间有小雨
初二日阴寒颇甚，寅卯间有微雨，巳刻以后天稍开朗。王湘翁挈偕陈秋翁、李
贡三、孔叔五、高心泉、秀东先后来揖。玉泉、胡孜南、朱贯虞、叔二枝守归城
门已闭，主舆待落，燃火焚始归，视家书来，及十点倦也
初三日阴，拟为湘翁、叔五诸兄集于归年，又道胡闾芝太守即同，但不
堂太史先来，一守索金饮，遂芸胡但二君不酣而以叔五对象颇湘翁代作之
人皆拟赞而散云

初四日早晴微雨旋霽謁枚翁日已先到門籍賀公孫晴來至二孫女
擬即日詣撫南邦出門意道序遂無之觀行齋尋黃太守先後不在寓
近來刻經道果棗軒即亦肩輿而行至晚方歸意使擬叔殷勉
其少女兒婚嫁數刻發至晉陵叔秋老姪孫女婿也
初五日晴小雨甚寒出門答拜諸來賀者隨至黃心龕之寓暢談一時許集
高以泉坦年二枝拓裝作書寄沈秋帆大令
初六日早晴微雨已復天稍放晴黃心龕太守以其家傳履歷
來因亦開具履歷叔叔孟君後人子孫知余為人亦頗頗篤亦相
好無相忘也秋雪山高叔南日來談少許即赴孔敘五之招赴讌

泪數

初七日陰午後微雨夷初來拔集其二屬無二詩報

初八日早陰午後小雨不止是人至集思園梅花大開山茶亦灼灼可愛是晚仙舫

中遊來不值而去前日孔誠甫亦來均未遇頃捌之徬徨次相訪擬稍閒當

登堂奉答也

初九日五鼓即起焚香拜

天行神已記一無事事即歸臥二刻許君初起自寅至辰爆竹聲湘

城皆是賀犧之區為不食餐嘉颯不害也已以後稍有晴意出門厚拜

是日訪仙舫中遊孔誠甫亦訪西祖康學使答談刻許陸至李貢無二處

少棠之姑丈端甫而歸得烟兜去年十二月初二日被又日手少青信知代

繳二千七百千錢全已於十月初七上庫於十二月庫收而已一體又日黄琴塢處

梓信

翌日陰周瑞生招同王彥伯淑孔篛五李貢之蕙之狀元山亭茶話早歸午後集

貢生之寓

十二日早陰午晴自以後仍雨集陳秋谷之寓晤之早同沈秋帆太守來

談之翎翁初十日隨麥拜秋帆又至鞍馬山霞小生得翎翁許喚歸以翁

祖康字使手書借余野獲編符惠蟹魚乞筍等物却之不禁因以銀

再之匯款之款此以須不甚足

十二日早陰陳碧山招同荀漁秋谷游上海其厲樊三樓散步午後雨
十三日為春甲子諺云春甲子雨牛羊凍死是日早陰午後雨至申正止酉刻又
雨至四更後方止但雨細如絲耳文書云月上旬得壬子則水浸天下諺云前年
年元旦則為壬子如果諺語不誣則水勢正不可問矣奈何奈何申正但小雨大史來
始知今日為罷市中丞已來居其時已晚竟不及一刻得自閶門廣家居首
以為自蹤閱兩宣道與偏蹤跡遂跡更易如甚也
十四日早陰起視四圍山色皆極明淨或從此可望晴也是日為
宣宗成皇帝二周年徽臣忌引疾家居二年寺百矣望
龍髯於天上感歲月之如流庫藏皆空織棒來請而中外臣工無不

因循粉飾世道日趨日壞不圖一旦至此曷勝撫膺太息申正惠心泉來
酉以後仍雨
十五日早陰午後仍雨季學湘舲寄來談一刻偕佛芝林太守來
十六日晨日個雨如注巳刻招劉樹堂黃子戴孫年丈及黎伯審顏雨田諸君
共三十五人尊酒合眉談話歡洽散後孔叔五孫夕宴集竹歸草堂二
鼓招之
十七日早陰午以後又雨出門看梅周公祠觀燈飛閣與黃　佛芝林三太
守約植卿來東回隨至高家廟在三孔秋谷叔五孫夕雅集早間黃心芝
來言黃州近來賊甚多竊之幸亦不見清福之難也

十八日早陰酉正後仍雨辰刻沈頌駿上虞之郎君來談一刻徐鄭秀
才塤之來叩其所學尚有矩度沈秋帆大令亦來旋後狀元西山來函深
壽孫見訪晚謂稍有感冒宜服疏散之藥一二劑即可全愈遂偕西
山赴西村蘭之招二鼓始散是日丙子魁選許母看春酌來此二十餘人今氣
衣香之梅柳爭妍閬石園亭爲之換彩
十九日陰午後微雨次氣逼人作書寄婣兄擬新年正月到任招並附寄
二十日早陰申正以後又雨陳雲史招邀同飲西山早飯饌頗精潔
廿一日早有微雨辰正以後陰出門拜新年坐雲一刻隨往胡樹蘭齋二處小坐
一刻旋即赴湘帆之招其梅花盛開可賞也

廿二日陰風人大集李寶八無處而西東作午後又雨

廿三日陰朱桐孫山長招同王吉甫、徐陳秋谷、李貫之無高以求之亦欲出集孔叔無處無遂日午後至夜仍雨

廿四日早陰午間稍霽湯光啓初到蔣海生中逐來於村歸草堂談一刻餘隨出門謁城隍廟拈香

文昌
關帝裝藏做以藥材米糧珠砂紋銀等為之包藏神腹中謂其初必靈

南山之朝陽寺向無供奉

文武尊神余欲募而新之因屬姪輩措謀刊塑

二像是日將迎請至寺聞光燈庵收先請郵報北莊藏議即往趕赴

差拜蔣贊臣又往拜王廉舫太守守現其疾還寓已正飯後周山開
觀察來拜將據署赴吉州任飯後孫子久太守自京來將還滇南
子談京中情形據云途間尚屬安靜至月晦可抵青此

廿四日晴作書與何園溪太守亦致馮梅香觀察一函乃花園溪代為
借德借項又寄烟兜安親切屬巡捕馬炅代交云

廿六日午以前陰甚亦寒甚未以後稍有晴意余以子美病故之耗中心
惻然不覺肝氣大作竟痛楚不堪適狄鶴山來因乞其開方服藥黃昏稍但
四更之先後余兩讀一刻低氣作不順百是不能飯食子美號保臣
太高祖之弟某之人類輯友貴文純先生意承志余丙戌歲四月見其時發

頗佳，時以袁雀南刊業作省肯計，因力助之，俾其至省書院肄業。此
子遂獲鄉薦。余方需坝講中文，乃為之寄費至京。乙未計偕，爰序助其費，
俾其得挑後路。請余於蘭州，又為之措資治裝。其入川後，例以時寄助
不輟。聞其服官甚勤慎，自袁忠以勤慎為上官所賞識，方謂後起
其之克振家聲也。詎意甫得升銜，即以暴疾歿於官身，後蕭於一
家三數十口，西來無着，櫬何日乃歸，能令余不悲來撲集也邪。
廿七日，大霧滿天，園林城市皆在霧罩中，至午刻始見陽光，自此窗下晴
矣。招春衙農，況秋帆王誠亞聲萬，謂物坦補周，余寫早碑酒，餘尚佳詠
君皆頗頗函申，正頗教得陝西王蓮生寄星甫信，由細兒寄中堂來

而不見兒子安叔，不怪也。隨又遣人追問，據差酉正二刻，據將炯兒之字交來，並皆月念八日所荐，然亦據為證

廿八日，早晴，午後大風，晚有微雨。傍晚偕湘舲五翔孫赴學使戟門署，為翁

祖庚之尊人賀，以其得工部尚書也。午集李萸生寓，至日楊紫牧

攜其子作梅同過又來

廿九日，陰。葉芳翔觀察無一中

三十日，早陰，未後微雨。至白香谷門人公集李萸生寓宅，先至英子升來見，遂與

出門，適胡細康來，婉辭之

二月朔日，辰起陰甚。袁菊坪自江西還，得其小山兄書，詢近狀，問其風景

已請二三年內可歸回矣。心為之啟。遂出門，即乘輿至雞場

先太夫人墓前展謁周遭顧視二刻許隨赴南山之霞寺伊園弟小坐刻
餘齋閱鍾抱讀書及身倖切誨安者某本青蓮閱之疾數日來竟鮮安穩
而黃歸已酉正眠坐待時即倦極思臥此念老境使我不可勿強也
十二日陰已刻替祝增壽和兄入學說即乘輿出儀門至三江樹明憩待刻以酉初到
西山新屋隨至朝陽寺
文武尊像俱已安座遥對忠體挂花氣象頗覺軒昂左右寮鄰從此高騰
神庥發祥可賴也
初三日陰天氣稍明似有晴意辰初詣朝陽寺
神位前拜跪禱祝祀隨詣

先大夫墓　祖母蔣太安人墓唐樹五窩於葬左穴地擬以初十日辰刻斫樹三株
樹木先行伐除俾穴情顯露便審度云是夜微雨
初十日早有微雨已而陰晴申以後仍陰夜題作書復范衡甫揚州以其去
秋曾寄京改五百金歲除之前三日由朱蘭坡曾卿處來信亦有寄書
以便籌田租之年間課程所謂四股類暢逸步本年以千現在工作
堰籌水費夫挑土培田六斗與野老話田家事問所來問係有業題兄舊程
先嫂以百五十金買汪永樹田十二石又以二十八金當其轉當田二石八斗
又自以十二金買毛氏屯生角田六石即日招佃承種課租云
初十一日晴春風和暢氣暖招畫門前杏花一樹滿身著花其他樹木亦

時有欣欣向榮意矣先諾
先大夫墓前周視一刻，徐隨至對山上下審察約晌時許而還，讀論
衡二十四卷，新月已過屋角，始臥
初六日 晴。已初刻，有東寨傅芳以家下磁粑一方來貽予，予與論田家乃
類，頗饒洽，因偕之朝陽寺游歷一周而散。來以後又獨自循行阡陌間，適
逢二三田叟坐矶石上談一刻，饒興趣，殊有別致，此豈癡床上人所能夢
見耶。○是日積先姪又以廿四金買幽姓田二石，以十九金買毛宋姓田一石六
斗。宋姓之田即在新定墳山下，又以一金買土一幅，拈佃藉墳，皆甚便云。
是日陰，始有小雨，乘輿還城，以申正三刻到家，視孫兒女讀書，樂甚。園中

香花亮已開過玉蘭一樹香雪滿身摘而食之殊有別致是夜微雨

初八日辰起仍有微雨巳後陰申正忽晴酉初晚霞滿天一刻許仍雨午間之湘翁來談半時許而去

初九日陰雨晚星月殊李香亭之應

初十日晴招湘翁叔玉秋谷夏蓮之四人來集行館草堂茶花盛開桃柳亦芳菲可愛諸君皆謂春色無限早間芳猶煮竹坪茶話出樹亭未允今日又留至午一刻餘而還

十一日將陰後晴莫子香孝廉自遵義往麻哈州探親過遵來見因留午飯并約李桂馨孝廉梁伯蘭廣文習之子香之令弟芷升同飯雅談

文正頗擬擬譜酉正三刻甫亡是夜仍有微雨風勢甚狂

十一日晴辰刻出門西花廳三壽又至朱茂堂陳德園孫君處各

談一刻旋而還

十二日陰大風早往王壽湖觀察賀其次孫周歲之喜午後周竹樵刺史

來談少時許此吳治中解學年伯祐松捕役額晉督劉禮黃年伯當赴任

余素有志向上也獎許而誘掖之冀其自勵而循循云

竹樵刺史以慶碑詩見示聲而和之即送其之黃年伯赴任桃李花時相逢過一春

袂與補仍居家不讀書傳按為牧風塵從益擇磨自古每稱循吏好山

手為得牧民多以閩還地回又是蒼保先有正舛祇

十四日寒食節王淑齋拉同人集其寓處為余孫作周歲二枝報叙

十五日戌正三刻二分清明節早起陰甚午以後大風寒甚酉後微雨作書復沈玲植四川又作胡湘芝二月十六黎平來函粤西軍務尚無了期張子憲也又作起封翁道文信及子固正月十五日自粤爲書

十六日陰甚同竹樓荆叟將之黃平任來穉子之暢譚一時許其人頗有才且復有志向上黃之人必能安其福也午刻赴李寶庵之招

十七日早陰甚寒黃子戴年伯招同人集其寓飲作竟日談其寓樓重五四三面觀象臺扶風照靈諸山皆羅列樓前觸目怡心真日高無有佳趣

十八日陰同人又集陳秋谷寓爲蔣金山壽是日午時葵生一女幸尚平

并我鄉〻摩雕琢覓無謂亦付之不甚重輕也

十九日早陰申後雨是日人日集花會山房為陳秋谷壽晚歸得姚親家書即復　姚七香惠年家睟月念七巳時舉子名曰良椿出親家可以天下吾

廿日陰晚有小雨是日人日集狀元山花會三絕為陳秋

廿一日早起仍雨已先日預備於

太夫人墓前上祭矣因率兩孀媳及孫兒女前往天亦鄉閘歸

甫見燈快醒〻矣

廿二日陰似有晴意未落而遂悃〻使受之

廿三日陰花會山館是人集其二屬題二政據數作書寄保蜀莊

京師

廿四日陰蒼甫親家來狀函三來日赴李夏卿之招是日以家叔交

馬治卿付招弁寄完子炯同招弁於廿六起行夜有微雨

廿五日陰高以泉招集其寓與二故報赦余自聞母喪之耗氣逆不伴

時時脹懣作痛昨日唐狀函三為開一方今晨連服二盞午間覺開不可支

就主人厠中淺溺少許胃腑稍開飯歸來遂再服二盞時已夜正

雷聲殷殷殷殷來雨也

廿六日昨夜微雨今晨細雨地尚未乾已後晴未正後陰申間若有雨隨無

覲宗但小竹太史王亞蕃太守吳教席馬壽研農刺史息廬中

大令墨已酉初是日為姊宅周年忌日强作排遣殊抵未解忌情也

廿七日為

先太夫人生忌百不出門懷感清淒辛家人設祭致祭長孫增壽亦能隨同將

事畢是為驚蟄節陰午晴晚雨吳斟臣司馬孔識甫盛訪先後來晤談

一刻雞鳴方止

廿八日昨雨竟夕今辰雲猶濕也早霞一閃俄然陰天午後稍晴遲又雨

廿九日辰刻微雨已以後微陰即晴夜初大風雨是日為余仍出樹堂暨存黃子

戴太守作生日招袁竹坪但小雲登秀孫、秋谷諸君共十二人集於歸草

堂晚得炯兒正月廿八日京寓來書琴塢壽亭子楨均有手書又得少青自

廿留書知其已赴崇信任苦不可言而岑寂矣雖助為之惘然

三月初一日辰起炎氣滿山陽曦靄然出門答拜孔識甫座訪又往訪陳

周階生子之喜隨赴但少雲之招二鼓始還

初二日晴不集之蔚徹親容屬息

初三日晴辰刻劉周十夫太守自京旋省來謁并擬文炯完十年十月

廿四日安親一函言京中事甚悉坐功時撰而之飯後吕杜仙方伯來談一刻

餘且言中外時事殊令憂悶狂悖是日甚熱

初四日晴不集李子貞與之屬為陳秋谷壽又寄拜周十夫殿面與陳璧山

山中書周亭頗倦別後書吐瀉竟一楷之人好生來殊久也不及見其時也

初五日陰。同人公集李貢生所，為黃子載年伯壽序，余作隱括。雨

初六日陰涼甚。花全三招同人集其寓，無程。又小雨

初七日早晨微雨，已而陰陰，擬於習唐楷

先大夫墓旦將為和孀婦置買顧氏王富莊田土山林，須往勘視，因於

已巳乘輿偕行，酉正一刻甫到麻山。新屋一路豆麥茹茂，春收可期

大雪後田皆已翻犁播種，兩山蔥蒜生氣蓬勃，令人共羨之至

初八日陰，酉初微雨。王文軒偕其令弟淞清秀才及令姪叢臣自城中來

並攜顧氏田土山林文契四紙，是日午初已召王富莊佃人陳某某詢之，界址、租

谷、糧銀均皆符合。偕顧某往勘無錯，即可書契交價云。夜又小雨

初九早陰午未間微雨晚晴早飯後般堂一同王文軒察勘祖先鄰人
阿黎字承歡奴子郭七惟宛行謝鏐由石板寨廟前循迳登陟約
七八百步過南山過峽霧再百餘步帳惋而下一里餘至水田堤至於圍
之大頭合一直循山而行又百餘步高者傍流四圍皆田岸謂即其家
田庄也至田中一小阜佃人陳某來迎導過對面山腳沿溪行又三里許
見繞山巖以九重招遣居所田大小不下萬數千攏土亦藉巖田皆有
水可灌佃人云近年收穫要山糧則忍雨水調而後稔也佃人凡
十餘家居於一小村落每歲納租谷一萬三某十九石九斗黃直江都名
六石以濮某為居間其價千七百金亦不可謂不值矣坐祠刹經

侯鎮夫昨晉訪仍循舊例歸已申正頗覺倦怠文新編括蒼山
川典故數種
廿日陰午未間細雨如絲是日為
先大夫掃墓殺豬烹羊招集鄰人之年老者能作力者饗其祭餘共
百二十餘人既飽且醉有拊缶而歌烏烏者亦睦鄰之一道也讀新論十卷
廿一日陰酉正大雨亥正方止黃紫山鄭姓以連界之田一方來售議
價七十五金每年收租谷六石又有以近象鼻類土一幅售諸大傳
千一百文復胡澗芝沈秋帆拘君書
廿二日早陰巳以後略有晴意劉長生自城中來得胡澗芝太守書知粵

西藏安藏匪滙潰圍殺斃三千餘名黃道陸大令已往勦撫即日將返京師
南天一帶均勦蕩清惟潰走之賊又傷從兵四人尚未能全數撲滅於
無所流氾自不難掃除淨盡特恐若慶貴等年又鬧鄂藩果
石泉引退續梁崇荷卿已奉
簡放後日當晤一面此間五年相別又可握手言歡一申積愫為之
快絕又得范衡甫揚州來書
十三日細雨不止自硯山秋屋乘輿還城以申正到一路菜麥芃芃秧田勻
勻氣象甚佳發致崇荷卿胡潤芝沈秋帆佛芝林毓安化書
十四日早仍有雨午後陰出門答拜呂圭仙方伯順至福星垣孔誠甫寓居

談一刻始歸陶溁雲封但少雲均來
十五日晴同人公集胡致南寓無二話後乘月而歸
十六日晴內子壽日人公集待歸草堂
十七日立夏自卯至酉細雨不止諺云立夏不下犁耙高掛山田斷日雨實
為中年之兆惟澤國則非所宜耳是日孔叙安招飲凡十二人
十八日晴上諸溁秋谷寓坐
十九日晴先塋祭先祖墳楊紫坡王文軒平增壽孫寬之應山訃辰
叫明日將啓兩寬之柩也是日胡濶之年書云粵氛甚熾四鎮復偽
已桂林省城戒嚴易省賊匪游突梧州將帥懦弱軍餉空虛兵勇
先所云常逆者乃黃逆
之黨今之兇黨大會也
賊以二月十六犯自永安竄
雨東竄北省向桂副都統烏蘭
泰率四營追剿十七日接

賊二三千人十九日無從逼伏
四傳陣亡逼伏烏邦流亦右股
受傷攻北城遂進攻桂
林省城而禁亦率兵
繼城而入二月廿六至三
月初四均因攻不已此嚴
仙舫方伯在桂林省圍
送書云

皆不得力練勇又多與賊通真成燎原之勢言之聞之不勝憤懣咨嗟
誰秉國成而令之如是邪此後甚爲堪設想邪
二十日晴作書寄黄琴塢京師并寄炯兒一函爲巡捕馬沂能轉致
據云亦無確耗之信想自内必有摺也
廿一日昨夜甚雨卯初起身巳正二刻南乘輿行申初三刻到三江橋酉初三
刻入宿至對山見炳兒之棺已加漆三次矣土工開挖穴基尚有尺寸粗工兩
廿二日陰小雨猶
先大夫墓前展拜一周偕匠至對山相度炳兒穴地議午後以羊全首
黄紫山劉驊科田二坵其族人出傳中承種每年收租谷六石

廿三日巳时为焯炜和兜下葬启初即先往穴前督工开圹后名赤黄壤无
夹杂四山皆环列相向左水倒右由乙方出合水法此地去
先君墓不及二里两山相望也既免风泉水蚁之患又不至为城郭道路
及沟渠耕犁所及左倚扁山犹笔且下雨后云气往来或疑为神仙窟
宅归置于此亦可云安然无遗憾矣是日畅晴　狂夫送葬老夫抬剩江山残稿录之而为发一笑
廿四日早有小雨以后阴每阅孔理思按君言
先大夫墓宜亥巳坤兼寅申向以来龙为坎甲庚则不相合也饭后因约王
文轩来弟前往山间审视文轩亦言理气之言甚是眼前但将羌碑
改立于水法朝对亦俱佳好云云再回熟观墓后为干遂属文轩择日修理

先君寄霖域共甚許我手以三千金買宗治孔田四塊計可每年承種歲收谷三石二斗

廿五日早止微雨飯後又至

墓前及水口處細加審視王文軒云必得改正曰坤方為合除行治田

姑從云聞周蒼恬刺史有妻運之京館之事因作書致之

廿六日陰且有微雨因王文軒言龐八塞之前有穴地甚佳余亦三十年未

經其地矣飯後乘竹兜循小溪而上峭石清流頗擅幽邃纔逾一山廣西

人家四五十戶分居於林麓間良田美蔭喬木陰森人趣陌度阡均明在六

里又一境界則所謂水田堤也趨水抱田一概當對野之處為山脚寨寨

七縣約百餘家居于山窟水環則有一天樹木蔥青巒嶺環高閣眼界為之一

程時則耕夫牧叟孝孫數十人簇簇隨行二麦芃芃盛疑武陵漁人身在桃
花源也歸已申正雜讀古詩三十餘首心清目朗怡然意發
廿七日早陰午以後晴翻閱明詩綜十餘卷蓉淑觀家自城中來自申至亥暢
談三時許始臥
廿八日晴偕蓉淑觀家由寨右循山而上至石板寨扁山以竿田過峽露三
視良人即斜陟高嶺爰左轉觀所謂金水連雲降者其出脈極嫩細有蜂腰
崔隙又右繞起頂作土形蜿蜿蜒蜒而下趨結金穴則
先大夫墓穴所在也一百九十餘峯羅列穴前左右砂層層裹衆水將聚流當面
羣山美靈無無不會萃有情淑翁亦欣歎賞歎謂為第一吉地特碑向宜

三十日出五百城中來西
果寨之頭胡開芝物
五某言與西軍事二
月十六雨後賊匪全隊
出城我軍無有知者
至十七日辰卯時賊言
（城中）燈絕賊言每日有人從城
從菜合日於以無有照
出之採詞知賊已去遂
於十七日克復州城十分
旭至尾隨以陸大合衣
其從者非陸將而斬射
遺解危賊以首遂入
告謀國安得自謀當
不問於當不問於

以良坤為正三飯後文宣村山觀炸姊兄弟葬所以為安吉蓋早於此而觀之也
知其山環水抱有所據依矣是程暢譚諸年皆子而剩賦
廿九日早陰午後晴遂次不還省後居内經綸之（文軒之子秀岳文者石刻）華鎸碑
武花隴睦一畝附近山腳寨曾氏弟兄耕種以無力耕種遂乞借貸其情可
憐隨付洋白金二千谷十五石俾其勤勤力作諸歡舞而去曾氏居山腳寨
百餘年其祖父均以忠厚持家子姓亦無有憎若者於道光初年稍稍
興起乃因丁口眾多不三十年即又中落生計之不易如此
三十日早陰午後晴閱地理大全十六卷細核其所論龍穴砂水各圖似
先君奉安之所甚為安協卑職文語山頭及内水口審視改易亦無疑說云

歸田錄　壬子

咸豐二年

咸豐二年四月初一日晴閱地理大全十餘卷又至水田堪堪土地

閣登其左山以望之並非為

先大夫及二姑墓向此即其朝山也四圍拱衛有情大就遠眺諸

穴明白無錯而且有福有力地理之說如果可信此地為宜

矣申酉間又步至水口及兩砂處熟加審視似皆向而無疑議

初二日晴寫朝閩楚太守書又復黃太守墻生一函閱地理大全二集

十餘卷其言宗砂砂水之法亦極有理富貴禍福則吾不能知也午間

作告文將以初五乙酉定日寅時於

先君墓前鳩工印碑其立山向不敢不告也酉初至對山視兩宅墳成

而歪斜不整，因稍令另以土塊易之。此吾手也，固不當日〻在山監視而挖
筆文無識，以斜陂為憾〻之至。
初二日 鄉中無覲，以其發亂所擾，不可耐，有自烏番覓一人來試〻，頗佳，打算
較其〻至。作陝西李星甫、王蓮生、孫大令書，又將粹寬、炜寬、薛霽塘
函示，去年迄今其並依做，使或不致再有借也。是日晴。
初三日 晴。晨起作書，復吳子安方伯、陝西文復、鄧小山親家、江西
又復康道周小湖觀察，均一〻封訖，俟明日還城即發也。酉
初刻以酒饌錢楮，携翁見增壽、譚貴文樵
先君墓前奠告焚獻，花麻明日當將卸碑不致倉

光道傳首悉經雅白
石鼎之回比匕云石白如
珠除實紅如珊瑚居
然色之香而惜生踐衝

辛云
初五寅正起程
墓前督飭工匠謹將碑安妥即下山令石工劃去碑字內有不好者
重刻完好時天氣陰涼周覽嶺山面勢覺得坤之向更較親切留
味為之一醒遂即早飯隨至祠內墓前與土工指示作法即乘輿行
途中半陰半晴亦不甚熱以未正到城將至大營謝其前日
下鄉之勞晚讀欽賜到家之後申刻通到烟兒京信大小平安心
殊歡忭惟尚係二月廿一發來也
會議從戚周祖培兩和沙湖杜翰何桂清戚斷日秀雲為蔣景某茲明果技
事戚元侯未協何桂璟全斧清管董蓮汪旉麟堪許彭壽汪

祖培旅人府宜椋彥號崇保
毓栓和闐鼓椋六人也

初七日卯初微雨卯正晴辰正刻嘗淑親家來談一刻許王文軒袁弗傳其兄
弟來因烟突落菊海邑孝廉葉良彥二親來借一千金卯見其弟婦
要求便道寄文倉後衛陳某六兄家乞來一千金隨帶奴子黃忠送交
前其收條飯後隨往茁拜金殿珊同年之令姪圃境又占學使劄祖康
談一刻許又至陳達無觀察談一刻許又至陳德圃廉年處談一刻見其
琴筝羅列無數欣賞鑑及時行樂其歸已申正高心泉來談片刻而去
適孔織甫來訪朱藩書漕腳各道夜收閱至亥正始眠

初八日昨夜丑初刻即大雷雨點點滴滴直至今日巳正始歇豐夫日記

耕田得此大有播種插秧秀麥豆皆佳秋成可望豐實
是為小民稱慶不勝快慰之至是日葉李貢無二函
初八為浴佛日早陰巳以後晴聞有術士張某於大興寺內行命相之業
王蔘湘觀察特約余同往為細究決其禪關雖簽字武斷而陳秋谷
但以余李貢無至彼聚談頗覺不值益頭詳君於彼偕歸草草小飲
小雲因宗觀所藏禊帖臨蘭亭真本散付已二跋矣
是日得禊闌殘拓恐有為紫也是寿也魯之高泥恐為楚園無以為賀
惟恭以為寶高三與可云書求一手蔡可同詩東坡園書府得小字
初九日晴以集李貢無二函兩但示乎大史補壽聯又雨

翌日晴，午後集保小雨，偶然有八哥畫眉作人言語，殊可為樂。

十一日陰晴相間。早間吳縣巨馬來辭行，將於十二日搭眷由閶先還巴

省，其太宜人年八十也。此正頗極之，但變故縱近過程，終是茲偶佔後

出門至蔓澈取家宴，視其泥污痛正，特為而之，雅隨與澈弟出至胡妓

南家，坐一刻，縱又至曲樹弟家，扶小孩即進城，與朱覆弟暢譚良久，即

往縣送巨馬之行。晚飯後又與高心泉坐意，愈但小雨，同至林尚山廣看

人扶阮，甚香饒符，一時得而崇無所見，五更了至

十二日晴。閱崇府佈方，補將至邑，黃井飛馬迴之，不寓，明日果繞到省

正正乘輿往，明黃心泉太守暢譚，快符隨塾子戴年，仍之指飲悝極

精美日人皆甚歡洽惟熱不可支耳

十三日早陰午後微晴日人已往京城南雷雨其表子之戚因來余行歸

草書二枝排散自丑至寅大雨

十四日陰劉樹南以陳中丞墨南省城移南還見示其言禍福歷歷有徵使

其一一聆悟歲癸丑又將及禍不至不可改也擬於跋尚道聞之未審以為然

此事自問執數往往而已園十六日為朱祥卿校刊日為來午間畢

亦來傳碣以所送與信見寄於余刻之已成之矣惟韻其收罷甚

候又多不能刪去印局茲開不作為之刪訂併擇各所添入之細雨

十五日早陰午後晴閱當寄御方伯在途冒暑以甚念念遣人走送致其

已入城矣待至戌初相來觀書々至談至二鼓始去

十六日晨起往視荷卿并過其寓爲友命小祥李經歷及相之子游余寓

因子亡過其寓和少君來午初至酉正散

十七日早晨視家口返荷卿小酌并過吳壯仙方伯孔繡甫廉訪郭蓮垞

田敬芳拖觀察同集待歸萃㽵敬芳昨日甫來投遞返之入座吳君來

刻大雨

十八日早陰午晴閱書史將行作書寄炯兒并致琴塢一函

十九日早陰午晴晨起往荷卿方伯旅寓談一時許來初過荷卿寓酒於桂風

山小酌暢談至酉正入城荷卿以明日成行遣人送之就里

二十日晴酉以後雨遣人送荷仙方伯之行余以分手爲難不往躬親歧路也
是日得蜀中沈吟樵孫姪安信夜雨
二十一日陰天氣甚涼高心泉招集其痛飲之歸已二鼓醉意甚酣也夜
大雨於農田極宜不者亦至
二十二日陰臧寧侯從兵備充憤道生此間十年前日以青海番案故
人也暢談往事不勝今昔之感隨往答拜即赴李意庵之屬召爲高
心泉壽
廿三日早陰申以後微雨午刻出門酉刻到南山新屋一轉新麥已收水田種秧
將訖惟乾田惟尚待大雨耳是夜又雨

廿四早陰午後陰晴原起稿

先大夫墓前觀楊榮被王海生摹鉤碑字極後難讀碑書程敘生

仍雨

廿五日陰飯後由鮑家山道講上冷溪岡直下山凹又斜行一里餘再繞過一山大河前

橫越橋而上有人家數十戶曰杜寨由寨右斜上寨右轉側下十數武有寨曰

獄上獄上山環四抱峰亦秀削而山在其前亦入雲表左右亦羅列傍匀立而

陡之使人神清氣爽寨之中有寺曰觀音寺小坐而談即起行後穿杜寨行至

大皂莢樹下有泉二其水清冽味之甚甜再前行不二千步復有泉二水亦清冽

甜冽稍遜矣少坐泉側石上與土人閒話數語即由寨之右行越阪度阡循山而下

山石峭拔聳立，宛入畫圖。一水潺湲，繚繞門際，古綠樹濃陰交相掩映，或疑桃花源即是仙境也。沿流約里餘，一山直下，山半樹木葱蘢，隱約瓦屋三四十家。土人名曰杉樹林。行至屋前，水流甚抱，山勢環拱，亦無俗惡氣。問之居人，皆無讀書者。少息，人從田屋後登陟，橫行山半，再登再又橫行，約三里餘，乃緩緩而下，則先大夫墓就之大邑峽處也。即由山頂繞至墓所時，澄無內，抱方楷工直鐫碑陰字五之，拓示數畫，又周視刻碑而還，巳酉正二刻矣。此行本係問舍求田，俗不可耐，不謂（徒）所歷之境幽邃清潔，乃亦年來一大快事也。

廿六日，晴。以銀二百一十七兩五錢買曾氏獄上莊田及房屋山土，歲可入谷二十石

租粮二石又以十一兩買邵氏田可入二石係田從間山水佳置此爲子孫他日立業之基也

廿七日晴陰後雨飯後乘興坐竹兜登三頻嶺從間萬氏其三十八公四山田土皆其耕種每年納租七石有餘而已昨閱其全寨皆燬於火因親往視之僅餘一椽（其他皆燬出去也）竈惻其無告助以乾谷三石八斗賣其所有山粮尚存出來收得此即足以濟矣山半俯視衆山一覽無餘附上諸峰尤覺烟雨繚繞青翠可愛蓋相去稍遠耳申正歸即大雨至戌正雨歇

廿八日早陰午後又雨乾田已潮多水農人甚忙亦甚樂也詣

先大夫墓前看修碑亭又至對山一視土工殊緩且將右邊挖傷之人飭由

於時工工人無識亟飭出之彼已要其罷矣惜哉
廿九日大雨如注費夫欣往之至
三十日庚戌寅時為
先君暨先慈合葬改艮山坤向内壁無寅申是日天朗氣清凡百順遂不勝欣
感之至飯後讀明詩綜十餘卷

五月

初一日晴此間既無多事城中當節下尚有應需支銷之件增壽孫雜家
已一月係西田王貫每四日命僕夫肩輿而還來初四到得炯兒二月廿八日安報符
閱藝畢抱交刻大雨三之夕
初二日雨是日為壬子破日照大水横流北門屋一孔從不修浸之痛不可忍

初三日陰。竟以泉水相集，其屬無之，齒痛稍殺，頸間困指無忐

初四日晴。偕王淑齋、孔劍秋、朱炯孫山長齋集，但小雨，太史屬無為

往觀。晨方作母壽，陶宴祥謝而還。齒痛仍不能出，是日易寧

初五日子刻即雨，卯刻止，辰巳間稍散，午以後大雨如注，自

宣宗成皇帝升遐後，今日始聞笛聲。　早間伊方伯均來，辭以他出，余

亦遣人於各處道致意。

初六日晴。招劍秋來，重奏今日卯刻大雨不止，池中水平漲二寸餘，高田即雨想已

足，專耕種，惟念三江均湖及東南均以三年早閒為救。　濟生來，邀祖度若便

又至叔齋處三中遊，劍秋隨赴，但小雨，太史之枯淺對，供唱賓之頭，極深度

二鼓後始寢是夜仍有小雨

初七日晴雨相間早起得胡潤芝太守信云粵賊更竄四月廿四日由全州過

江向湖南而去據賊人不滿萬近文蔡帶二千餘官兵畏葸不前況帥榮

儒等謀將士皆不用命可歎可歎至未刻晴鮮制府於日昨督防城竟

是時與兩全楚多不逞之徒窮寇其乘間肆出滋蔓難圖別無

餉無兵憂方未艾奈何奈何

初八日晴早飯後往弔薛勤勇母之喪但小民即逝何能其屬感河魚人

無五日忽絕食食之快不可言

晃觴夢湘親家招同人錢世厲熊麥月而歸飲酒樂甚得

彭小山刺史有信江西來書知已移住南昌一二年後當即歸林也
翌日晨起作書答之山每二閱書人生緣放筆平數行也已刻接王孝
湘陳秋舫但也寄高然承是未及寄查然集条付歸草帶蝦刻較
射道翁年譜數頁極憐涼晚閱得胡潤芝太守來函知粵賊二萬餘
人衆由內渡分竄回江口馬忠源吳佩樾用木排截阻大河並於四月廿六午
刻竄至永州離城數里之柳子鋪又分股往撲寧遠新寧武岡云云又聞
廣督以兵扮賊潛入賊隊將梧州船匪痛加剿除凡賊船及軍火器
械悉為我有如果屬實實為大快又聞桂林鬱林柳州等處均
有土匪滋擾肅清未知何時也是日晴申正微雨一洒

十一日晴。葉高心泉處叙談

十二日晴。早起偕陳德圃、陳硯山、子文軒至芸湘親家處趣飯，即同其往水西門查勘雙水閘入水字向子午，隨出城由側溪沱江河茶店一帶相度山水來源及沙泥崩塌情形，究如何填截之法。復由黃應三溪處寶山過下，由水閘入城，查勘入城水門字向丑未，改作尚不為難。改子午逆循城而南，門向高前中正，陳子說以為宜不甚吉。留此向必有火災，其出年堪輿楊謂宜改癸丁，特屬伯敦費經畫，因前行不能至所謂水洞樹字處，癸丁細加審視，又循城至李登其家，周園一覽，不坐移時而歸，上燈不可支矣。

十三日早雨甚猛午以後稍歇下集孔翁而無申起又小雨

十四日爲夏至甲子自丑至卯大雨好淫諺云夏至甲子雨撑船入市本年南至壬子正月元日亦爲壬子五月二十六日壬子破日今日又雨恐並水大之兆至思高田得雨不患水多所慮者三江兩湖值茲時事多艱萬難措安震並至耳太守午間集李貢也廣東粮月食情已二鼓得胡潤芝太守信楚南賊匪如麻長江戒嚴而任事者無才亦不知何日能平息也

十五日雨已刻至陳碩山屋中商酌開河築堤事隨至李貢生處飯罷二鼓歸接得王子壽三月廿二日荊州講舍書胡子重已作古人矣哭之

十六日早晴午後大雨雨洒申以後又微雨集但不雷属亥正刻冒雨而還的

書尚時與送詩李貞生
羣何曾見生涯識帝
哀事多病百憫我招魂
又到君相逢劉孝長與蔡識墀
地下客為鄰

胡詠芝太守現知楚南道州，已為賊匪攻破，於河下紮木排數千座，在浮湘而

下，湖楚頗憐情，本駐衛亦防堵，乃於前月廿五四更即長沙，以為省垣重

地，必當固守，以望知楚師退守，人心以為之渙散，怯弱之情已不言可揭，噫，當事者

亦皆頹其誰能合

園葵手足又不止痛，其原滯長久息矣

十七日，晴。余以感冒，勞得醫藥，因近狀西山之兄弟訪，現住周跡，散邑由

賊物皆日而去，以來拔集其處，乃先素食花根，好前往之。過之，常湘親以家來

云，令試鬼名已由大興李君朝儀寄到，照卑七人，惟一是亦康未學，現亦當

年之莫好，每皆無定所，氣烱鬼，又有私山，分處貧抑鬱生病為

之類閱畢已未正甫士心泉來露亥正還

十八日晴涼秋谷李貢愚偕少雲傳西侍儀草堂談至亥正始散以崇

蔣卿常借來行文以周易悟古州書

十九日晴丑寅時大雨卯初起歇辰以後漸陰未正始乳翁丘王少湘同至朱蔭

堂宅中集議捐送者何事議定而還已酉初矣閱會試題名惟廿角武昌仁以本

九十七名餘亦無知識者宋芸官文藝絕佳而亦不得第可歎可歎

廿日晴辰已閱朱蔭堂傳師郎桉珊日為其壽似亦仍先後來答王三人而亡

隨李貢愚三宅過夢湘翁丑秋谷心泉亦至均在寓道談至戌正始散是

日閱邸報內閣學士勝保一摺直陳時事陳言責難邦之忠義乃以徽逸表

議餉政不惜〻全朱蔭棠送來一函係湖北友人致書內有逆示一張悖謬不堪據云一日武昌城中街市皆逆人心惶惑當其文自四月以來楚中大水五月復陡漲丈許三口均湖其事不問乎噫

廿日晴己正稽王漱六宴酒集蔭翁在座談一刻始迴偕漱翁至心園訪見人不寓新南排閣心園病疴臥闌頗為累甚

廿二日晴看禪臆子姪輩說書又每六至孝齋年深滄園明府招同李貢魚〻游水月寺社其新目一齣赴聲音神情畢肖不覺為〻擊節異胥雲南趙年偕楊青崖調署合州值佛先情坊來謁戌正微雨一洒

廿三日晴早起作寄炯兒書飯後偕夢淑敘五至但小雲處中值其寡

疾未作，隨偕淵甫眷拜王慕曾太守，又自往楊儲物陪我靄各讀一刻歸

又往陳秋谷處，座上小生許莉園選定相筆已由泰山前寄回矣

廿四日甲戌，前皆晴且燥不可支，申正前有微雨，酉初大雨如注。得呂子年來信，係三月啟

晉湖北當無事也

廿五日乙亥，竟夜大雨，直至丑正始歇，後仍滴瀝不止，辰正則杲杲日出矣。起視池中水平階

係長江大河則不知凡幾矣。雷也申正又雨。作書寄黃琴塢，擬明日寄付招商局廿

八九解行云

廿六日半雨半晴，因十一女兒抱病不能出門，頗狀乏，三兒約秋文招馬某北來

酌用逍遙，以劑王夢沅觀察寄心泉兄亦謂宜服貫藥急些方益服此

道路干戈滿江湖北
淒涼故宅難投宿
殺賊知何人慷慨
先帝眷顧愧老臣
回環天下事不覺
淚沾巾

覺安靜或不能全心身力耳云云至犯者李桂林等出飯亦不足相隨矣
廿七日昨夜仍雨，晨刻雨晴，先赴西山及馬某家為女兒診視，花朱藤[illegible]
陳秋谷均來，攜同秋谷與西山飯，歸相[illegible]
廿八日陰，早赴備卿蕭司，隨赴西山及馬某家診視，仍服昨方，又藥中加生薑
湘鄉家來
廿九日陰，晴相同，女兒已愈七八，心力稍強，狀馬二處晚診前方，仍用補劑
晚閱胡潤之太守擒獲賊仍在道州，程晴峰復回衡州，閱路顧門已奉
命回京代了，出為張石卿中丞粵撫鄒[illegible]補授，右以勞苦帶代之勞
本湖南人，熟習楚中情形，方帶兵勇在永州剿賊，而忽有此
命，已於前

大雨水起程墨粵匪楚中再無此能戢之人矣可惜可歎

六月初一日辰正雨午晴一刻許午正又晴一刻許時陰且涼甚四道題皆有

雨丙卯微雨早起至狀元坊君西來西兒許視病已八分就痊惟需調理仍

用健脾養胃之藥余夫婦年共百齡生兩弱質寅女甚愛惜之甚久矣已

命眷屬知己申刻意不錄但小雨先後來讀詩時存留十

初二日寅卯即雨忽大忽小竟日不歇連日讀所詩除二十餘卷

初三日昨夜仍有小雨今晨則洋洋洒洒矣已正猶歇大定黃照齋太守來拜云於明

日將赴本任以十一日接篆視事縱論時務不覺相對黯然君言兩宮主官時惟

當取新舊膽各書各成但城練勇之外復以濟捕為第一義余言大定庫貯尚有

佰五千物價一切皆係常平谷一切各零義倉谷亦一千餘石乃其五年以來
所積存至荆者之情形全賴大定幾年之人皆有福以君子闊達太守實其
長官捍患禦災之以無慮他則非時即弱皆獨不能衛民且將擾民百有
事至來知其何措手而為歎息不置也半以後略有晴意殆風早閱狀出米東定
貴些本各請一刻任所已
初四日早晨止離西北諸山仍有雨意天半西南隅虹見半圓唐人詩所明虹無雨
實是早有這些小雨一洒仍陰出門為黃心然太守送行隨至朱蔭甫處做客
湘翁五不至諸君語及方伯署以開河運閘辦其務為籌項今日特口往談其
明示必理至荆撥籌若三千金蓋了以蔭甫所留小軍與余各筒棉湊

集五百金又寄書楊少眉屬訪刻中山刺史名寄五百金共成三千計官律共
集六千之數支用此事以見寡用其餘藏備一切為需另籌殊不集無感
是亦第一應辦之事也又同至孔誠甫處訪謝遂與之觀登處名坐作刻
淑叙林梁均集余遂之中蓮偕食之適黃子戴年伯來若談刻餘又招李
貴生高心泉陳秋谷錢談西二枝方士早閒閑招行已回至遣人探問湖北
水災甚大誠可憂此肆擾之處得烱兒四月廿九日安稟其閘巷又有旅人
手札與殷句印為抹煞可笑亦可嘆此皆余急流勇退死生遣物之思累
之又得琴塢書亦甚寥撥又得李恩覺寧叔夏來書兄景亦不甚佳謝
其五兆松崖中丞者以百金遠寄見兒多情至感又聞華子青已丁

因艱爲之惻然道遠力薄未能寄助殊爲耿結奈何奈何

初五日晴寫丈人書李貢無復一函又集亦益園是日陰晴相間晚微有雨

初六日晴高心泉招集其寓無之趣亦有雨

初七日晴午後又雨又集李貢無之寓一鼓以後乘月而歸

初八日晴吾憩往朱蔭甫處議借城河事又往高心泉處蕭蘭酌談而夜

在本籍見學工本件隨先交自捐項內撥出伍拾兩交心泉收支自捐五百兩先交五十

初九日晴黃子戴來仍同至學海舖無甚容談出招集蔣湘親家借開軒以

余六十初度不肯稱壽特前數日作此小集也二鼓乘月而歸

初十日晴早起至侍郎巷書扇楊徐恆書條幅六張對一付又與王六寓氏生談

一刻侍隨堂上同葛胡牧南作書二封乘月而歸小女寬新病而益瘦坐

以侍抱持一刻始臥

十一日晴與但少香言以京集李貞愍所手校月已刻圓且耀衛鄉頗覺涼

爽歸與小女寬瞞嬉戲一刻始

十二日晴辰正刻過白玉蓀偕先至陳西全館招集孔叔五陳從園李貞愍亮

以京陳瑞生延李右文那及楚陪胡牧南早麵後行由水閘以溝直上右滴

土之半度間有著名諸石中亦不甚崩頹易採擇隨折回西相賞山下循溝而上

過李家祠堂右進一里係亦名白鶴崗上前次假勘所未到其難與茶

唐之人工無異與李貞斟酌付之忘足相因同行往之金以為能並仍循山右旋洄

三里餘由茶店〻初崩土直下至熊姓飯店小憩訪君守餓且渴甚爲隨其〻意菜
点盛星文五易處聯汐時移步度沿溝而行直至双小閘皆無新土而過節〻閘
把寬深只須買一閘地乃入城對陵堆以而已吃飯仍集陳雲賓館館價懷甚
甫擇起行大雨將匪經傳駝即登輿不數武盛雨復至至城門內與李貢甦共小停
片刻仍冒雨歸則已月明天朗矣翻然大風
十三日晨起出門看拜新安縣太守承子九不值又看拜福星垣太守崇恩
太守〻還逕往朱藻卿處雲卿來談一刻往趙赴高心泉〻招同集者李貢甦但
此節兩君並日天陰午間有微雨得姻兄二月三日安徽省寄內子食物又得
倫菊座太守書

十四日晴高原旅侶如甲李貴無二集余行偶筆雲荷風動香清涼撲人眉宇
金體如常此時兵戈滿目水旱頻仍以此視彼何異十洲三島與地獄相較耶是
粗
月明如畫天淨無雲三更後甫就枕眠未知天上有月華否
十五日晴潔膝一日閱印刷孫子然太守來鴻撲時許而孫子之年甫三十九歲
九
科甲出身與之言論似為明晰且有志向上加以閱歷自可建樹是可喜之後
顯然又見一人才而喜也
十六日晴為余六十初度凡親戚朋友先數日皆遣人辭謝不令造門兜免闖
倉扇房文與吾犄之煩瑣今靜坐追念我生以來凡有此日無不磨之苦
殊覺歡忻叫嘆慨惻情多正念栽榆英逆來日大難後有江湖之廟廊之

恍羞稍不堪馳逐而時事日壞肩任何人不勝杞憂更不免自傷遲暮也

十七日晴出城午又王湘親家招集湘勇齋中連日熱甚是日尤

熱蒸子文來言隊六合定更九二日者紀樹南在腹也甫一枝即散因子以西向

計一礮直指營精兵

十八日出門答拜賀壽諸君隨至風台霞石赴湖南人招一枝即散以天氣

大熱之故是日微雨洒洒

十九日晴午間雨如注未半刻即止閒卿過之寓聆雨老夫是日壽蘭孫君席

設於歸華堂擬為歡洽一枝後得胡潤芝書知從逆站踞湖南道州之城

永安而兵勇之不得力則勝一枝圍永安時以軍中少一有力之烏達芳都護

也聞羅蘋溪中丞肥卸回楚專為團練然亦無能為役昔嚴揚劉諸君
自危之心仲仲則府督程楨州勛亦能匹似者有數無如兵餉支絀大樓之竟不堪
設想奈何
廿一日卯辰之際晴午未申酉戌雨戌陰夜以後雨久不止至卯前寅刻頂歇卯辰時
雨頗大日出後即停各得數日之用快甚快甚是日出門為姪子九大字稱賀遂行又督打陳
周諸陳徐隨至嬰所李慶王陳家孔叙五李偶翁陳陌翁蒼其宗發山傍東即
早麵飯後由古同概勤估起至雙水洞山青道開九產搁水埧三座上游開挖寬深
均七八尺下游二三四尺不等日入至長春巷川主廟小憩一刻復兩還已及酉正後
不可支

廿一日辰正二刻又雨前昔尚或雨或陰未正後則洋洋灑灑倒桶傾盆至夜卯

初始歇是日王曼湘亦以琢先後來談刻許而去

廿二日自卯以後天氣開朗已正微陰一刻即晴大雨之後日出晴天農夫之歡快

樂無央歲收之豐已十九可望破甚是日立秋

廿三日晴徐高相南廬總早間吾杜仙方伯來談時許而去

廿四日晴未正一刻無雨無風半空震雷一聲不識何兆先是姊兒之第三女許聘狀

雲山參軍之第八子桂江是日納采冰人為王曼湘觀察孔叔五刺史親友均來

作賀因留喜酌已以後熱甚

廿五日晴徐李貞盦來一談即散熱不可支

廿六日晴熱不可支午間至吳和叔家李貢生亦以來約南林路僧寺因

留便飯酒後偕吾叔至吾鄉談談刻許而還

廿七日午後大雨刻許酉戌間又雨吾以來秀東又赤抄白隷秋谷集一篇

熱李錫之李貢生僧雲稚平道人皆以來往勸城河上茗談新雨爽甚久之

并四僧居甚遠此不能復瞭隷甫由所以和之

廿八日晴吾叔仍遣人來言廿九日開庫之期所需三千金不可以即發

不感感至因房楊尝彼此武法為頌持之往君背押說即款枋

米蔭百霉營擇告其所以移即從蔭百化調明日持頌前至云中刻

但山中乘至暢晴仍熱甚不可支

廿九日晴是日爲

先太夫人忌日一日不出門亦不見客作書烔寬谷致蜀居巾青琴

塢各一函又附致王湘前家信一件同摺并初二方成行也酉正致祭

後忽大風雨至戌初始歇

七月初一日晴朱蓬雲王澄湘李偶〃高心泉李育堯〃均來以借回渡費見申

善助三千金昨日已募出今將支付育堯〃以深悔其亦止生闖幽樹字文來爲天

門候補借款四千緡金奉文照追一貧如洗仍經措支老爺亦正無當愁急

耳

初二日早晴子刻後大雨如注至寅卯初始歇是日晨詣藩署与喜仙方伯

談一刻始知盟甫文調調兵一千名午間高心畬來

初三日晴陳秋谷高慶東來約陪華壽萱極於南之來戌正始散間

王淑翁傍晚雲程來談一刻許

初四日昨夜三鼓夢在江南雲水間一麗碧女侍宮樣美人持生綃一幅屬畫唐花

并先倩題詩畫記即為題六十八字云柳顫烟軒燕泊天風光如此倩誰題

美人自把花枝笑郎到江南十七年擲筆一笑而寤時已五鼓夢境猶能在目

也後為王夢湘親家生日十九日又為狄曼山親家生日余因集親友為酌

生辰日稱觴飲優頗精潔殊大歡喜是日晴

初五日晴因人為王夢湘親家作生日集高心畬來與之申居初湘翁即來

談半時許余因往賀楊晴川生子後赴□約午間□詠文招集文李二君
鼓板清歌頗極瀟洒皆以為林下真樂云
初六日晴　楊晴川偕高秀東招南林姪集待歸草堂水畔風涼
荷花時送一香氣殊無暑熱未初莫芷升亦來談時許而去
初七日晴　高秀東兄弟招同黃忍之秋谷集其寓無異所聞孔叔翁
王湘台知楊心齋已開講四川□□遂題有人為之一歎
初八日晴　熱仍不雨寓無虛宇通宵暑氣殊不可支痛啖西瓜一枚心中
甫覺涼爽
初九日晴　熱仍不雨寓無熱不可支程歸得何圓溪大令內黃來書問

寄潘梅香類容函

曩者集保不甚屬意，必甚言其尊人官京朝時曾長隨杜升，藏之京
風侍侍御已年餘矣，識其忠樸之僕相依為命，際晴以隆稽每分八
年無邊方准閑復，自念行放，不知何付杜升，長其清貧，實所未思
因為薦之忠實誠樸，落皆不肯之際，晴宴而推薦其至好之某道，且
言杜升，論之曰：以此誠樸，新主人必刮目相待，如必不舍我，二三年後再
來京中，其時我亦或有好任職，得便當與之相需矣。杜升勃然云：
我並未(放一窩囊廢)之人，何必好推我出門，現已至再無二，撥難強留此，無
色則請為自主，再為隨他人，實所不安也。遂携其樸被移寓貴州

會飯一日風峪上胡同　杜斛於楊梅竹斜街以肩輿過其南風峪下車執其手曰杜斛杜斛忽忽哉手杜斛流涕伏地不起其車夫亦泣云杜二本蜀石四十想盛老爺矣遂輕輕上車去　噫風峪乃舊本生人概忠誠其中手涼民甚愛戴之年年相傳以為城隍余為之經理其家事甚至特為之所謂杜斛者叫於何許青小雲言所以想儀人之情二心者

十一日晴辰刻至長春巷借蕭湘翁亞心家意盛之及伐雲程不勘居處為指出堆河之老城腳水田之大設擬使城汲告發即於此間修造哉倉頃無不飲十二件在池午正還飯後閱舉仍南校正之與風濤二卷說通復不

雲大兄來談，仍付行李。

十一日 晴。訪各處，狀元山壽筌作陪，芳集意必承屬無異處，刻先借兩百

叙甫往賀，朱蔭亭即將捐四川布庫大使之青文往賀鄂督其謙

叔之青文，蔭孫首物，恩明府許以廿六日開工，俟河大府以下皆書往工所拈

香，屬為代借棚帳云云。

十二日 晴。朱蔭亭來，現寄來談時務，據云得湖南來書，稱靖峯制

府聞賊攻破道州，即遣宗禦避歸長沙，長沙紳士聞其來也，將閉門不納，

乃情逢順風，舟已到城，人皆來之，知則乘小舟入城矣，在城外驛見知君

論難之辯也。於是將還駐衡州，又賊踞道州，官兵圍一攻，仗本自小

揆乃以捷入奏云又云長沙官場惟中丞尚能鎮靜餘皆惶然無措
又聞賊過道州守某某殉之郡已為賊有又常德一帶搶奪蜂起固知天
不欲亂然何以如是之寡無人耶　吾向以長沙四五千兩送交高苑處收支倘
何用項並此六百將加上與之余所捐助之費八百金自應先為之出也
曹晴莫甚廿八日之第行九封來談一刻偕鄭子尹通來同相見二十年
矣今始見之暢談時許而子尹通經子敘大令自四川歸偏來湘訊以中情形詢之二
刻僅遣去出所即披閱子尹所自為詩及說經一卷雖非正法眼藏亦自嫣
之不舉國宜歡隨在人足未正閣但小雨又來仍談數語余即更衣申祭
祖考是日為中元例宜早為致祭也程閣見大雨

十五日晴微有涼意与高秀東竹林山集花舍三處無之飲饌頗
精實晚歸得胡閶芝黎年來書知湖南亦以華洛爲城有罷
種溪中丞已到永州曾保生侍郎亦已贊軍務其人劉而执總与统
帥不相能打李仍無益耳 擬再回省閱書姻兒安頓以七安明
來回書不得收閱 想不了之
十六日晴晨起微涼因出門答拜鄭子尹廣文張子敬大令及莫九聲
張日焉偕中 談良還寓已正再將子尹詩集展閱一過書甚天才橫溢
不愧豪傑之士午後仍覆熱甚
十七日晴集高松南無之中午未熱不可支晚歸得姻兒五月廿

拆日要稱知覺得五寸身厚寸以稍硬者用胡桐芝揉拭滋運
於宵月二十四日三鼓畫襲道州弋々談將不堪無集聚但一日亦不知
賊蹤所往可笑亦殊可歎是日早間郡司馬恩映府來
十八日晴　梁王兩前熊平總兵宗基午間忽行仍來余已出門矣
十九日晴　夜食三兩粧畢出作書遣一人集其處念已印志
往晉郡即拾珊司馬即遣其之吉州任
二十日晴　周貴倩刺史々長其自吉州來福談一刻紀知郡々慶々小寨
地方々元罕白晝搶奪等事土匪不靖殊可憂慮午間王小関來
廿一日晴　夢溪親家々老人六十生日因往拜說順道至出前處一談

香舍拜山岡又賀田更太史令弟合卺之喜請至高原宗應中安
夢湘二枝俊娼散
廿二日晴出門答拜岡田世兄澤田蘆之令弟還道回年張阜山之六郎
名源字達泉昨來見藤字頌甚軒書故人曾俊爲之一題並序
漢陽姚君吳來信以余今年六十初度遠寄聯幛爲壽即
作書答之又寄陝西吳子蕊元仍王蓮生太令各一函
廿三日晴作書寄王子壽兄弟據信言六月初五還里也
廿四日
先大夫生忌於甚尚存亦僅六十六歲耳乃棄養已三十二年撫生

而發何以難乘運存我將何以補不患哉

廿五日　晴。早間朱蓉舫來談一刻，餘隨招周伯潤、汪小遊、令弟及戚甥蘭李

海生、王小湖、倪鈍，適吾會晤孔敘五、高少泉、李書屋，均來吾處，所閱何無二日

而余所覓王文軒選擇書談

今上辛卯命，中宮壬寅，方伯甲子，庵詒乙丑，觀察己巳，首郡太守甲寅，大令丁

卯。適而悉逢又逢歲煞、三煞、天都，又犯年利、月利及大偷修日，又犯東北陽

天道，東北行例已書集而傳其說，乃謂不言。余以事閱通書，嘗被圓執。適

屬識其為選擇術者，謂修陽宅祖所在，皆犯無戲，斜擇決識

不能得吉日，否依明日行禮，方道故來告余，余言之。余亦不被圓執所言之而已

又聞湖南之桂陽郴州宜章均爲賊擾又聞五月廿八日京城大雨非雹冰稽
甚大川江漲發湖北之各處亦常淹騰又潰云
廿六日看製料理對子即催促早飯先謁王湘翁處待朱蓉生不至閱
承觀察已至工所因与湘翁執手暨而前往王廣蕃太守孔識甫廉訪呂
堯仙方伯陸緯堂司到時已來正中堂穆海生先生亦來因遂向東北指麾
行神興工諸隨之隆翁詣王各塾各處道中謝靈已酉初候不而支發
熱甚是夜大雨如注直至次日辰刻始歇
廿七日雨後陰翳仍有微熱王榮皎孫雅祖孫來高心泉亦來余有腹疾敬
用僕急以來謂以普洱茶調六合定中丸服之至夜急服三丸殊效

廿八日晴。早起出門，答拜福星垣、佛芝林諸君，隨赴但少雲之招，二鼓後始

歸。與少安、兒及甥孫男女嬉戲一刻，始就臥

廿九日晴。集王冊弟兄傍聞軒，未二鼓即散，以考試言城門閉甚早且嚴也

三十日晴。招省中親友之入場者早飯，共十八人，甚有文中者，申初

作寄烟兒書

八月初一日早晴。招延義、洛陽親友之入場者共二十四人，未初即散。作書賀

直督訥近堂先生擢撫及七十生日，復郎廉帶之去。聞招者巳刻即行

寄烟兒信，適暨工快了。申正三刻大雨如注

初二日自昨夕申正大雨直至今日辰正甫歇。巳正陳息帆大人來名偉祥，申初

沈秋帆大令來各談一刻許高心泉亦來托余明往城外查勘堆沙地
專為碩僕急迫不能久坐也
初三日晴陰相間微雨數洒出午不出門暫自譯詞娓娓可話狂又大雨
初四日先陰後雨寒不可支
初五日陰起半仍雨楊靖川兩世兄作湯餅招集亦園先出門拜客由南門
武廣祠遊玉亦洞謁蔣獅子大撫坊及陳息帆之太孺人指香花又由老古
范蓉抒傳碩園不值据與蓉帆敘五詠君日至園中一談即散兩湖閩
芝探報賊匪確耗則郴州桂陽永興藍山嘉禾各州均已喪失直逼衡湘江
西之袁州吉安等處亦皆告警併聞賊圍衡州楷師寔尚可及

湖塘程薇甫來，約同俞逊知府開恩培（浙江會稽人）竭力支持，勢甚危殆，又聞
長沙官兵意見不和，紳與紳亦復齟齬，皆非吉祥之兆，奈何。
初八日早起，陰甚，是日微雨，出門送福平姪之行，值其已行，為之悵然，隨
往孔壽山處，閑閱雲逸其考試之吉，各談一刻，餘是日聞人之為陳秋舫
太守作賀，因即至秋舫處中一坐後始散。
初九日陰雨竟日，飯後出門答拜道署，朱吳文往道意，承王小湘林
姪入場之吉，又至鄰人陳雲樵家談一刻，餘而還，已更，棉褥覺涼也。
初十日陰雨竟日，寒氣逼人，早起，祝姪案捲正入場，詑隨往問秋舫山
病，因其外姪三枝時忽來索取，而予尚存一支，今以與之，黎明時送之去

詢問其妻來函也彼欲往問之乃係霍亂轉筋甚為危殆而稍不入攜幸
黃子戩年伯亦丞因病不得阻大約一半月內方能復元科名固有定亦
難以倖求耳午正赴倪小雲太史之招歸已亥刻而雨尚未止此與氣
象田來受備寫書後者諸歎而已
初九日陰招鄭子尹傅碩園陳息凡張子敬等待歸尊堂小酌子
尹座刻即來暢談半日適李桂航孝廉亦來遂留其午飯息
帆為吳蘭雪門人屢問論詩津津頗覺自負因以楚研圖屬題
未知其名實果相副否夜又小雨
初十日陰午間微雨潘老來正刻陳息帆來談一時許隨出門至孔叙王湘寓

阅其所著闱艺，还已酉初。王湘翁安来，在观吟草文，乃书来，甚慥也。戌正睡。

阅和吟和尔及酒雪泉杨子诗作，均无甚色，勉以二语，要须努力也。录已完，无遗矣。

十日阴霭嘿一日

十一日阴。饭后王湘翁高心泉来谈一刻，随往苍拜吴杜仙方伯，以其相次

玉门均值他出。且在探问湖南军务，荐恩甚悉。以此间积贮地糯饿于

七月廿八日由攸醴陵进犯长沙，张中丞至沅江，因未带一兵，遂于四日常德

初五日由八百里来咨，请贵州调兵一千，筹饷十万。枚楼且已奏调胡润芝太

守前往赞助军务。又云长沙被围已七次，阮文赴衡州，亦极而摆帅从携

少排重兵，近无字回报，长沙危在旦夕，等得此事早在意中，不图当

局設變麾無備城中止有兵四千若長沙有失勢將順流而下或至荊州均照
有得江西安徽亦難免禍亂老臣宿將走無人問事甚至問手足時學使
亦在壓悵咨嗟歎息而已隨又至誠甫少年處及王慶雲太守處
談刻許收門秋樂山朱蓀貴和炅病諸大令還已上燈獨與陳雲峰談
六壬課云 雲甫云課是日官與兵皆不得力元武發傳賊勢甚旺宜出城不經
保也
十三日陰晴相間殺月甚順已而剝孔叔甫來作書致胡潤芝太守
十四日陰晴相間余申之上舍來
十五日早陰飯後晴鄭子尹來談一刻許而去申正周蒼恬刺史來殺月
十六日陰晴相間早起蒼孫余嬰齋上舍談一刻許標云長沙尚無恐信

往拜舟遁所半日不回遂一中午后子霞處又答拜周芸皆不值而還

十七日晴往賀人蓉湖親家姪女受聘之喜又往六園訪楊玉泉病已

大愈昨日蓉湖薦老叔五貢生心泉談吳時集余處中議團練事

今日心泉復來問所以團之之法暢談時許而去

十八日晴錄伯屏鄭子尹莫芷升及夏風生秀才純叔芸集付[illegible]

東風生爲余言謂壬子從且仍不宜北山爲必可悔又言長沙之團未解

且恐已失又言姻兒明年必中十名勝月而思還家遠題亦無阻云

十九日昨夜甚雨今日原爾甫敬館後孔叔翁來談之刻餘作書寄清秋

浦觀察以中丞致沈稚樵見示一函以張子敬大令三二月內當行也狗

甫戌正間壁失火未一刻即滅主人陳某諱言之亦姑隱其名也
廿日陰晴相間午後高贊東來同拐弁已回急覓寬子安接得其七月十三日所發手函知乾疾已愈為之一壯又得姚虎臣觀子森答信又得瑞琢孝廉一信又子模壽庭兩君家報手書達生陳西安信二件均已分致訖
廿一日晴蘭花甫開五盆亦不甚茂以一盆致陳碧山蒼其茉莉之惠以一盆送蕃甫親家其三盆一大平留作清玩而已招高贊東胡南林拙陳秋谷太守手談至三鼓始散
廿二日晴閱張子敏將還蜀中求假而解組遂行舒託帶四信僕隨赴心泉之招日斜與小亭首座歸忽乾疾大發寅正始臥

廿三日晴。訪于蕃，蕃之次君來，得于蕃手書，并川玉材二枝見貽，因留晚飯而去。聞于蕃亦於息肩日有清廬點中之意，果如所言，則又得一良佳矣，喜甚喜甚。

廿四日晴。肝氣未發，手痛不止，勉強作書寄炯兒，并交子壽、觀臣二信。隨赴李香遠之招，席中聞長沙之圍已解，又津士青商之湊銀物贖錢免攻云。如其言，經他處百姓均仿照辦理，不免虐毒之苦，殆從此益不可問矣。又聞鎮遠以下道途處處荊棘，洞庭湖則全是盜藪，何時肅清，可歎之至。

廿五日晴。肝氣甚劇，手亦痛不可耐，呻吟牀褥。張無生起早間

彭世兄以孫來談，云與常兵備張協同行，責由以北別院出至
黃必問罷護持也。晚得胡潤芝書，病体亦漸好，記念之至。
廿六日 晴。李吉垣招同人吳為亭郭紘補作書。
廿七日 晴。與但小雲、李吉垣集亮亭處為壽。
廿八日 晴。亮亭、南屏昌季許同人連日來，余以肝氣發，患甚，遂一病
不能飯，今飯後始往爾居聊借暢談，以遣病魔云爾。
廿九日 晴。燥熱殊甚，耐草看不逢閒。明日趙一揭，燒晚飯後與王鶴湘
但小雲、高貽茂同至無隱街孔氏書舖，詎橋侍到二鼓，那出洛譯之名來旌
切也。北京現橋出賣書，查名條其四一時觀之，難好中得陳用修石

周竹生宿楊仲香先生處，并晤文黎君樹藩，皆所稱學優者，而中心均服
尤以用皆爲宿屈居第二名，不甚之至，歸之至，如遇有考送闈墨來
鄭閱，過此後完安樽中，多知名之士甚善，是夜大雨
初一日，雨後頗涼，落湘鄉家，尚白往拜祖康學使，穫閱二月鄉試文章聞
捐三萬金例，給秀才一名；萬五千金給舉人一名。昭當以爲戲，談祖康謂
文已到，司無所假借，不禁爲之憤懣，國於天地，必有與立，綱常名教是
也，惟舉與名不可假人，秀才舉人而均可捐得，則秀才舉人亦不足貴
人亦何樂此捐，此例出，後捐輸正未必踴躍，徒貽笑於天下後世耳
謹稟
補捐國成貽晉

君蓋其闈墨是合手選文勝於袁師厚
國之病矣不意也都署肝亂文作與湘鄉同至周竹生陳用賓家
亦不能久坐每二日即還適胡明府薙農來與之談一刻往陳息帆
亦來隨後仲香竹生亦來各坐良久而去

初一日 晴

初二日 晴 早起拜仁山太史來晤適宗中丞吳分司杜芝農相國年於清江乙
麻傷都正色祓言年來惟此老頗繫人望又弱不甚得意仍稍有人心生

雖不雨

國家惜此人也午間王蓉史湘陳息凡葛以琛均來又出門答拜李孝慈以菁

寺由幽谷雲小坐到許玉叔水閣查看工程复循湖南岸步行一刻許而還
初四日晴午後張子威衍重王試來談一刻許君校榜後得奉福星廣補
知府之命岳與宗好故一切鼎居皆遂之云
初五日晴飯後孔叔前來隨出門拜客胡樹農明府朱蓉屯雷卿莫雨對
明經兩各處遇略談遂還已酉初聞節使祖家陳大人息凡來未經見之
初六日晴於粵山席為余開方服藥以心脈太弱大咸故宜素布又茶來談
約一時許而去吾與仙方仍承謹無之觀詹切老辭以昨出因心煩不耐鼎居也夜起
偕湖南小雨同拜張子威太守与談往山小坐刻餘
初七日晴以重陽日為之

父忌在當諸南山　祠奉致祭因於巳初二刻乘輿行申初三刻到
祠百二十日未來田中稻已全收山果亦大半登場問之田叟云係由某種
肥料只十厚七以種半生出米粒不能故也且者各佃皆但無意為之
一歎
初七日晴在趙盟瞰花田福
先大夫墓前展視觀瞻夫人周遭掃除完潔又捡其所種茶樹
已皆出土矣飭後校勘點閱風演二卷作直楷祠近白書文政周京恒摩度西
初八日晴風木之悲不覺三十五三重陽矣羽顯如雪待死何年地云有
靈不久當自重視危莫也哀哉

歸田錄

壬子癸丑

咸豐二年九月朔日晴辰正一刻由西山新屋乘輿行以未正三刻到家
但小雲太史適來為明日招許仁山陳子威兩君及吕方伯孔庶蓀承觀瑩
菊宴使付歸草堂中小酌坡地亟遣奴子掃除落葉收拾園亭已及日暝猶
點檢不置云
十一日晴巳初刻王湘甫來相與坐亭上看種菊花高下位置二刻許但小雲
甫來又一刻餘翁祖庚承繼堂孔誠甫吕堯仙先後亦來又約時許兩使其
招玉函延入座頗甚歡洽至酉正二刻而散
十二日晴辰起偕王夢湘但小雲往邀陳子威許仁山同行值吕堯仙承繼堂
兩人亦在座略談刻許即還隨招李貢熊二高心泉楊倩同集付歸草堂賞

菊並雅月色大佳

十三日晴 陳恕民大令來辭行 據云十四日必當起程也 隨赴楊晴川之招 一枝後棄月而歸 得婀宜八月九日京中來信 又得王嘉亭李迺熙之遞生日函

十四日晴 早起以是已六 拘符李迺熙之家 言至廣楊棻坡面交其子弟 仍勿託婀宜京中之項 隨遣一人招佛芝林伊亞孫陸次蘭恩頌中沈秋帆竟菊便酌至申正 招敖寄周十夫台燈一函

十五日 昨夜小雨 今日早陰午晴 招余受嘉[王吉]韓雨帆廣文馬治軒孫厚陸葉三胡穡豐何府李立群投草鴟子林明保餘飯後飲燈尚佳寅之類

知此而后可小有所必釀
大患書信不多無下無比
何以工人工一聯含定字搭定
郡王而言下一聯含書字搭
書元而書之是巡視中城兵
科掌印給事中袁甲三奏

樹耀諸老圃秋實殊為生色也
十六日晴早尚王湘翁來午後佛芝林太守來拜行
十七日晴連日菊花盛開高下〻盈悅目殊是留戀他人無此樂也
十八日晴林海山來坐未久陳碩山適來隨後沈秋帆大令來拜行將以十九
日回畢節本任也昨程伯鄭子昂書須即數行復之
十九日晴熱甚已刻出門賀朱落舫黃載甫王湘翁孔叔翁祝吳赴和翁拜壽文
至道署拜壽旋隨居拜子載年伯談一刻歸又往秋舟三親家處喚其陵志
託舍三以所以工事渠有阻撓故也又與叔翁出城同萼做親家處會卜袁竹坪
屬不值隨移到樹聲年丈寓中小坐一刻而還整理書案稍覺完整之

快事。致函僅不可支。是午錄仍當來，以傳補園初刻照原版收入太炎所
重為刪削，為刻以成完璧。所見甚為有識，因謂仍宜亟宜努力為之。梨棗
之資，鄙人當獨任云。有鄭君為手者，下筆精審，謂纖已有雕心琢眼，前幾年當寫一大段，明年二三月必能留情。
二十日 陰。料理家事。又檢點書案，自辰至酉，不覺日之苦短云。是夜得吉達生
信，已補校山天書四，夜雨。
二十一日 早陰，午後微晴。得胡樸安太守信，知長沙圖書集解張中丞墓方始類
錄。青兵氛，振觸震傷，太平生已全股合撰首門，似有雕心之一，殆自慰也。是日
集書函三通，為孔氏祝壽。
二十二日 早陰，未正三刻微雨一灑，即晴。是日作書寄炯兒，又

寄河南兩黃令何園溪一函又致罩南以光覲瀛馮韞香

一函并屬園溪代收賬項匯京云午間黃子壽年伯來談

刻許高二以水來為運開寫程單大雷雨有電

二十三日晨起雨擬出城已有情意隨往王督撫家覆賀甫書還適

朱蔭翁送賞令增周三儀觀瀛九月七日來信賊圍長沙內三月未入我

兵亦三月未解自張石卿中丞到後復出壘一新軍務大振河中有砲船

二十四日擬將軍而職旗文閱賽相已奉

旨革職解送刑部詳情節劉亦革職存徐仲紳接為欽差大臣署粵約

湖道暫不日當更有好消息也為之快慰遣人以京信河南信託江

補馬治軒文稿并帶寄閲，廿五六即行也。

廿四日　晴。早間王淑翁狀元三先後來談，刻條假後校點家乘，以鄭子尹將寄巢文詩鈔之剔擬抄錄。先世詩稿可存者寄之也。

廿五日　晴。校點家乘。午間夏秀才來，爲胡潤芝太守上其兄病狀，探知得兄喜之噩耗，輯名志佳摺云云，而向藥有去文丘者，今服年前無事故之甚平安心。補

殊無聊。

廿六日　早雨，午後陰。校點家乘畢，凡三卷。

廿七日　晴。抄錄先公右石詩一首，爵三先生詩六首，君東先生詩九首，直園先生詩二十三首。以鄭子尹廣文訊來，將有巢文詩鈔之選相也。

廿八日晴韓表弟來（作霖號雨帆）還古州教官來言其缺甚清苦非昔古州山長一席不足專衍此吾外祖母韓太宜人內姪孫也且品端學優禮不可辭因爲作書致周少湖觀察即十三日寫爲之道地渠以冬月到任我手有痔早間王常秋山來談一刻任西十點乃覺氣頗不舒秋（益）山開一方服之

廿九日晴莫芷升來談一刻辭西

卅日晴命二婿祁光與楊紫坡婿倩點（拴）理南山左近田業買去當去其可收租二百七十餘石並中樓丁當田六十二石零統共歲入田谷三百四十石零買契大當契包封開單交付大二兩媳收掌俾其

指事內租支備以為

祖宗生息子女讀書及一切燈燭煤炭日用菜蔬之需余見不

鮮有餘以遺子孫至寡婦孤兒無靠俾之無凍餒之計其母子

七人得此亦俾足專衍仕宦二千餘年俾之有此皆樸節廉儉所

餘似尚可以長享永保也

十月四日晴辰刻蔣盧生中途來待伊草率談之巳刻偕儒云峯來

手手捐已奉

旨停止行令各省督撫及在籍大員助餉之

諭天末老臣自愧無力殊屬不安之至又云職已全赴省沙規在

騰負而無確耗。又云山西兆中丞以八月二十日因病開缺，聞之愕然。兆中丞以辛酉生，
今年甫五十二歲，遽以腹疾去，又無子女，哀哉。余與君自道光丙申訂交於蘭
州，十年中官如兄弟，乙巳丙午又同在陝西，相視更爲莫逆。洎君擢閩臬之
命，余亦開藩於楚，從此遂不相見矣。猶冀其秉節請覲，不意丙午十月長
安分手之時竟成永訣也。君天性孝友寬厚，交尤能肝膽照人，辦事不激不隨，
雖未多讀書，而舉動得大體，在旗人中頗以廉能自負者，乃不克竟其用以
殁，可勝惜哉，可勝惜哉。午間呂堯仙方伯亦來談，閱時許而去。
初二日晴。同人公集待歸草堂，爲楊靖以補作生日，二鼓始散。
初三日早陰午晴。作書寄王蓮生、李星甫陝西。

初四日晴，昨夜大風。早起作書，寄從子金及 先世詩稿寄鄭子尹，以楊紫坡初五日得過送文孀之便。又為紫坡撰吳書祭幅擬帖十數字。又致黃心盦觀察大定賀遂，並為張子佩題道地。

初五日昨夜丑卯大風，隨有微雨。今日陰甚，頗有寒意。巳初出門，為吳壽麓壽其太夫人，併賀秋屏山親家，順道作書交彭子藩，並為吳仲昭值撫傳稱園老人借陽秀才談二刻許，歸又風雨。

初六日陰，出門為王龍甫太守賀壽，隨往李傳生罷府，訪祖康孫，刻許道呈方伯，又乘便一訪印還，歸又微雨。

初七日陰甚，申初無事，忽思東山之游，遂乘輿，不及二里已至山腳，輿夫亦乘

興而登氏五轉即登其巔俯見羣山奔集頗排風尤雄及遠而眾木陰
森曲折而靜又大似照霧惜摩崖多俗子書未免爲山靈災特無好了此
磨去另書耳戌刻得胡潤之九月廿九日批諮長沙十八九日所發函賊不足
平而將不得爲兩兩一嘆據云徐仲爲月初五到武昌事杖歸一即不殺而藏禍
欲不勝盼望之至夜又大雨
初八日陰寒遇人辰起乘興登相寶山氣象與東山相似而秋山開展有情又
似過之下山由水閣至種家梅林至雨爲處談半刻即還繞度又到閣壁危顛
氏寓宅一覽後樓眼界頗寬惜朽壞不堪耳自亥至卯大雨如注
初九日辰起增夫將侍歸草書心蘭二十九盆移置廊間隨出門參拜劉

小林同往即赴孔叔翁之招未二鼓即归得炳儿九月初七日安报叔文雨
雪吉陔甚寒甚遍遣人朱芗翁处送人参郎报来知讷迩翁已補授
太学士仍留直督之任贾筠堂亦协办矣又得朱子鋆来信吴吉甫授安徽
陈臬園繁甚润遍
十五日晴早起朱芗翁处高心泉来渠诰仍时旋随与心泉同赴李友轩文肃之招
刘树堂殷四姻内后庭五之人之兄偏之年皆七十以上而饮食精神不减少年
张为斋谈二鼓乘月而归
十六日晴早起出门房拜孙仙舫伯又往发翁处贺令弟顺天乡荐之喜又答
拜朱太守托随往北城街又为李贯六翁之孺人寿

十二日　晴　雖稍抱　自述文未爲言

宗祠々修者須費千金，余以今年爲始，所入三百餘石租谷，除每年例用外，尚可餘二百

石，以十石統計，三年可以一律完竣云。閱某文跋後克念蕭僕戒雜自立之，行今某亦

九弟來省課讀者，未免其母姑溺愛使之然耳。抱月甚飢，四更後微雨

十四日　辰初急雨一洒即晴，又陰，夜有雨

十五日　陰雨。得彭小山刺史書來，刺招朱四世兄及楊仲香、陳雨谿、周竹生、李孝廷

以蓍便酌，以朱擇之、罌川、楊、陳、周、李諸君赴京會試也。午招王小湘作陪。夜又雨

十六日　陰雨。因子英姪爲之代筆作書寄曹秋浦、魏紅雲、沈松樵、馬稚子、敏大令之午節

祖康弟使來，談一時許。喜研農刺史來，又同步時甚昌。少安甥生日，女眷畢集堂

十七日早陰，午晴熱甚，竟夕大風。辰起至陳治園座中坐一刻許，又至朱蔭堂

寓，方貴西郎々行，隨赴王湘翁招，二鼓始歸

十八日陰，早起至陳治園座中談刻許，隨赴陳秋谷之招，二鼓歸。莫芷升世

兄郘亭詩鈔并所刻漁璜先生全集見惠，未及讀也

十九日早陰，申後微雨，同人又為祝南々太夫壽，因集高以永座中，二鼓散

二十日陰寒頗甚，作書寄烟寬

廿一日陰，以寄收豈叔子、黃思持、文焉、治軒間招者當來定何日行也。午間王湘翁孔

和翁日來，與往朱蔭亭寓，議改南門月城字向事，朱言甚不然。余以外府人當

未入籍，何難以筆，王湘翁又遲疑無決，獨孔劍唯々諾々而已，事々難成如此

澤得長沙信亦無
至本貴陽探報之
不實如此亦可以知
其人之精神未矣

又至府商運義倉不得聞前月廿三日長沙又大為賊敗青中丞為其所拘
之說未審是確是謠又岳州城亦為賊所屠毒文武傷亡甚多令人憤
懣不已而徐仲甫久竟不至亦未知其何故也申如傳補園借其所人
潘某來談一刻許
廿二日陰晴相間同人兄弟集高松南窗無二枝敘
廿三日晴夢湘親家令弟時甚次郎小湘又至一所隨往賀之順至園林卷祝
斷樹弟筆文之底又料理其家事年內將還任書並寄小山刺史
廿四日晴偕夢湘親家諸墻居講拜其太夫人壽過太子橋尋朱蔭甫清
師祖塋左右石山皆帶殺氣不知其佳也又過三寶山又十餘里將至其地後

新開帳過唤得概書到即忘好箭矢之向刎不被言是也歸已上燈借概而臥

須三分午方始與趙野趣獵莊目也

廿五日晴閱南嶽山地甚少寓目因乘興一往至劉則重境紅樹滿山宗好人好可以借宜

善性上點靈東山相賓過不相侔少久繞道上上勝地也歸時明道至陳秋谷處亮辰

過按照山寺拜屋因賜侯一刻始而遇得桐宅九月廿六日安枕

廿六日晴早間高安蜀王貴淑來談一刻得概知朱研生之住處已而稍晴

以家所得程易田山刺史買得之不能矣惜哉飯後借其因乘興謁大慈菴小憩

片刻又謁六廣門軒轅宮閱視刻許而還

廿七日早晴未以後大風微陰得胡閒芝來信有初二以前仍未得手據左季

高信司云賊匪之匪居革此間已入絕地又云向帥雖於日間連獲捷所帶親兵分駐河西對賊壕濠爲營其西竄之路則全底將頭不被官兵擒斬逆黨二將繳獻投誠似暗中已有間諜或即以賊攻賊之作用也擬爲連科完娶

廿八日陰早間曲史葛君來云其孫祖某爲余同年子子言文忠公家世甚悉又云侯帥先世已各分籍以文忠之後似不應如此未知其果確否又云長沙之圍已解賊匪四面潰而我軍所截擒日即蕩平矣午間出門至叙五處祝其夫人之壽即回至李貴生家手談竟日

廿九日陰早起作書復羅次垣刺史函湯竹芬李蘊峰拔萃道地假後作書致梨仙眉以碑園老人所拓墨凡二卷付之寄其尊人南樵之

匯款前月薪菜々處也又致楊紫坡函囑查田事量買不遲
念四日陰雨作書致逸又佛太守又作書謝逸又撫太令娛孫賽自逸
義來各道致軒老林將烟鬼々合條封又其老拐某租谷一十六石硬不
付滙並皆不可解者
初五日陰早起出門約子戴年伯同易狀丞山親家賀老友劉靜々壽隨往壽椿農
刺史處問其近事適息假中大令在々屢易道周少夫司馬升遷事甚詳未詳刑
不能如意而債亦時勢然也又聞湖南織匯無匯無來並無丈案其長髮賊亦多
剿開私逃者大帥新到我軍薛楊方張並對職除捷音指日可得矣為之
快然

初三日晨起微雨晴意得沈秋帆大令書
初四日晴曾祖原學使以野獲編六套見還并送紹酒四壇此公多情昔持行菴以
土物貺之也作書復沈秋帆并一函託交仲賓觀察年同秋西山親家
來談片時并招去
初五日陰聞子招并子閒特行久不見黃琴鳩書因作數行寄之午後
船四如同年朱薛季親家各來談刻許如子升兄在蕩罟服役來言
云徐霽帥已於十月初旬到長沙者一仗殺賊千餘人賊勢大窘此前
日惠大令所言皆好消息也
初六日陰甚疑有雪意午間李貢生別樹翁來談一刻許

初七日晴早起出門為中丞賀壽隨至王夢湘處談寄無甲小雨忽聞撫轅某言里文報匪又攻陷（寧鄉）湘益陽二縣常德城外居民已盡避入城其傍城屋宇奉官長下令盡皆燒燬戒嚴〃〃前兩日連聞我軍擊振賊已窮蹙勢將掃除盡淨乃又有此殃殊不可解豈天心猶不厭亂耶〃何又使〃家急也令人憤悶極絕已未知何以為計耳程恃問胡子泉教授已到為〃程

初八日晴出門答拜胡子泉教授詢問胡閩生之孫單政績不覺眉為之舞此子何等多得也子泉有志向上亦廣文中〃不二觀其樂〃言竟坐談付許娓還得沈寉樵兄來及撰種存孫君書 吳寬夫

初九日晴早閱夏秋匝所存來得王子壽手書半年不見一字未知蹤跡當何中心

時切拳ゝ急展讀一過知某携眷寄歇迺居ゝ家二十餘里ゝ神即樹諜第三櫃
積為安穩寸腸稍慰諒其實ゝ實不支擬俟崇中丞到任後力為薦ゝ或以之請
江漢而如平年前机世兄來文以楊至以師復書備言以之ゝ難其餘瑣更不可數
計官至大而至難殊為眷念正未審以後ゝ作何措手也隨後葉芸升來時談藪
謹而之薛中丞來謝壽在時列辭之而已
昨日晴午間如子升兄來言軍中得探報偽太平王陛衆承已敗擒矣寧鄉益陽
亦未失陷乃賊中無粮分竄擄食因而思循一路為我擒其夥黨亦早晚全數諸
西伏誅云ゝ聞之快甚承示用時勸居令甘安心北行勿再懇留是中正於是之
來得復撫吳仲駒中丞復書

十一日晴出門答拜秋陵明府陳子貞心源陶然之子香李貢然之壽出午飲僅椒精

美饌後之至子舉閣閲襮表一部石道祖康之使并行十六接尽之路

十二日晴夏秋湖來坐談叩詳詢子壽近狀猶為之破夫念其宗莫太甚情

質而不易也飯後由萊芝陵寄閲其子婿周觀發十月廿三日來書據云蔵已

四塞我軍連殺不少然其寨至如非易聞目則咏日採叔陞秀全被擒之説宗

知其確否也來函又得胡潤芝太守來書內初即寅左季高十月十六日一函則蔵

兵少多無粮無援之信亦甚不確云早日作書嘗詢近省秀棒

夏秋湖述其太翁前親射名寔漢果非虚此十定者家疑繞繞輪迴如不妄他生知又肯淮家

十三日陰巳刻莫子偲晉答自晉又來胡子何莫共出城亦至秋舉

三遍來暢談二刻許而去隨芸桐兒妥孫令字黃琴五保舉序
都中問元旦賀摺明日行也
十四日陰申以後微雨同人又集陝西會館演寶年班一武生兩丑頗佳亥正招
散城門已閉高聲飭紀呼之良久甫開
十五日小雨是日午間祖康學使以茶花四盆蘆竹二盆珠蘭兩盆見惠受之隨招
莫子偲兄來胡子余晉君各黎曉亭黎楙園晚飯暢談至酉正招去
十六日辰起甚陰巳以後大晴是日偕芸兄陶孔叔五為祖康學使餞別陪
客則吳竹如何孔識甫虞謝虞道生觀之登東正招教座問徵甫安羅
覲登自長沙來待評齊即壹月初一招到省城賊已全竄我軍追逐初

賊攔敗於化對岸其副將中宗之勇敵乃亡陣亡賊之大股將由通城直走

江西湖北總督未必能於此佈護設備則長驅而下增而多番兵亦不知

神前何以遏之其行蹤賊之從實竄逸以後作何收拾耶　憤哉得鄭

子尹樂伯留復書

十七日早陰晚有晴意晉宸谷狀元山各來談一刻後申初周小湖之長兵來

十八日晴招壽研農劉史磊秋亞明蔣蔦　小舫早飯先出門着拜周世兄

隨過陳雪山殷四叔李貴妃之家以其十三犯有回祿之驚也

十九日陰有雨早起出門為陳周陪周竹生送行

廿日陰梁問渠李貴之[illegible]閑日子谷來談一刻後

廿一日陰。集雲、貫之然、廣王爾實以小有感冒未至。酉刻陳園諸老屬以
三祝余肄行來，得兄因復尋門至言無需毋必用在請見，與之談約一刻而
去。二姑歸來，內子言使女三喜長然誦佛已七年矣，近因多病力求出
家為尼，已於今日許其出矣。聞之豎雖浮屠氏之說與夫婦相約家
深此女矢志不嫁，誠心清素，不知其何所見而然，又因其多病也，以為
出家而尼則病即可除，安不克其情，並云附將曾輕生之輩，其主母既已
私許之，亦姑自等於何有癡聾，能而不能化及家人，使其惑於異端，此
心殊深恨之耳。
廿二日陰甚。辰正刻王展吾太守來談，詢時許。是言雀觀察自常州來信

賊西竄月初三至岳，於增博某開門先逃，賊人居頗一兵從容入城，百姓皆秋
毫無犯云云。岳州為湖北門戶，以一提督重兵在彼，乃先遁逃，以下可知，而後更
不知矣，雖不令人髮指耶。魏前又言內務府大臣某傳竟敢據出安樂等六人
進御衣物，列近毫相圍所備身短舞衫，實俾盡作畫餅，以結后宮無人
而庫項項室更不知作何搞法，何致壞一至於是乎。其他尚堪設想乎。午後魏
前又送蟹十隻，食第二盤，獨斷斷思心甚不安，而又不能設卻，受之。嘗畢
所餽而已。
廿三日 陰甚，題於雪夫閣，招手廿五六日將行，作書寄炯兒，已午間，高以承剛
小林答來談一刻許

廿四日爲慶雲先生生日同人公集亭山承照中丞招赴陳蘧山入席
是日天晴
廿五日早譚孝湘親家來言其家信將由便足遞去隨命
奴子黃中至馬治軒處將字姻兒信取回彭生又還所將未
字、由數行諭知姻兒仍即遞託治軒轉字聞此後自能成行
云申正刻夏秋丞以府來談一刻許程吉微雨
閏叔以使來之二日去其祖戴小帆先生王衛南樊雲林祖門下士其子人秀鷹庵
使曾任廷及太守亦曾信札往還錢余那息亂蓬萊應序又有拔者之拔於其
來也即未遣一使送其到也亦未遣一人致賀所謂多一情即多一累者之又省
州無事亦大妙矣者偽由其閏青如是也
廿六日晴讀邵青書先生從政條數頁隨手侍錄草草小生道好子

廿五日　滿署來，云湖北郡多已失守，問其何日別，七月十五也。有申探報
多未確，武昌以上一次失陷，安徽之議手收其常州則戚杭嘉湖甚
矣。以後之事，更不知多少人大局難維收拾耶——周羽得楊紫坡之丈來
書，烟價之田漏卮非擬已照原價五定，約照買，惟須原買契，另立契據，雖
交價云云，因查契數行，字知烟莊命其速將原買契另立來，開明日報
行五月底即可還，有或不致失堤也
廿七日　晴。早閱黃子裁年仍狀，出山親家先後來談，刻後歸門至新寧
縣中見其祖太夫人、母太夫人，議延師事，坐一刻，行五英，計數請酒定之
瀏親家處看所。又秋蓉探話，教讀謝翁以金，世兄詩古文詞，猶可代度餘

以某手書子肩僕見秋丞言之定不虛也隨與湘舟往拜胡子禾文往觀劉
楫亭六年文還已酉初矣
廿八日晴煖甚拜兒博壽出晤香青其全已甚出待狄與山觀家信
小兒科馬某同來子貞看視開方說須一劑安睡廣文來談二時許始去
陳壁山上舍亦招之談甫歸一茶即臥覺口鼻乾焦身熱大約痛心
煩十分急收斂神氣勉為靜攝延至丑正甫睡睡至寅正乃醒
跌坐床間自用揉搓之法使通身氣血流暢披衣而起已無事矣
未調攝之功頗有效也
廿九日陰甚冷出門為孔誠甫問疾已出門矣隨往蒼梧承遂并觀登瀛

秋涇去，午刻乘舆至葆亭寓，晤談二刻許即還。是日亦小還

晴。自昨日陰寒，適人頗有雪意，得清秋浦觀察、孫子敬太守以中書

初二日 陰甚，夜有微雨。又集滬壁山房志。得徐使軍克椿書。秋涇來

初三日 陰甚，有微雨。早飯出門，為陸太夫人壽，隨還。無事。子狀馬兩與對聯

撰壽及十年兒物記，付人於王湘南，々招二坡散，夜又微雨

初四日 晴。午後陰，夜風。早起出門，答拜黃心無觀察，不值而還

初五日 陰。黃心無來，談二刻。西十刻李貢九之為滬邑國齊年補壽，夜雨

是日閱湘南報，言湖北嘉魚、蒲圻二縣已失。又閱滬邑圍言，得瀋陽專足來信，城已

至武昌城，文武皆逃避無蹤，賊亦不駐城，亦不駐陸，惟以小旗付江中船令無載

兵百勝皆無恙云喈

初六日陰雨竟日寒冷殊甚街中東凍冰也飯後俞蔭甫來談約时許因与黄

心盦、觀琴相訂晏存廣相待（蓋）憩男出門即至夜闌坊高升店中暢談一時

而罷還已酉初初刻矣

初七日陰雨竟日寒冷殊甚閉房間已凍冰矣陳德圃作主人邀同人集壁山

房飲二鼓後冒雨而歸

初八日晨起甚陰已正大雪花亂飄來一刻即止晉齋谷莫芷升均來辭行

胡子禾亦來

初九日山字角積寒氣逼人池中亦薄冰停停似將大雪云

初九日陰寒甚至夕稍解
十日陰偕吾友東楊玉泉集李肖巖寓
十一日晴王蓉湘來劉五和王以山爲長聘金延師人少酬因之集俞萬巖中
二鼓乘月而歸
十二日早陰晚雨至日西南山之七十向前數日已命居斯所授意集鄉
鄰親友爲之藉祝會之擬於往介壽乃嗟嘆不止又對渭川民之不放
行味釋者徧覓至付歸草堂楊葉坡及四梅羽衛甫相送又來和
物皆爲所竊畢刹恩出令親詔助聽云
十三日陰早晚微雨居平出門爲黃小心先生送行道王廉普太守居年

是言賊已攻陷漢陽岳太守福闔門為所戕雲漢口之房屋皆被付燬陵州大別漢山均有重賊駐札水州大船千餘隻且沿江皆有炮台武昌城外盡行焚燒云以後之事何堪設想耶眷言舊治能不心悲而無能為役徒喚奈何寂都是日呂堯仙方伯孔繡甫廉訪聯謹齋觀察招集早飯于夢咏之觀察家孔敘五刺史在坐讌飲申更正書院手稿莫易安帖寄曹觀察戮戮之意余謂凡事甚直必得罪致惡誑人情險如昭列者矣晚歸以夏秋迎探信寄對月感懷七律一首

十五日晴從吳羅宗閱京報尚無新事狄亞山來談一刻侯子尚壽研農

刺史亦來

十六日陸閏生祖母受使病亡特至丞相祠行因往問之談一刻餘出與僕客面

色亦無病容似數日後即可行矣又往晤恩大令又往拜夏秋丞明府又晤拜銘

小衡太史又往賀邵樹屏丈次孫納婦之喜還及申正得炯兒十月五日安稟

十七日晴李瑁之招同人集其寓先晤雨部後忽聞邵樹屏病勢甚危因

偕之雨生同往看視二鼓回遂以一函屬狀丞世山親家明晨前來請治

我能歸於附耳聊甚老年殊可慮也

十八日陸炯兒之府師董金峰明府服闋由省來見酒後暢談頗以吏治為心是

是日好官矣弟欣然但少年太史亦來談一刻餘而去發炯兒安信

十九日陰冷甚飯後出門答拜董存峰明府不值又答拜伯寅太史隨至高心泉寓少談一刻而還

二十日陰寒特甚呵凍作書復胡閬芝太守又復邵子九太守

廿一日凍甚招帶存峰及秋亞兩明府胡子禾學博先遊東山隨集拂水山寺小酌路滑如油存峰子禾均以肩輿舁帶不得（甫至）東山下即畏難棄之余與秋亞相攜登其巔小憩良久招繞道達拂水云是日居而先往賀楊晴川弟已移居居吉申正還寓伯寅太史又來談一刻許

廿二日陰甚狄西山親家來言劉樹翁六脈已無實難醫治亟往問之則奄奄一息臨臥床呻吟甚苦其夫人則哭泣不止年已八十矣問其身後所需事俱料理早竣為

〻稍醒坐寫時帖至府敘握胡子禾霞晤半時刻即還適中丞來梁子渠來與
〻暢談不覺酉刻云夏秋遊明府所游東山拈風韻詩見貽
廿三日早陰未刻後晴擇擱年事頗長窘迫適周少香快刺史以二百金
歸款又不足寬度歲矣而〻醒申正一刻狄星山來談云祖帥學使將所二千
可行矣
廿四日陰楊靖川兄弟招集其新居小酌先往吾嫂陳雲莊村舍人亦於南岩博
廿五日陰微雨晴〻之
廿六日過吾東郡若人往府知道賀只遇五集心緒無聊申陰
廿七日陰料理年事頗覺安帖只窘一日後事殊難設想申正一刻劉七先生自四

川寄沈松樵先生張子敏大令信

廿八日早陰午間晤見陽光徵青壽之夏秋巫大令遣人以詩見遺讀之則似武昌已失無從問之則云秦使軍門三家書皆言賊從文昌門攻入也一城官民未知下落此勢更猖狂矣奈何

廿九日陰檢返字函一包頗甚煩碌積書案際淨寸中為之一快晚同夏秋巫大令探一字云張潮登先生於嘉平廿二日行抵岳州接到省札武昌省城於前月被賊挖地道轟開七十餘丈賊入二三千人幸坊梅七衙未經打開隨經向提軍帶兵堵缺口好進殺聚賊一二千人餘匪逃出藩庫銅只尚無一點失等語如此則省城猶可望保全也

三十日早陰午晴酉以後大風黃昏自中堂回次偕吾人辭歲亦遣人投刺
答之隨率內外孫眷拜
祖先訖回思湘前書為樂憶遠念兒子京師未知明年能否獲侍抑
不審何日方歸歸途究終年安否茫茫宇宙我不獲有問天而無由
也而彼蒼方樂否多支否亦大可歎哉
咸豐三年正月元日寅刻即起先祀灶神隨拜
天地
祖先拈獻椒酒訖試筆後交辰初刻由南轉東至老東門內
文昌閣拈

關帝
文昌　魁神前禮拜禱求保佑兒子唐炯今年春官及第請
假歸省沿途平安順適自問生平尚非過咎蘖積之
神靈或者默許我也是日王蔭渭袁家孔翁五刺史漆秋谷太
守李貢生高心泉秀東楊南竹林楊玉承陳國子來集侍偶華
堂二姪始散是夕仍孔翁許丞觀燈均來
初二日晴晚風日人公集王雨谷處翁是日是雲狂城外諸民至郢樹西翁宅誤
一刻修子閱情書本日以中得子敏手書中丞來
初三日早晚微雨集孔翁谷處翁王翁曹翩仍過虞中晚府來

初四日陰，辰起，出門答拜蔣中丞、呂方伯、孔廉訪、伍祖乘學使、陶鶴談到任，又答拜
郝觀察、王太守、恩大令及黃蘷雨水府，又往謁黃子載年伯，復返寓，答謝賀
年諸君。歸及中正已倦不可支矣。聞鄂中於嘉平七日逆賊又轟陷武勝門城，
恒標駐紮營弁另兩軍門、鄂副將、張良楷兵殺散，竟不知紳士居民受其屠毒
殺許，距今又將一月，柳不知情形又甚，會無（識）其間親友無限流離，何堪設想。
國事事事可恨可歎也，噫。
初五日早陰，未以後雨。答拜朱蔗農讀卿、王集陳秋谷廉使。
初六日卯辰間小雨，早起出門，答拜胡書農兄弟、陸金油、棕閣、福清、李日茂，留
此日飯。五點三刻諸君又遇伍學使、羅集產、貢生廉、呂日子英之次三四子來謁

讀竹椒子愛爲弟雜文心痛焉
初七日陰午刻集雲心來處之晚得學府卿中丞書王慶蘅郡伯來
初八日晴微雨午後陰誠甫庵訪謹庵觀察來云徐仲紳爵帥于文把到中
丞署湖北省會已爲逆賊所得自常南陔中丞暨布方伯瑞黃塘廣府以
次文武被害者大小一百餘員名聞所信皆爲賊所得城中軍民全被
戕害婦女有投井上吊者辱不禁爲之流涕又聞粵中逆徒仍復横
肆其爲官兵斬獲者皆脅從之衆正賊則並未能得無怪其愈殺
愈多也天乎痛哉是日集楊倩以光弟新居
初九日陰微雨晴　是日因聞湖北省垣失守一夜無眠四更即起趨香林天宮

於人間不應有也辰正到夏秋垣陳霙村殷明府來方暢談間呂甚仙方伯來

飯後出門答拜承觀察尤太守樁毓兩明府陶安順承子九太守來因順拜之

又至秋垣寓中談及此間事惟相對太息而已早間得炯兒七年十二月廿四

日安禀及保衡兩書

望日陰已後微晴早過陳霙村寓中談一刻許而還寓旋周養恬刺史來

十六日陰出門答拜周養恬坐甫一刻因賓客甚衆即起行順至陳澄園寓坐一

時許遂赴高相南之招

十七日陰稍有微雨下午出門答安順太守承子久來談一刻餘申正刻周泰宇來

十八日陰稍有小雨出門西呂方伯壽問留晉使由平越於西將度道州因往視之不值

而還申正刻赴胡寓居上舍々招同曾爲玉蓀衎親家穆陶雨大令及曹竹峯

農丞同會受燕蘇州府來

十四日陰晴微雨早間承王文從淞蘭翁太守周藎臣壽研農翁刺史馬秋澄馬浩

軒許夭集付梓草草便飯

十五日陰晴微雨胡夢齋陳雲封陳德園胡子木狄蘭山集付梓草草便飯而散

州刺史年七十一矣精力甚健分書大佳

十六日陰早起出門答拜庚太守北至祖康學使寓談刻師道兄袁伯方仍已來

又至陳禹拜客遇赴陳雲封上舍々招同爲王夢卿親家狄雨山陳秋谷及應園封翁

十七日晨起至城隍門外送祖康學使隨答拜北城外親友是日陰

十八日陰午間陽光頗朗作書寄蔚庭京師并姻兄安信
十九日陰居逵叔子往各書肆買閑書及甲初高忘泉來隨偕至楊玉泉處
長談二鼓始散得胡閬芝正月望日書
二十日陰甚作書致琴塢考功安順守琢子久來辭行周香情刺史亦來
二十一日陰作書復傅子雲太史秋岳來談一刻許隨出門而子久來晤
送行八弟及彥拜會不晤上香又爲夏秋匯兩府致賀
二十二日晴自元旦以後今日始見開朗亦甫書優言午間發家信子馬治軒
付鄂并寄京間行期尚未定也周香恬刺史來辭過高明府　來謁旗劉
增李雲卿秀才均先後談炊許而恩大令樹來言已扣次某人荆州將

又初月前無一信老母切子肆不可支嘉台將軍匍奏賊以武昌未獲

荆州之意退而荆郡駐防不肯

國是憂恩寶山家之意上自不可已云

二十三日乙卯微雨晴意即陰

二十四日晴連日余偶傷風頗覺隱支持今晨實不可耐遂訪野山親家而之診

視開方服藥隨出門訪樓明府友賢友朋蕭笙處遂行赴楊玉亭君梅之灣

二十五日陰沉秋帆大令自華亭即來談一時許

二十六日陰赴高秋南之招

二十七日陰小有雨意冷甚夏秋延明府來奉檄安化上游條

行甚急擬明廿八日辭 二十日出省坐談时許而了兩事〻要詳

斟言之此君才不甚長且理其輕信多疑雖有志向上未必能

如秋帆大令之韓之潤之也

廿八日晴日人等爲言秀東壽集之誠可厲也

廿九日晴早間至府署黄太守秋帆大令先後來談三刻陳雲英甘上居

來辭行將赴大塘訓席耕岩三觀察亦來隨出門爲高心泉之夫人

祝壽文爲王戴章伯祝壽文兩篇秋舫明府送行文又爲撰秋帆大令

喚集以示厲是自炯戒之晚出晏撰又自琴塢考功信

三十日陰早間至黄誠觀察來飯後赴陳稚山之招

二月廿一日　陰　園中綠萼梅開已將殘　照水江梅獨嬌嬌可愛　小塘畔杏花

大放　寄麻窗頗悅目　早間未陰　前來晚有小雨

廿二日　早陰　晚有小雨　同人為母以家丁夫人壽集心泉處然

廿三日　陰　辰起將花送周壽分種素心蘭花　訪萊諸城東

赴文帝廟前行香　默祝護佑　烟兜書閣得帝歸　途安穩　隨至陳硯山

處又為黃子載先生八十正壽補作生日　晚有小雨

廿四日　陰

廿五日　陰　晚有微雨　待歸午老梅花又謝　紅杏大開　桃李爭春　光景殊勝　惟否

城中消息甚悶悶耳

初七日陰

初八日小雨不止冷氣侵人天寒悽慘殊令我懷抱終年間憂心如焚西山先陵未謁一

刻能忘謂氣象愁慘云省鄉間人來回詢豆麥皆被耗盡又受凍小麥封難望好

吾黔僻在西南民貧地瘠所恃

上天仁愛年歲屢豐一不登即難支拄况又

國家多事餉道不暢語焉當方招其捐募何日來雖有祖貸小說彈詞混

擾眼目所謂過一日是一日而已噫

初十日小雨不止巳刻詣南城武廉祠公爲賀鄧耕中丞祝壽蔡李宴坐二席

初九日早晚小雨王湘舟招集其寓坐二得鄭子尹書行抄寫播雅底本

望日晴　作書致王慶萼太守陳得　旁見其中丞出身履歷兩示亡識持為

作王壽文入武康祠與　郘耕先生兼列奉祀也　集李貢延屬

十一日陰　馬治軒偕小蓮過　招同王香湫陳秋谷張次蘭狀元三集其新衙公

屬張陞頌精審　晚集高以永與中桓甫　小雨

十二日陰　淨桐兒正月七日安稅　招看陳彥堂西言一題書康安靜孫尊黄

琴塢宋湘賓手書八分子壽太史文二冊

十三日陰微雨　同慶萼太守今晨全家往新借寄湘觀察往唁　談一刻後隨赴

子觀察奉旨招一坡即散

十四日晴　早起以玉蘭花行者入道　石門庵訪觀察大守紹虔若拜縣旧庵來蔭

雲伯留贈照□一書宜合之前後另爲七百計價貴非三百金不可余亦拮据殊

乃一省文獻所關頗不被韓印屬仲霽致書子偲偲甚力任編譯云粗有

十五日陰夜大雷雨

十六日陰午晴夜雨

十七日陰小雨半日夜大雷雨巳刻赴李貢廷之招

十八日陰雨二鼓以後雨勢較大巳刻金小琴任曉來器宇頗好佳子弟也

十九日陰作書與周竹樵刺史胡潤芝太守佛復箋先慎又作書致夏秋巡明府李

立峯拔萃所至金小琴特致云初粗皆有小雨

二十日陰午後小雨夜又雨

二十一日早晴午後陰

二十二日早晴月來園中梅杏桃李櫻桃玉蘭爭妍鬥嬌春色可愛惜余以多病不忍洪惡勞未免孤負花下發偶一賞玩亦覺悅目慕思所謂享受清福實未能存非那思夜明星爛稍候又細雨不止

二十三日小雨竟日

二十四日早陰午後小雨三洒余以胃腹酸痛當此清明佳節未能躬詣先大夫太夫人墳前拜掃同子女率長媳長孫於本日乘輿往詣南山考妣祖塋位行禮備牲果席酬香楮祖祠今歲當晴霽也祇聞大風

二十五日晴

二十六日晴。來劭利內子等自廬山言旋。

二十七日姪薩陵仍偕霈原劭利內子仍乘輿率長媳長孫等詣

先太夫人墓前拜掃，祀畢，劭姪還。是日午刻吳春仙方伯來視余疾，其言

六月十二日署湖廣總督張石卿中丞、署巡撫駱籲門齋年會摺具奏，以

湖北省城甫經收復，撫輯流亡，查辦土匪，備以武備政務殷繁，亟需賢佐

助理，奏請

旨飭下貴州撫臣催余就近速赴楚，以便就近諮訪；又請調胡潤芝太

守前往以資差遣。去臘三月初旬已奉

諭旨到黔云云。自念身受

先帝厚恩，書呼負負，倘有敦迫之文，豈忍推諉不出，現雖於病未合，聖旨猶命捻匪前往，責以辦理，明知無益無濟，義應努力前行戒，但須思將家事料理，并措置盤川為要耳。東邵王學湘、朱蔭屯狀岳來。

二十八日孔識甫、承瀚侄、王辰若黃來談，數刻，並晤王辰若、黃太守雅峰。

楚中各要事宜，以為先籌之導云。晴。發烟定安信，并寄琴塢一函。

二十九日晴。李雲卿、陳碧山、楊晴川以畢門源先後均來，門源並持其乃弟字信來，知崇蕃師申正已於二月二日自江西開行，似廿日内可到楚矣。午時後孫仍齋來，言其鄉有楊某者，織其多子，年五十有二，不治訪察。是月小建。

三月初一日晴。契甚莫誌升秋岳山來，余晏嘉來，曰來談一刻，終而去。

初一日晴但少峯挈山來

初二日晴出門為陳硯山之太夫人壽又補為李貞齋之娘其郎君入泮之喜

隨答拜朱孔翔君赴但少雲之招二鼓始散

初四日晴飯後出門答拜吳方伯孔廉訪承觀察陳建圃舒年黃子穀章倚

帶薩東兆家答暢談片刻飯後又答拜王貞字恩未張次山閣談果歸已

將子後不及更

初五日晴偕薩東兆暫游龍王以為王太守之令弟冀以其會門被難在

鄒也隨赴陳硯山之招坐久熱甚

初六日晴熱甚同人公集亭以派資為陳秋谷補壽

夢硯齋

初七日早起大雨〻止西吟氣通人雍雨是日胡枚南招集其寓無〻竟人特再

初八日陰冷甚出門答拜李寄沚與之因往視趙樹蒼留還集王淑翁無〻暖歸

得張石卿劉府書又得王子壽胡詠芝信石卿備有書贅其名帖亡為人所拈

取稽〻無從履矣子壽書云賊擄老弱男女四千餘名口鄧城平野籍凡七十餘

萬口初詳似口書作措想係筆誤也

初九日陰小雨出門為枚南山〻作母壽集但小雪寓無李貞無〻未談〻一刻餘

初十日陰李貢無以其子入泮招同人泉飲雍歸小雨

十一日陰得鄭子尹書

十二日小雨出門承竹林李陽〻陳秋舫孔繡五子日招集并招南寓無是日

早間以四十金屬黎伯庸廣文專寫子尹保以達而刊刻遵義詩鈔該書。出門答拜客友閔眉州字幼寬，夫寄中丞信，書南京已經失守之訊，又聞祁仲章方伯署理江督，陸立夫制府則革職留問云。

十二日　陰。陳麓山招同人集其寓，無可喚歸。得炯兒書，知大小都清安否。將以京城人心動搖，百物昂貴，會儀伊遷渠入閩，與彥為存來此文。得黃蓉鳩書，其言賊情及各營師近狀，多是而可憐矣。

十四日　晴。手鈔前兄叙齋詩，是以甲子六七日工為預祝於行將筆墨暢叙。是日送客出門，見月甚皎，夜陰清凉，愛之。益念天下艱難，誰將出山救濟，深慮。先輩已不易，附記其人詩句，有云一葉之舟乘長吟歸得雞時却耐肩背深

于儕宜其言之也

十五日晴辰刻中丞遣閱湖廣總督咨文知已奉

諭旨前往湖北督辦一切既無專責又不受統轄只可盡於民生

國計諸事不敢因蒐彼間現任諸公皆大君子與之共事自能水乳寸衷為

之一慰辰正劉見莊仙舫初來與議省中團練開礦事宜頗若採納約同隨

中丞拜朱蔭亭親家王雁汀太守黃賀孔庭訪生孫之喜

十六日晴蔣蓮生中丞王晉太守先後來談旁時許王孝淑親家陳秋舫

孔叔吳葛民馮六來狀電三又為余換方王朱正甫散作書寄王子壽胡北

十七日晴以孔雀嶠硃持贈中丞旋往拜談良時始歸還又往各拜高

心泉楊修甫之弟作書寅賓字壽卿中丞湖北張沮蘭太守來

十八日晴換布涼帽承遠恕觀登來言將十二道又以知府為收糧之差役毆傷百姓抑擾以閙糧是年余早聞道日常副將書記以所聞於子爻日人上處不來因性懇切而觀登言之懼其苦為辦理免生事端觀登似以為難如其果如余言係令官民不小功德且無害也午間陳徽五大人來又一位二日來陳〻即將置之義事告之以勸政愛民應催科於撫字收糧并非難事蓋民非無良之人心尚直更易以治感之以智信任庸役鮮不能去罪伍撫君人類忠厚特私有嗜好甚而嗜痞子多又題心利以中之故百姓怨恫其常耳陳海圃黎仙庵

莫出升梁問渠日來作一時許而去
十九日晴。出至楊心齋、張子敏書屋，揚蓮舉常艱，備与其人見。晴以晤談
數刻。隨至顧家巷蓉塘、胡青泉明府問疾，又事忘以存，殊為不能。飯後出
門拜吳方伯承觀察、王太守，又為恩明府賀其遷蓉園孫孫之喜。又晤蒼鄭
秀峰、陳輝五之拜，乃在道署下輿，失足撲地，鼻口及右手俱為受傷，亟延
狄西山。西山以末藥和鉛粉塗之，甚安，開方服藥一帖。
二十日晴。鼻腫手痛，齒亦有痛，痛不可耐。
二十一日晴。王蓮湖札致五李子言，舉人高以承吉見胡來視余。黎伯庸偕其友楊某來
謁。其人近日來事渠，所居近湄潭，各處宜加之意。因與講明字體之道，不先身

同行云其言甚肯切未被隱也

二十一日晴午間莫子偲來言道又甚役王相去發請吳帥籌防堵而名根未

咽過二千餘人撫將為亂其撫從之不可識曰心為之動因遣人請王鼎臺鄉守來

力保為之陳說與其餘宗弼觀察知所為備俾各擒人民不至從從實為

大幸云云是夜大雷雨者予祈禱之三日矣

廿三日早陰午晴夜有小雨陳滋蘭太守來辞以明日啟行言於院司將遣其子往也

廿四日早陰午晴夜有小雨陳碧山前輩秋帆南狀元山先後來視予是日為七秩壽辰

夜聞王鼎臺太守遠來探報云金陵已於二月十一失守如其果確則

糧餉必為阻滯山東以南皆將戒嚴時事尚堪設想耶噫